Machine Learning
Interviews

머신러닝 인터뷰 실무 가이드

| 표지 설명 |

표지에 등장하는 동물은 짧은부리참돌고래(학명: *Delphinus delphis*)입니다. 이 돌고래는 전 세계에서 가장 개체 수가 많은 고래류 중 하나로, 평균적으로 약 600만 마리가 서식하고 있습니다.

짧은부리참돌고래는 길이 약 6피트(약 1.8미터), 무게는 약 170파운드(약 77킬로그램) 정도로, 수컷이 암컷보다 약간 더 큽니다. 이들은 둥근 이마(멜론이라 불림), 50~60개의 작고 날카로운 맞물린 이빨이 있는 적당히 긴 주둥이, 그리고 등 중앙에 위치한 길고 삼각형 모양의 등지느러미를 가진 매끈한 몸통이 특징입니다. 등 부분은 짙은 회색으로 덮여 있으며, 배는 흰색입니다. 옆구리 앞쪽은 회색, 노란색 또는 금색, 뒤쪽은 더 어두운 회색으로 구성된 뚜렷한 모래시계 모양의 무늬가 있습니다.

짧은부리참돌고래는 전 세계적으로 수백에서 수천 마리로 이루어진 대규모 무리를 형성하며 살아갑니다. 이들은 열대에서 차가운 물에 이르는 해역을 선호하며, 보통 수중 산맥, 해산, 대륙붕 등에서 발견됩니다. 이러한 지역에서는 용승 현상(깊고 차가운 영양이 풍부한 물이 수면으로 올라오는 현상)이 발생해 먹이가 풍부하기 때문입니다. 이들의 주요 먹이는 무리 지어 다니는 물고기와 두족류입니다.

짧은부리참돌고래는 멸종위기 등급에서 가장 낮은 단계인 '최소 관심' 종으로 분류되지만, 상업 어업용 장비에 의해 위협받고 있으며, 특히 유자망 어업으로 인해 높은 폐사율을 기록하고 있습니다. O'Reilly의 표지에 등장하는 많은 동물들은 멸종 위기에 처해 있으며, 이들 모두는 전 세계적으로 중요한 존재입니다.

표지 일러스트는 캐런 몽고메리가 브리티시 쿼드러피드 도감의 고풍스러운 선각화를 기반으로 제작했습니다.

머신러닝 인터뷰 실무 가이드

ML 직무 중심의 채용 프로세스와 기술, 행동 인터뷰 대비

초판 1쇄 발행 2024년 9월 3일

지은이 수잔 수 창 / **옮긴이** 박상현 / **펴낸이** 전태호
펴낸곳 한빛미디어(주) / **주소** 서울시 서대문구 연희로2길 62 한빛미디어(주) IT출판2부
전화 02-325-5544 / **팩스** 02-336-7124
등록 1999년 6월 24일 제25100-2017-000058호 / **ISBN** 979-11-6921-239-7 93000

총괄 송경석 / **책임편집** 박민아 / **기획 · 편집** 김민경
디자인 표지 최연희 내지 박정우 / **전산편집** 강창효
영업 김형진, 장경환, 조유미 / **마케팅** 박상용, 한종진, 이행은, 김선아, 고광일, 성화정, 김한솔 / **제작** 박성우, 김정우

이 책에 대한 의견이나 오탈자 및 잘못된 내용은 출판사 홈페이지나 아래 이메일로 알려주십시오.
파본은 구매처에서 교환하실 수 있습니다. 책값은 뒤표지에 표시되어 있습니다.

한빛미디어 홈페이지 www.hanbit.co.kr / **이메일** ask@hanbit.co.kr

지금 하지 않으면 할 수 없는 일이 있습니다.
책으로 펴내고 싶은 아이디어나 원고를 메일(writer@hanbit.co.kr)로 보내주세요.
한빛미디어(주)는 여러분의 소중한 경험과 지식을 기다리고 있습니다.

Machine Learning Interviews

머신러닝 인터뷰 실무 가이드

O'REILLY® ⅢB 한빛미디어
Hanbit Media, Inc.

『머신러닝 인터뷰 실무 가이드』는 머신러닝 분야 진입을 꿈꾸는 이들을 위한 필수 안내서다. 저자의 경험을 바탕으로 한 실질적인 조언과 함께 인터뷰 전 과정을 체계적으로 다룬다. 실제 질문과 답변 전략, 기술적 지식과 소프트 스킬의 중요성을 강조하며, 머신러닝 엔지니어와 데이터 사이언티스트의 차이점, 실제 업무에 대한 통찰을 제공한다. 이 책은 이력서 작성부터 코딩 테스트, 인터뷰 준비까지 필요한 정보를 제공하고, 인터뷰의 주요 질문과 효과적인 답변 방법을 다루어 예비 엔지니어들에게 실질적인 도움을 준다. 『머신러닝 인터뷰 실무 가이드』는 머신러닝 엔지니어 지망생들의 성공적인 취업을 위한 필수 동반자가 될 것이다.

이진형, 위버스컴퍼니 머신러닝 엔지니어

이 책은 단순한 인터뷰 가이드를 넘어 구직자, 이직 희망자, 학생 모두에게 실질적인 도움을 제공한다. 먼저 책의 내용을 숙지하라, 그리고 목표를 구체화한 뒤, 부족한 부분을 책을 통해 보완하는 과정을 반복하라. 이러한 접근 방식으로 원하는 목표 기업의 이상적인 인재로 성장할 수 있을 것이다.

황장준, 구글 수석 엔지니어

이 책은 머신러닝 분야의 커리어를 계획하는 폭넓은 독자층을 위한 실용적인 가이드다. 머신러닝 기술 습득과 자기 개발에 대한 명확한 방향을 제시하며, 단계별 로드맵을 통해 체계적인 성장을 돕는다. 기술적 내용뿐만 아니라 지원 방법과 인터뷰 준비에 관한 실질적인 조언도 제공하여, 머신러닝 분야 진출을 준비하는 모든 이에게 유용한 책이다.

강찬석, LG 전자

머신러닝 커리어를 시작하는 사람에게 인터뷰 기회를 잡고 인터뷰를 진행하는 데 있어 지원자의 입장이 아니라 인터뷰어 입장에서 이력서와 인터뷰 답변을 준비해야 하는지에 대한 가이드를 제공한다. 특히나 실무 경험이 부족한 신입을 위한 포트폴리오를 빛나 보이게 하는 방법을 제시한다.

머신러닝 분야의 커리어를 준비하는 사회 초년생이나 직무 전환으로 머신러닝 엔지니어가 되고 싶어하는 경력자들에게 인터뷰 준비를 어떻게 해야 하는지 단계적으로 상세히 설명해 주는 책이다. 이 책은 머신러닝 인터뷰를 앞둔 사람들에게 꼭 필요한 책이다.

홍준용, 한국산업은행

이 책은 머신러닝 지식과 실제 직무를 명확히 연결하여, 독자들의 학습 방향 설정에 큰 도움을 준다. 머신러닝 기술과 개념을 체계적으로 설명하여 취업 준비생부터 관심 있는 모든 이에게 유익하다. 더불어 인사 담당자에게도 유용한 지식을 제공하여, 인재 선발에 도움을 준다. 머신러닝 분야에서 성장하고자 하는 모든 이에게 실질적이고 가치 있는 가이드가 될 것이다.

홍상의, 프리랜서

이 책은 채용 프로세스에서 가장 중요한 직무 적합성을 높이는 비결을 상세히 소개한다. 저자는 경험이 부족한 사회 초년생도 자신의 강점을 살려 회사가 원하는 인재로 거듭날 수 있는 방법을 제시하며, 동시에 알고리즘부터 배포까지 머신러닝의 전반적인 기술 지식을 종합적으로 정리한다. 저자의 풍부한 경험과 진심 어린 조언이 담긴 이 책은 머신러닝 분야 커리어를 꿈꾸는 모든 이에게 훌륭한 가이드가 될 것이다.

허민, 한국외국어대학교

지은이 **수잔 수 창** Susan Shu Chang

수잔 수 창은 엘라스틱(Elastic)의 수석 데이터 사이언티스트입니다. 이전에는 핀테크, 이동통신, 소셜 플랫폼 등 다양한 분야에서 머신러닝 경험을 쌓았습니다. 수잔은 국제적인 연사로, 파이콘(PyCon) 행사에서 여섯 차례 발표를 했으며, 데이터 데이 텍사스(Data Day Texas), 파이콘 DE(PyCon DE), 파이데이타 베를린(PyData Berlin), 오라일리 AI 슈퍼스트림(O'Reilly AI Superstream) 등에서 키노트 연설을 한 바 있습니다. 그녀는 자신의 뉴스레터(*susanshu.substack.com*)를 통해 머신러닝 커리어 개발에 관한 글을 공유하고 있습니다. 여가 시간에는 여러 게임을 콘솔과 스팀 플랫폼에 출시한 바 있는 퀼 게임 스튜디오(Quill Game Studio) 산하의 게임 개발자 팀을 이끌고 있습니다.

옮긴이 **박상현**

반도체 공정 자동화, 통신 장비, 방공무기체계, 사이버 시큐리티, SaaS 분야에서 소프트웨어를 개발해왔으며, 현재 캘리포니아 소재 스타트업에서 소프트웨어 엔지니어로 일하고 있습니다. 여가 시간에는 집필과 번역, 강의를 합니다. 대표 저서로『이것이 C#이다(3판)』(2023),『이것이 자료구조 + 알고리즘이다 with C 언어』(2022),『뇌를 자극하는 파이썬』(2016) 등이 있습니다.

머신러닝은 이제 거의 모든 산업의 중심에 자리 잡았습니다. 언어가 통하지 않는 다른 나라 사람들과도 자연스럽게 대화할 수 있게 해주며, 우리가 좋아할 만한 영상과 제품을 정확하게 추천해줍니다. 금융 사기를 예방하는 것부터 새로운 물질을 개발하고, 심지어 자율주행차로 안전하게 운전까지 대신해 주고 있습니다. 소프트웨어나 머신러닝 모델을 개발하는 데에도 머신러닝이 도움을 주고 있죠. 이런 시대적 상황에서 엔지니어로서 우리는 새로운 도전을 마주하고 있으며, 그중에서도 가장 큰 도전은 바로 머신러닝 기술을 효과적으로 적용하고 이해하는 것입니다.

이 책은 머신러닝 커리어를 준비하는 분들에게 취업 전반에 걸친 준비에 관해 도움을 드릴 수 있습니다. 채용 공고를 확인하는 법, 이력서 작성 방법, 인터뷰 시 시간 관리와 인터뷰어와 소통하는 방법, 기술 인터뷰와 행동 인터뷰에 이르기까지 다양한 주제를 저자의 경험을 바탕으로 풀어냅니다. 저자는 미국에서 교육을 받고 직장생활을 하고 있기 때문에, 이 책은 외국계 기업이나 해외 취업뿐만 아니라 글로벌 환경에 발맞추려는 국내 독자들에게도 큰 도움이 될 것이라 생각합니다.

학부에서 경제학을 전공한, 이른바 '비전공자'인 저자는 이 책을 머신러닝 및 데이터 사이언스 전공자뿐 아니라 타 분야에서 커리어를 쌓아온 분들도 고려하여 저술했습니다. 머신러닝 분야로 진출하기를 희망하는 전통적인 소프트웨어 엔지니어링을 해오고 계신 분들께도 도움이 될 것입니다.

이 책이 여러분에게 머신러닝 분야의 성공적인 커리어를 시작하기 위한 든든한 기반이 되기를 바랍니다. 끝으로, 번역 과정에서 도움을 주신 모든 베타리더와 항상 응원해 준 가족에게 깊은 감사를 드립니다.

박상현

우리가 자각하지 못하더라도, 머신러닝은 우리 삶의 필수적인 부분이 되었습니다. 유튜브나 아마존 같은 사이트를 방문할 때마다 우리는 개인화된 추천을 제공하는 머신러닝을 접하게 됩니다. 이러한 사이트들은 머신러닝 알고리즘을 통해 사용자의 취향과 관심사에 맞는 제품을 추천합니다. 또한, 스팸이나 유해한 댓글을 표시하는 기능, 리뷰 관리 기능에도 머신러닝이 사용되고 있으며, 유튜브는 머신러닝이 생성한 자막과 번역을 제공합니다.

머신러닝은 쇼핑과 엔터테인먼트뿐만 아니라 우리 삶의 여러 분야에서도 활용되고 있습니다. 예를 들어, 온라인 송금 시 머신러닝 알고리즘을 통해 사기 거래 여부를 판별합니다. 우리는 데이터와 머신러닝 알고리즘을 기반으로 한 소프트웨어 시대에 살고 있습니다.

이러한 소프트웨어를 설계하고 구현하기 위해서는 특별한 재능이 필요합니다. 이러한 재능에 대한 필요성은 최근 몇 년 동안 소프트웨어 역량에 대한 수요를 증가시키고, 머신러닝 커리어의 중요성을 높였습니다. 그 결과, 관련 기술 종사자들의 급여도 상승했습니다. 하지만 이는 머신러닝 커리어의 매력적인 요소 중 하나일 뿐입니다. 제품과 기능을 구현하는 것은 우리 삶에 필수적인 요소가 되었기 때문입니다. 머신러닝 기술이 인공지능 발전의 원동력이 므로 이러한 논의는 '인공지능 커리어'에도 동일하게 적용됩니다.

그러나 머신러닝 분야에서 일자리를 얻는 것은 쉽지 않습니다. 머신러닝 직무는 고학력을 요구하는 것으로 잘 알려져 있습니다. 2010년대에는 대부분의 머신러닝 직무가 박사 학위를 요구했습니다. 2010년대 후반부터 채용 공고에서 요구하는 학위 수준이 다소 낮아졌지만, 여전히 온라인에서는 최소한 석사 학위를 취득하라는 조언이 많습니다. 높은 학위를 갖춘 후보자들조차 데이터와 머신러닝 분야에서 일자리를 찾는 데 어려움을 겪을 수 있습니다. 인터넷에서 들은 조언이 잘못된 것일까요? 아니면 너무 일반화되고 모호한 것일까요?

저는 수많은 머신러닝 직무에 지원하고 인터뷰를 보았으며, 신입, 시니어, 스태프, 프린시플 등 다양한 레벨의 인터뷰를 통과했습니다. 저 역시 인터뷰 과정에서 다른 후보자들처럼 많은 어려움과 혼란을 겪었습니다. 수많은 이력서를 보냈지만, 답장을 받지 못하거나, 폰 스크리닝[1]에서 탈락하기도 했습니다. 토론토에서 샌프란시스코로 날아가 온사이트 인터뷰를 봤지만 떨어진 적도 있습니다. 데이터 사이언티스트와 머신러닝 엔지니어 직무에 지원했지만, 인터뷰어들이 데이터 엔지니어나 데이터 애널리스트를 더 선호하는 것을 알게 되며 좌절하기도 했습니다.

저는 지원자로서의 경험뿐만 아니라, 오랫동안 인터뷰어로서의 경험도 쌓아왔습니다. 머신러닝 분야에서 업무의 일환으로 수백 건의 이력서를 검토하고 선별했으며, 수많은 인터뷰를 진행하고 많은 후보자 평가 위원회에 참여했습니다. 두 회사에서 프린시플 레벨의 테크니컬 리더로서, 현장실습 학생, 인턴, 신입, 시니어, 스태프 등 다양한 직급의 채용을 위해 직무 기술서를 검토하고 인터뷰를 수행했습니다. 이 책에는 저와 동료 인터뷰어들이 후보자를 탈락시켰던 실수를 바탕으로 한 인터뷰 팁을 담았습니다. 우리는 종종 '후보자가 조금만 다르게 했더라면 좋았을 텐데'라고 생각하곤 합니다. 이 책은 여러분이 이러한 실수를 피할 수 있도록 도와줄 것입니다.

후보자들에게 잘 알려지지 않은 평가 기준이 있습니다. 예를 들어, 좋은 소통 능력과 팀워크는 직무 기술서에 명시되어 있지 않은 경우가 많습니다. 이러한 항목들이 직무 기술서에서 생략되는 이유는 해당 역량이 불필요해서가 아니라 이미 기본적인 요건으로 간주되기 때문입니다.

최근 주요 기업들은 직무 기술서를 더 명확하게 개선하기 위해, 머신러닝 채용 공고에 '소통

1 　옮긴이_ 폰 스크리닝(Phone Screening)은 인터뷰에 앞서 이뤄지는 사전 인터뷰로써, 전화나 화상 회의 형식으로 이뤄지기도 합니다.

능력'을 최우선 능력으로 기술하는 경우가 있습니다.

신입과 경력 후보자들에게 이러한 숨겨진 기대치 외에도, 인터뷰 프로세스는 회사나 직무에 따라 상당히 달라 혼란을 줄 수 있습니다. 구글에서 오랫동안 데이터 분야에서 일한 랜디 오 Randy Au 조차도 현재의 데이터 사이언티스트와 머신러닝 채용 공고를 살펴본 후 '상당히 다르다'고 느꼈습니다.

많은 사람이 머신러닝 분야 진출을 위한 완전하고 확실한 단계별 로드맵을 찾고 있습니다. 예를 들어, 최고의 대학 전공과 인턴십은 무엇인가요? 어떤 사이드 프로젝트가 가장 좋고, 어떤 파이썬 라이브러리를 익혀야 할까요? 이러한 질문을 하는 이유에 대해 저도 공감합니다. 저 역시 인터뷰 준비 과정에서 가능한 한 많은 정보를 친구들에게 구하려 했습니다. 인터뷰 후 후속 이메일을 보내야 할지 걱정되어 여러 온라인 포럼에서 의견을 찾아보기도 했습니다. 인터뷰어들을 귀찮게 하는 것일까? 아니면 인터뷰어들이 오히려 그런 것을 바라고 있을까? 이런 작은 일조차 저를 불안하게 했고, '케이스 바이 케이스죠'나 '별문제 없을 거예요' 같은 모호한 답변보다는 정확한 답변을 원했습니다. 그때 저에게 이 책이 있었다면 이러한 질문이 생길 때마다 참고할 수 있었을 것입니다.

저는 인터뷰어로서 경험을 쌓으면서 채용 회사가 선호하는 후보자 유형을 파악하게 되었습니다. 과거에 했던 질문들에 대한 답을 경험을 통해 얻었고, 머신러닝 분야로 진출하는 로드맵에 대해 더 많이 알게 되었습니다. 하지만 확실한 로드맵이 있더라도 여러분이 상상하는 것과는 다를 수 있습니다. 머신러닝과 데이터 사이언스 분야를 알기 전에, 저는 이미 대학 전공을 선택하고 졸업했으며, 경제학 석사 과정을 밟고 있었습니다. 대학 재학 중에는 인턴십을 하지 않았고, 여가 시간에는 비디오 게임을 만들고 친구들과 어울렸습니다. 사실, 머신러닝 직무로 가는 길은 꽤 유연해서 늦게 시작해도 절대 늦지 않았습니다.

첫 번째 머신러닝 직장을 구할 때, 저는 인턴십 경험이 전혀 없는 학생이었지만 채용 인터뷰를 통과했습니다. 다른 사람들보다 인터뷰 프로세스에 대해 아는 것이 별로 없었지만, 오히려 그 덕분에 모든 것을 규격화된 방식으로 하지 않아도 머신러닝 분야에서 성공할 수 있었습니다. 사실, 올바른 방법이란 것은 없으며 각자의 상황에 맞는 방법이 있을 뿐입니다.

전 "대학에서 [학과]를 전공하고 [회사]에서 인턴십을 하면 준비가 끝납니다"와 같은 말은 하지 않을 겁니다. 오히려 각기 다른 유형의 사람마다 별도의 책을 써야 할 정도입니다. 일률적인 로드맵은 지도에 없는 길을 만나면 실패할 위험이 큽니다. 지도에 의존하지 않고 탐색하는 법을 배우면 어떤 상황에서도 자신만의 길을 개척할 수 있습니다. 이 책에서는 여러분의 배경이 이공계STEM[2]가 아니어도, 인턴십 경험이 없어도, 관련 경험이 없어도, 머신러닝이나 그 외의 경험이 있거나 없는 것에 관계없이, 여러분은 항해사가 되어 자신만의 경로를 만드는 법을 배울 수 있습니다. 과거 경험이 머신러닝과 직접적인 관련이 없어도 괜찮습니다. 저는 여러분이 과거의 경험을 강화하고 활용하는 방법뿐만 아니라 관련 경험을 어떻게 더 쌓을 수 있는지 단계별로 안내할 것입니다.

저 스스로가 다음과 같이 제 커리어에서 유일한 로드맵이 존재하지 않는 다양한 상황을 경험했기 때문에, 여러분만의 상황에 따른 유연하고 맞춤화된 커리어 로드맵을 지지합니다.

- 경제학 석사로서 상장 대기업[3] 신입 데이터 사이언티스트(머신러닝) 직무에 합격

- 합류 당시 200명, 정점에는 400명의 직원을 둔 스타트업에 상급인 직책으로 합격

- 새롭게 부상하는 중대형 상장사의 프린시플 데이터 사이언티스트 직무에 합격

산업, 회사 규모, 머신러닝 팀 규모, 회사의 생애주기 단계(예: 스타트업)에 따라 제가 알아

---

2 Science, technology, engineering, and mathematics.

3 상장 회사는 회사의 주식이 주식시장에서 공개적으로 거래됩니다.

야 하는 고용주의 기대치가 달랐습니다. 만약 제가 온라인 조언이나 다른 회사의 인터뷰 프로세스에 익숙한 사람들의 조언만 따랐더라면 그 기대치를 충족하는 데에 실패했을지도 모릅니다(아니, 실패했을 겁니다). 저는 인터뷰를 통과하기 위해 준비하는 방법과 인터뷰를 하는 방법을 바꿔야 했습니다. 제 개인적인 경험과 (문자 그대로) 수백 번의 머신러닝 인터뷰를 통해, 머신러닝과 데이터 사이언스 직무 인터뷰를 통과하고 성공적인 채용 후보자가 되는 방법에 대한 패턴을 발견했습니다. 제 경험과 직접 깨달은 교훈 덕분에 채용 후보자가 되려는 분들에게 도움을 줄 이 책을 쓸 수 있게 되었습니다.

성공적인 채용 후보자는 인터뷰 프로세스의 각 단계가 자신의 무엇을 평가하려는지 정확히 알고 있습니다. 단순히 기술적인 능력을 갖추는 것만으로는 충분하지 않은 경우가 많습니다. 인터뷰는 학교의 시험과 같다고 볼 수 있습니다(강의 계획서를 꼼꼼히 살펴보고 각 시험의 범위를 이해하는 사람이 성공할 가능성이 높습니다. 따라서, 인터뷰에서는 지원하는 각 직무에 대한 역공학적 접근을 통해 마치 강의 계획서를 만드는 것과 같은 전략을 시도하게 됩니다).

머신러닝에 대한 제 경험이 쌓일수록, 취업을 희망하는 사람들의 질문도 늘어났습니다. 저는 100회 이상의 커피챗을 진행했고, 더 많은 사람들에게 도움을 주기 위해 수년 동안 제 블로그(*susanshu.com*)에 커리어 가이드를 작성해 왔습니다. 이 책을 통해 더 많은 사람들을 도울 기회가 생겼을 때, 제 결정은 명확했습니다.

왜 머신러닝 커리어인가?

저는 우리가 알든 모르든, 좋아하든 싫어하든, 우리의 일상에 머신러닝이 얼마나 깊숙히 자리 잡고 있는지 이야기해왔습니다. 여러분도 머신러닝에 호기심을 갖고 이 책을 선택하게 만든 나름의 경험이 있을 겁니다! 제 경험을 말씀드리겠습니다. 어쩌면 이 이야기가 여러분의 동기를 더욱 자극하고, 머신러닝 분야의 매력을 끌어올릴 수 있을 겁니다.

테크 분야에서 일하는 사람으로서, 저는 머신러닝은 수백만 사용자에게 영향을 줄 수 있는 고부가가치 제품을 개발하기 위한 훌륭한 영역이라고 생각합니다. 저는 학교 졸업 후, 입사한 첫 회사에서 그러한 프로젝트에 참여할 기회를 얻었는데, 만약 저에게 숙련된 머신러닝 기술이 없었다면 커리어 초기에 그러한 책임과 기회를 얻지 못했을 것입니다.

저는 머신러닝이 재미있고 성취감을 주는 분야라고 생각합니다. 여러분이 저처럼 기술을 연구하고 배우는 것을 즐긴다면 머신러닝 업무의 이러한 측면을 좋아할 겁니다. 하지만 이 분야의 빠른 혁신에는 다른 면도 있습니다. 예를 들어 삶의 다른 중요한 부분에 관심을 쏟으려고 할 때는 새로운 기술을 끊임없이 학습하는 것에 지칠 수 있습니다. 전 요즘 주말에 사람들과 어울리거나 책을 쓰는 등 다른 활동에 매우 집중하고 있지만, 시간을 크게 쓰지 않고도 학습을 꾸준히 하고 있습니다. 일과 중에도 짬을 내서 온라인 강연이나 책을 읽기도 합니다. 이런 지속적인 학습이 머신러닝 분야에만 한정된 것은 아니지만, 사람들은 머신러닝을 위해 꾸준히 학습하는 페이스가 새로운 프레임워크를 꾸준히 배워야 하는 다른 테크 직종에 비해 좀 더 빠르다고 말하는 편입니다.

물론, 급여 측면도 봐야겠죠. 평균적으로 머신러닝 직무는 보수가 좋은 편입니다. 저는 제 자신을 부양하고 저와 사랑하는 사람들의 삶을 향상시키는 다양한 재정적 목표를 이룰 수 있었습니다. 이런 것들을 가능하게 해준 머신러닝 커리어를 매우 감사하게 생각합니다. 뿐만 아니라, 저는 머신러닝 분야와 커뮤니티 덕분에 많은 것을 성취할 수 있었습니다. 전 세계를 돌아다니며 컨퍼런스에 연사로 나섰습니다(컨퍼런스가 너무 많아서 다음 해로 미뤄야 할 정도

였죠). 머신러닝 분야의 멋진 곳에서 일하는 멋진 사람들을 만나고 머신러닝 및 인공지능 분야의 발전을 직접 목격하는 것은 이 업계에서 일하면서 누릴 수 있는 특권입니다.

여러분이 이 책을 선택한 동기가 무엇이든 머신러닝 채용 인터뷰를 성공적으로 통과하고 그 과정에서 마주하는 장애물들을 극복하는 데 필요한 역량과 도구를 여러분에게 제대로 공유하고자 합니다.

이 책은 구체적으로 여러분이 다음의 내용을 이해할 수 있도록 도울 겁니다.

- 다양한 유형의 머신러닝 직무와 그 중에서 여러분이 성공할 가능성이 높은 직무
- 머신러닝 인터뷰의 구성 요소
- 부족한 역량을 파악해서 효율적으로 인터뷰를 준비하는 방법
- 기술 인터뷰와 행동 인터뷰를 통과하는 방법

이 외에도, 오라일리에서 온라인 라이브 강의를 하는 동안 자주 올라왔던 질문도 다루려고 합니다. 다음과 같이 다양한 출처로부터 확보한 인사이트를 바탕으로 하는 커피챗이라고 생각해주세요.

- 비전형적인 학위/커리어[4]를 가진 후보자가 인터뷰를 통과하는 방법
- 스크리닝 통과 확률을 크게 높이는 이력서 작성 방법
- 시니어 또는 그 이상의 직급 직무에 대한 머신러닝 인터뷰의 형태
- 기타 등등

---

4 옮긴이_ 컴퓨터 사이언스나 데이터 사이언스 관련 학위를 취득하지 않았거나, 비머신러닝 분야에서 일해 온 경우를 말합니다.

대상 독자

이 책의 대상 독자는 다음과 같습니다.

- 머신러닝/인공지능 업계의 실무자가 되고자 하는 졸업생

- 머신러닝을 주 업무로 하는 직무로 전환하고자 하는 소프트웨어 엔지니어, 데이터 애널리스트, 기타 테크/데이터 전문가

- 머신러닝 분야에 관심이 있는 타 분야 전문가

- 직무 전환을 고민 중이거나, 승진을 위해 인터뷰를 준비하는 분 또는 머신러닝 전반에 대해 복습하고 싶은 시니어 데이터 사이언티스트/머신러닝 실무자

다음과 같은 경우에도 이 책이 도움될 겁니다.

- 머신러닝 인터뷰 기법에 대한 인사이트를 얻고자 하는 관리자, 또는 흩어져 있는 온라인 정보를 찾아 헤매지 않고 전반적인 인터뷰 과정을 이해하고 싶은 비기술 분야 종사자

- 파이썬 프로그래밍과 머신러닝 이론 기초를 갖추고 있으며, 향후 머신러닝 분야로의 진로 전환을 고려 중인 분

이 책이 다루지 않는 내용

- 이 책은 통계학이나 머신러닝 교과서가 아닙니다.

- 이 책은 코딩 교과서 또는 튜토리얼이 아닙니다.

- 인터뷰 문제 예시가 있긴 하지만, **이 책은 문제 은행이 아닙니다.** 코드 예제는 시간이 지나면 금방 쓸모가 없어지므로 짧고 간결한 형태로 제공됩니다.

모든 개념을 기초부터 다루진 못하기 때문에, 이 책의 독자는 머신러닝과 조금은 친숙하다고 간주합니다. 하지만 걱정하지 마세요. 기본적인 정의는 가볍게 다룰 예정입니다. 또한, 머신러닝 인터뷰와 업무에서 파이썬이 많이 사용되므로 저는 이 책의 독자가 주피터 노트북상에서 스크립트를 실행할 수 있는 수준으로 파이썬 프로그래밍 언어에 어느 정도 익숙할 것이라고 가정합니다. 하지만 파이썬을 잘 모르는 분들을 위해 바닥부터 파이썬을 배울 수 있는 짧은 절도 포함했습니다.

이 외에도, 이 책은 머신러닝 인터뷰 준비를 도와줄 외부 자료에 대한 꽤 많은 링크를 제공합니다. 하지만 먼저, 여러분의 현재 지식과 역량 수준을 파악하고, 이를 극복할 수 있도록 연습하고 학습하는 데 가장 도움이 되는 방법을 찾을 수 있도록 도와드릴 것입니다.

따라서 이 책은 단순히 외워야 할 문제와 답변 목록을 제공하는 대신, 여러분에게 '물고기를 잡는 방법'을 알려드리고자 합니다. 인터뷰어로서의 제 경험에 따르면 인터뷰에 실패한 후보자들이 단순히 몇 가지 문제를 더 연습한다고 해서 크게 개선되지 않는 경우가 많았습니다. 오히려 후보자들은 자신의 약점이 무엇인지조차 파악하지 못하고 있었습니다. 저는 여러분이 자신의 강점과 약점을 식별하는 방법과 이 책의 자료를 활용하여 약점을 극복하는 구체적인 방안을 알려드릴 것입니다.

목차

목차

CHAPTER 04 기술 인터뷰: 모델 학습 및 평가 ⋯⋯⋯⋯⋯⋯⋯⋯ 175

CHAPTER 05 **기술 인터뷰: 코딩** ·· 213

CHAPTER

01

머신러닝 직무와
인터뷰 프로세스

이 장의 첫 번째 절에서는 이 책의 전체적인 구조를 설명한 후에, 업계에서 머신러닝 기술을 사용하는 다양한 직책과 직무에 대해 다룹니다.[1] 또한 구직자들이 자주 혼동하는 데이터 사이언티스트, 머신러닝 엔지니어 등 다양한 직책의 차이에 대해서도 명확히 설명합니다. 이 부분은 머신러닝 역량 매트릭스와 머신러닝 생애주기를 통해 설명할 예정이며, 책 전체에 걸쳐 자주 참조될 것입니다.

이 장의 두 번째 절에서는 인터뷰 프로세스를 전체적으로 설명합니다. 온라인 자료들은 인터뷰의 특정 단계에만 주로 집중되는 반면, 이 모든 과정이 어떻게 이어지고 입사 제안까지 연결되는지에 대해서는 설명하지 않기도 합니다. 그래서 이 부분을 유용하게 생각하는 멘티들이 많았습니다. 이번 장은 특히 신규 졸업자[2] 및 다른 업계 출신 독자들이 인터뷰 프로세스를 이해하는 데 도움이 될 겁니다.

인터뷰 프로세스를 구성하는 요소들은 복잡하며, 여러분이 목표로 하는 머신러닝 직무에 따라 다양한 유형의 조합이 존재합니다. 이 부분을 전체적으로 조망함으로써 인터뷰 준비에 필요한 기초를 닦을 수 있으며, 어느 부분에 집중해서 시간을 사용할지 알 수 있을 겁니다. 예를 들면 어떤 온라인 자료는 '제품 데이터 사이언티스트' 관련된 지식에만 집중하면서도 강의나 기사 제목을 그냥 '데이터 사이언티스트 인터뷰 팁'이라고 해놓습니다. 이러면 초심자는 그 자료가 자신의 커리어 관심사와 관련이 있는지 알기가 어렵습니다.

이 장을 읽고 나면 여러분은 각 직책에서 요구하는 역량이 무엇인지 알 수 있게 될 것이며, 2장에서는 여러분 스스로 채용 공고를 세심하게 분석하여 해당 직책 및 공고와의 관련성이 높은 이력서를 작성할 수 있을 겁니다.

---

1 이 책은 컨퍼런스나 논문에 발표를 하는 등 통상적으로 박사 학위를 요구하는 머신러닝 알고리즘 자체의 연구를 중점으로 하는 직무가 아닌, 머신러닝을 산업에 응용하는 직무에 집중합니다.
2 어떤 지역에서는 '신입사원'이라고도 불립니다. 이 책에서는 '신규 졸업자'라는 용어를 사용하겠습니다.

1.1 이 책의 개요

이번 장은 여러분이 다양한 머신러닝 직무를 구분할 수 있도록 도우며, [그림 1-1]에 설명된 대로 전체적인 인터뷰 프로세스를 다음과 같이 설명합니다.

- 지원서 및 이력서(2장)
- 기술 인터뷰
  - 머신러닝(3, 4, 6장)
  - 코딩/프로그래밍(5장)
- 행동 인터뷰(7장)
- 인터뷰 로드맵(8장)
- 인터뷰 이후와 후속 조치(9장)

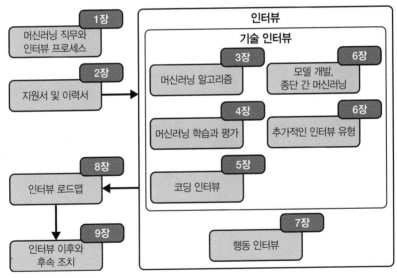

그림 1-1 각 장에 대한 개요와 머신러닝 인터뷰 프로세스와 어떻게 연결되는지에 대한 설명

여러분이 머신러닝 인터뷰 여정의 어느 단계에 있는지에 따라 여러분의 상황과 관련 있는 장과 절에 집중할 것을 권합니다. 저는 이 책을 순서대로 읽지 않아도 되도록 집필했습니다. 예

를 들면 이력서 작업이 필요할 때 2장을 참조하면 되고, 다른 장도 같은 방법으로 활용할 수 있습니다. 이렇게 개요를 살펴보았으니, 이제 다음 내용으로 넘어가겠습니다.

> **TIP** 이 책의 관련사이트인 *https://susanshu.substack.com*는 추가 콘텐츠와 보조 자료 등을 제공합니다.

1.2 머신러닝과 데이터 사이언스 직책에 관한 간략한 역사

먼저 머신러닝 관련 직책의 간략한 역사를 살펴보겠습니다. 제가 이 절부터 시작하기로 한 이유는 '데이터 사이언티스트' 직책에 대한 몇 가지 오해를 불식시키고 머신러닝 관련 직책이 이토록 다양한 이유에 대해 설명하기 위해서입니다. 이러한 역사를 이해하고 나면 어떤 직책을 여러분의 목표로 삼아야 할지 더 잘 알 수 있습니다. 머신러닝 엔지니어Machine Learning Engineer (MLE), 프로덕트 데이터 사이언티스트Product Data Scientist, MLOps 엔지니어Machine Learning Operations Engineer 등 수많은 직책 때문에 혼란스러웠던 경험이 있다면 이 절이 도움이 될 겁니다.

머신러닝 기법은 새로운 것이 아니며, 1985년 데이비드 애클리David H. Ackley, 제프리 힌튼 Geoffrey E. Hinton, 테렌스 세즈노프스키 볼츠만Terrence J. Sejnowski이 머신 알고리즘을 대중화했습니다.[3] 그 이전에도 회귀 기법[4]은 1800년대에 일찍이 개발되었습니다. 예측과 추정을 위해 모델링 기법을 사용하는 직업과 일자리는 오랫동안 존재했습니다. 계량경제학자, 통계학자, 금융 모델 제작자, 물리학 모델 제작자, 생화학 모델 제작자는 수십 년 동안 전문 직업으로써 존재해 왔습니다. 오늘날과 많이 다른 점이라면 예전에는 데이터 세트가 훨씬 작았다는 점입니다(시뮬레이션을 제외하면).

---

3 데이비드 애클리, 제프리 힌튼, 테렌스 세즈노프스키, "볼츠만 머신을 위한 학습 알고리즘," Cognitive Science 9(1985): 147–169, *https://oreil.ly/5bY2p*.

4 제프리 M. 스탠턴, "갈턴, 피어슨, 그리고 완두콩: 통계 강사를 위한 선형 회귀의 간략한 역사," Journal of Statistics Education 9, no. 3(2001), doi:10.1080/10691898.2001.11910537.

21세기가 되기 직전 몇 년간, 컴퓨팅 성능이 기하급수적으로 증가하기 시작했습니다. 또한 분산 및 병렬 컴퓨팅의 발전으로 '빅 데이터'를 더 쉽게 사용할 수 있는 환경이 형성되었습니다. 이를 통해 실무자들은 수백만 또는 수십억 개의 데이터 포인트에 고급 컴퓨팅 성능을 적용할 수 있게 되었습니다.

머신러닝 연구를 위한 대규모 데이터 세트가 축적되고 배포되기 시작했는데, 그 중 워드넷 WordNet[5]과 페이 페이 리Fei-Fei Li가 주도한 프로젝트인 이미지넷ImageNet[6]이 대표적입니다. 이러한 공동의 노력 덕분에 머신러닝 혁신을 위한 토대가 마련되었습니다. 2012년에 공개된 알렉스넷AlexNet[7]은 이미지넷 챌린지[8]에서 높은 정확도를 달성하며 딥러닝이 이전에는 볼 수 없었던 성능을 바탕으로 인간과 유사한 작업을 능숙하게 수행할 수 있음을 보여주었습니다.

많은 머신러닝 실무자들은 이 시기를 머신러닝, 딥러닝 및 관련 주제가 인공지능 커뮤니티뿐만 아니라 더 많은 사람들로부터 인정을 받으며 비약적으로 성장한 시기로 보고 있습니다. 2022년과 2023년에 인기를 끌었던 생성형 AI(예: ChatGPT)는 갑자기 등장한 것이 아니며, 그 이전에 등장한 딥페이크, 자율주행차, 체스 봇 등도 최근 몇 년간 많은 발전을 거듭한 결과물입니다.

'데이터 사이언티스트'라는 직책은 머신러닝과 데이터 분야가 덜 성숙했던 시기에 포괄적인 용어로 사용되기 시작했습니다. 검색어의 인기도를 측정하는 구글 트렌드에서 '데이터 사이언티스트'라는 용어는 2012년에 급증했습니다. 바로 그 해에 하버드 비즈니스 리뷰에 「데이터 사이언티스트: 21세기의 가장 섹시한 직업」이라는 기사가 실렸습니다.[9] [그림 1-2]와 같이 2013년 4월까지 '데이터 사이언티스트'의 검색 인기도는 이미 '통계학자'와 동률을 이뤘

5 자세한 내용은 워드넷 공식 웹사이트에서 확인할 수 있습니다.

6 지아 덩, 웨이 동, 리처드 소처, 리자 리, 카이 리, 리 페이페이, "이미지넷: 대규모 계층적 이미지 데이터베이스," 2009 IEEE 컴퓨터 비전 및 패턴 인식 컨퍼런스, 마이애미, FL, 미국(2009): 248-255, doi:10.1109/cvpr.2009.5206848.

7 알렉스 크리제브스키, 일야 수츠케버, 제프리 E. 힌튼, "심층 합성곱 신경망을 이용한 이미지넷 분류," Advances in Neural Information Processing Systems 25(NIPS 2012), *https://oreil.ly/iFMkq*.

8 크리제브스키, 알렉스, 일야 수츠케버, 제프리 E. 힌튼, "심층 합성곱 신경망을 이용한 이미지넷 분류," Communications of the ACM 60, no. 6(2017): 84-90, doi:10.1145/3065386.

9 토마스 H. 데이븐포트, DJ 파틸, "데이터 사이언티스트: 21세기의 가장 섹시한 직업," 하버드 비즈니스 리뷰, 2022년 10월 19일, *https://oreil.ly/fvroA*.

고, 그 후 통계학자를 큰 차이로 앞질렀습니다. 하지만 그 당시에는 인프라 작업과 모델 학습 작업에 구분이 없었습니다. 예를 들어, 쿠버네티스는 2014년에 처음 공개되었지만 기업들이 머신러닝 작업 오케스트레이션에 적용하기까지는 시간이 좀 걸렸습니다. 그래서 지금은 이전에는 존재하지 않았던 머신러닝 인프라에 관련된 더욱 세부적인 직책이 생겨났습니다.

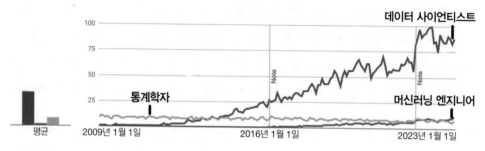

전세계 인터넷 검색 09.1.1–23.8.9

그림 1-2 '데이터 사이언티스트', '머신러닝 엔지니어', '통계학자' 용어에 대한 구글 트렌드검색 인기도(2023년 8월 9일 검색)

소셜 미디어, 웹 추천 시스템 및 기타 최신 사용 사례가 증가함에 따라 기업들은 사용자가 웹 사이트나 앱을 탐색할 때 수집되는 데이터인 **클릭스트림 데이터**^{clickstream data}**10**와 같은 훨씬 더 세분화된 데이터를 수집하기 시작했습니다. 또 다른 최근의 발전은 일반 기업이 기계와 사물 인터넷(IoT) 디바이스에서 발생하는 엄청난 양의 원격 측정 데이터를 저장할 수 있게 되었다는 점입니다. 이전에는 데이터 사이언티스트들이 일간 또는 주간으로 업데이트되는 데이터를 사용하여 작업을 수행했지만, 이제 많은 애플리케이션이 더 자주 또는 실시간으로 데이터를 업데이트함에 따라 웹 제품과 앱에서 머신러닝 기능을 제공하기 위해 더 많은 인프라가 필요하게 되었고, 이러한 기능을 중심으로 더 많은 일자리가 창출되었습니다.

요컨대, 머신러닝 생애주기가 더욱 복잡해짐에 따라 전체 머신러닝 팀에 필요한 새로운 기술을 다루는 더 많은 직책이 만들어졌습니다. 이 장의 뒷부분에서 직책과 **머신러닝 생애주기**에

---

10 옮긴이_ 사용자가 웹사이트나 애플리케이션 내에서 상호작용하는 모든 행동을 시간 순서대로 기록한 데이터를 뜻합니다.

대해 더 자세히 설명하겠습니다.

이 모든 일이 지난 10년 사이에 일어났습니다. 하지만, 회사는 직무가 더 전문화되었다고 해서 항상 직책을 변경하지는 않습니다. 후보자가 이러한 변천사를 알고 있으면 입사 지원 시 회사마다 직책은 같지만 직무는 다를 때 겪는 혼란과 좌절을 줄일 수 있습니다. 머신러닝 관련 직책의 과거 트렌드는 [표 1-1]을, 머신러닝 직책의 현재 트렌드는 [표 1-2]를 참조하세요.

표 1-1 머신러닝 및 데이터 직책의 과거 트렌드

머신러닝 및 데이터 직책	직책의 과거 트렌드
데이터 사이언티스트	모든 업무 수행
데이터 애널리스트	비즈니스 의사결정에 관련된 데이터 분석 관련 업무만 수행

표 1-2 머신러닝 및 데이터 직책의 현재 트렌드

머신러닝 및 데이터 직책	직책의 현재 트렌드
데이터 사이언티스트 머신러닝 엔지니어 응용 사이언티스트 기타	머신러닝 모델 학습
머신러닝 엔지니어 MLOps 엔지니어, AI 엔지니어 인프라 소프트웨어 엔지니어 머신러닝 소프트웨어 엔지니어, 머신러닝 기타	MLOps 및 인프라 작업
데이터 애널리스트 (프로덕트) 데이터 사이언티스트 기타	데이터 분석, A/B 테스트
데이터 엔지니어 스타트업의 데이터 사이언티스트 애널리틱스 엔지니어 기타	데이터 엔지니어링

다양한 직책의 탄생 배경을 알아봤으니, 이제 각 직책과 그 책임에 대해 설명하겠습니다.

1.3 머신러닝 경험을 요구하는 직책

다음은 머신러닝(또는 밀접하게 연관되어 있는) 직책의 일부입니다.

- 데이터 사이언티스트
- 머신러닝 엔지니어
- 응용 사이언티스트
- 머신러닝 소프트웨어 엔지니어
- MLOps 엔지니어
- 프로덕트 데이터 사이언티스트

- 데이터 애널리스트
- 디시전 사이언티스트 Decision scientist
- 데이터 엔지니어[11]
- 리서치 사이언티스트 Research scientist
- 리서치 엔지니어 Research engineer[12]

1.2 '머신러닝과 데이터 사이언스 직책의 간략한 역사' 절에서 설명했듯이, 각 직책은 머신러닝 생애주기의 각기 다른 부분을 다룹니다. 이 책만으로는 직무의 구체적인 내용을 알 수 없습니다. 구직자 분들은 회사마다 다른 직책이 비슷한 역할을 수행해야 할 수도 있다는 점에 유념하시기 바랍니다! [그림 1-3]에서 볼 수 있듯이, 머신러닝 직책은 회사, 팀, 그리고 해당 역할이 다루는 머신러닝 생애주기의 어느 부분인지에 따라 달라질 겁니다.

제가 직접 대화를 나눈 분들, 직무 기술서, 채용 인터뷰에 근거해서 해당 직무를 채용하는 회사나 조직에 따라 직책이 어떻게 달라질 수 있는지에 대한 구체적인 예를 들자면, 머신러닝 모델 학습을 담당하지만 기반 플랫폼 구축은 다루지 않는 사람은 다음과 같이 불릴 수 있습니다.

---

11 머신러닝과 데이터 사이언스는 데이터를 사용하며, 데이터 엔지니어가 직접 머신러닝 기술을 사용할 가능성은 낮지만 이들의 작업과 협업은 머신러닝 워크플로에 필수적입니다.

12 세레나 맥도넬(프린시플 데이터 사이언티스트)은 헤지펀드 분야에서는 '리서치 사이언티스트'와 '리서치 엔지니어'가 머신러닝 직무를 지칭하는 데 사용된다고 설명했습니다.

- 소프트웨어 엔지니어(머신러닝) 또는 데이터 사이언티스트(구글)

- 응용 사이언티스트(아마존)

- 머신러닝 엔지니어(메타, 핀터레스트)

- 데이터 사이언티스트(엘라스틱)

- 데이터 사이언티스트(유니티)

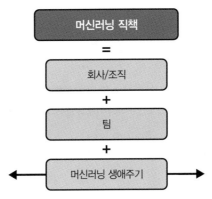

그림 1-3 머신러닝 직책에는 어떤 것들이 있는가?

직책은 조직, 부서 등에 따라 달라질 수 있습니다. 구글의 어떤 부서는 데이터 사이언티스트[13]라는 직책을 사용하고, 어떤 부서는 사용하지 않습니다. 제가 근무했던 한 회사의 데이터 사이언티스트는 머신러닝 모델을 학습시켰고 머신러닝 엔지니어는 인프라를 구축했습니다 (하루 종일 쿠버네티스, 테라폼, 젠킨스 같은 도구로 작업합니다). 다른 회사에서는 머신러닝 엔지니어가 머신러닝 모델을 학습시키는 경우도 있었습니다.

개인적인 예를 들자면, 제 경험은 머신러닝 모델 학습과 관련이 많아서 '머신러닝 엔지니어'

---

13 구글의 리서치 사이언티스트 채용 공고를 본 적이 있습니다. 이 직책은 머신러닝 연구를 중점적으로 수행하고 대형 컨퍼런스에서 발표를 담당하며, 박사 학위 또한 필요합니다.

또는 '데이터 사이언티스트'라는 직함이 있는 직무에 지원했습니다. 다음 절에서 여러분의 관심사와 기술에 적합한 기술과 역할에 대한 더 많은 예를 소개해 드리겠습니다.

 연구 중심의 머신러닝 직무

서문에서 언급했듯이 이 책은 연구직보다는 머신러닝의 산업적인 응용 직무에 더 중점을 두고 있습니다. 다음은 연구직에 대한 간략한 개요입니다.

_요구 사항_

　대부분 박사 학위

_직무_

　연구 수행, 새로운 알고리즘과 개선 사항 제시, 논문 작성, 학회 발표 등 학계의 학문적 직무와 유사합니다. 구글 딥마인드의 연구원과 같은 업계 연구직이 학계의 연구직과 가장 큰 차이점은 (제가 알기로는) 강의를 할 필요가 없다는 것입니다.

1.4 머신러닝 생애주기

업계에서는 머신러닝을 적용한 프로젝트가 궁극적으로 고객 경험을 향상시킬 것이라고 기대합니다. 가령 사용자에게 더 관련이 높은 동영상, 뉴스, 소셜 미디어 포스트를 보여주는 것처럼요. 업계에서 '고객'은 내부 고객을 의미하기도 합니다. 같은 회사나 조직에 있는 사람들 말이죠. 예를 들어, 여러분의 팀은 수요 예측을 통해 물류 부서가 선적 일정을 보다 효율적으로 계획하도록 돕는 머신러닝 모델을 구축할 수 있습니다. 사용자가 내부에 있든 외부에 있든, 종단 간 머신러닝 제품을 구축하려면 많은 구성 요소가 관여됩니다. 간단한 예제를 통해 살펴보겠습니다.

첫째, 데이터가 필요합니다. 대부분의 머신러닝은 많은 양의 데이터를 이용해서 학습되고 테스트됩니다. 누군가는 원본 데이터를 수집해서^{ingest} 분석, 머신러닝, 리포팅, 모니터링 등에 쉽게 접근할 수 있도록 준비해야 합니다. [그림 1-4]의 A단계(데이터)가 바로 여기에 해당합니다.

다음으로, 데이터가 준비되면 머신러닝 알고리즘과 도구에 관한 지식을 보유하고 있는 사람이 머신러닝 개발을 시작하기 위해 데이터를 사용할 겁니다. 이 과정은 [그림 1-4]의 B단계 (머신러닝 개발)입니다. 이 단계는 피처 엔지니어링, 모델 학습, 평가의 과정으로 이뤄집니다. 결과가 만족스럽지 않으면 B단계에서 많은 반복을 수행하게 되며, 그 담당자는 피처 엔지니어링 또는 모델 학습을 개선시키거나 A단계로 돌아가서 더 많은 데이터를 수집하도록 요청할 수 있습니다.

일정 수준의 만족스러운 결과가 나오면 머신러닝 모델을 고객에게 전달하는 C단계(머신러닝 배포)로 넘어갑니다. 머신러닝 프로젝트의 유형에 따라 웹사이트, 앱, 내부 대시보드 등에 배포할 수 있습니다. 물론, 훌륭한 팀이라면 머신러닝이 제대로 작동하는지 확인하기 위해 결과를 모니터링할 수 있는 수단을 확보해야 합니다. 머신러닝에는 잠재적으로 두 가지 문제가 생길 수 있습니다. 첫 번째 문제는 소프트웨어 수준에서 버그 등으로 인해 제대로 작동하지 않는 경우입니다. 두 번째 문제는 데이터 또는 머신러닝 모델에 이상이 있는 경우입니다. 예를 들어, 모델이 개발 단계에서는 정상적으로 작동했지만 배포 후 데이터 불균형으로 인해 결과가 변질되는 경우가 있습니다. C단계 이후부터는 모델을 개선하기 위해 B단계로 돌아가 더 많은 반복을 하고 다시 C단계에서 더 많은 실험을 실행할 수 있습니다.

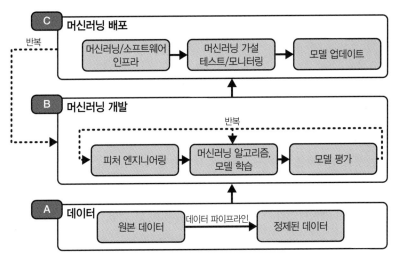

그림 1-4 머신러닝 생애주기(그래프는 이해를 돕기 위해 단순화)

방금 살펴본 머신러닝 생애주기는 데이터 파이프라인, 모델 학습, 지속적 통합 및 지속적 배포(CI/CD) 등 많은 기술이 필요합니다. 채용 후보자로서 인터뷰 준비를 위해 무엇을 공부해야 할까요? 다행히도 1.2 '머신러닝 및 데이터 사이언스 직책에 관한 간략한 역사' 절에서 언급했듯이, 요즘 기업에서는 이러한 기술 중 일부만 갖춘 사람을 채용할 **가능성**이 있습니다. 예를 들어, A단계(데이터 엔지니어링)에 특화된 사람, B단계(머신러닝 개발)에 특화된 사람, C단계(머신러닝 배포)에 특화된 사람 등이 필요합니다. 제가 '채용할 가능성'이라고 언급한 것은 회사마다 머신러닝 생애주기에 따른 직무 기술서가 다르기 때문입니다. 이제부터 몇 가지 시나리오를 통해 자세히 살펴보겠습니다.

스타트업

일반적으로 스타트업에서는 한 사람이 다양한 역할을 수행하게 됩니다. 즉, [그림 1-4]에서 보는 것처럼 머신러닝 생애주기 내 각 단계의 여러 가지 작업을 해야 할 필요가 있다는 의미입니다.

> *우리는 5명에서 25명의 머신러닝 엔지니어로 이뤄진 팀이었으며, 데이터 레이블링 작업 준비, QA 테스트, (모바일 기기상에서의) 성능 향상, 데모 셋업과 같은 업무에 일상적으로 관여해야 했습니다.*
>
> 도미닉 몬, 멘토크루즈 CEO(머신러닝 스타트업에서 과거 6년 근무)

일반적으로 스타트업은 완전한 제품을 출시[14]하는 것을 목표로 하지만, (초기 단계에서는) 고객 수가 적기 때문에 규모와 안정성의 우선순위를 낮게 둘 수도 있습니다. 따라서 머신러닝 모델을 개발하고 학습시키는 사람이 데이터 분석을 하고 이해 관계자에게 프레젠테이션을 하거나 플랫폼 인프라를 구축하는 일도 겸할 가능성이 높습니다. 또는 스타트업에서는 머신러닝 팀이 단순히 인원이 상대적으로 작기만 할 수도 있습니다. 예를 들어, 어떤 스타트업에서는 소프트웨어 엔지니어와 데이터 담당자가 총 30명인 반면, 어떤 대기업에서는 데이터

---

14 출시는 소프트웨어, 더 나아가 머신러닝에서 흔히 사용되는 용어로, 소프트웨어 제품 또는 코드의 업데이트와 같이 무언가를 배포하는 것을 의미합니다.

애널리스트만 30명인 팀을 구성하여 업무를 나눠 할 수도 있습니다.

대규모 머신러닝 팀

회사와 팀이 충분히 성장했다면, 머신러닝 직무는 전문화되었을 가능성이 큽니다. 일반적으로 팀의 규모가 클수록 직무는 더욱 전문화됩니다. 대기업의 '머신러닝 엔지니어'가 모델을 학습시킨다면, 엔지니어들은 스타트업에서와는 달리 다른 직무를 겸임할 가능성이 낮습니다. 대신, 대기업은 각 직무를 채우기 위해 더 많은 사람들을 채용합니다. 그렇다고 해서 대기업에서의 업무가 단순하다는 의미는 아닙니다. 사실, 대기업에서는 더 많은 데이터를 더 큰 규모로 다루고, 머신러닝 기능에 장애가 생겼을 때 더 많은 문제가 있으며, 머신러닝 엔지니어는 한 가지 역할에만 전념해도 시간이 모자랄 수 있습니다.

> **NOTE** 회사 규모가 클수록 큰 머신러닝 팀을 보유할 가능성이 있지만, 상황에 따라 달라질 수 있습니다. 예를 들어, 비기술 중심의 전통적인 산업 분야의 대기업이라면, 그들이 회사에 머신러닝을 어떻게 가장 효과적으로 적용할 수 있을지 고민하는 동안엔 초기 머신러닝 팀이 스타트업과 같은 환경에서 일하게 될 수도 있습니다.

이제 머신러닝과 데이터 관련 직무를 심층적으로 살펴보겠습니다. [그림 1-5]는 세분화된 직무를 갖고 있는 팀 또는 회사에서의 머신러닝 생애주기를 [그림 1-4] 기반으로 확장한 것입니다(이 그림이 일반적인 현실을 담고 있어서 유용하긴 하지만 예외와 특이 케이스를 고려하여 일부를 단순화하여 나타냈다는 것을 알려드립니다).

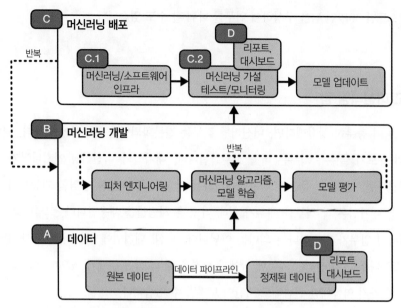

그림 1-5 세분화된 직무가 포함된 머신러닝 생애주기(그림 1-4를 바탕으로 확장)

[그림 1-5]에서 봤듯이 세분화된 각 직무는 다음과 같은 업무를 담당할 수 있습니다.

- 분석 및 머신러닝을 위한 데이터 파이프라인을 구축합니다(A단계).

- 머신러닝 모델을 학습시킵니다(B단계).

- 머신러닝 모델을 배포하기 위한 인프라를 구축합니다(C.1단계).

- 새로운 머신러닝 제품 기능에 대한 가설 테스트(주로 A/B 테스트와 같은)를 설계하고 수행합니다(C.2단계).

- 데이터 분석을 수행하여 리포트와 대시보드를 작성하고 이해관계자에게 발표합니다(D단계).

> **TIP** [그림 1-5]는 이 책의 나머지 부분에서 자주 참조합니다. 책갈피를 꽂아두세요!

1.5 머신러닝 직무의 세 가지 축

앞으로 이 책을 설명하기 위해 알아야 할 머신러닝과 데이터 사이언스 직무의 세 가지 축에 대해 살펴보겠습니다.

- 머신러닝 알고리즘과 데이터 직관 역량

- 프로그래밍 및 소프트웨어 엔지니어링 역량

- 업무 추진 및 의사소통 역량

이 세 가지는 머신러닝 직무 인터뷰를 거치는 동안 여러분이 평가받게 될 세 가지 범주의 역량입니다. 이 책은 머신러닝 직무의 세 가지 축에서 요구하는 역량을 이해하고, 현재 여러분의 경험 및 역량과 세 가지 축에서 요구하는 역량 사이에 존재하는 격차를 해소하는 데 집중합니다(그림 1-6 참조). 세 가지 역량에 대해서는 후속 장에서 상세히 다룰 예정입니다.

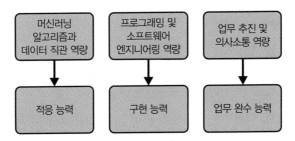

그림 1-6 머신러닝 직무의 세 가지 축

머신러닝 알고리즘과 데이터 직관 역량: 적응 능력

이 역량을 갖고 있다면 머신러닝 알고리즘과 통계 이론의 근본적인 작동 방식과 장단점을 이해할 수 있습니다. 머신러닝 알고리즘과 데이터 직관은 업무에서 실제 머신러닝 프로젝트에서 개방형 문제를 다룰 때 필수적인 요소입니다. 실제 업무를 수행할 때는 단순히 학교 과제처럼 정해진 단계를 따르지 않습니다.

데이터 직관력이 있다는 것은 새로운 문제에 직면했을 때 데이터를 사용하여 문제를 해결하는 방법을 알고, 새로운 데이터를 접했을 때 이를 평가하는 방법을 알고 있다는 것을 의미합니다. 이 데이터는 머신러닝에 적합한가? 어떤 유형의 머신러닝 모델이 적합할까? 머신러닝에 적용하기에 앞서 데이터에는 아무 문제가 없을까? 여러분은 어떤 질문을 하고 어떻게 답을 찾아야 하는지 알고 있습니다.

머신러닝 직무 인터뷰 프로세스에서는 다양한 유형의 인터뷰와 인터뷰 문제들을 통해 지원자가 가진 역량 축의 지식과 준비 상태를 평가하고자 합니다. 이에 관해서는 3장과 4장에서 다루겠습니다.

프로그래밍 및 소프트웨어 엔지니어링: 구현 능력

프로젝트가 진행되는 동안 다른 팀이 머신러닝의 결과를 활용할 수 있도록 파이썬으로 데이터를 가공하거나 내부 배포 프로세스를 사용하는 등의 결과물을 만들어 낼 수 있는 프로그래밍 역량이 필요합니다.

이론을 잘 알더라도 프로그래밍이나 소프트웨어 엔지니어링[15]를 이해하지 못하면 머신러닝을 구현할 수 없습니다. 여러분은 코드를 사용하여 데이터를 또 다른 코드로 구현되어 있는 머신러닝 알고리즘에 연결해야 합니다. 즉, 이론 지식을 실무 경험으로 전환해야 합니다.

머신러닝 직무에 관련해서 수요가 높은 프로그래밍 역량으로는 프로토타입을 제품으로 전환할 수 있는 (소프트웨어) 엔지니어의 능력, 즉 머신러닝을 통합하고 출시할 수 있는 능력이 있습니다. 어떤 직무에서는 모델 연구, 학습부터 배포 및 운용 환경에 이르는 머신러닝의 시작부터 끝까지를 담당합니다. MLOps 엔지니어와 같은 일부 머신러닝 직무는 사용자에게 몇 초 또는 몇 밀리초 만에 머신러닝 응답을 전송하기 위해 대량의 데이터를 처리할 수 있는 소프트웨어 인프라를 구축하는 일을 담당합니다.

....
15 온 디바이스(On-device) 머신러닝 또는 엣지(edge) 머신러닝을 다루는 보다 전문적인 직무에서는 하드웨어에 대한 기본적인 지식도 차별화를 가져올 수 있습니다.

머신러닝 채용 인터뷰 프로세스에서는 다양한 유형의 인터뷰 및 인터뷰 질문을 통해 후보자의 이런 부분에 대한 역량을 평가합니다. 이에 대해서는 5장과 6장에서 살펴볼 것입니다.

업무 추진 및 의사소통 역량: 업무 완수 능력

여러분은 동일한 직무를 수행하지 않는 사람들과도 함께 일하게 될 수 있습니다. 머신러닝 업무에서는 소프트웨어 엔지니어, 데이터 엔지니어, 프로덕트 매니저 등 다양한 동료와 함께 일합니다. 팀 차원에서 업무를 완수하는 능력은 의사 소통 및 프로젝트 관리 기술과 같은 몇 가지 소프트 스킬을 포함합니다.

예를 들어, 팀원들과 의사소통이 원활하지 않다는 것은 프로젝트에 있어 심각한 블로커 Blocker[16]이며, 이로 인해 머신러닝 프로젝트가 지지부진해지거나 우선 순위가 밀릴 수도 있습니다. 상사와 같이 한 사람하고만 작업하는 경우에도 여전히 프로젝트 진행 상황을 보고할 수 있어야 하며, 이를 위해서는 의사소통 역량이 필요합니다. 따라서 머신러닝 분야에서는 기술적인 개념을 비전문가와 소통할 수 있는 능력이 매우 크게 요구됩니다.

또한 작업을 순조롭게 진행하려면 프로젝트 관리 기술도 필요합니다. 우리 모두 교육이나 독학을 통해 할 일 목록과 캘린더를 관리하는 방법을 배웠지만, 여러분의 프로젝트 캘린더가 다른 사람의 캘린더와 우선순위에 따라 달라지기 때문에 직장선 이를 관리하기가 더 어렵습니다. 팀을 관리하는 프로젝트 매니저 또는 프로덕트 매니저가 있더라도 여러분은 어느 정도 스스로를 관리할 필요가 있습니다.

소프트 스킬이 없으면 결코 업무를 완수할 수 없습니다. 기술적인 능력에만 집중하고 소프트 스킬을 소홀히 해서 인터뷰에서 자신의 능력을 입증하지 못하는 후보자가 되지 마세요. 7장에서는 머신러닝 인터뷰에서 후보자의 이 축에 관한 역량을 평가하는 방법에 대해 자세히 살펴보겠습니다.

---

16 비즈니스 용어로, 주로 프로젝트나 일정 등이 원활하게 진행되지 못하도록 방해하는 것을 말합니다.

세 가지 축의 최소 요구 사항 충족시키기

세 가지 역량 모두를 향상시키는 것은 매우 어려운 일이지만, 신입의 경우에는 [그림 1-7]처럼 각 축에 대해 최소한의 기준(예를 들어 3/10 정도만)만을 요구받습니다. 가령 어떤 채용 후보자가 프로그래밍을 접해본 경험이 있다면, 숙련자나 경력자가 아니긴 하지만 교육을 시키면 역량 향상이 가능합니다. 이상적으로는, 다른 채용 후보자와 차별화를 하기 위해서는 특정한 머신러닝 직무에 가장 관련이 깊은 축 중에 적어도 하나 이상에서는 (예를 들어 프로그래밍에서 5/10 정도) 더 뛰어나야 합니다.

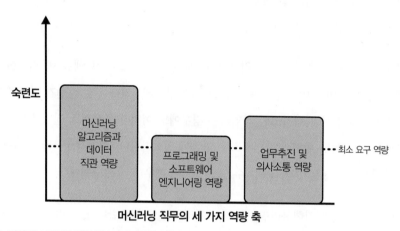

그림 1-7 머신러닝 직무를 위한 최소 요구 역량(예시)

직급이 높아질수록 근본적인 최소 요구 사항은 더 높아지지만, 비슷한 경험칙이 적용됩니다. 바로 최소 요구 역량을 충족시키는 것이죠. 그다음에는 지원한 직무에 따라 어떤 역량에 강점이 있는지를 다른 후보자들과 비교를 당하게 됩니다. 머신러닝 모델을 학습시키는 업무를 하지만 배포하지 않는 데이터 사이언티스트는 자신의 프로그래밍 역량을 머신러닝 이론이나 의사소통 역량 수준만큼 끌어올릴 필요가 없을 수도 있습니다.

신입 직무의 경우, 기술에 친숙하지 않은 팀원을 비롯한 많은 사람들과 함께 일하면서 힘들게 얻은 경험이 있어야 의사소통 능력이 높아질 수 있기 때문에 의사소통 역량의 요구 수준이 더 낮다고 말씀드리고 싶습니다(그렇다고 해서 0/10은 아닙니다!). 당연히 의사소통 역량이 뛰어난 일부 후보자들은 이 부분에서 경쟁 우위를 가집니다. 비전통적인 배경을 가진 후보자, 독학을 했거나 소프트웨어 엔지니어 직무 또는 다른 분야에서 전환한 후보자의 경우, 능숙하게 스토리를 전달하고 포트폴리오를 보여줄 수 있는 능력으로 다른 후보자와 자신을 차별화할 수 있습니다.

세 가지 역량 축을 전체적으로 살펴봤으니, 여러분은 이제 이 멘탈 모델을 활용하여 자신을 돋보이게 할 수 있습니다.

1.6 머신러닝 역량 매트릭스

축하합니다! 지금까지 여러분은 상당히 많은 내용을 소화해 내셨습니다! 여러분은 머신러닝 생애주기와 머신러닝 역량의 세 가지 축을 살펴봤으니, 이제 여러분의 관심사와 역량을 구체적인 직책에 매핑해볼 차례입니다.

[표 1-3]은 여러분에게 특정한 직무에서 성공하기 위해 어떤 역량을 습득해야 할지에 대한 대략적인 아이디어를 제공합니다. 별표는 최소 한 개부터 최대 세 개이며, 별 한 개는 낮은 중요도, 별 세 개는 높은 중요도를 나타냅니다.

표 1-3 머신러닝 및 데이터 역량 매트릭스

역량	직책				
	데이터 사이언티스트	머신러닝 엔지니어	MLOps 엔지니어	데이터 엔지니어	데이터 애널리스트
데이터 시각화, 의사소통	★★★	★★	★	★	★★★
데이터 탐색, 정제, 직관	★★★	★★★	★	★★★	★★★
머신러닝 이론, 통계학	★★★	★★★	★★	★	★
프로그래밍 도구(파이썬, SQL)	★★★	★★★	★★★	★★★	★
소프트웨어 인프라(도커, 쿠버네티스, CI/CD)	★	★~★★★	★★★	★	★

TIP [표 1-3]은 이 책의 나머지 부분에서 자주 참조합니다. 책갈피를 꽂아두세요!

이들 역량은 이전 절에서 설명한 머신러닝 역량의 세 가지 축에 대략적으로 [표 1-4]와 같이 매핑할 수 있습니다.

표 1-4 머신러닝 직무의 세 가지 축에 매핑된 머신러닝 및 데이터 역량

역량 축	머신러닝 및 데이터 역량
축 1 머신러닝 알고리즘과 데이터 직관력: 적응 능력	데이디 팀색, 성제, 직관 머신러닝 이론, 통계학 데이터 시각화
축 2 프로그래밍 및 소프트웨어 엔지니어링 역량: 구현 능력	프로그래밍 도구(파이썬, SQL) 소프트웨어 인프라
축 3 업무 추진 및 의사소통 역량: 팀에서의 업무 완수 능력	의사소통 등등

각 유형의 역량이 구체적으로 어떤 것을 포함하는지는 아직 잘 몰라도 괜찮습니다. 2장에서 이 매트릭스를 다시 살펴볼 것이며, 여러분의 자가 평가를 위한 세부 정보와 체크리스트가 제공됩니다.

> ### 신규 졸업자를 위한 팁
>
> 신규 졸업자는 개별 역량에 대해 너무 걱정하지 않아도 됩니다. 회사들은 신규 졸업자를 가르쳐야 할 필요성이 있다는 점을 알고 있기 때문이죠. 하지만 여러분은 남들보다 더 빠르고 잘 배울 수 있다는 점을 보여줌으로써 다른 후보자들과 차별화를 할 수 있습니다. 여러분의 머신러닝 커리어 초반에 이를 보여줄 수 있는 간단한 방법은 여러분이 경험해보지 않은 주제에 관해 대략적인(깊지 않아도 됩니다) 경험을 확보하는 것입니다. 예컨대, 버전 관리 시스템을 이용해서 작업을 많이 해보지 않았다면 버전 관리 시스템에 친숙해져 보세요. 버전 관리 시스템에 관한 동영상을 시청하고(30분) 프로젝트에 적용해서 설치하고 테스트를 해봄으로써(1시간) 대략적인 경험을 확보할 수 있습니다.

이제 이 모든 것을 한데 묶어 보겠습니다. 우리는 앞에서 머신러닝 생애주기 [그림 1-5]와 머

신러닝 역량 매트릭스 [표 1–3]를 살펴봤습니다. 이제 남은 일은 여러분이 지금 지원하거나 기술을 습득하기에 가장 적합한 직무를 찾는 것입니다! 그럼 이 모든 것을 머신러닝 및 데이터 직무의 현재 트렌드와 매핑해보세요(표 1–2). [그림 1–8]에 그 결과가 나타나 있습니다.

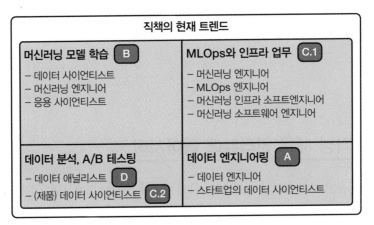

그림 1-8 일반적인 머신러닝 직책과 머신러닝 생애주기 안에서 각 직책의 역할

[그림 1–8]의 알파벳 주석은 [그림 1–5]의 머신러닝 직무와 매핑이 가능합니다. 다음은 편의를 위해 나열된 알파벳 주석과 직무를 매핑한 목록입니다.

- (A) 데이터
- (B) 머신러닝 개발
- (C.1) 머신러닝/소프트웨어 인프라
- (C.2) 머신러닝 가설 테스트/모니터링
- (D) 리포트 및 대시보드

TIP [그림 1–8]은 이 책의 나머지 부분에서 자주 참조합니다. 책갈피를 꽂아두세요!

직책을 보고 채용 공고의 세부 사항을 점검하면, 해당 직책이 일상적으로 어떤 업무를 담당할 것인지 파악할 수 있습니다. 뿐만 아니라 여러분이 관심있는 머신러닝 생애주기에 따라 입사 지원서를 잘 준비하고 다듬어서 엉뚱한 직무에 지원하는 실수를 방지할 수 있습니다.

실습 1-1

링크드인, 인디드Indeed 또는 2장에서 설명했던 다른 사이트 등 여러분이 선호하는 구인구직 사이트를 방문하세요. 그리고 '머신러닝', '데이터 사이언티스트', '데이터', '인공지능', '생성형 인공지능' 등을 검색해보세요. 어떤 결과가 나오나요? 머신러닝을 활용하는 다양한 직무의 채용 공고를 볼 수 있나요?

1.7 머신러닝 채용 인터뷰에 들어서며

지금까지 여러분이 관심을 가질 만한 여러 가지 직무를 소개해 드렸으니, 이제 채용 과정에서 겪게 될 각 단계와 인터뷰 유형을 살펴볼 차례입니다! 이 책의 제목은 『머신러닝 인터뷰 실무 가이드』지만, 인터뷰 프로세스는 단순한 질문 그 이상을 포함합니다. 우선 입사 지원서와 이력서가 있어야 인터뷰를 볼 수 있습니다. 인터뷰 기회를 늘리지 않으면 인터뷰 질문에 답할 기회조차 얻지 못하게 됩니다! 저는 이 책에서 인터뷰 후속 조치(9장)를 포함한 인터뷰 프로세스 전반을 다룰 예정입니다.

이 책에 등장하는 용어에 대한 간단한 정의

이해를 돕기 위해 이 책에서 사용하는 몇 가지 일반적인 용어를 소개합니다. 인터뷰이Interviewee는 현재 직장을 구하고 있는 사람을 가리키고, 인터뷰어Interviewer는 인터뷰 대상자가 입사를 위해 인터뷰를 보는 회사에 현재 재직 중인 사람을 의미합니다. 인터뷰이는 채용될 가능성이 있는 사람이기 때문에 '후보자' 또는 '채용 후보자'라고도 불립니다(표 1-5 참조).

표 1-5 이 책에서 사용하는 일반적인 용어와 동의어

일반적인 용어	동의어
인터뷰 질문에 답하는 사람	인터뷰이 후보자/채용 후보자 구직자 지원자
인터뷰 질문을 던지는 사람	인터뷰어, 면접관
채용 공고	구인 공고
직무 또는 직책	역할

'빅테크'는 주요 대형 기술 기업을 의미합니다. 업계의 끊임없는 변화로 인해 인기 있던 FAANG[17](페이스북, 애플, 아마존, 넷플릭스, 구글)이라는 약어는 이미 구식이 되었습니다. 페이스북이 모기업을 메타로 리브랜딩하고, 구글 역시 모회사 이름을 알파벳으로 변경한 것이 그 예입니다. 간단한 설명을 위해 이 책에서는 포괄적인 용어인 '빅테크'를 사용하겠습니다.

1.8 머신러닝 채용 인터뷰 프로세스

이제 전체 인터뷰 프로세스에 대해 알아보겠습니다. 입사 지원부터 시작하여 인터뷰를 보고, 몇 차례의 인터뷰를 더 거쳐 최종적으로 입사 제안을 받게 됩니다. 이 프로세스는 [그림 1-9]에 자세히 설명되어 있습니다.

> **TIP** [그림 1-9]는 이 책의 나머지 부분에서 자주 참조합니다. 책갈피를 꽂아두세요!

---

17 웨인 더건, "FAANG 주식에 무슨 일이? 이제는 FAANG 대신 MAMAA" 포브스, 2023년 9월 29일 *https://oreil.ly/JzMys*

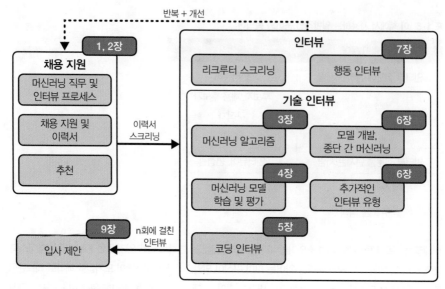

그림 1-9 머신러닝 인터뷰 프로세스

웹사이트나 구인 공고를 통해 지원하기

이제 막 여러분이 HR[18] 및 채용 프로세스가 확립된 회사의 머신러닝 직무에 입사 지원을 한다고 가정해보겠습니다. 여러분은 몇 가지 방법으로 지원을 해볼 수 있습니다. 구인 게시판이나 회사 웹사이트를 통한 직접 지원하거나(2장 참고) 또는 그 회사에 근무하는 사람의 추천을 통해 지원할 수도 있습니다. 또는 링크드인에서 메시지를 보내거나 리크루터에게 이메일을 보내서 인터뷰 기회를 얻을 수도 있습니다. 보통 HR 추적 소프트웨어 시스템을 운영하는 회사에서는 누군가가 여러분을 추천하더라도 여러분은 표준 양식의 지원서를 온라인 포털에 업로드해야 하며, 이는 여러분이 최신화된 이력서를 준비하고 개인 정보를 입력해야 한다는 것을 의미합니다.

---

18 인사팀(Human Resources) 또는 그에 상응하는 부서

웹사이트 또는 구인 게시판 지원 시 이력서 스크리닝

첫 번째 방법인 회사 웹사이트 또는 구인 게시판을 통한 직접 지원은 인디드[19]같은 구인 게시판을 살펴보고 일하고 싶은 회사의 채용 페이지를 직접 열람해서 할 수 있습니다. 이 경우엔 여러분은 해당 회사에서 일하는 사람의 추천을 받을 수 없습니다(해당 내용은 '추천을 통해 지원하기' 절에서 다루겠습니다). 여러분과 관련 있는 머신러닝 관련 직무를 확인하고, 지원하기 위해 링크를 클릭하세요. 지원서를 입력하면 여러분의 정보와 이력서를 갖고 있는 회사, HR 팀원, 리크루터, 그 외에 이력서 스크리닝을 담당하는 사람들이 다음 단계를 진행할 겁니다.

채용 시에 많은 후보자가 몰리는 것이 현실이기 때문에 채용 매니저에게 가기도 전에 많은 지원서가 일괄적으로 1차 필터링을 거친다고 생각해야 합니다. 채용 매니저는 후보자가 팀에 합류하면 함께 일하고 보고하게 될 매니저[20]입니다. 따라서 대부분의 경우 일반 HR 파트너나 내부 또는 외주 리크루터가 먼저 이력서를 읽을 것이라고 생각하면 됩니다. 이러한 리크루터들은 이력서를 걸러내는 업무에는 어느 정도 익숙하겠지만, 실제로 함께 일하게 될 엔지니어나 머신러닝 전문가만큼 전문적이지는 않은 제너럴리스트가 대부분입니다. 이러한 스크리닝 과정에 이력서에 대한 알려지지 않은 몇 가지 기준이 적용되기 때문에 관련 경험이 있음에도 불구하고 이력서가 통과하지 못하는 등 이해하기 어려운 일들을 겪을 수 있습니다.

---

19 2장에서는 인디드 외에도 더 많은 구인 사이트 정보를 제공합니다.

20 옮긴이_ 우리나라에서는 직속 상관이라고 생각하면 됩니다. 팀원 직무에 지원한다면 채용 매니저는 팀장, 팀장 직무에 지원한다면 임원 등 소속 조직장이 됩니다.

다음과 같은 경우에 제너럴리스트가 채용 매니저에게 이력서를 전달할 가능성이 높다는 점을 기억하세요.

- 채용 공고에서 요구하는 주요 기술 또는 경험이 이력서에서 드러날 때

- 경력자의 경우 핵심 기술 관련 수년간의 커리어 또는 신입 또는 대졸 신입의 경우 잘 교육받을 수 있다는 충분한 증거가 보일 때

- 여러분의 역량과 성과를 잘 이해할 수 있도록 쉬운 글로 설명할 때

이력서가 기준에 부합하는지 확인하기 위해 리쿠르터는 키워드를 검색하고 이력서를 채용 공고와 비교할 것입니다. 리쿠르터는 이력서에 기재된 기술을 '번역'할 줄 모릅니다. 예를 들어, 직무 기술서에 '파이썬'이라고 적혀 있는데 이력서에는 'C++'라고 적혀 있다면, 리쿠르터는 두 프로그래밍 언어가 모두 객체 지향적이기 때문에 해당 후보자가 노력하면 파이썬을 빠르게 배울 수 있다고 생각하지 못할 가능성이 높습니다.

 후보자 추적 시스템(ATS)가 자격을 갖춘 후보자의 이력서도 거부하나요?

스크리닝 단계에서의 **ATS**Applicant Tracking System(후보자 추적 시스템)에 관한 논쟁이 있었습니다.

기업들이 입사 지원서 관리를 위해 Workday와 같은 시스템을 사용하고 있기는 하지만, 채용 공고에 따라 이력서를 프로그램 방식으로 걸러내기 위해 ATS를 사용하고 있다는 구체적인 증거는 아직 없습니다(그림 1-10).

Gergely Orosz ✓
@GergelyOrosz

제가 어떻게 이걸 아냐고요?

저는 소프트웨어 엔지니어를 대상으로 하는 이력서 작성에 관한 책의 저자입니다. 어느날 ATS(Applicant Tracking System: 자동화된 이력서 검토 시스템)에 관한 소문을 들었는데, 알아보니 아무런 근거가 없는 소리였습니다. 저는 채용 담당자로서 'ATS 봇'을 한 번도 본적이 없고, 수많은 리크루터에게도 물어봤지만 그들도 마찬가지였습니다.

이런 주장은 거짓이거나, 이들 사이트들이 제품을 더 팔기 위해 만들어낸 이야기일 뿐입니다.

많은 사이트들이 주장하는 주된 오류 중 하나는 자동화된 ATS 거부입니다.

잡스캔(Jobscan)은 "인간 채용 담당자가 여러분의 이력서를 볼 수 있는지는 여러분이 ATS 알고리즘에 얼마나 잘 최적화했는지에 달려있다."고 주장합니다. CNBC는 "75%의 이력서는 사람에 의해 읽히지 않는다 여러분의 이력서가 봇을 이길 수 있게 만드는 방법"이라는 기사를 게재했습니다. 이 기사의 출처는 시스템을 '뚫기' 위한 이력서 서비스를 판매해서 먹고 사는 회사밖에 없습니다. 이 기사의 내용을 뒷받침하는 채용 담당자나 리크루터는 기사에 등장하지 않으며, 잘못된 사실에 설명을 제공하는 전문가를 찾기는 쉽지 않을 겁니다. 해당 기사의 다음 주장을 보시죠.

"시스템이 읽고 해석할 수 있는 방식으로 포맷되지 않은 대부분의 지원서는 고려 대상에서 제외된다"고 Top Resume의 커리어 전문가가 CNBC에 말했습니다.

PDF 이력서가 '고려 대상에서 제외된다'는 주장은 거짓이며, Word 문서 포맷을 사용하라는 조언도 마찬가지로 나쁜 조언입니다.

2022년 10월 26일 3:55PM

그림 1-10 ATS에 관한 게르겔리 오로즈(The Pragmatic Engineer 출판사의 창립자, 전 Uber매니저)의 의견(트위터 캡처)

실제로 앞서 언급한 리쿠르터들이 채용 공고의 기존 기준을 충족하는 이력서를 **통과시킬** 때에나 ATS를 사용합니다. 제가 근무하는 동안 ATS가 **자격을 갖춘** 후보자를 자동으로 필터링하는 것을 본 적이 없으며, 50개가 넘는 이력서가 포함된 PDF를 일일이 읽어야 했던 적이 있습니다. 하지만 자동화된 ATS 필터링이 완전히 사실이 아니라고 주장하고 싶지는 않습니다. 만약을 위해 이 책에서는 두 가지 관점 모두 어느 정도 진실하다고 가정합니다. 따라서 이 책은 여러분을 도와드리기 위해 ATS 필터링을 통과하는 이력서의 원칙을 알려드리겠습니다(ATS에 대한 자세한 내용은 *thetechresume.com*에서 확인할 수 있습니다).

자신의 커리어를 HR 리크루터가 이해할 수 있는 수준으로 채용 공고와 관련해서 잘 설명할 수 있다면, 이력서 스크리닝 단계를 통과할 가능성이 높아집니다. HR과 리크루터는 직무의 특성상 채용하려는 직무의 대표적인 요구 기술과 어떤 직무가 있는지에 대해서는 잘 알고 있지만 세부적인 내용은 잘 모르기 때문에 이력서를 최적화하는 것이 중요합니다(2장에서 이력서를 최적화하는 방법에 대해 자세히 알아보세요).

추천을 통해 지원하기

앞서 우리는 추천인 없이 구인 게시판이나 웹사이트를 통해 직접 지원한 사례를 살펴보았습니다. 이번에는 추천이 인터뷰 프로세스를 얼마나 더 빠르게 진행하는 데에 어떻게 도움이 되는지에 관한 몇 가지 사례를 소개하겠습니다.

여러분이 ARI 코퍼레이션[21]의 머신러닝 직무에 관심이 있다고 해보죠. 여러분은 이 회사의 머신러닝 팀에서 일하는 대학동문을 한 명 알고 있습니다. 여러분은 그 동문과 만나거나 대화를 나누며 해당 직무에 대한 관심을 표현합니다. 대화 도중에 해당 직무와 관련이 있는 개인 머신러닝 프로젝트를 그 동문에게 보여줍니다. 동문은 여러분을 추천해준다며, 회사의 HR 시스템에 따라 달라질 수 있는 구체적인 추천 방법을 알려줍니다.

이 동문은 여러분을 잘 알고 개인 프로젝트를 확인해서 여러분의 기술을 보증할 의향이 있기 때문에 여러분의 이력서를 수두룩하게 쌓여 있는 수많은 이력서 중 '가장 위에' 올려놓습니다. 추천인/추천서의 강도에 따라 여러분은 이력서 스크리닝 과정을 건너뛸 수 있으며 리크루터로부터 연락을 받을 가능성을 크게 높아집니다. 혹은 리크루터도 건너뛰어 바로 나머지 인터뷰 과정부터 시작할 수 있습니다. 이 과정은 [그림 1-11]으로 설명합니다. 여기서 설명하는 '높은' 보장은 타이밍 등 여러 요인에 따라 달라질 수 있다는 점을 유념하시기 바랍니다. 예를 들어, 여러분이 추천을 받을 수도 있지만 우연히 그 사이에 다른 후보자가 인터뷰를 거쳐 입사를 하게 되어 해당 직무의 채용이 마감될 수도 있습니다. 이렇게 되면 여러분은 나머

---

21 가상의 이름입니다. ABC 코퍼레이션이나 Acme 코퍼레이션이 아닌 다른 이름을 사용했습니다.

지 인터뷰 프로세스를 진행할 수 없게 됩니다. 추천과 전문가 네트워킹을 통해 추천을 얻는 방법에 대해서는 2장에서 더 자세히 다루겠습니다.

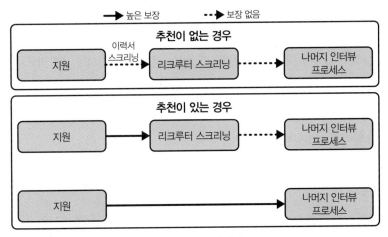

그림 1-11 강력한 추천을 통해 인터뷰 프로세스가 단축될 수 있습니다.

인터뷰 사전 체크리스트

이제 여러분은 인터뷰에 초대받았습니다! 어떻게 하면 여러분의 능력을 최대한 보여줄 수 있을까요? 시간은 한정적일지도 모릅니다. 결과를 최대한 좋게 이끌어내기 위해서는 무엇을 해야 할까요?

자신 없는 부분에 관한 노트와 질문 점검하기

제 개인적인 방법은 먼저 인터뷰에서 나올 수 있는 문제 유형을 선별하는 것입니다. 예를 들어, 아마존 인터뷰의 첫 번째 라운드에서 리크루터는 미리 문제 형식을 설명하며, 주로 통계 이론에 관한 문제를 물어볼 것입니다. 저는 온라인 자료를 읽고 노트를 훑어보며 제가 가장 취약한 주제가 무엇인지 확인합니다. 그리고 자신 있게 대답할 수 있는 문제보다는 출제 가능성이 높아 보이지만 잘 모르는 문제에 더 집중할 것입니다. 어떤 문제가 나올지 추측하는 방법은 주로 리크루터와의 대화와 그들에게 한 후속 질문들에 기반합니다. 저는 추측이 정확하지 않은 편이며, 인터뷰 노트를 준비하는 것은 대학 시험에서 무엇이 나올지 예상하는 것과 비슷합니다. 안타깝게도 제 추측은 그다지 정확하지 않습니다. 잘 될 수도, 망할 수도 있습니다!

어느 쪽이든 일부 문제에 대해 깊이 있게 알고 있는 것과 모든 문제를 대략적으로 알되 상세히 모르는 것(깊이와 폭) 사이에는 트레이드오프가 있습니다. 저는 준비 노트를 점검할 때 보통 넓은 범위를 다루는 편이지만, 해당 자료를 얼마나 숙지하고 있는가에 따라 여러분의 준비 노트는 달라질 것입니다.

인터뷰 일정 잡기

여러분의 거주지와 인터뷰어의 위치에 따라 시간대 차이가 발생할 수 있습니다. 이럴 때 저는 제가 가장 컨디션이 좋을 시간을 선택하려고 합니다. 가끔은 이상적이지 않은 인터뷰 일정 중에서 덜 부담스러운 시간을 골라야 할 때가 있습니다(예를 들어, 싱가포르 여행 중에 미국에 있는 회사와 인터뷰를 진행하는 경우).

> **TIP** 일반적으로 HR 일정 관리 소프트웨어에는 인터뷰에 초대된 후보자의 시간대를 쉽게 파악할 수 있도록 원하는 시간을 입력하고, 현지 시간대를 고려하는 캘린더 기능이 있습니다. 하지만 이메일을 주고받으며 시간을 조정해야 하는 경우도 있는데, 이때는 Calendly나 Cal.com과 같은 도구가 도움이 될 수 있습니다.

인터뷰어이자 인터뷰이로서 저는 하루 일과를 시작하자마자 바로 일정을 잡는 것을 경계합니다. 기상 후 준비할 시간을 더 확보하기 위함입니다. 마땅한 다른 시간대가 없다면 가급적 이른 시간대를 선택합니다.

인터뷰 환경 사전 점검

저는 인터뷰어로서 많은 후보자들이 네트워크 문제나 새로운 웹 회의 소프트웨어에 익숙하지 않아 인터뷰가 늦게 시작되는 경우를 경험했습니다(예를 들어, 이전에 사용해 본 경험이 없는 줌Zoom을 제시간에 설정하지 못하는 경우). 저 역시 인터뷰어로서 개인 컴퓨터에 줌과 구글 미트만 설치되어 있어 마이크로소프트 팀즈를 사용해야 했을 때 당황하며 시간을 낭비한 적이 있습니다. 결국 브라우저 버전을 사용했지만, 마이크로소프트 학생 계정이 만료되어 로그인에 문제가 생겼습니다. 몇 분 후에 이 문제도 겨우 해결했지만 조금 더 일찍 또는 인터뷰 전날에 로그인을 해봤더라면 이러한 문제를 피할 수 있었을 것입니다.

다음은 인터뷰를 더 원활하게 진행하는 데 도움이 되는 몇 가지 팁입니다.

| 가능한 한 조용한 환경에서 하세요 |

줌과 같은 일부 소프트웨어는 일부 무선 헤드폰과 마찬가지로 내장형 노이즈 캔슬링 기능을 제공합니다.

| 오디오와 영상을 사전에 점검하세요 |

영상의 경우, 조명이 충분히 밝은지와 카메라 렌즈가 깨끗한지 확인하세요. 사운드 측면에서는 마이크가 선명하게 들리는지 확인하세요. 윈도우와 맥에는 카메라 및 음성 녹음 앱이 내장되어 있습니다. 줌, 구글 미트Google Meet 또는 팀즈Teams 세션을 새로 시작하여 테스트를 실행할 수도 있습니다.

| 비상시를 대비한 백업 옵션들을 머릿속에 준비해두세요 |

인터뷰 전에 집 인터넷이 갑자기 다운되었나요? 근처에 인터넷이 가능한 (가급적 네트워크 보안 수준이 좋은) 카페가 있나요? 휴대폰 데이터를 사용할 수 있나요? 캘린더 초대장에 전화 번호가 있나요? 이러한 사항을 미리 파악해두면 많은 도움이 됩니다. 저도 인터뷰 때문에 전화를 걸어야 했던 적이 있었는데, 다행히도 전화 연결 옵션이 있다는 것을 미리 알고 있었습니다.

리크루터 스크리닝

축하합니다! 여러분의 이력서가 스크리닝을 통과했습니다! 이제 다음 단계가 어떻게 진행될지 예시를 통해 설명해 드리겠습니다.

해당 직무에 200명의 후보자가 있다고 가정해보죠. 리크루터는 관련 경험이 부족하거나 다른 이유로 직무에 적합하지 않은 것으로 보이는 170명을 제외했습니다. 이 과정은 이력서가 리크루터에게 준 인상을 바탕으로 이뤄진다는 점을 상기하세요. 동일 직책, 동일 리크루터 팀이 검토한다면 더 좋은 이력서가 통과될 겁니다. 추천서가 있다면 여러분의 이력서는 이미 인터뷰 프로세스의 더 깊은 단계로 통과했을 수도 있습니다. 이제 후보자는 30명이며, 리크루터는 이들 각각에게 연락을 합니다. 대체로 짧은 인터뷰이며, 15분에서 30분 정도로 진행됩니다. 이 단계를 '리크루터 스크리닝' 또는 '리크루터 콜'이라고 부릅니다.

일반적으로 리크루터는 후보자가 어떤 사람인지, 함께 일하기 쉬운 사람인지 확인하고자 합니다. 만약 후보자가 없는 경험을 노골적으로 있는 것처럼 주장한다면, 전화 통화에서 직장 경력이나 학력이 조작된 것으로 드러날 수 있습니다. 이 외에도 근무 지역, 예상 급여, 법적 지위와 같은 다른 사항도 확인해야 합니다.

> **TIP** 리크루터 스크리닝은 여러분의 기술적 역량이나 커리어에 대한 심층 테스트보다는 '진위 판단'에 가깝습니다.

이 단계에서 성공하기 위한 제 팁은 다음 한 가지를 목표로 최적화하라는 겁니다. 바로 리크루터가 여러분을 좋은 후보자로 인식하게 하고, 여러분의 커리어가 관련성이 높으며(또는 빠르게 배울 수 있으며), 채용 중인 팀과 직책에 잘 적응할 수 있다는 점을 이해시키는 겁니다. 이 부분은 채용 매니저나 다른 시니어 머신러닝 엔지니어인 인터뷰어를 설득하는 것과는 또 다릅니다. 하지만 이 리크루터 콜에서 이력서와 직무 기술을 연결시키기 위한 노력을 더 기울인다면 리크루터 스크리닝을 통과할 수 있을 것입니다.

다음은 직무 기술서에서의 몇 가지 주요 항목 예시입니다.

- 추천 시스템 커리어 보유자
- 스파크Spark, 스노우플레이크Snowflake, 하둡Hadoop 등 데이터 프로세싱 경험 보유자
- 파이썬 커리어 보유자

이 직무와 관련된 리크루터 콜에서 여러분의 경험을 설명하는 나쁜 예는 '해당 과거 프로젝트에서, 저는 ALS 알고리즘을 사용했으며, PySpark로 구현했습니다.'입니다. 리크루터 콜에서 여러분의 커리어를 설명하는 좋은 예는 '해당 과거 프로젝트에서 저는 행렬 인수분해에 기반한 추천 시스템 알고리즘인 교대 최소 제곱법Alternating Least Squares, 즉 ALS를 사용했으며, 파이썬 API로 래핑된 스파크인 PySpark를 사용했습니다.'입니다.

좋은 설명은 리크루터가 여러분의 역량을 직무기술서에 더 잘 맞춰볼 수 있도록 합니다. 반면에 나쁜 설명은 리크루터가 채용 공고에 기술된 역량을 확실하게 맞춰볼 수 없게 하죠. 이력서를 작성할 때는 공간이 한정되어 있습니다. 인터뷰에서의 실시간 대화는 리크루터가 인지하지 못했던 내용을 채울 수 있는 좋은 기회입니다.

약어를 풀어서 설명하는 것 또한 중요합니다. 이는 기술 담당자와의 인터뷰에서도 마찬가지입니다. 저는 추천 시스템과 강화 학습에 비교적 전문성을 가지고 있지만, 일상 업무에서 컴퓨터 비전 작업을 하지는 않습니다. 제가 과거에 인터뷰한 후보자가 컴퓨터 비전 프로젝트에 대해 이야기할 때 틈새 기술을 설명하는 것이 좋았습니다. 인터뷰어가 리크루터든 미래 팀원이든, 인터뷰어를 깔보지 않으면서도 전문성을 보여줄 수 있어야 합니다.

한편으로, 리크루터와의 통화는 후보자가 직무를 평가할 수 있는 좋은 기회입니다. 인터뷰를 계속할지 여부를 결정하기 위해 여러분이 관심 있는 것들에 관해 질문들을 할 수 있습니다. 예를 들어, 팀 규모와 이 직무가 머신러닝 또는 데이터 애널리스트 역할에 더 중점을 두는지 물어볼 수 있습니다. 회사 및 제품에 대한 몇 가지 질문을 준비할 수도 있습니다. 예를 들어, 팀의 현재 프로젝트가 클릭률 향상에 초점을 맞추고 있나요? 아니면 장기적인 고객 참여에 초점을 맞추고 있나요? 여러분이 해당 제품의 사용자라고 했을 때 논의하고 싶은 아이디어와

질문이 많을 것입니다. 이 통화는 회사에 대한 열정과 지식을 보여줄 수 있는 기회이기도 합니다.

본격적인 인터뷰 과정 둘러보기

다음 단계로 넘어갑니다. 좋은 소식이 있습니다. 리크루터가 여러분을 합격시켰습니다! 여러분은 이전 커리어에 대해 잘 설명했고, 리크루터는 여러분의 과거 업무가 현재 직무 기술서와 어떻게 연결되는지 이해했습니다. 하지만 아직 끝난 것은 아닙니다. 여러분은 첫 번째 채용 스크리닝을 통과한 15명의 후보자 중 한 명일뿐입니다. 리크루터는 머신러닝 이론, 프로그래밍, 케이스 스터디 인터뷰를 포함한 앞으로 예정된 기술 인터뷰에 대해 알려줍니다. 또한, 행동 인터뷰도 여러 단계에 걸쳐 진행됩니다. 이 모든 단계를 통과하면 온사이트On-Site 인터뷰를 하게 됩니다. 보통은 온사이트 인터뷰가 최종 라운드입니다. 요즘에는 가상 온사이트 인터뷰/최종 라운드 인터뷰도 있습니다. 최종 라운드를 통과하면 여러분은 입사 제안을 받게 됩니다.

기술 인터뷰

리크루터 스크리닝 이후에 진행되는 다양한 유형의 인터뷰를 하나씩 살펴보죠. 첫 번째는 바로 기술 인터뷰입니다. 기술 인터뷰는 주로 머신러닝 엔지니어나 데이터 사이언티스트와 같은 기술 분야의 개별 기여자(IC)Individual Contributor[22]들과 함께 진행됩니다. 기술 인터뷰에는 데이터 중심의 코딩 인터뷰나 인터뷰어가 가상의 데이터를 제시하고 SQL이나 파이썬 pandas/NumPy 사용을 요구하는 인터뷰 등 여러 라운드가 있을 수 있습니다. 이러한 유형의 인터뷰 구조와 인터뷰 문제에 대해서는 5장에서 더 자세히 설명하겠습니다. 머신러닝 및 데이터 중심의 프로그래밍 인터뷰 외에도 브레인티저[23] 형태의 질문을 받을 수도 있습니다. 이러한 유형의 인터뷰에서는 온라인 통합 개발 환경(IDE)에서 코딩할 수 있는 코더패드나 해커랭크

---

22 옮긴이_ 우리나라에서의 통상적인 조직 체계에서는 팀원에 해당합니다.
23 옮긴이_ Brain Teaser, 발상의 전환으로 해결해야 하는 퍼즐이나 문제를 말합니다.

와 같은 인터뷰 플랫폼을 사용합니다. 때로는 심층 기술 인터뷰, 시스템 디자인, 비공개 리포지토리나 Google Colab에서 진행되는 실습과 같은 다른 형식의 인터뷰도 있습니다. 5장과 6장에서 이러한 유형의 인터뷰를 준비하는 방법에 대해 자세히 설명하겠습니다. 이러한 후속 인터뷰 라운드를 거치면 최종 라운드까지 후보자 수가 더 줄어들 수 있습니다. 이 예에서는 15명의 후보자가 리크루터 스크리닝을 통과했고, 8명이 1차 기술 인터뷰를 통과했습니다. 2차 기술 인터뷰가 끝나면 온사이트 인터뷰를 진행할 후보자 3명이 남게 됩니다.

행동 인터뷰

인터뷰 프로세스 속에는 후보자가 특정 상황에서 어떻게 반응하는지를 평가하기 위한 질문들이 섞여 있습니다. 이러한 질문들의 목적은 여러분의 과거 경험을 바탕으로 미래 성과를 예측하고, 스트레스가 많거나 어려운 상황에서의 반응을 파악하는 데 있으며, 의사소통, 팀워크와 같은 소프트 스킬을 평가하는 데에도 사용됩니다. 여러분은 몇 가지 과거 경험을 준비하여 스토리텔링 방식으로 답변하는 것이 좋습니다.

예를 들면 첫 번째 리크루터 콜에서, 리크루터가 프로젝트에서 어려웠던 일정 관리 경험에 대해 물어볼 수 있습니다. 이러한 질문이 한 번만 나오는 것은 아닙니다. 온사이트 인터뷰에서도 한 시간 정도가 행동 인터뷰 질문에 할당됩니다. 또한 일부 기술 인터뷰에서도 순수한 기술적 질문과 행동적 질문의 혼합된 형태로 몇 가지 질문을 받을 수 있습니다. 7장에서는 아마존의 리더십 원칙 등 회사별 준비 팁과 함께 행동 인터뷰를 통과하는 방법을 설명하겠습니다.

온사이트 최종 인터뷰

많은 회사에서 '온사이트' 최종 라운드 또는 이에 준하는 가상 인터뷰를 실시합니다. 이 인터뷰들은 보통 연속적으로 진행됩니다. 예를 들어, 아침부터 기술 책임자를 만나 케이스 스터디 인터뷰를 한 다음에는 바로 시니어 데이터 사이언티스트를 만나 프로그래밍 인터뷰를 하게 될 수 있습니다. 점심시간이 지나면 머신러닝 이론에 대해 질문을 하는 두 명의 데이터 사이언티스트를 만나게 됩니다. 채용 매니저가 더 많은 행동 인터뷰 질문을 하고 후보자의 과거 경험에 대해 볼 가능성이 높습니다. 기술 인터뷰어 외에도 다른 이해관계자(예: 인터뷰 대상 팀과 긴밀하게 협력하는 팀의 프로덕트 매니저)와 대화할 수도 있습니다. 실제로 제가 겪은 여러 최종 라운드 인터뷰에서 프로덕트 매니저 인터뷰어나 마케팅이나 광고 등 머신러닝 팀과 긴밀히 협력하는 다른 부서의 인터뷰어들을 만났습니다.

일부 회사에서는 상위 레벨 매니저(매니저의 매니저)와의 간단한 대화와 같은 추가 미니 라운드를 진행하기도 합니다.

요약

이번 장에서는 다양한 머신러닝 직무와 머신러닝 생애주기, 그리고 머신러닝 생애주기와 관련된 다양한 직무에 대해 다루었습니다. 또한 인터뷰 프로세스의 시작부터 최종 인터뷰까지 어떻게 진행해야 하는지도 살펴보았습니다. 앞으로 준비하고 배워야 할 것이 아직 많지만, 이제 개괄적인 내용을 이해했으니 어떤 식으로 준비해야 할지 생각해볼 수 있을 것입니다.

이번 장을 통해 기본을 다졌으니, 이제 이력서 가이드를 포함한 자세한 입사 지원 가이드를 통해 인터뷰 기회를 크게 늘리는 방법을 안내하겠습니다.

머신러닝 입사 지원과 이력서

머신러닝 분야에서 입사 제안을 받기 위해선 인터뷰도 준비해야 하지만 그 전에 인터뷰 기회를 확보하는 것이 중요합니다. 지원 과정에서는 다른 후보자보다 여러분의 프로필을 돋보이게 해서 인터뷰 기회를 늘릴 수 있는 다양한 기회가 있습니다. 인터뷰 기회를 얻는 데에 어려움을 겪고 있다면, 이번 장을 통해 여러분의 지원서를 최적화하여 더 나은 결과를 얻는 데 도움을 드릴 수 있을 겁니다. 이제 막 취업 준비의 첫걸음을 뗀 분들에게는 실수 없이 과정을 이해하고 따라갈 수 있는 상세한 안내서가 될 겁니다.

2.1 채용 공고는 어디에 있을까?

머신러닝 직무 관련 채용 공고는 어디에서 찾아야 할까요? 이미 링크드인이나 인디드 같은 온라인 구인 게시판을 이미 알고 있겠지만, 저를 포함한 많은 머신러닝 전문가들은 이외에 다른 곳에서도 일자리를 찾습니다. [표 2-1]에서는 이러한 채용 사이트와 채용 공고를 알아보는 비공식적인 방법들을 나열하고 있습니다.

표 2-1 채용 공고를 알아보는 방법과 예

채용 공고를 알아보는 방법	예
온라인 채용 지원 (모든 유형)	링크드인(간편 지원Easy Apply이 편리합니다.)
	인디드
	다이스Dice
	회사 사이트(주요 구인 사이트에 공고를 올리지 않는 회사의 경우)
	지역별 채용 사이트(링크드인 같은 국제적인 사이트가 인기 없는 지역의 경우)
	커뮤니티 이벤트, 슬랙, 디스코드 채널을 통해 공유되는 채용 공고
온라인 채용 지원 (스타트업 위주)	웰파운드Wellfound (구 엔젤리스트 탤런트AngelList Talent)
	워크앳어스타트업Work at a Startup
	지역별 스타트업 채용 사이트
	각 스타트업 회사의 채용 페이지

채용 공고를 알아보는 방법	예
인맥	입소문 비공식 인터뷰 커피챗 콜드 메시지, 콜드 콜

2.2 머신러닝 채용 지원 가이드

이번 절은 채용 지원 전략을 선택하는 방법을 설명하고, 뒤이어 이력서 가이드를 통해 여러분이 최적화된 입사 지원서를 작성할 수 있도록 도와줍니다.

입사 지원서의 효율성

어떤 사람들은 인맥 없이도 취업에 성공합니다. 실제로 제 두 번째 직장은 직접 연락해서 지원한 곳이었는데, 당시 그 회사에는 아는 사람이 한 명도 없었습니다. 하지만 확률적으로 생각해보면, 추천인 없이 지원하는 회사들에만 지원한다면 더 많은 지원서를 제출하고 더 많은 인터뷰를 해야만 했을 것입니다. 다음은 입사 지원서의 효율을 평가하기 위해 저의 머릿속에 세워놓은 계산 방정식입니다.

$$지원서수 \times 지원서\ 당\ 효과성(EPA^{Effectiveness\ per\ application}) \rightarrow 인터뷰\ 초대\ 횟수$$

EPA에 상관없이 지원서를 많이 제출할수록 인터뷰에 초대될 확률이 높아집니다. 따라서 무차별적으로 대량의 지원서를 보내는 '뿌리고 기도하기' 방식은 낮은 EPA를 보완할 수 있긴 합니다. 그러나 지원서 제출 횟수를 줄이면서도 동일한 인터뷰 횟수를 기대하고 싶다면, 여러분의 평균 EPA를 높여야 합니다. 여러분에게 적합한 채용 공고를 선별하거나 이력서를 맞춤화하면 EPA를 증가시킬 수 있습니다. 이렇게 하면 여러분은 대체로 적은 지원서로도 동일한 횟수의 인터뷰를 확보할 수 있게 됩니다.

그렇다면 어떤 전략을 선택해야 할까요? 굳이 추천인을 구하거나 이력서를 맞춤 설정할 필요는 없지만, 더 많은 지원서를 준비해야 할 것입니다. 선택은 여러분의 몫입니다! 대량 지원 방식을 선호한다면 다음 절을 건너뛰어도 되지만 그래도 저는 읽어보길 추천드립니다. 다음은 여러분의 EPA를 높일 수 있는 몇 가지 전략입니다. 다음 절에서 이 전략들에 대해 더 자세히 다루겠습니다(그림 2-1 참조).

| 채용 추천인 확보하기 |

머신러닝 직무 관련 추천인을 확보하고 추천 가능성을 높이기 위해 인맥을 활용하세요.

| 지원 전 직무 검증하기 |

여러분의 역량과 적합한 직무를 찾고 지원하는 데 시간을 투자하면 EPA를 높일 수 있습니다.

| 이력서 맞춤화하기 |

직무 검증을 통해 여러분이 목표로 하는 직무에 가장 관련이 깊은 키워드와 기술을 강조하도록 여러분의 이력서를 재구성할 수 있습니다.

그림 2-1 채용 지원 횟수와 지원서당 효과성

> **■ 분산 투자하세요. 다양한 경로로 지원하세요.**
>
> 저는 추천을 통해 직무에 지원하여 좋은 결과를 얻은 경험이 많지만, 그렇다고 해서 추천이 있을 때만 지원한
> 다는 의미는 아닙니다. 솔직히 말하면, 저도 저에게 딱 맞지 않은 직무에 이력서를 제출하기도 하고, 항상 이
> 력서를 맞춤화하지도 않습니다. 모든 지원서에 대해 EPA를 최대화할 필요는 없습니다. 추천을 받으면 평균
> 적으로 EPA는 증가하게 됩니다. 여러분의 시간 여유에 따라 전략을 섞어서 사용할 수 있습니다. 때로는 추천
> 을 부탁하려고 누군가에게 연락할 시간이나 에너지가 없거나, 회사 내 연결고리를 충분히 잘 안다고 느끼지
> 못할 때도 있습니다. 그럴 때 저는 그냥 직접 지원합니다.

채용 추천

1장에서 추천은 여러분의 이력서를 '이력서 더미'의 맨 위로 올릴 수 있으며, 심지어 리쿠르터의 연락을 보장하기도 한다고 언급했습니다. 경우에 따라 추천받은 (즉, 추천된) 후보자는 리쿠르터의 초기 연락 단계를 건너뛰고 인터뷰 과정의 후반 단계로 바로 진행할 수도 있습니다. [그림 1-11]에서 설명한 것처럼 말이죠. 저는 이번 장을 통해 추천이 여러분의 EPA를 향상시키는 방법 중 하나임을 설명합니다. 저는 개인적으로 가능하면 추천을 활용하는 것이 아주 좋다고 생각합니다. 추천인은 자신의 평판을 기꺼이 거는 것인데, 즉 여러분이 채용되었을 때 이 회사에서 잘 해낼 것이라는 믿음을 시사하는 것이죠.

다음은 추천, 추천으로 이어진 커피챗, 그리고 직무 탐색 인터뷰를 요청하는 방법을 스크린 샷과 함께 설명하는 세 가지 사례입니다.

> **CAUTION** 추천에 관한 흔한 오해는 추천자가 있으면 일사천리로 입사 제안을 받게 된다는 것입니다. 이는 사실이 아닙니다. 왜냐하면 추천은 대개 인터뷰 프로세스의 첫 번째 단계를 통과하는 데 도움을 줄 뿐, 그 후의 과정은 여러분의 몫이기 때문입니다. 이후의 인터뷰 단계에서는 여전히 엄격한 평가를 받게 됩니다.

채용 추천 예 1: 성공적인 인턴 네트워킹 및 도움 요청

다음은 제가 우리 팀에 추천했던 한 인턴 후보자의 사례입니다. 이 후보자는 제가 공동 주관

한 머신러닝 논문 동아리 모임인 AISC(그림 2-2 참조)에 참석했을 때 처음 만났습니다. 제가 주최한 또 다른 행사에서 그가 5분간 멋진 '라이트닝 토크'를 발표한 것을 본 후, 저는 그에게 연락을 취했습니다. 우리는 짧은 이야기를 주고받으며 대화를 마무리했고, 그 후로 2년 동안은 연락이 없었습니다.

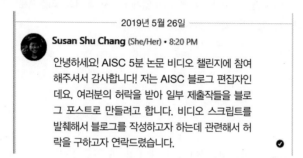

그림 2-2 채용 추천 예 1: 머신러닝 저널 클럽 모임 후에 가졌던 짧은 대화

그 후, 2022년에 그는 제가 근무하던 회사에서의 채용에 대해 이야기를 나누기 위해 연락을 해왔습니다. 몇 년 전에 머신러닝 저널 동아리 모임에 참석했던 그를 알아봤고 그때의 대화를 기억하고 있었기에, 저는 기꺼이 그 분을 추천했습니다(그림 2-3 참조).

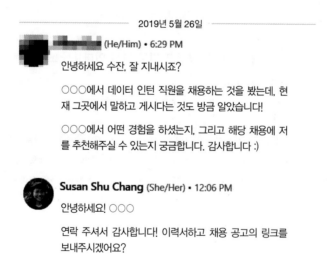

그림 2-3 추천 예 1: 인턴 채용 후보자 추천

이것은 추천, 인터뷰, 채용 제안으로 이어질 수 있는 친한 업계 지인에게 연락을 취하는 좋은 예입니다.

채용 추천 예 2: 채용 공고를 더 파악하기 위한 지인 연락

다음은 지인에게 연락하는[1] 또 다른 예입니다(그림 2-4 참조). 이 사람은 우리 둘 다 참석한 컨퍼런스를 언급하며 저에게 메시지를 보냈습니다. 우리는 컨퍼런스에서 간단히 대화를 나눴을 뿐이지만, 그 언급만으로도 저의 수많은 메시지로 가득 찬 편지함에서도 제 관심을 끌 수 있었습니다. 저는 간단한 통화를 통해 채용 공고에 대한 몇 가지 질문에 답하기로 했습니다.

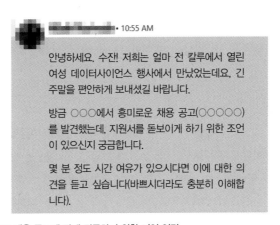

그림 2-4 채용 추천 예 2: 채용 공고에 관해 질문하기 위한 지인 연락

저는 통화를 하면서 그 사람의 과거 커리어에 대해 질문했습니다. 데이터 커리어에 대해 듣고 난 후, 제가 먼저 추천해주겠다고 제안했습니다(그림 2-5 참조).

---

1   옮긴이_ 원문에는 콜드 콜(Cold Call)의 반대되는 의미로써 Warm outreach라는 표현을 사용했습니다만, 우리나라에서는 현재 보편화된 '콜드 콜'과는 달리 '웜 콜'같은 표현을 사용하지 않으므로 '지인 연락'으로 의역하였습니다.

Susan Shu Chang (She/Her) • 3:57 PM

안녕하세요. 리크루터 이름은 ○○○○입니다
(채용 매니저가 아니에요).

추천인으로 제 ID를 기입하셔도 됩니다.

그림 2-5 채용 추천 예 2: 구직자를 추천하는 메시지

다음은 제가 후보자와의 대화에 응하고 그들을 추천하기로 결정한 몇 가지 이유입니다.

| 연결 고리를 밝히세요 |

그들은 저를 이전에 어디에서 만났는지를 밝혔습니다. 경우에 따라 구직자들은 제 블로그를 읽었다거나 제 발표를 봤다고 언급합니다. 때로는 제 링크드인 게시물 중 하나를 봤다는 정도로 간단한 것을 언급할 수도 있습니다(어떤 것인지 구체적으로 말하는 것이 중요합니다).

| 구체적이어야 합니다 |

그들은 채용 공고를 링크하거나 연락하는 이유에 대한 세부사항을 언급했습니다. 저는 '데이터 사이언스 분야에 어떻게 진입할까요?'와 같은 매우 광범위한 질문을 받곤 합니다. 이런 경우, 커피챗에서도 제 블로그나 이 책에서 이미 다룬 정보를 반복해서 설명하게 됩니다. 통화나 오프라인 만남은 이러한 기본적인 정보 교환보다는 더 깊이 있는 대화를 나누기 위한 것이어야 합니다.

| 정중하면 큰 도움이 됩니다 |

그들은 공격적이거나 무례하지 않고 제 시간을 매우 존중했습니다.

앞서 '채용 추천 예 1'의 인턴 후보자가 연락해올 때도 이러한 특성을 보여주었습니다.

채용 추천 예 3: 콜드 메시지

다음은 안면이 없는 누군가가 커피챗을 위해 연락한 예입니다(그림 2-6 참조). 제가 작성한 특정 링크드인 게시물을 봤다고 언급한 것에 주목하세요. 이런 언급은 연락하려는 사람과의

연결 고리를 밝히세요는 팁의 좋은 예입니다. 이 메시지는 평범한 대화를 위한 것이었고 특정 채용 공고를 위한 것은 아니었지만, 그녀가 언급했던 인공지능과 게임 개발은 제 관심 분야여서 만남을 이끌기에 충분했습니다. 당시 우리 둘 다 토론토 다운타운 지역에 있었기 때문에 약속을 잡기가 어렵지 않았습니다.

안녕하세요. 수잔

'시바이누와의 여름' 개발에 관한 글을 정말 재미있게 읽었습니다. 정말 흥미로운 프로젝트입니다.

저는 인공지능과 게임 개발을 접목하는 걸 생각 중인데요. 비슷한 관심사를 가진 사람들과 교류하고 싶습니다.

가끔 커피를 마시며 이야기를 나눌 수 있을까요?

그림 2-6 추천 예 3: 커피챗 요청

우리는 만나서 다양한 머신러닝 및 인공지능, 게임 개발에 대해 깊이 있는 대화를 나누었고, 저는 이 대화를 통해 그녀가 추천할 만한 사람이라는 확신을 갖게 되었습니다. 실제로 당시 제 팀에서 채용 중이어서 이야기를 꺼내기도 했습니다. 안타깝게도 그녀는 최근 새로운 직장에 다니기 시작했기 때문에 그녀를 추천할 수는 없었지만, UNO 리버스²상황에서 그녀는 **저를** 그녀의 새로운 회사에 추천해 주겠다고 제안했습니다(그림 2-7 참조).

(She/Her) • 3:37 PM

감사합니다. 휴! 방금 ○○○이 끝났네요. 저희 팀과 이야기해 봤는데 곧 채용을 시작할 예정이니 추천이 필요하면 알려주세요. ○○○ 애널리틱스 포지션입니다.

그림 2-7 추천 예 3: UNO 리버스 추천 제안

---

2 카드 게임 UNO에는 사람들이 돌아가며 플레이하는 순서를 뒤집을 수 있는 카드가 있습니다. UNO 리버스는 의도한 행동이나 결과가 시작자에게 되돌아오는 상황을 의미하기도 합니다!

인맥 쌓기

앞서 세 가지 예에서 알 수 있듯이, 사려 깊은 메시지를 보내면 추천을 받을 수도 있습니다. 이벤트와 컨퍼런스에 참석하면 필요할 때 연락할 수 있는 인맥의 수를 늘릴 수 있습니다.

업계에서 경험이 풍부한 많은 리더들이 추천을 적극 권장합니다. 다음은 몇 가지 예입니다.

> *채용의 상당 부분은 콜드메일을 보내는 매니저, 추천을 통한 지인 소개 또는 네트워킹 이벤트와 같은 채널을 통해 이루어집니다. 실제로 저는 꼭 필요한 경우가 아니라면 구인 게시판이나 회사 웹사이트를 통해 지원하지 말라고 멘티들에게 조언합니다.*

수하스 파이, 베드록 AI의 CTO

> *일부 직무의 경우, 신뢰할 수 있는 피추천인이라면 이력서 스크리닝과 리크루터 콜을 건너뛸 수 있습니다.*

유진 얀, 아마존의 시니어 응용 사이언티스트

그렇다면 어떻게 '인맥'을 쌓을 수 있을까요? 학생일 때 인맥이라는 용어는 저에게 큰 혼란을 주었습니다. '컨퍼런스와 밋업에 참석한다고 치자, 그래서 어떡하라는 거지? 단 한 번의 만남으로 나에게 일자리를 추천해주고 싶어하지 않을텐데...' 이렇게 생각하고 있다면 대체로 맞을 겁니다. 사람들은 특별한 이유가 없다면 보통 추천하지 않습니다.

다행히도 많은 회사, 특히 빅테크나 대기업은 추천인에게 보너스를 제공합니다. 이는 직원이 추천하여 채용된 사람이 있으면 해당 직원이 돈이나 다른 형태의 보상을 받는다는 것을 의미합니다. 일반적으로 보상 제도의 남용을 방지하기 위해 신입 사원이 6개월 정도 근무해야 한다는 조건이 있습니다. 추천 프로그램은 직원들이 자신의 인맥에서 적합한 사람을 찾아 직무 공고에 추천하도록 동기를 부여합니다.

또한 머신러닝은 수요가 높아서 일부 회사들은 채용에 어려움을 겪고 있습니다. 많은 회사와 팀이 친구, 전 직장 동료, 대학 동기 등의 추천을 통해 자격을 갖춘 후보자를 찾습니다. 따라서 강력한 인맥을 갖고 있지 않은 사람들도 적합한 후보자를 적극적으로 찾을 동기를 갖게 됩니다.

인맥을 쌓기 위해 저는 다음과 같은 방법을 활용합니다.

1. 오프라인이나 온라인에서 열리는 모임이나 컨퍼런스를 찾아봅니다.

2. 행사에 참여합니다(대부분 무료입니다).

3. 이벤트마다 새로운 사람 한 명과의 만남을 목표로 삼습니다.

이 작은 목표를 이루다 보면 나중에는 다양한 회사의 많은 사람들을 만나게 될 겁니다. 행사에 월 1회씩만 참석한다 해도 1년이 지나면 나중에 해당 회사에 지원할 때 당신을 추천해 줄 수 있는 12명의 사람들을 만나게 됩니다. 이렇게 만난 스타트업 창업자는 나중에 여러분을 인터뷰할 때 채용 결정을 더 쉽게 내릴 수도 있습니다.

인맥을 쌓는 것은 장기적인 투자이며, 보상 역시 장기적인 관점에서 나타납니다. 많은 사람들이 인맥을 쌓는 것이 단지 자신이 관심 있는 직무를 먼저 찾은 후 그 회사나 직무와 관련된 사람들에게 연락하는 것에 국한된다고 오해하는데, 사실은 그렇지 않습니다. 이미 지원을 시작했을 때만 인맥을 쌓으려 한다면, 스트레스를 받고 시간에 쫓길 뿐만 아니라, 때로는 너무 늦을 수도 있습니다.

알고 지내는 다른 회사의 사람들이나 대학 동문, 부트캠프 동료 등이 있다면, 그들의 회사에 채용 공고가 올라왔을 때 연락을 시도해 보세요. 어떻게 시작해야 할지 모르겠다면, 앞서 소개한 성공적인 사례들을 참고하시면 도움이 될 것입니다.

> **TIP** 새로운 사람을 만나는 데 '재능이 있다'고 생각하지 않더라도, 새로운 사람을 만나는 것은 배우고 연마할 수 있는 기술입니다. 네트워킹 이벤트, 밋업, 컨퍼런스에 참석할 때 새로운 사람을 한 명만 만나겠다는 작은 목표를 세우세요. 분명 큰 도움이 됩니다.
>
> 추천을 받는 것 외에도 인맥을 쌓는 것에는 강력한 이점이 있습니다. 제가 갓 졸업했을 때였습니다. 컨퍼런스와 밋업에 참석만으로 채용 공고에 지원하기도 전에 서로 다른 두 회사의 최종 인터뷰어(디렉터급)를 두 명이나 만난 적이 있었고,[3] 두 곳 모두 채용 제안을 받았습니다. 그 분들이 저를 직접 추천한 것은 아니었지만, 인

---

3 자세한 내용은 제 블로그에서 확인할 수 있습니다. "네트워킹이 지수 펀드에 투자하는 것과 같은 이유 – 행사 참석을 통해 여러 인터뷰어를 만난 방법(Why Networking Is Like Investing in an Index Fund—How I Met Multiple Interviewers by Attending Events)".

2.3 머신러닝 이력서 가이드

제가 EPA를 높이는 방법으로 이력서 맞춤화를 언급했지만, 이력서를 맞춤화하지 않더라도 어쨌든 기본적인 버전의 이력서가 하나는 있어야 합니다. 이 절에서는 여러분의 첫 번째 이력서를 작성하는 방법을 안내해드릴 겁니다. 이미 이력서를 갖고 있는 독자분들은 이번 절에서 유용한 팁과 모범 사례를 빠르게 살펴보신 후, '지원하는 직무에 맞춰 이력서 맞춤화하기' 절 또는 여러분이 관심 있는 다른 절로 넘어가면 됩니다.

여러분의 경험을 목록으로 정리하세요

이력서 작성을 시작하기 전에, 여러분은 먼저 과거에 했던 일들을 간단한 목록으로 만들어야 합니다. 이 목록에는 과거 경험, 학교나 직장에서의 머신러닝 프로젝트 등 머신러닝과 데이터 사이언스에 관련된 모든 경험이 포함됩니다. 개인 또는 학교 프로젝트나 머신러닝 이외의 업무 경험이 없는 경우에도 해당 목록을 작성하면 현재 역량과 목표하는 머신러닝 직무 간의 간극을 줄이기 위해 무엇을 더 익혀야 하는지 파악하는 데 도움이 됩니다.

예를 하나 들어봅니다. 커리어가 1년도 채 되지 않은 신입 사원이었을 때의 제 목록은 다음과 같았습니다.

| 대학 |

- 직접 수집한 데이터를 바탕으로 한 스팀[4]의 비디오 게임 가격에 관한 계량경제학 연구 논문 발표

- 직접 수집한 데이터를 바탕으로 한 레딧[5] 사용자 참여도에 관한 계량경제학 연구 논문 발표

| 최초 정규직 |

- 머신러닝 고객 이탈 모델 직접 구축

 실습 2-1

수행한 업무 또는 주요 프로젝트(학교, 개인 등)의 목록을 작성하세요. 머신러닝 관련 프로젝트에 초점을 맞춰도 좋지만, 이 단계에서는 조금이라도 직무와 관련이 있다면 무엇이든 상관없습니다(데이터 정제 작업을 했나요? 파이썬을 사용했나요? 추가하세요). 교육, 자격증 등 관련된 모든 것을 포함하세요. 반드시 목록 형식일 필요는 없으며, 서식을 갖추지 않은 텍스트 목록이나 메모장에 간단히 적어도 됩니다. 30분 정도 시간을 정해놓고 작성한 후 이 책으로 다시 돌아오면 됩니다. 이 작업은 필수입니다.

[실습 2-1]에서 기록한 목록에서 일반적으로 머신러닝 직무와 가장 관련이 깊다고 생각되는 경험 3~5개를 선택합니다. [표 1-3], 머신러닝 및 데이터 역량 매트릭스를 다시 참조하세요. 목표로 삼고 있는 머신러닝 직무와 목록에 있는 경험이 관련성이 있나요? 관련성이 있는 세 가지의 머신러닝 경험 또는 데이터 경험이 없다고 생각되면, 가장 의미 있고 '인상적인' 직장이나 학업 경험으로 일시적으로 세 가지를 보완할 수 있습니다. 이 단계에서는 완벽하지 않아도 괜찮습니다. 나중에 언제든지 목록으로 돌아가 다른 경험을 선택하면 됩니다.

다음으로, 조금 전에 고른 상위 세 가지 경험과 관련된 모든 것을 목록으로 만드세요. 이 목록에는 코딩이나 머신러닝, 데이터와 같은 기술적인 측면뿐 아니라 팀에 성과를 발표하거나 팀원 간 협력을 하기 위해 대화를 나누는 자리를 만드는 등의 소프트 스킬도 포함됩니다.

앞에서 예로 들었던 저의 정제되지 않은 초기 목록을 사용한다면 저는 다음과 같은 내용을 포

---

4 옮긴이_ Steam, 밸브(Valve)가 개발하고 운영 중인 소프트웨어 유통 서비스입니다. 게임 유통으로 가장 유명합니다.

5 옮긴이_ 레딧, 소셜 커뮤니티 사이트입니다.

함시킬 겁니다.

| 대학생 경험 예시 |

직접 수집한 데이터를 바탕으로 한 레딧 사용자 참여도에 관한 계량경제학 연구 논문 발표

- 파이썬으로 수집한 레딧 데이터

- 파이썬을 이용하여 데이터 정제 수행

- 파이썬, 스테이타^{Stata}[6]로 통계 모델링 수행

- 파이썬으로 결과 시각화

- LaTeX로 프로젝트 프레젠테이션 작성

- 10명으로 구성된 세미나에서 학생들과 교수에게 프로젝트 개요 및 결과 발표

| 첫 직장(경력 1년 미만) 예시 |

머신러닝 고객 이탈 모델 구축

- SQL, 파이썬을 사용한 탐색적 데이터 분석(EDA)

- SQL로 데이터 정제

- 테이블 형식 데이터에 대해 SAS로 로지스틱 회귀 모델 학습, SAS에서 앙상블 모델 생성

- SAS, SQL, 파이썬으로 모델 평가 실행 및 결과 분석

- 엑셀, 파워포인트로 프레젠테이션에 사용할 수 있도록 단순하고 깔끔한 시각화 자료 생성

- 파워포인트를 사용하여 결과 발표

- 머신러닝 엔지니어와 협업하여 모델을 실제 환경에 적용

 실습 2-2

[실습 2-1]에 적었던 과거 경험 목록에서 상세히 설명할 상위 세 가지 경험을 선택하고, 선택한 경험과 관련 해서 기술적 역량 또는 소프트 스킬을 포함한 모든 활동을 기술하세요.

---

6 옮긴이_ 스테이타(*www.stata.com*)는 범용 통계 소프트웨어 패키지입니다.

이력서의 각 절에 대한 개요

이제 과거 경험에 대한 기본 목록이 완성되었으니 이력서의 각 절을 살펴보겠습니다. 다음은 여러분의 이력서에 꼭 포함되어야 하는 핵심 절입니다.

- 경력

- 교육

선택적인 절들은 다음과 같습니다.

- 핵심 역량Skills Summary

- 자원봉사

- 관심 분야

- 기타 절(여러분이 원하는 이름으로 절을 정하면 됩니다)

아직 기타 절을 작성하는 것에 신경 쓸 필요는 없습니다. 핵심 절의 내용과 길이에 따라 결정되니까요.

경력

[실습 2-1]을 위해 목록에 기입한 상위 세 개의 경험을 활용하세요. 아울러 다음 정보도 정리해야 합니다.

- 직책

- 근무지

- 근무 기간(예: 2018년 5월부터 2021년 11월까지)

- [실습 2-2]에서 기술한 과거 담당 업무의 핵심 사항

- 지역, 산업 또는 직장 문화에서 기대되는 기타 정보

초기 이력서 절 예시는 다음과 같습니다.

데이터 사이언티스트, ARI 코퍼레이션(2021년 5월 ~ 집필 기준 현재)

- 웹 페이지 개인화를 위한 협업 필터링 모델 설계 및 개발

- 사용자 요구 사항에 따라 예측 모델 점수를 집계하는 ETL[7] 프로덕션 코드 개발

- 마케팅 캠페인 계획 및 고객 접점Touchpoints 최적화를 위한 예측 앙상블 모델 개발

아직은 템플릿에 이력서 서식을 지정할 필요는 없습니다. 서식을 지정하기 전에 내용을 먼저 확정하는 것이 더 효율적입니다(때로는 단어 하나만 추가해도 멋진 레이아웃이 망가져서 고치는 데 쓸데없이 많은 시간이 걸리기도 합니다). 이 절의 마지막에 몇 가지 일반적인 템플릿을 링크해 두겠습니다.

다음은 여러분의 초기 이력서의 각 절의 내용을 향상시킬 수 있는 몇 가지 팁입니다.

| 동작 동사를 사용하여 문장을 시작하세요[8] |

예를 들어, '텐서플로 기반의 이미지 인식(Image recognition with TensorFlow)'이라고 쓰는 대신 *'텐서플로 기반의 이미지 인식 모델 개발(Developed image recognition model with TensorFlow)'*이라고 쓰세요. (어디까지나 설명을 위해 동작 동사를 이탤릭체로 표시한 것이므로 실제 이력서에서는 이탤릭체로 표시하지 않아도 됩니다.) 이렇게 하면 (팀이 같이 작업했을 가능성이 높은) 결과물뿐만 아니라 업무에서 여러분이 수행한 작업을 분명하게 드러내게 됩니다.

> **TIP** 워싱턴 대학교에서 더 많은 동작 동사 목록을 찾을 수 있습니다. *https://oreil.ly/NsWMe*

| 정량화되고 이해하기 쉬운 방식으로 자신의 영향력을 명시하세요 |

[원본] 웹 페이지 개인화를 위한 협업 필터링 모델 설계 및 개발

---

7 ETL은 데이터의 추출(extract), 변환(transform), 적재(load)을 의미합니다.

8 옮긴이_ 영어와는 달리, 한국어는 이력서에 동작 동사로 문장을 시작하거나 끝맺으면 어색합니다. 동작 동사를 명사화하는 것보다는 명사를 사용하는 것이 좋습니다. 예컨대 '~모델을 개발함' 보다는 '~ 모델 개발'이 보편적입니다.

[수정본] 웹 페이지 개인화를 위한 협업 필터링 모델을 설계 및 개발을 통해 기준치 대비 2배의 참여율 달성

| 여러분이 사용한 도구와 프로그래밍 언어를 추가하세요 |

[원본] 웹 페이지 개인화를 위한 협업 필터링 모델 설계 및 개발

[수정본] 웹 페이지 개인화를 위해 PySpark 및 MLlib를 사용하여 협업 필터링(ALS) 모델을 설계 및 개발하여 기준 대비 2배의 참여율 달성

어느 순간 글자 수가 너무 많아지면 작성한 내용을 줄여야 할 수도 있습니다. 이때 가장 중요한 정보가 무엇인지 파악하기 위해 문구를 수정해보세요.

교육

교육 절의 내용도 경력 절과 매우 유사하지만 다음 정보를 포함해야 합니다.

- 재학한 학교/기관
- 위치, 국가(선택 사항이지만 권장됨)
- 재학 기간(예: 2018년 5월부터 2021년 11월까지)
- 머신러닝 또는 데이터와 관련된 주요 프로젝트 및 과제의 주요 내용
- 지역, 산업 또는 직장 문화에서 기대되는 기타 정보

다음은 이 절의 예시입니다.

워털루 대학교
캐나다 워털루, 2010-2015

- 파이썬, pandas 판매 데이터 수집 및 정리
- ARIMA 시계열 모델을 사용한 비디오 게임 가격 예측

이제 핵심 절을 살펴봤으니 선택적 절을 살펴보겠습니다. 핵심 역량 절에 많은 프로젝트와 경험을 기술했나요? 그렇다면 자원봉사를 추가할 공간이 없을 수도 있습니다. 예를 들어, 저

는 취업 준비생이었을 때 커리어가 거의 없었기 때문에 핵심 역량과 자원봉사 경험 절을 추가하여 공간을 채웠습니다.

 ### 실습 2-3

현재까지 작성한 경력 및 교육 절을 살펴보세요. [그림 1-8]에 나타나 있는 목표 직무와 충분한 관련성이 있는지 확인해보세요. 머신러닝에 관심이 있는 동료들은 갖고 있지만 여러분이 놓치고 있는 항목이 있나요? 아직 걱정하지 마세요. 이번 장의 마지막과 이 책 전체에 걸쳐 실행 계획을 만들 거니까요. 여기서 중요한 것은 자신의 경험을 되돌아보고 앞서 이야기한 머신러닝 직무와 연결 짓는 것입니다. 현재 관련성이 있는 자원봉사 경험, 관심사 또는 흥미로운 경험이 있나요? 적어보세요.

핵심 역량

핵심 역량Skills summary 절은 여러분이 접했던 프로그래밍 언어와 프레임워크를 나열하는 곳입니다. 단, 너무 과장하지 마세요. 여기에 핵심 역량 절에서 자세히 설명한 내용과 일치하지 않는 프레임워크나 라이브러리를 나열하면 기술 인터뷰어가 자세히 설명해 달라고 요청할 수 있습니다. 이력서에 기재한 모든 내용에 관해 질문을 받게 될 수 있습니다. 다음은 핵심 역량의 예시입니다.

- 파이썬
- 텐서플로, 파이토치
- NumPy/pandas, Polars
- C++
- 기타 등등

> **인터뷰어의 관점: 이력서에 핵심 역량 절이 필요할까요?**
>
> 저는 이력서를 검토할 때 이 부분을 건너뛰고 바로 업무 경험 항목으로 넘어가기도 합니다. 그러나 이는 이력서를 검토하는 사람에 따라 달라질 수 있습니다. 예를 들어, 리크루터에게는 직무 기술서와의 일치성을 확인하려는 경우, 기술 절이 더 중요할 수 있습니다. 기술 절에 많은 내용을 기재할수록 직무 기술서와의 일치 가능성이 높아진다는 의미입니다.

자원봉사

이 절에서는 자원봉사 경험이 매우 영향력 있고 중요해서 경력 절에 포함시킬 정도로 중요한 경우나, 이력서에 내용을 꼭 더 추가하고 싶은 경우가 아니라면, 경력 항목 대신 간결하게 글머리 기호를 사용하여 기술할 수 있습니다. 예를 들어 보겠습니다.

- 자원봉사자, 타이페이 SIGIR 컨퍼런스 2023
- 토론토 머신 러닝 서밋 자원봉사자, 2020, 토론토
- 기타

관심 분야

어떤 사람들은 업무 외적인 관심사가 있다는 것을 보여주려면 이 절을 포함하라고 권장합니다. 저는 공간이 부족하다면 이러한 선택적인 절을 생략해도 무방하다고 생각합니다. 반면에 체스 그랜드 마스터나 승마 컵 타이틀 보유자 등 자신이 자랑스러워할 만한 멋진 관심사가 있다면 이 절을 넣어도 좋습니다. 예를 들어, 저는 학생이었을 때 커리어가 거의 없었기 때문에 핵심 역량과 자원봉사 경험 절을 추가하여 이 칸을 채웠습니다.

- 팀 포트리스 2 스크랩 트레이더, 2012~2015년
- AISC(구 토론토 딥러닝 시리즈) 블로그 에디터, 2019
- 기타 등등

네, 저는 실제로 이력서에 비디오 게임 관련 관심분야를 적었습니다. 네, 온라인 게임인 팀

포트리스 2에서 비공식 온라인 화폐인 고철[9]을 거래한 적이 있습니다. 관련 경제 시스템이 돌아가고 있었거든요. 네, 정말 다른 이유 없이 지면을 채워야 했기 때문이었어요. 하지만 아무도 이것에 관해 제게 물어보지 않았어요.

추가적인 이력서 절

여러분은 자원봉사 및 관심분야 절과 유사한 형식을 갖는 또 다른 절을 추가할 수도 있습니다. 주목할 만한 관심분야, 자원봉사 등을 별도의 절로 명시하는 것이 더 적절하다면, 그렇게 하는 것을 권장합니다. 예를 들어, 외부 발표Public Speaking를 시작하면서 이력서에서 자원봉사 절을 빼고 '외부 발표' 절을 새롭게 추가할 만큼 충분한 내용이 생겼습니다.

- 키노트 스피커, O'Reilly AI 슈퍼스트림(MLOps)
- 키노트 스피커, PyCon DE & PyData 베를린
- 기타 등등

📑 **이력서 관련 자료**

- 이력서 체크리스트($https://oreil.ly/F7XhB$): 이력서가 완벽하게 보이도록 다듬으세요(워털루 대학)

- 아이디어가 떠오르지 않을 때 참고할 수 있는 동작 동사: 이력서를 위한 동작 동사(워싱턴 대학) ($https://oreil.ly/NsWMe$)

- CareerCup의 이력서 형식과 체크리스트($https://oreil.ly/\_koWG$)[10](북미 지역 중심)

- Overleaf의 이력서 템플릿($https://oreil.ly/zcBf7$)(LaTeX 마크다운): 저는 지난 5년 동안 AltaCV($https://oreil.ly/emhFz$)을 사용했습니다(이중 컬럼). 단, 그대로 사용하진 않고 그래픽을 제거하고 텍스트만 남겨서 사용했습니다. 인기 있는 단일 컬럼 템플릿은 Modern-Deedy($https://oreil.ly/nyKWd$)입니다.

---

9 저는 다른 경제학 애호가들이 가상 온라인 자료를 상품 화폐로 정의할지 궁금합니다. 게임 내 고철 아이템은 게임 무기를 강화하는 데 사용될 수 있으므로 효용을 갖고 있습니다.

10 옮긴이_ 2024년 8월 현재 CareerCup에 접속이 되지 않고 있습니다. 이러한 자료가 다른 곳에서도 제공할 가능성이 있으므로 검색 키워드로 활용할 수 있도록 남겨둡니다.

이번 절은 여기까지입니다. 늘 그렇듯, 이력서에 포함해야 하는 정보에 대한 국가별/지역적 기준이 있는지 확인하세요. 이 장의 마지막에는 이력서 관련 FAQ도 포함되어 있습니다.

지원하는 직무에 맞춰 이력서 맞춤화하기

자, 여러분은 기본 이력서를 준비했습니다. 이제 일반적인 머신러닝 직책(그림 1-8 참조)에 맞춰 이력서를 조정하는 방법을 살펴보겠습니다. 만약 여러분이 찾고 있는 직책이 [그림 1-8]에 나타나 있지 않다면, 해당 직책을 머신러닝 생애주기(그림 1-5 참조)와 연계하여 머신러닝 생애주기 내의 유사 직무에 대한 팁을 그대로 활용할 수 있습니다. 제출할 때마다 이력서를 맞춤화할 필요는 없지만, 관심 있는 주요 직책들에 대해 이력서를 조정한다면 평균적으로 EPA를 향상시킬 수 있습니다.

[표 1-3]에 제시된 역량 매트릭스를 보면 이력서를 맞춤화하는 것이 어떤 이점을 가져다주는지 이해할 수 있습니다. 만약 여러분이 '프로그래밍 도구'와 '통계' 역량을 보유하고 있다면, 데이터 사이언티스트(DS)뿐만 아니라 머신러닝 엔지니어(MLE) 직무에도 지원할 수 있습니다. 하지만 두 직무 간의 차별화된 추가 역량을 부각시키기 위해 일부 핵심 사항을 변경하면 여러분의 기술을 더욱 효과적으로 마케팅할 수 있습니다. 머신러닝 역량 매트릭스(표 1-3)는 과거 경험에 더 적합한 직책을 좁혀나가는 데 도움을 줍니다. 하지만 그 이후로는 여러분의 구직 활동은 실제 직무 기술서에 따라 달라질 것입니다.

직무 기술서를 살펴보면, 때때로 데이터 애널리스트 역할('프로덕트' 데이터 사이언스)에 연계된 기술을 요구하는 데이터 사이언티스트 공고를 볼 수 있고, 때로는 공고가 매트릭스상의 머신러닝 엔지니어 역할과 더 밀접하게 연관된 경우도 있을 것입니다.

정규직으로 일하는 동안 제 직책은 항상 데이터 사이언티스트였지만, 주로 제품 내에 머신러닝 모델을 구축하고 배포하거나 머신러닝 제품을 개선하는 작업에 집중했습니다. 매트릭스에 비춰보자면 머신러닝 엔지니어(MLE)부터 응용 사이언티스트, 심지어 일부 MLOps 관련 역할까지 다양한 업무를 해왔죠.

이제 제가 온라인으로 구직을 하고 있고, 여러분이 옆에서 그 과정을 지켜보고 있다고 상상해보세요. '스포티파이 머신 러닝'을 검색하여 [그림 2-8]에 나온 예시부터 시작해 결과들을 살펴보려고 합니다.

데이터 사이언티스트 또는 시니어 데이터 사이언티스트
스포티파이 – 토론토, 리모트

Apply ☒　　**Save**　　•••

주요 업무

- 사용자 경험에 열정적인 데이터 사이언티스트, 사용자 리서처, 프로덕트 매니저, 디자이너 및 엔지니어로 이뤄진 팀과 협업
- 대규모 데이터 세트를 분석하여 사용자 행동에 대한 영향력 있는 인사이트를 추출하고, 이를 통해 제품 및 디자인 결정 도출
- 스포티파이 전반의 이해관계자와 인사이트와 조언 의사소통
- 소비자의 일상에 필수적인 제품 전략을 구축하는데 있어 핵심 파트너 역할 수행

지원 자격

- 통계학, 수학, 컴퓨터 과학, 공학, 경제학 또는 계량분석 분야에서의 실무 경험이나 학위 보유
- 다수의 이해관계자와 협력할 수 있는 강력한 대인 관계 능력 보유
- 명확하게 정의되지 않은 문제를 이해하고 접근하여 적절한 해답과 중요한 통찰을 제공할 수 있는 능력
- 질문을 세밀하게 다듬고 독립적으로 가설을 세우는 동시에, 타인의 가정과 가설을 명확히 하며 협업하는 작업을 즐기는 분
- 파이썬 또는 유사한 프로그래밍 언어에 대한 높은 숙련도
- 구글 빅쿼리 사용 경험이 있거나 SQL에 대한 높은 숙련도
- 선형 및 로지스틱 회귀, 유의성 검정, 통계적 모델링 등 다양한 분석 기법을 사용한 광범위한 경험 보유
- A/B 테스팅 방법론 지식 보유

그림 2-8 링크드인에 올라온 스포티파이 데이터 사이언티스트 채용 공고

채용 공고 예 1: 데이터 사이언티스트

이 데이터 사이언티스트 채용 공고(그림 2-8 참조)를 읽은 후, 중요하다고 생각하는 부분을 적어봅니다.

- 이해관계자와의 협력, 커뮤니케이션(여러 번 언급되며 항목의 최상단에 위치)
- 빅쿼리나 SQL을 사용한 데이터 분석 수행
- 선형, 로지스틱 회귀분석과 같은 통계 모델링

이어서, 내 이력서의 커리어(예를 들면, 첫 머신러닝 고객 이탈 모델을 만든 이전 직장에서의 경험)를 데이터 사이언티스트 공고에 맞춰서 대조해보겠습니다. 이력서를 아직 완성하지 못했다면, [실습 2-2]을 통해 만든 목록을 사용할 수 있습니다.

처음에 적어놨던 머신러닝 고객 이탈 모델에 관한 내용 중 가장 관련성이 높은 것은 다음과
같습니다.

- SQL, 파이썬을 사용한 탐색적 데이터 분석(EDA) 수행
- 엑셀, 파워포인트로 프레젠테이션에 사용할 수 있도록 단순하고 깔끔한 시각화 자료 생성
- 파워포인트로 결과 발표

머신러닝 생애주기에 기반하면 이 직무는 리포팅 및 데이터 분석(그림 1-5의 D단계)에 더
중점을 두는 것 같으므로, 이력서를 실제로 조정하기 전에 제가 머신러닝 생애주기의 해당
부분에 관심이 있는지 고려해야 합니다.

만약 이 데이터 사이언티스트 직무에 지원하고 싶다면, 직무 기술서에서 나열한 세 가지 포
인트에 초점을 맞추고 다른 부분은 줄이거나 제거할 것입니다. [실습 2-2]에서 생성한 목록
을 기억하세요. 만약 이 채용 공고에 관련된 더 적절한 다른 경험이 있다면, 그것들로 교체하
세요. 만약 현재 이력서가 이 직무 공고와 상당히 관련이 깊다면 그대로 유지하면 됩니다.

관련이 적은 내용을 몇 가지 제거한다면, 이력서에 비는 공간에 주의해야 합니다. 이력서가
얼마나 많은 공간이 남는지에 따라 제거하는 내용의 양도 달라집니다! 저는 현재 많은 커리
어가 있으므로 더 많이 제거하는 쪽이 되었지만, 처음에는 더 많은 항목들을 추가하기만 했
고 제거하는 일은 거의 없었습니다. 핵심 절이 유지된다면 나머지는 삭제해도 괜찮습니다.
인터뷰어가 제가 더 복잡한 머신러닝 모델을 어떻게 학습시키는지 궁금하다면(직무 기술서
에 없어서 삭제한 항목) 인터뷰에서 물어볼 수 있습니다.

채용 공고 예 2: 머신러닝 엔지니어

'스포티파이 머신러닝' 검색 결과를 계속 스크롤해서 [그림 2-9]와 같은 공고를 봅니다.

시니어 머신러닝 엔지니어 – 광고 기술...
스포티파이 – 캐나다(원격)

Apply ☒   **Save**   ⋯

주요 업무

- 플랫폼 상에서 청취자의 광고 경험을 개인화하는 상용 시스템 구축
- 최적화, 테스팅 및 도구 개발을 통한 품질 향상 지원
- 새로운 접근법을 시제품화하고 대규모 솔루션을 상용화
- 기준선 설정 및 제품 의사 결정에 대한 정보 제공을 위한 데이터 분석 수행
- 디자인, 데이터 사이언스, 프로덕트 매니지먼트, 엔지니어링을 아우르는 다기능 애자일 팀과 협력하여 새로운 기술 및 기능 구축

지원 자격

- 응용 머신러닝 분야에서의 전문 경험 보유
- 자바, 스칼라, 파이썬 또는 유사한 언어로 대규모 머신러닝 시스템을 구현하거나 시제품을 만든 실무 경험 보유
- 애자일 소프트웨어 프로세스, 데이터 주도(Data-driven) 개발, 신뢰성, 체계적인 실험을 중요시하는 분.
- 협업적인 팀을 육성한 경험과 열정 보유
- 텐서플로, 파이토치, Google Cloud Platform 경험 우대
- 광고 기술, 자연어 처리(NLP) 또는 오디오 신호 처리 경험 우대
- 아파치 빔(Beam)/스파크와 같은 도구 기반의 데이터 파이프라인 구축 경력, 모델을 구축하고 평가하기 위한 데이터 수집 경험 우대

그림 2-9 링크드인에 올라온 스포티파이 머신러닝 엔지니어 채용 공고

첫 번째 예시처럼, 머신러닝 엔지니어 채용 공고를 읽고 중요하다고 생각하는 부분을 기록했습니다.

- 운영 환경에서의 머신러닝 구현
- 프로토타이핑
- 테스팅 및 도구 개발, 플랫폼 개선
- 다기능 팀과의 협업

이러한 내용을 토대로 볼 때, 이 역할은 머신러닝 모델 학습에 더 중점을 두고 있으며, 머신러닝 인프라의 일부인 [그림 1-5]에서의 B단계와 C.1단계에도 일부 관련이 있는 것으로 보입니다.

이 머신러닝 엔지니어 직무에 지원하고자 한다면, 관련이 높은 세 가지 항목에만 집중하고 나머지는 줄이거나 삭제할 계획입니다. 이를 위해 첫 머신러닝 고객 이탈 모델 예시에서 언급된 일곱 가지 항목을 머신러닝 엔지니어(MLE) 공고와 비교해 볼 것입니다. 가장 관련성이 높은 항목은 다음과 같습니다.

- SAS를 사용한 모델 학습
- SAS, SQL, 파이썬을 이용한 모델 평가와 결과 분석
- 머신러닝 엔지니어와 협력하여 모델을 프로덕션 환경에 배포
- SQL로 데이터 정제

[실습 2-2]에서 만든 목록은 수정 없이도 다른 직무 유형에 재사용할 수 있습니다. 의사소통 역량과 협업 역량은 회사에서 중요하게 생각하는 부분이며, 따라서 모든 유형의 채용 공고에서 자주 보게 될 겁니다. 이력서에서 최소한 한 가지 항목에는 다른 팀과의 협업이나 다른 기관에게 여러분의 성과를 발표하는 경험을 꼭 포함시켜야 합니다. '머신러닝 경험'이 부족한 분들에게는 특히 필요합니다! 데이터 분석 경험만큼이나 그 결과를 소통하는 경험 또한 중요하며, 이 내용은 여러분이 생각하는 것 이상으로 여러분의 이력서를 강화시켜 줄 수 있습니다.

이전 직장에서 사용했던 기술을 경력 절에 명확하게 기재하는 것을 추천합니다. 이력서의 남은 공간에 따라 해당 항목의 안 또는 마지막에 기입해도 되며, 여백이 충분하다면 이력서에 역량 절을 추가하는 것도 좋습니다.

최종 이력서 수정

이력서를 작성하며 세심하게 다듬는 지금, 지원하려는 회사와 팀이 이 채용 공고를 올린 이유를 조금 더 넓은 관점에서 생각해보세요. 이들은 팀 내에 공석이 생겨서 그 자리를 채울 사람을 찾고 있습니다.

따라서, 지원서와 이력서는 채용위원회에게 당신이 팀의 일원이 될 수 있는 적합한 후보임을

설득하는 데 중점을 둬야 합니다. 여기에는 다음과 같은 내용이 포함됩니다.

- 직무에 바로 적용할 수 있는 실제적이고 관련이 높은 경험, 다른 도메인으로 전환하여 적용 가능한 역량 보유

- 소프트 스킬: 팀원들과 잘 협력하며, 팀 외적으로도 프로덕트 매니저 등 교류의 범위를 넓혀 소통 가능

- 기술적 역량: 독립적으로 기술적 기여 가능

- 기존 프로젝트에 참여하거나 새로운 것을 시작하기에 충분한 이해를 갖추고 있다는 증거 보유

이러한 역량들은 1장에서 살펴본 머신러닝 직무의 세 가지 축에서 간략하게 설명한 바 있습니다.

이력서에 다양한 기술과 경험을 표현할 수는 있지만, 모든 것을 담을 수는 없습니다. 여러분의 이력서를 잠깐 살펴보세요. 팀워크에 대한 예시가 전혀 없나요? 관련 업무 경험이 없는 경우에도 빠르게 배울 수 있다는 점을 보여줄 다른 항목이 있나요?

여기까지 이력서 작성과 점검, 수정을 잘 했다면 지원을 시작하면 됩니다. 그렇지 않은 경우엔 이력서를 보완하는 데 더 시간을 투자해야 합니다.

2.4 채용 지원하기

이력서 맞춤화를 끝냈다면 이젠 지원할 시간입니다! 이번 장 초반부터 설명한 구인 게시판을 이용해 보세요. 아직 본인의 역량이나 이력서가 완벽하다는 확신이 없더라도 지원을 시작하는 것이 좋습니다. 만약 몇 개의 직무에 지원했는데도 리크루터로부터 연락조차 오지 않는다면, 이는 이력서나 역량을 더 향상시킬 필요가 있다는 의미일 수 있습니다. 이력서를 계속 개선하고 추천인을 구하는 데 시간을 투자하는 것만으로도 충분히 EPA를 향상시켜 연락을 받게 될 수도 있습니다. 학습 과정이므로 처음부터 완벽하지 않더라도 괜찮습니다. 목표는 여러분이 제출하는 지원서의 양을 늘리거나 더 효과적인 지원을 통해 연락을 받는 방향으로 나아가는 것입니다.

채용 공고 조사하기

지금까지 나온 모든 실습을 해봤나요? 여러분이 관심을 갖고 있는 머신러닝 직무의 직무 기술서를 보는 것이 이번이 처음이 아니길 바랍니다. 여러분이 지원하는 직무를 잘 조사하면 인터뷰 기회를 늘릴 수 있습니다. 제 경험에 따르면, 이 단계는 이력서를 맞춤화하면서 병행할 때 가장 효과적입니다. 왜냐하면 이력서를 맞춤화하지 않는다면, 차라리 많은 곳에 무작정 지원하면서 본인과 가장 잘 맞는 직무가 운 좋게 걸려들기를 바라는 것이 나을 수 있기 때문입니다.

자신의 역량과 경험을 머신러닝 역량 매트릭스와 대조해보기

1장에서 소개한 다양한 머신러닝 직무들을 기억하고 있나요? 여러분의 경험과 가장 부합하는 직무에 대해 여러분의 역량을 어필하는 데 집중할 수 있도록 소음을 제거해보죠. [그림 1-8]에 있는 대표적인 머신러닝 직책을 참고하세요. 어떤 직무가 여러분에게 가장 잘 맞는다고 느껴지나요? 여러분이 보유하고 있지 않은 경험을 요구하는 직무에 관심이 있다면, 해당 경험에 대한 공백을 메꾸기 위한 학습에 집중할 수 있는 좋은 아이디어를 갖고 있나요?[11] [표 1-3] 역량 매트릭스를 보면 데이터 애널리스트 직무가 데이터 사이언티스트 직무와 겹치는 역량을 보유할 수 있음을 바로 알 수 있습니다. 머신러닝 직무와도 많은 부분이 겹치죠. 좋은 소식은 이 역량 중 일부만 여러분이 갖고 있다 하더라도, 이들 직무에 지원이 가능하다는 점입니다.

그리고 걱정하지 마세요. 신입 직무의 경우 여러분이 한두 가지 정도의 역량을 갖고 있다면 지원하는 데에 아무런 문제가 없습니다. 대졸 신입이 머신러닝 역량의 모든 축이 아닌 한 가지에 관련된 역량만 뛰어난 것도 지극히 정상이며, 고용주는 이러한 상황을 이해하고 받아들입니다. 여러분의 역량을 매트릭스에 대조하는 것은 과정의 일부일 뿐입니다. 현실적으로는 매트릭스를 '상황에 따라' 적용해야 합니다. 이 장의 다음 절에서 여러분에게 채용 공고를 분

---

11 자료 및 가이드는 나중에 다룹니다.

석해보라고 하는 이유가 바로 이것입니다.

저는 수많은 구직자가 이런 상황에 처하는 것을 보아왔습니다. "직책은 데이터 사이언티스트인데 왜 데이터 엔지니어링에 관련된 (또는 예상치 못한 것을 끼워넣어) 질문을 하는 거지?" 머신러닝 직책은 [그림 1-3]에서 봤던 것처럼, 회사/조직 + 팀 + 머신러닝 생애주기에 따라 달라진다는 사실을 기억하세요.

극단적인 예시로 제가 치렀던 한 '데이터 사이언티스트' 인터뷰에서는 인터뷰어들이 통계나 머신러닝 이론 또는 데이터 관련 질문을 하지 않았습니다. 대신, 인터뷰는 여러 라운드로 구성된 릿코드 스타일(브레인티저) 프로그래밍 문제로 이뤄졌습니다. 저는 제가 데이터를 중점적으로 다루는 머신러닝 실무자로서 잘 수행할지 여부를 일반적인 소프트웨어 엔지니어 선발 과정에서 베껴온 질문을 이용해서 인터뷰어들이 어떻게 판단할 수 있을지 의문이었습니다.[12] 지금 생각해보면 그 인터뷰가 그랬던 이유는 실제로는 해당 직무가 머신러닝 모델을 학습시키는 것과는 그다지 관련이 없었기 때문이었을 것입니다.

이렇듯 직책이 모호한 경우가 많기 때문에, 후보자 입장에서는 어떤 주제를 준비해야 할지 판단하기가 어려울 수 있습니다. 물론 머신러닝 이론을 복습하고 코딩 문제를 푸는 데 시간을 할애할 수도 있지만, 시간이 부족할 수도 있고, 또 어쩌면 인터뷰에서 나오지 않을 것들을 준비하게 될 수도 있습니다. 저는 후보자들이 머신러닝 역량이 부족해서가 아니라 '잘못된' 직무에 지원해서 인터뷰에서 탈락하는 모습들을 봤습니다. 어이없게도 후보자들이 탈락한 직무는 이 후보자들이 잘 해낼 수 있는 직무와 직책이 같았습니다. 핵심은 직무 기술서에 따라 직책을 분류할 수 있는 직관을 기르고 여러분의 역량에 가장 적합한 직무에 지원하는 것에 있습니다.

이러한 직책들에 관한 단서가 직무 기술서의 여러 부분에 흩어져 있을 수 있습니다. 따라서 혼란과 탈락을 초래하지 않도록 주의해야 합니다. 그래도 여러분은 이 장이 끝날 즈음이면 채용 공고를 더 잘 분석하고 타기팅targeting할 수 있을 것입니다.

....
12 해당 유형의 인터뷰는 5장에서 다룹니다.

제가 직무에 지원할 때는 직책은 가볍게 훑어보지만, 제 역량에 적합한 직무에 지원하기 위해 다음과 같은 작업을 합니다.

- 직무 기술서를 살펴봅니다.

- 직무의 책임을 분류해서 머신 러닝 생애주기(그림 1-4 참조)의 어느 부분에 위치하는지 확인합니다.

- 직책과 직무 기술서가 잘 일치하는지 확인합니다. 가령, 직책은 머신러닝 엔지니어라고 하는데 직무 기술서가 어느 정도 데이터 엔지니어링 역할을 암시한다면(내 과거 경험과 관련이 없는 경우), 지원을 하지 않습니다.

 실습 2-5

이력서를 다듬어서 실제로 제출해보세요. 기껏해야 이력서가 무시 당하기밖에 더하겠어요? 도전해보시죠!

채용 지원 이력 추적하기

어떤 직무에 지원했는지 쉽게 기억하려면 채용 지원 이력을 추적하는 것이 좋습니다. 이력서 스크리닝을 통과했고 적어도 리크루터 스크리닝까지 진행된 채용 지원 이력을 추적하면, 인터뷰 결과를 알려준다고 한 기한 안에 연락을 받지 못했을 때 해야 할 후속 조치를 떠올리는 데 도움이 됩니다.

저는 제 채용 지원 이력을 거의 모두 추적했었습니다. 솔직히 말하자면 이력서 스크리닝을 통과한 채용 지원 이력만 추적해야 한다고 생각합니다. 특히 머신러닝 관련 직무에 대량으로 지원했다면, 채용 지원 이력을 추적하는 데 필요 이상으로 시간을 소비할 필요가 없습니다. 채용 지원 이력을 추적한다고 해서 합격률에 유의미한 영향을 주지 않습니다. 하지만 여러분이 나중에 여러분의 여정과 통계를 시각화하거나 요약할 계획이 있는 경우에는 채용 지원 이력 추적이 쓸모가 있겠죠.

누구와 인터뷰했는지 추적하는 것 역시 매우 유용합니다. 그래야 팀이나 회사에 대해 더 알아볼 질문이 있을 때 또는 몇 년 후 같은 회사에 다시 지원할 때 연락이 가능합니다. 네트워킹은 장기적인 안목으로 하는 장기 투자라는 것을 기억하세요!

채용 지원 이력과 인터뷰 이력을 추적하는 도구로는 구글 시트, 마이크로소프트 엑셀 또는 기타 간단한 스프레드시트 도구면 충분하다고 생각합니다.

[표 2-2]는 제가 구글 스프레드 시트로 채용 지원 이력과 인터뷰 이력을 관리한 방법의 예입니다(회사/인터뷰어 등의 이름은 익명화했습니다).

표 2-2 채용 지원 이력 및 인터뷰 이력 추적 스프레드시트 예시

지원 날짜	회사	채용 공고 URL	인터뷰 유형	인터뷰 날짜	인터뷰어	이메일	비고	결과
2023-08-02	ARI Corp	https://[url-to-job-description]	채용 매니저: 행동 인터뷰 및 과거 프로젝트 심층 질문	2023-08-15	슈-라 (채용 매니저)	xue.la@domain.com	리크루터가 광고 매출 머신러닝 팀 채용이라고 설명함	대기
2023-08-03	Taipaw AI	https://[url-to-job-description]	리크루터 스크리닝	2023-08-5	맥스 (리크루터)	max@domain.com	파이토치에 관한 질문이 나왔음	통과

입사 제안을 받은 후에는 여러분이 얼마나 많은 인터뷰를 거쳤는지 돌아볼 수 있습니다. 관련 인터뷰어의 이메일 등이 담긴 리스트를 보관하고 있다면 몇 년 후에 연락하고 싶을 때 유용할 수 있습니다. 하지만, 지원(예: 인터뷰) 입사 제안 비율을 추적한 분들의 이야기를 들어보면 기분이 좋아지기보다는 나빠지는 경우가 많았다고 합니다. 그러니 채용 지원 이력을 추적할지 여부는 여러분이 결정하면 됩니다.

2.5 기타 채용 지원서 자료, 수료증, 그리고 FAQ

지금까지 머신러닝 이력서 가이드를 설명드렸습니다만, 프로젝트 포트폴리오나 온라인 자격증처럼 채용 지원서에 추가할 수 있는 요소들이 더 있습니다. 이번 절은 이에 관한 모범 사례와 FAQ를 설명합니다.

프로젝트 포트폴리오가 필요할까요?

프로젝트 포트폴리오는 기본적으로 프로젝트 예제입니다. 학생일 때 저는 몇 가지 사이드 프로젝트(개인 프로젝트)가 있었습니다. 깃헙에 코드를 올려놓고, 그림과 시각화를 추가했습니다. 깃헙은 프로젝트를 관리하는 꽤 일반적인 방법이지만, 어떤 후보자들은 헤로쿠Heroku[13]와 같은 웹사이트에 게시하기도 합니다.

여러분의 지원서와 인터뷰의 목표가 고용주로 하여금 여러분이 해당 직무에 걸맞은 후보자라는 확신하게 하는 것이라는 점을 기억하세요. 여러분은 필요한 역량을 갖추고 있거나 해당 직무에 잘 적응할 수 있어야 합니다. 주니어, 신입, 대졸 신입 후보자들은 많은 업무 커리어가 없더라도, 프로젝트 포트폴리오를 통해 자신의 역량을 보여줄 수 있습니다. 이를 통해 채용 매니저와 채용 팀은 여러분의 능력에 대한 확신을 더욱 높일 수 있습니다.

하지만 이미 업무 경력이 많다면, 프로젝트 포트폴리오가 크게 도움이 되지 않을 겁니다. 고용주는 인터뷰에서 여러분의 과거 업무, 케이스 스터디, 과거 프로젝트에 관한 기술 심층 인터뷰와 같은 내용을 논의하고 싶을 테니까요. 하지만 여러분이 이전 직장에서 개발한 코드와 모델 대부분이 기밀 사항이어서 공개 가능한 코드 샘플이 없을 수 있기 때문에 깃헙에 프로젝트 포트폴리오를 갖고 있는 것이 여전히 도움이 될 수 있습니다. 이 경우 깃헙 리포지토리의 개인 프로젝트나 오픈 소스 프로젝트에 기여한 내용을 보여주면 좋습니다.

---

13 옮긴이_ 여러 프로그래밍 언어를 지원하는 서비스형 클라우드 플랫폼(PaaS)입니다.

포트폴리오를 차별화하고 지원서를 향상시키려면 한 눈에 쉽게 살펴보고 이해할 수 있도록 만들어야 합니다. 그래서 저는 README에 중요한 시각화를 배치하고 이력서 검토 담당자가 열어봐야 하는 코드 파일을 명확하게 표시하는 것을 권합니다.

온라인 수료증이 도움이 될까요?

제가 이력서를 검토할 때는 교육 수료증을 그다지 중요하게 보지 않습니다. 후보자가 머신러닝 관련 과거 경험이 있거나 직접 수행한 머신러닝 사이드 프로젝트가 있다면 말입니다. 후보자가 관련 경험이 없는 경우에는 관련 프로젝트와 프로젝트 포트폴리오가 큰 차이를 만듭니다. 이런 경우라면, 저는 여러분에게 수료증 취득과 병행하여 프로젝트 포트폴리오를 구축할 것을 권합니다.

어떤 수료증은 다른 수료증보다 더 중요하게 여겨집니다(다른 후보자와 차별화되는 것이 목표라는 점을 다시 한번 상기하세요)포괄적이고 실용적으로 평가되는 코스나 수료증이 도움이 될 수 있습니다. 아마존 웹 서비스(AWS), 구글 클라우드 플랫폼(GCP), 마이크로소프트 애저 클라우드 수료증 등이 그 예입니다.

> **CAUTION** 이력서 전체가 누구나 주말에 이수할 수 있는 수료증으로 채워져 있다면 여러분의 이력서는 눈에 띄지 않을 것입니다.

Interviewing.io는 많은 채용 후보자의 데이터를 분석하고 링크드인에 수료증을 명시하는 것이 후보자의(옮긴이: 리쿠르터 등에게) 자질에 부정적인 영향을 미친다는 사실을 발견했습니다.[14] 이 업체는 더 자질이 뛰어난 후보자들은 업무 경력이나 관련 프로젝트를 프로필과 이력서에 기입하는 반면, 관련 경험이나 프로젝트가 없는 자질이 부족한 후보자들은 수료증으로 프로필을 채운다고 판단했습니다.

그럼에도 불구하고, 특히 비전통적인 교육 배경을 가진 후보자들이 수료증을 통해 성공을 거두는 경우가 많습니다. 중요한 팁을 하나 알려드리자면, 수확 체감의 법칙(The law of diminishing returns)에 유의하라는 것입니다. 경제학에서 말하는 수확 체감의 법칙이란, 어떤 활동을 여러 번 반복할수록 그 다음 단위를 수행할 때마다 얻는 이득이 점점 줄어드는 것을 의미합니다. 이에 따르면 여러분이 이미 5개의 수료증을 취득했다면 3개를 더 취득하든 5개를 더 취득하든 큰 차이가 없습니다. 이력서에서 5개의 수료증은 8개나 10개와 크게 다르게 보이지 않을 것입니다.

---

14 알린 레너, "링크드인에 자격증을 나열해서는 안 되는 이유", interviewing.io, 2023년 5월 15일에 마지막 수정, *https://oreil.ly/AQi3Q.*

> **인터뷰어의 관점: 초보적인 수료증 실수**
>
> 신입 후보자들이 저지르는 실수 중 하나는 동일한 100 레벨/입문 과정[13]을 반복해서 수강하는 것입니다. 예를 들면 Coursera에서 초급 과정을 수강한 다음 Udacity에서 비슷한 초급 과정을 수강하고 edX에서 또 다른 초급 과정을 수강하는 식이죠. 인터뷰어 입장에서는 세 강좌의 내용이 상당 부분 겹치기 때문에 하나의 초급 강좌를 수강한 것과 동일하게 보여집니다. 이런 식으로 수료증을 취득해도 고급 과정을 마친 후보자나 좋은 포트폴리오 프로젝트를 갖춘 후보자보다 돋보이기 어렵습니다.

따라서 취득한 온라인 수료증의 수가 3~5개에 가까워지면 경험을 다양화하기 위해 노력해야 합니다.

- 평판이 좋은 곳의 수료증인지를 확인해야 합니다. 주말 동안에 쉽게 이수할 수 있는 것처럼 보이는 수료증은 목록에 추가하지 마세요. 이 조건으로 인해 현재 수료증 목록에서 모든 항목이 제외된다면, 다음 두 단계를 진행하세요.
- 관심사에 따라 강화 학습이나 자연어 처리(NLP)와 같이 전문적인 분야의 수료증을 취득하세요.
- 사이드 프로젝트를 시작하고 깃헙에 프로젝트 포트폴리오를 구축하세요.

[표 2-3]은 제가 제안하는 판단 기준을 요약하고 있습니다.

표 2-3 온라인 코스와 수료증 취득을 계속해야 할까요?

경험 수준	온라인 자격증의 장점
이력서에 머신러닝/데이터 사이언스 관련 항목이 없는 경우	네, 온라인 코스와 과제를 수행하고 이력서에 추가하세요.
이미 온라인 코스를 몇 개(3~5개) 수강했는데 더 수강할지 여부를 결정하지 못했다면…	사이드 프로젝트를 하는 것을 고려해보세요. 사이드 프로젝트는 좋은 이력 항목이자 시간에 대한 투자 수익률(ROI)도 더 높습니다. 여러분의 프로그래밍, 통계 역량이 기본 수준을 넘어서는지도 자체 평가해보세요.

---

15 옮긴이_ 주로 미국 대학에서 사용되는 용어로, 대체로 대학교의 첫 해에 해당하는 초급 또는 기초 과목을 가리킵니다. 난이도와 전문성이 높아질수록 이후의 고급 과정은 200, 300 등으로 구분됩니다.

경험 수준	온라인 자격증의 장점
통계와 프로그래밍을 기본 수준 이상으로 배웠고 데이터 사이언스 관련 이력 항목이 있다면...	여기서 잠시 멈추고, 업무 경험 또는 좋은 프로젝트 포트폴리오에서 나온 관련성 높은 항목들이 충분한지 확인하세요. 그렇지 않다면 즉시 시작하세요! 채용 지원 또는 취업 목표를 향한 직접적인 행동에 나서세요. '튜토리얼에만 매달리는 함정'에 빠지지 마세요. 인터뷰는 취업에 성공하지 못하더라도 개선할 수 있는 부분을 찾을 수 있는 좋은 방법입니다.

머신러닝 이력서를 향상시키기 위해 석사 학위를 취득해야 할까요?

온라인 수료증이 유용한지를 결정하는 기준은 대학원에 대한 질문에도 동일하게 적용됩니다. ROI(투자 대비 수익률)가 충분한가요? 하지만 석사 학위는 일반적으로 더 많은 노력이 필요하므로 다음과 같은 몇 가지 사항을 추가적으로 고려할 필요가 있습니다.

금전적 비용

일부 석사 학위 과정은 비용이 상당히 많이 듭니다.

기회 비용

풀타임으로 석사 과정을 수료하는 경우, 직장을 다니기 시작했다면 커리어를 더 발전시킬 수 있었을까요? 커리어, 업무 발전, 잠재적 수입을 포기하는 대가를 치르게 됩니다.

ROI

금전적 비용과 기회 비용을 고려했을 때 그만한 가치가 있을까요? 석사 학위 취득과 같은 큰 결정을 내릴 때는 단기적으로 얻는 것보다 장기적으로 얻는 것이 더 많은지를 계산해야 합니다.

머신러닝 이력서를 향상시키는 것 때문에 석사 이상의 학위를 취득하려 한다면 파트타임으로 과정을 이수하는 것을 추천합니다. 기존 이력서만으로도 충분하지만 좋은 사이드 프로젝트나 인터뷰 연습이 부족한 것일 수도 있습니다. 하지만 지적 호기심과 같은 다른 요소가 가치 있다고 느껴진다면 꼭 도전해 보세요!

자세한 내용을 알고 싶다면 조지아 공대에서 시간제 온라인 컴퓨터 과학 석사(OMSCS) 학위를 취득한 유진 얀의 후기(*https://oreil.ly/cSq_q*)를 참조하세요.

프로젝트 포트폴리오와 수료증을 다뤘으니, 이제 이력서에 관한 또 다른 FAQ를 다뤄보겠습니다.

FAQ: 이력서는 몇 페이지가 적당할까요?

기술 직종의 이력서를 한 페이지 내에 작성하라는 조언을 자주 듣습니다. 대체로 이 조언에 동의하며, 개인적으로는 제 이력서를 한 페이지로 제한합니다. 하지만, 이력서의 분량은 여러분의 상황에 따라 달라질 수 있습니다.

여러분 지역에서의 요구 사항은 무엇인가요?

저는 2페이지 분량의 이력서를 제출한 많은 유럽 출신 후보자들을 인터뷰했으며, 이들 대부분은 이력서 스크리닝을 무난히 통과했습니다. 반면, 미국과 캐나다에서는 주로 한 페이지 분량의 이력서를 가진 후보자들이 많았습니다. 북미의 테크 분야에서는 이력서에 프로필 사진을 첨부하지 않는 것이 일반적이지만, 아시아나 유럽 출신 후보자들의 이력서에서는 프로필 사진을 자주 볼 수 있습니다. 만약 여러분이 현재 거주 중인 곳과 다른 지역에서 구직을 하고 있다면, 해당 지역의 업계 전문가나 온라인 포럼을 통해 이력서의 분량이나 포함해야 할 정보에 대한 지역적 요구 사항을 반드시 확인하세요.

학계 출신인가요? 학계에서 사용하는 CV 대신 업계에서 사용하는 이력서를 만드세요.

제가 대학원에 다닐 때 CV^{curriculum vitae}라는 이력서가 있었습니다. 이 CV는 주로 대학원 과정, 박사 후 과정, 학계 교수직 등에 지원할 때 사용됩니다.

CV는 연구 발표에 더 중점을 두며, 한 페이지에 불과한 경우는 드물고 더 긴 경향이 있습니다. 제가 본 CV 포맷은 업계에서 볼 수 있는 글머리 기호 형식 대신 단락을 더 많이 사용했습니다. 이미 CV가 있다면, 연구 성과를 글머리 기호로 시작하는 이력 항목으로 바꾸고 간추리면, 업계 직무에 지원할 때 사용할 수 있는 보다 보편적인 업계 포맷으로 만들 수 있습니다.[16]

물론 CV를 그대로 제출하는 것도 괜찮을 수 있습니다. 저도 학계 이력서를 수정하지 않고도 인터뷰에 초대받은 후보자를 본 적이 있지만, 시간을 조금 더 투자하면 업계 직무에 지원할

---

16 여기서 말하는 업계 직무는 구글 딥마인드와 같은 업계의 연구직 직무를 의미하는 것이 아닙니다.

때 EPA를 높일 수 있습니다.

> **인터뷰어의 관점: 이력서 공간**
>
> 제가 이력서를 읽을 때는 분량보다는 그 안에 담긴 정보의 질을 중요시합니다. 첫 페이지, 그리고 첫 페이지의 상단 중앙 부분이 인터뷰어가 가장 먼저 보는 부분입니다. 가장 인상적이고 관련 있는 커리어들은 그곳에 배치해야 합니다. 다른 커리어들을 포함시키고 싶다면, 덜 중요한 이력서 공간을 사용합니다. 여러분은 스스로에게 다음 질문을 던지고 답해야 합니다. "만약 한 사람이 50개의 이력서를 검토하고, 이력서마다 단 5-10초밖에 주어지지 않는다면, 나는 어떻게 해야 가장 적절한 경력들을 그 첫 5-10초 안에 볼 수 있게 할 수 있을까요?"

ATS(후보자 추적 시스템)에 맞춰서 이력서 포맷을 조정해야 할까요?

1장에서 언급했듯이, 이력서의 열이 한 개인지 두 개인지, 특정 글꼴을 사용했는지, PDF 문서 또는 MS Word 문서를 사용했는지 등에 따라 자동 필터링으로 인해 이력서가 스크리닝에서 탈락한다고 믿을 근거는 충분하지 않다고 생각합니다. 그럼에도 불구하고 이 책에서는 ATS 자동 거부가 가능하다고 가정하고 있습니다. 개인적으로 저는 지금까지 LaTex로 만든 2열 포맷의 PDF 이력서를 사용해 왔으며, 이렇게 만든 이력서는 자동으로 파일을 읽어서 텍스트로 변환하는 온라인 구직 사이트에서도 전혀 문제가 없었습니다.

하지만 이력서 포맷이 인터뷰에 통과되지 못하는 유일한 이유라고 믿는다면, 다시 생각해보세요. 그보다는 더 중요한 문제가 여러분에게 있을 수 있습니다.[17] 먼저 정리된 이 장의 요점을 바탕으로 ATS 필터링 외에 이력서가 주목받지 못하는 또 다른 요인이 무엇인지 살펴봅시다.

- 검토자가 빠르게 볼 수 있는 부분에 가장 중요하고 머신러닝/데이터와 관련된 정보를 포함했나요?

---

17 직무 기술서 통째로 복사해서 이력서에 붙여 넣은 다음, 글꼴을 작게 만들고, 사람 눈에 해당 내용이 보이지 않도록 글꼴을 흰색으로 바꾸고, PDF를 변환해서 ATS가 이력서를 '통과시킬 수 있도록 하라는 팁을 온라인에서 본 적이 있습니다. 저는 이런 방법으로 더 많은 머신러닝 인터뷰에 초대받았다는 사람을 아직 못 만나 봤습니다.

- 이력서에 머신러닝/데이터와 관련된 정보가 많이 포함되어 있나요? 이력서에 직무 기술서에 있는 키워드와 매치되는 키워드가 포함되어 있는지 확인하셨나요? 이력서의 각 항목이 명확하게 작성되었나요? 이력서에 오타나 명백한 오류가 있나요? 이력서 체크리스트(*https://oreil.ly/bfUw_*)를 이용해서 다시 한번 확인하세요.
- 추천인을 확보하거나 이력서를 맞춤화하는 등 EPA를 높일 수 있는 다른 조치를 취한 적이 있나요?

온라인 이력서 접수 폼이 여러분의 이력서를 텍스트 문자열로 파싱한다는 것은 사실입니다. 그러므로 .png 파일을 제출하거나 아방가르드 스타일의 포맷과 글꼴(이 책이 다루는 범위에 포함되어 있지 않은 특정 디자인 직무에 지원하지 않는 한)을 사용하지 마세요. '이력서 관련 자료'에 링크되어 있는 단순한 템플릿이나 구글 독스의 템플릿을 사용해서 이력서를 작성하고 PDF로 변환하세요. KISS(keep it simple, stupid: 바보야, 간단하게 하라고) 원칙은 여기에서도 적용됩니다. 요약하자면, 온라인 지원 포털의 절차를 따르고 이번 장에서 언급한 모범 사례를 활용해서 여러분의 이력서를 다듬으세요.

2.6 다음 단계

지금까지 여러분은 여러분에게 가장 적합한 머신러닝 직무를 찾는 방법을 배웠으며, 여러분이 목표로 하는 머신러닝 직무의 유형에 맞춰 적절하게 맞춤화한 이력서를 만들었습니다.

채용 공고 찾아보기

더 많은 채용 공고를 찾아보기를 추천합니다. 채용 공고를 검색할 때, 단순히 직무 기술서를 읽는 것만으로도 많은 것을 배울 수 있다고 생각합니다. 예를 들면, 제가 관심을 가지는 '데이터 사이언티스트' 직무의 유형은 다른 구직자가 찾고 있는 '데이터 사이언티스트' 직무와 많이 다를 수 있습니다. 제가 앞서 이야기한 것처럼 어떤 회사의 '데이터 사이언티스트'는 머신러닝 모델 학습이 아닌 데이터 분석을 담당하기도 합니다.

제가 관심을 가질 만한 기술서가 있는 직무의 경우, 그 직무의 공통 요건을 기록해 둡니다. 경우에 따라서는 비슷한 기술을 요구하는 여러 직무에 대량으로 보낼 수 있도록 두세 가지 맞춤형 이력서를 만들어 놓기도 합니다. 두세 가지 버전이 있는 이유는 하나는 소프트웨어 역량을 더 많이 보유한 사람을 찾는 채용 공고용이고, 다른 하나는 스타트업 경험을 강조하는 것이 유리한 스타트업 채용 공고용이기 때문입니다.

목표 직무와 내 역량 사이의 격차 식별하기

이제 다음 단계는 여러분이 현재 보유하고 있는 역량과 목표로 하고 있는 머신러닝 직무에 맞춰 구성한 이력서를 솔직하게 검토해보는 것입니다. 머신러닝 직무 기술서를 읽을 때, 이력서를 어떻게 더 강화할 수 있을지 생각해보셨나요? [실습 2-4]에서 진행한 채용 공고 검색 중에 나타난 키워드 중, 어떤 것들을 더 배워서 이력서에 추가할 수 있을 것 같다고 생각하셨나요?

▌실습 2-6

다음은 머신러닝 역량 매트릭스(표 1-3)의 변형된 버전으로, 여러분의 기술 수준을 자가 평가할 수 있는 빈 칸이 포함되어 있습니다. 모델 학습에는 관심이 있지만, 머신러닝 이론 통계, 혹은 관련된 프로그래밍 도구에 대한 지식이 부족한가요? 목표로 하는 머신러닝 직무에 부합하도록 향상시켜야 할 다른 기술들이 있나요? 이어지는 체크리스트를 참고하여 [표 2-4]를 작성해주세요. 여러분의 기술 수준을 평가할 때, 1은 낮은 수준, 3은 높은 수준으로 표기하세요.

표 2-4 머신러닝 및 데이터 역량 자가 평가

역량	역량 수준 자가 평가 (1: 낮음 ~ 3: 높음)
데이터 시각화, 의사 소통	
데이터 탐색, 정제, 직관	
머신러닝 이론, 통계학	
프로그래밍 도구(파이썬, SQL, 기타)	
소프트웨어 인프라(도커, 쿠버네티스, CI/CD, 기타)	

여러분의 자가 평가를 돕기 위해 스스로에게 해볼 질문 목록을 제공해드리겠습니다.

데이터 시각화, 의사소통(각 항목에 해당할 경우 0.5점씩)

- 대시보드와 시각화를 구축한 경험이 있습니다.

- 구축하는 시각화의 종류에 따라 막대 그래프와 선 그래프와 같은 효과적인 그래프 유형을 선택할 수 있습니다.

- 비기술 팀원 및 이해관계자들에게 데이터 인사이트를 발표한 경험이 있습니다.

- 데이터 팀 외부의 청중이 데이터에 담긴 정보를 명확히 이해할 수 있도록 프레젠테이션을 구조화할 수 있습니다.

- 어떤 것이 좋은 실험인지 식별하기 위해 프로덕트 팀과 협업할 수 있습니다.

- 사용자 경험에 대해 깊이 사고하고 머신러닝이 사용자 경험과 어떤 관련이 있는지 이해할 수 있습니다.

데이터 탐색, 정제, 직관(각 항목에 해당할 경우 0.5점씩)

- 원본 데이터를 탐색한 경험이 있습니다.

- 불균형 데이터 세트를 처리한 경험이 있습니다.

- 복잡하고 느린 쿼리를 최적화한 경험이 있습니다.

- 데이터가 소스에서 여러 계층으로 어떻게 흘러가는지 내부 과정을 이해할 수 있습니다.

- 데이터가 분석용 사용 사례인지 트랜잭션용 사용 사례인지에[18] 따라 다른 기술을 사용할 수 있습니다.

- 데이터 모델링을 해본 경험이 있으며, 원본 데이터를 스키마에 정의된 형식으로 수집하고 변환할 수 있습니다.

머신러닝 이론, 통계학(각 항목에 해당할 경우 0.5점씩)

- 다양한 머신러닝 알고리즘에 대해 알고 있으며, 어떤 유형의 프로젝트에 사용해야 하는지 알고 있습니다.

- 알고리즘을 단순히 코드로 가져와서 사용하는 것을 넘어, 여러분의 분야에서 이 알고리즘이 어떻게 작동하는지 알고 있습니다.

- 가설 검정과 유의성 검정에 익숙합니다.

---

18 옮긴이_ 분석용 사용 사례는 데이터 읽기와 분석에 집중되는 반면, 트랜잭션용 사용 사례는 CRUD에 초점을 맞춥니다. *https://mariadb.com/resources/blog/the-place-between-transactions-and-analytics-and-what-it-means-for-you/*

- 머신러닝 모델 평가 방법을 알고 있습니다.

- 머신러닝 모델 문제에 대한 트러블슈팅을 해본 경험이 있습니다.

- (어느 정도) 행렬 대수와 다변량 미적분을 이해하고 있으며, 그것이 몇몇 머신러닝 알고리즘, 특히 회귀와 어떻게 관련 있는지 이해하고 있습니다.

프로그래밍 도구(파이썬, SQL, 기타)(각 항목에 해당할 경우 0.75점씩)

- 파이썬 기반 도구나 다른 언어 또는 프레임워크를 사용하여 머신러닝 모델을 학습시킨 경험이 있습니다.

- 파이썬이나 다른 프로그래밍 언어 또는 프레임워크로 스크립트나 앱을 구현한 경험이 있습니다.

- SQL 쿼리와 윈도우 함수[19] 등에 익숙합니다.

- 데이터를 처리하기 위해 pandas나 NumPy와 같은 파이썬 라이브러리를 사용한 경험이 있습니다.

소프트웨어 인프라(도커, 쿠버네티스, CI/CD, 기타)(각 항목에 해당할 경우 0.75점씩)

- DevOps 관련 업무 경험이 있습니다.

- 실행 시간이 느린 문제를 해결한 경험이 있습니다.

- 웹 애플리케이션 또는 다른 방법을 통해 머신러닝 모델을 배포한 경험이 있습니다.

- 젠킨스, 쿠버네티스, 도커와 같은 도구를 사용하여 자동화 작업을 한 경험이 있습니다.

여러분의 점수를 머신러닝 역량 매트릭스(표 1-3)의 점수와 비교하여 여러분의 역량이 대략 어느 정도 수준인지 확인하세요.

이 목록은 완전한 것이 아니며, 직무에 따라 여기에 나열되지 않은 역량이 더 있을 수 있습니다. 머신러닝 생애주기의 어느 부분에 관심이 있는지에 따라 평가 항목이 달라지므로 모든 항목에서 최고 점수를 받을 필요는 없습니다. 그래도 이 자가 평가는 좋은 출발점이 될 것입니다. 관심 있는 부분에서 더 높은 점수를 받거나 더 높은 점수를 받을 수 있도록 공부하고 준비하세요.

---

19 옮긴이_ 데이터베이스에서 사용되는 특별한 유형의 함수로, 데이터의 하위 집합에 대해 계산을 수행할 수 있게 해줍니다. 데이터의 일정 범위에 걸쳐 연산을 수행하며, 이를 통해 순위 지정, 이동 평균, 누적 통계 등 복잡한 데이터 분석 작업을 쉽게 할 수 있습니다.

요약

이 장에서는 머신러닝 채용 지원 단계에 주목했습니다. 채용 지원은 인터뷰 이전에 이뤄지며, 인터뷰 초대를 결정짓는 핵심 과정입니다. 우리는 온라인으로 직무를 찾는 방법과 네트워킹 및 추천을 통해 인터뷰 기회를 높이는 전략을 배웠습니다. 이력서 작성의 모범 사례도 읽었습니다. 부디 실습을 진행하면서 첫 이력서 초안을 작성했기를 바랍니다. 이력서가 완벽하지 않아도 준비가 되었다면, 주저하지 말고 머신러닝 채용 지원을 시작해 보세요.

다음 장에서는 기술적, 행동적 인터뷰를 포함한 다양한 인터뷰 유형을 살펴볼 것입니다. 그 첫 번째는 기술 인터뷰의 일부인 머신러닝 알고리즘과 이론입니다.

기술 인터뷰:
머신러닝 알고리즘

1장에서는 머신러닝 인터뷰를 치르면서 거쳐야 할 다양한 단계에 대해 알아보았습니다. 2장에서는 여러분의 경험을 관심 직무와 연결하는 방법, 그리고 적절한 이력서를 작성하는 방법을 살펴보았습니다. 이 두 장의 목표는 인터뷰 초대를 얻어내는 것이었습니다. 이번 장에서는 머신러닝 알고리즘에 집중합니다. 여러분도 [그림 1-9]에서 설명한 머신러닝 인터뷰 프로세스를 기억하고 있겠지만, 머신러닝 알고리즘 인터뷰는 기술 인터뷰의 한 부분일 뿐입니다. 인터뷰의 나머지 부분, 머신러닝 학습, 평가, 코딩 등은 이번 장 이후에 다룰 것입니다.

3.1 머신러닝 알고리즘 기술 인터뷰 개요

다음과 같은 직무에 지원한다면, 여러분은 인터뷰에서 머신러닝 알고리즘 기술 질문을 받을 가능성이 높습니다.

- 머신러닝 모델을 구축하는 데이터 사이언티스트
- 머신러닝 엔지니어
- 응용 사이언티스트
- 그외 유사 직무

일반적인 머신러닝 직책(그림 1-8 참조)에는 머신러닝 생애주기에서 머신러닝 모델 학습을 담당하는 직무가 여럿 있다는 사실을 기억하고 있습니까? 이번 장에서는 이들 역량에 관해 후보자를 평가하는 것에 집중합니다. 여러분이 목표로 하는 직무가 머신러닝 모델 학습에 크게 초점을 두지 않는다면, 이러한 인터뷰는 간략화한 형태로 치르거나 아예 건너뛰게 될 수도 있습니다.

이 인터뷰는 머신러닝 알고리즘에 대한 여러분의 이해를 평가하기 위한 것입니다. 특히 이론적인 측면에 집중합니다. 알고리즘을 코드로 구현하는 방법에 관해서는 6장의 모델 배포 질문과 5장의 코딩/프로그래밍 기술 인터뷰 문제에서 다루겠습니다. 인터뷰이로서 여러분의 목표는 인터뷰어에게 여러분이 머신러닝 알고리즘 이면에 있는 개념을 이해하고 있다는 점을 확인시켜주는 것입니다.

파이썬 라이브러리를 불러오는 방법만 알면 되는 직무가 있긴 하지만, 난이도가 더 높은 프로젝트의 경우에는 알고리즘 내부를 이해하며 다양한 머신러닝 알고리즘을 커스터마이징하거나, 모델에 문제가 생겼을 때 디버깅과 트러블슈팅을 해내야 할 수 있습니다. 1장에서 다룬 머신러닝 직무 역량의 세 가지 축 중에서 이번에 다룰 내용은 여러분의 적응 능력(그림 1-6 참조)을 보여줄 수 있는 머신러닝 알고리즘과 데이터 직관의 축입니다. 이 역량은 회사가 복잡한 머신러닝 사용 사례와 직접 개발한 솔루션을 갖고 있어서 다양한 기법을 수정 또는 조합하거나, 솔루션을 바닥부터 개발하게 될 경우 특히 중요합니다.

> **NOTE** 저는 지면이 허락하는 한 대표적인 알고리즘을 언급하기 위해 노력하지만, 세상에는 이 책에서 미처 다루지 못하는 기술이 더 많이 존재합니다. 책에서 제공하는 기타 자료를 통해 지식과 인터뷰 준비의 폭을 넓혀 보세요!

머신러닝 알고리즘의 내부 작동 원리와 그 기저에 있는 통계적 기법들을 이해하는 것뿐만 아니라 그 이해를 인터뷰어에게 성공적으로 전달해야 한다는 것을 유념하시기 바랍니다. 네, 제가 이 책에서 이미 여러 번 의사소통 역량을 반복해서 말하고 있다는 걸 알고 있습니다. 하지만 그만큼 이러한 역량이 여러분을 다른 후보자와 차별화시킬 수 있는 요소라는 사실을 기억해주세요.

제 경험에 의하면, 알고리즘과 머신러닝 개념을 다음 두 가지 수준에서 설명할 수 있는 능력이 중요합니다. 첫 번째는 간단한 "내가 다섯 살이라고 가정하고 설명해줘" 수준이고, 두 번째는 대학 과정에 적합할 정도로 깊은 기술적인 수준입니다. 또 다른 경험칙 하나는 이러한 머신러닝 알고리즘 인터뷰 문제에 뒤따라오는 후속 질문에 답변할 준비가 되어 있어야 한다는 것입니다. 인터뷰어에게 여러분이 단지 답을 암기한 다음 토해내는 것이 아니라, 실제 업무에서도 다양하게 적용할 수 있다는 것을 보여주기 위해서입니다.

이번 장에서 여러분이 특정 주제의 인터뷰를 하게 될 경우 쉽게 참조할 수 있도록 다음과 같이 각 주제에 따라 기술 질문들을 세분화하였습니다.

- 통계적 기법
- 지도 학습, 비지도 학습, 강화 학습
- 자연어 처리(NLP)

- 추천 시스템
- 강화 학습
- 컴퓨터 비전

> **NOTE** 아마존의 데이터 사이언스 직무 관련 폰 스크리닝과 같이 매우 구조화된 기술 인터뷰에서는 특정 알고리즘에 대한 정의를 묻는 등 명확한 범위의 질문을 합니다. 질문에 대한 답변을 하고 나면 후속 질문 없이 다음 질문으로 넘어갑니다. 구조화된 질문과 형식 없는 토론을 섞어 사용하는 회사도 종종 있는데, 인터뷰어가 후보자의 답변을 더 깊이 파고들며 과거 경험에 대한 질문으로 범위가 확장될 수도 있습니다.

3.2 통계적 기법 및 기초적 기법

통계적 기법은 모든 데이터 직무에서 사용되며, 머신러닝 프로젝트의 초석에 해당합니다. 따라서 여러분은 머신러닝 인터뷰에서 이러한 주제에 관련된 질문을 받을 가능성이 높습니다.[1] 통계적 기법은 비용이 많이 드는 모델과 알고리즘을 비교하기 위한 베이스라인 모델을 구축하거나, 머신러닝 모델 구축의 첫 단계에서 충분히 의미 있는 데이터를 확보했는지 파악하는 데 도움을 줍니다.

이 책의 목적에 맞춰, 저는 기본적인 회귀 기법과 머신러닝 모델을 학습하고 개선하는 데 필요한 다양한 기법을 다룰 계획입니다. 즉, (1) 기초적인 기법과 (2) 학습/테스트 세트 분할, 정규화 등 모델 학습에 사용하는 방법론을 다룰 것입니다. 이러한 개념은 모든 머신러닝 알고리즘의 기초적인 지식이며, 나중에 머신러닝 인터뷰 문제와 함께 언급될 것입니다.

이번 절은 이 분야의 배경 지식에 자신이 없는 분들을 위해 통계적 기법의 기초를 다룹니다.

---

[1] 머신러닝 생애주기의 직무 책임 유형에 따라 이 부분은 생략될 수 있습니다. 예를 들어, 구글의 '응용 머신러닝 엔지니어' 또는 '소프트웨어 엔지니어, 머신러닝' 직무의 경우 특히 그렇습니다. 확신이 서지 않을 때는 리크루터나 채용 매니저에게 반드시 확인하세요!

여러분이 이 분야의 전문가라면 건너뛰어도 좋습니다. 여러분의 전문성과는 관계없이, 팁 상자 안에 머신러닝 인터뷰를 위한 특정한 조언을 강조했으니 각 머신러닝 분야에서의 여러분의 지식에 적용하고 인터뷰에서 잘 활용하기를 바랍니다.

■ 통계적 기법 및 기초적 기법 학습 자료

이 책에서 제공하는 요약 내용 외에 통계적 기법 및 기초적인 기법과 관련된 지식을 더 보충하고 싶다면 다음 자료를 추천합니다.

- 『The Elements of Statistical Learning(통계적 학습의 원리)』(Springer, 2009)(*https://oreil.ly/oZ5si*)
- 『An Introduction to Statistical Learning: with Applications in Python(파이썬으로 하는 응용 사례 기반의 통계적 학습 입문)』(Springer, 2023)(*https://oreil.ly/bhhoq*)
- DeepLearning.AI와 앤드류 응의 Coursera 강좌: 이 자료는 이번 장에서 다루는 다른 머신러닝 주제에도 유용합니다(해당 강좌는 가끔 변경되고 갱신되기도 합니다).
- 머신러닝 인터뷰 입문(*https://oreil.ly/p1NEd*)에는 이 장의 대부분의 절에서 참조할 수 있는 전반적인 머신러닝 인터뷰에 대한 더 많은 질문이 있습니다.

자, 이제 시작해보죠.

독립변수 및 종속변수 요약

다음은 머신러닝 알고리즘의 기초 중 하나인 변수에 대한 개요와 모델을 적합하는 간단한 예시입니다.

사과에 관한 데이터 세트가 있다고 가정해봅시다. 이 데이터 세트에는 각 사과의 무게와 높이가 포함되어 있으며, 과거 판매 가격 목록도 있습니다. 여러분은 이 정보를 사용해 새 사과의 가격을 판매 전에 추측하고 싶어합니다. 이 예시에서 대형 식료품 체인의 자동 가격 계산은 무시하고, 대신 친구나 가족에게 취미로 판매하거나 조부모님이 물려주신 농장을 운영한다고 가정해봅시다. 자, 여러분은 새 사과 각각에 대해 무게와 높이를 이용하여 그 가격을 예측하고 있습니다. 무게와 높이는 특정 시점에서 고정된 관찰값입니다(사과가 동시에 100그램이 되기도 하고 150그램이 되기도 할 수는 없습니다).

이 모든 개념을 연결하기 위해서 몇 가지 용어를 추가해보겠습니다. 변수는 사과 가격을 계산하는 모델에서 고려되어야 하는 모든 요소를 가리킵니다. 따라서 이 예시에서 변수는 무게, 높이, 가격입니다. 이 변수 중에 여러분은 각 사과의 무게와 높이를 알고 있으며, 특정 시점에서 이 값들은 고정되어 있습니다. 그러므로 무게와 높이는 독립변수입니다. 여러분은 사과를 팔기 전에 새 사과의 가격을 예측하고 싶어 합니다. 예측된 가격은 새 사과의 높이와 무게에 의존합니다. 이 예제에서, 더 무겁고 더 큰 사과는 더 높은 가격에 팔립니다. 따라서, 가격은 종속변수입니다(표 3-1 참조).

표 3-1 독립변수와 종속변수의 예

독립변수	종속변수
사과 무게	가격
사과 높이	
사과 색상	
사과 품종	

인터뷰 중에 등장할 수 있는 용어

독립변수와 종속변수의 개념은 확고하게 자리 잡고 있지만, 용어 사용은 그렇지 않을 수 있습니다. 다양한 분야에서 [표 3-2]에 나열된 용어들을 접해본 적이 있을 텐데, 이 용어들은 업계나 교재에 따라 달라질 수 있습니다. 인터뷰 중에는 용어 때문에 인터뷰어와의 의사소통에 혼선이 생기지 않도록 주의하고, 만약 여러분이 같은 개념을 지칭하기 위해 다른 용어를 사용하고 있다고 느껴진다면 인터뷰어와 명확히 확인하는 것이 좋습니다. 가장 보편적으로 사용되는 용어들을 알고 있으면, 여러분은 다양한 분야에서의 인터뷰에서 그 용어들을 적절하게 활용할 수 있습니다.

표 3-2 독립변수와 종속변수의 동의어

'독립변수'의 동의어	'종속변수'의 동의어
회귀변수 Regressor	피회귀변수 Regressand
설명변수 Explanatory variable	반응변수 Response variable
예측변수 Predictor variable	결과변수 Outcome variable
입력변수 Input variable	출력변수 Output variable
특징 Feature	표적 Target
(일반 표기) x	(일반 표기) y

모델 정의

모델은 과거 데이터 포인트를 사용하여 '세상이 작동하는 방식'을 설명하는 방법, 즉 과거 정보에서 패턴과 연관성을 찾는 방법입니다. 이전 절에서 사용한 사과 예시는 가격 책정 방식을 설명하는 모델을 보여줍니다. 이 모델은 '진실'을 알고 있다고 할 수 있습니다. 완벽한 진실은 아닐지라도, 현실을 반영하려는 우리의 최선의 시도가 담겨 있습니다. 따라서, 이 모델은 미래의 데이터 포인트에 대한 최선의 근사치를 예측하는 데 사용될 수 있습니다. 이 원리는 머신러닝 모델의 모든 '모델'에 동일하게 적용됩니다. 예를 들어, 추천 시스템 모델은 웹사이트를 방문한 사용자가 좋아하거나 클릭할 만한 항목을 예측합니다. 이미지 인식을 위한 합성곱 신경망(CNN)은 다양한 픽셀이 나타내는 것이 무엇인지에 대한 모델을 '학습'합니다. 예를 들어, 픽셀의 클러스터와 레이아웃이 사람인지 고양이인지를 예측합니다.

독립변수, 종속변수와 마찬가지로, 인터뷰 중 용어의 혼동으로 인한 오해를 방지하기 위해 '모델'의 정의에 대한 공통된 이해를 인터뷰어와 확인하는 것이 중요합니다.[2] 모델은 머신러닝 알고리즘을 실행하고 적합시킨 결과물입니다.

---

2 제이슨 브라운리, "머신러닝에서 알고리즘과 모델의 차이," 머신러닝 마스터리(블로그), 2020년 8월 19일, *https://oreil.ly/TrduX*.

선형 회귀 요약

저는 회귀 모델 관련 내용을 이번 장에 꼭 포함시키고 싶었습니다. 저는 선형 회귀와 로지스틱 회귀를 자세히 배웠으며, 심지어 손으로 계산까지 해봤다는 사실을(대학에서 경제학 전공의 일환으로 듣던 2학년 통계학 과정의 요구 사항이었습니다) 기쁘게 생각합니다. 이 지식은 이후 제가 새로운 머신러닝 알고리즘을 이해하고 실무에 적용하는 데 큰 도움이 되었습니다. 제 지식은 이러한 기초 개념을 이해하는 것에서 시작됐기 때문에, 여러분이 회귀 모델 수학을 공부하는 것을 피하지 않기를 강력히 권장합니다. 물론 이미 이 분야에 전문 지식이 있다면 이 부분은 건너뛰어도 좋습니다.

이전 절의 사과 예시를 그래프에 적용해봅시다. 설명을 단순화해서 2차원 그래프에 나타내기 위해, 무게만 독립변수로 사용하여 종속변수인 가격을 예측하겠습니다. [그림 3-1]의 그래프에서 각 점은 과거 사과 판매 데이터를 나타내며, 이를 통해 해당 사과들의 판매 가격을 알 수 있습니다. 예를 들어, 그래프에서 말풍선이 가리키는 점은 무게가 80그램이며(x축의 교차점) 1달러에 판매되었습니다(y축의 교차점). 이 예시가 단순하다는 점에 유의해야 합니다. 실무에서 선형 회귀는 대부분 여러 개의 독립변수(다변수)를 이용하여 이뤄지며, 시각화를 하는 경우엔 N = 변수의 수 + 1(하나의 출력변수가 있을 때)인 N차원 공간에서 선이 됩니다. 게다가 이 예제는 종속변수가 하나뿐입니다. 여러 개의 종속/출력변수가 있을 때, 회귀 작업은 다변량^{multivariate}이라고 합니다. 다변량은 앞에서 언급한 '다변수'와는 다른 개념이라는 사실에 유의하세요.[3]

---

3 옮긴이_ 다변수 회귀는 여러 독립변수를 이용하지만, 다변량 회귀는 여러 종속변수를 동시에 예측합니다.

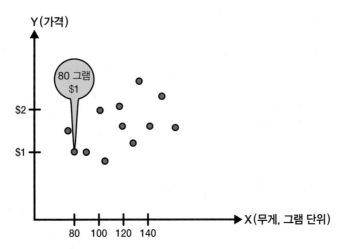

그림 3-1 선형 회귀에 사용될 데이터 포인트

선형 회귀의 다음 단계는 데이터 포인트에 소위 말하는 '선'을 적합시키는 것입니다. 보통은 파이썬, 스테이타, IBM SPSS, SAS, MATLAB 등과 같은 소프트웨어 도구를 이용해서 '최적 적합선'을 계산합니다. 이번 절의 앞부분에서 설명한 모델의 정의에 따르면, 이 선은 여러분이 가지고 있는 데이터 포인트를 기반으로 한, 진실을 가장 잘 근사하는 모델입니다. 소프트웨어는 초기 선부터 시작해서 [그림 3-2]에서와 같이 데이터 포인트와 해당 선 사이의 y축 거리, 즉 잔차Residual를 계산합니다. 실무에서는 '잔차'를 '잔차 오차Residual Error'라고 부르기도 합니다.[4]

---

4 옮긴이_ 저자가 영어권에서 교육을 받아 일하고 있음을 감안해야 합니다. 한국에서는 선형 회귀의 잔차(Residual)와 오차(Error)를 다른 의미로 사용합니다.

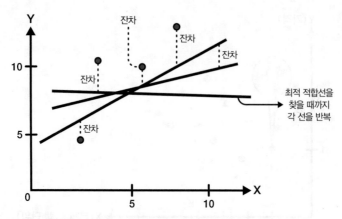

그림 3-2 선형 회귀에서 최적 적합선을 찾는 과정: 잔차가 최소화될 때까지 선을 반복적으로 조정

모든 잔차는 선 위의 예측값과 선 아래의 예측값이 부호(+, −)로 인해 서로 상쇄되는 것을 방지하기 위해 제곱됩니다. 이 때 목표는 잔차의 합을 최소로 만드는 것입니다. 왜냐하면 선이 데이터 포인트로부터 크게 벗어나 있다는 것은 데이터 포인트에 그다지 적합하고 있지 않다는 것을 의미하기 때문입니다. 수학적으로 선이 얼마나 잘 적합하고 있는지를 판단하는 일반적인 기법은 최소 제곱법입니다. 최소 제곱법을 통해 달성하는 것은 제곱된 잔차의 총합이 최소화되는 선, 즉 최적 적합선을 찾는 것입니다. 즉, [그림 3-3]에서 볼 수 있듯이 최적 적합선은 전체적으로 각 데이터 포인트로부터 가장 짧은 거리로 적합하고 있습니다.

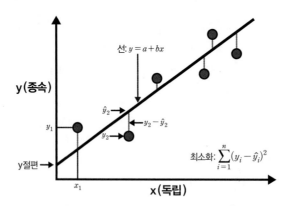

그림 3-3 최소 제곱법과 용어: y는 관측된 데이터 포인트를 나타내고 $\hat{y}$(y−햇^{Hat})은 예측/추정값을 의미

최종적으로는 [그림 3-4]와 같이 데이터 포인트에 대해 최소 제곱의 합이 최소가 되는 선이 도출됩니다.

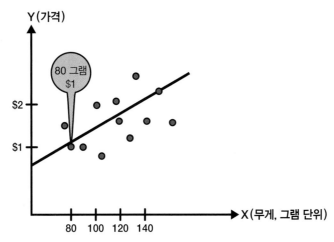

그림 3-4 최소 제곱법을 이용한 [그림 3-1] 데이터의 최적 적합선

이제 여러분은 새로운 사과 가격을 예측하는 모델로써 이 '최적 적합선'을 사용할 수 있습니다. 사과의 무게를 선의 방정식에 대입하면 예측 가격의 수치를 얻을 수 있습니다. 최적 적합선은 데이터포인트로부터 모델을 계산하는 가장 기본적인 방법 중 하나이지만, 다음 장에서 다룰 더 심층적인 머신러닝 모델 및 알고리즘과 같은 패턴을 가지고 있습니다. 즉, (최적 모델인지 아직 모르는) 선 하나를 초기화하고 이 선이 얼마나 잘 적합하고 있는지를, 즉 잔차를 계산합니다. 그 다음엔 선을 약간 기울여서 변경합니다(수학적으로는 이것을 **계수나 가중치를 업데이트한다**'고 표현합니다)그리고 다시 잔차를 계산합니다. 이 과정은 [그림 3-2]에 나타나 있습니다.

이 과정을 '학습^{Training}'이라고 부릅니다. '머신러닝 모델을 학습시킨다'는 표현은 바로 이 과정에서 유래한 것입니다. 잔차의 제곱합이 줄어들면, 올바른 방향으로 진행하고 있는 것입니다. 잔차의 제곱을 더 이상 줄일 수 없게 되면 최소 제곱을 달성한 것이며, [그림 3-4]처럼 해당 선이 이 데이터 세트를 사용한 최선의 근사치라고 할 수 있습니다. 이 과정은 방 안에 숨겨진 물건을 찾는 게임과 비슷합니다. 방을 돌아다니며 물건을 찾을 때 친구가 '더워' 혹은 '추워'라고 말해주며, 여러분이 물건에 가까워질수록 '더워'라고 하고 멀어질수록 '추워'라고 말합니다. 이 게임에서는 물건이 있는 위치에 도달할 때까지 '더워지는' 방향으로 이동해야 합니다.

4장에서는 잔차와 매우 유사한 개념인 평균 제곱 오차(MSE), 평균 제곱근 오차(RMSE) 등과 같은 오차 용어를 통해 모델을 평가하는 방법에 대해 설명할 것입니다. 이들 사이의 주요 차이점은 잔차가 과거 관측 데이터와 모델 추정치 사이의 차이인 반면, 오차는 모델 추정치와 모델이 미처 본 적 없는 실제 데이터 사이의 차이입니다. 즉, 오차는 모델 성능을 평가하기 위해 이전에 보지 못한 데이터에 모델을 적용한 후의 차이를 말합니다.

학습/테스트 세트 분할 정의

요약하자면, 이전 절의 단순 선형 회귀 예시와 같은 지도 학습[5] 머신러닝을 사용할 때, 여러분은 일반적으로 데이터 세트를 하나 준비해서 머신러닝 알고리즘이 작동 원리를 모델로 학습하도록 할 것입니다. 그런 다음 이 모델을 사용하여 사과가 얼마에 팔릴지를 예측하는 예처럼 종속변수의 값을 계산하게 될 겁니다. 다른 말로 하면, 여러분은 미래의 데이터 포인트가 아닌 과거의 데이터 포인트의 데이터 세트를 가지고 있다는 것입니다. 머신러닝 모델이 학습될 때는 현재 가지고 있는 데이터에 '적합하도록' 학습하고 있습니다. 이렇게 학습된 모델을 실제 세계에서 사용할 때 발생할 수 있는 몇 가지 문제점을 살펴봅시다. 하나는 실제 세계에는 항상 이상치나 변화하는 사건들이 있을 것이라는 점입니다.

머신러닝을 이용한 금융 예측의 한 예로, 시장이 갑자기 베어마켓Bear market(하락장)으로 전환될 수 있는데, 불마켓Bull market(상승장)에서 금융 데이터로 학습한 모델은 끔찍하고 부정확한 예측을 내놓을 수 있습니다. 또 다른 예는 보유한 데이터 세트가 실제 세계의 행동을 충분히 대표하지 못한다는 것입니다. 이전 절의 사과 예시에서는 사과의 무게와 높이 데이터를 사용하여 새 사과의 판매 가격을 예측할 수 있다고 가정했습니다. 하지만 가지고 있는 데이터만

---

5   자세한 내용은 3.3 '지도 학습, 비지도 학습, 강화 학습' 절에서 다룹니다.

으로는 충분하지 않으며 후지Fuji나 허니크리스프Honeycrisp와 같은 특정 품종의 사과가 더 비싸게 팔린다면 어떻게 해야 할까요? 데이터 세트에서 각 사과의 품종 이름을 추적하지 않았기 때문에 테스트에 적용하면 모델이 부정확하게 동작할 수 있습니다.

하지만 지금 여러분은 현재의 데이터 세트만 보유하고 있습니다. 이를 최대한 활용하려면 테스트 목적으로 가지고 있는 데이터 중 일부를 따로 보관해야 합니다. 즉, 모델 학습에 사용할 사과 데이터 포인트의 80%를 분리해서 모델을 학습시키고, 20%의 사과 데이터 포인트를 저장해 뒀다가 나중에 학습시킨 모델을 이용하여 실행해 볼 수 있다는 뜻입니다. 모델을 학습시키는 80%를 학습 세트라고 하며, 학습 단계에서 모델에게 노출시키지 않은 20%의 데이터를 테스트 세트라고 합니다. 이 과정은 모델이 새로운 데이터 포인트를 예측하는 실제 상황을 모방합니다. 테스트 세트는 바로 이러한 목적에 사용됩니다. 대부분의 경우, 데이터는 80%의 학습 세트, 10%의 검증 세트, 그리고 10%의 테스트 세트로 분할됩니다(그림 3-5 참조).

검증 세트는 '공식적인' 평가 없이도 학습 과정 중 모델 성능을 모니터링하고, 취약점을 진단하며 파라미터를 튜닝하는 데 도움을 줍니다. 테스트 세트는 앞에서 언급한 것처럼, 학습 과정에서 모델에게 노출되지 않은 데이터로 가능한 한 실제 환경을 모방하여 모델 성능을 공식적으로 평가하는 데 사용됩니다. 물론 테스트 및 검증 세트가 완벽하지는 않으므로 보다 강력한 기술과 모델 과적합 및 과소적합의 개념을 도입할 필요가 있습니다.

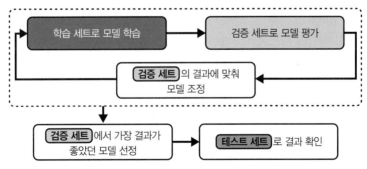

그림 3-5 학습, 검증, 테스트 세트 분할

모델 과소적합과 과적합 정의

모델이 실제 데이터에서(심지어 검증 세트 또는 테스트 세트에서도) 잘 동작하지 못할 원인들은 많습니다. 이러한 원인들에 대해 모델이 잘 동작하게 하기 위한 공통적인 시작점은 과적합Overfitting이나 과소적합Underfitting을 해결하는 것입니다. 과소적합은 모델이 데이터에 잘 적합하지 않는 상태를 말합니다. 다시 말해 모델이 데이터 세트의 독립변수(예: 무게, 높이 등)와 종속변수(예: 가격) 사이의 관계를 포착하지 못했음을 의미할 수 있습니다. 따라서, 과소적합을 줄이는 방법들은 모델이 학습 과정 중에 더 많은 뉘앙스나 패턴을 학습하도록 돕는 것에 초점을 맞추고 있습니다.

예를 들어, 사과의 품종이나 사과의 나이와 같은 더 많은 변수나 모델 피처를 추가하면 모델이 학습 데이터로부터 더 많은 패턴을 학습하게 되고, 잠재적으로 과소적합을 줄일 수 있습니다. 과소적합을 줄이는 두 번째 방법은 학습을 완전히 멈추기 전[7]에 모델이 학습하는 반복 횟수를 늘리는 것입니다.

과적합은 모델이 학습 데이터에 너무 가깝게, 그리고 매우 구체적으로 일치할 때 일어나며, 과적합이 발생하면 학습 세트에서는 패턴을 찾을 수 있지만 다른 데이터에 대해서는 모델이 패턴을 찾을 수 없게 됩니다. 간단한 예로, 학습 데이터에 무게와 관계없이 불균형적으로 비싼 사과(예: 세카이 이치Sekai Ichi 사과[8])가 많이 포함되어 있다고 가정해 봅시다. 해당 데이터를 학습해서 과적합한 모델은 더 저렴한 사과 품종에 대해 잘못된 예측을 하여 비싼 가격을

---

6 "교차 검증: 추정기 성능 평가," Scikit–learn: 파이썬 머신러닝 사용자 가이드, 2023년 10월 24일 접속, *https://oreil.ly/Spja4*.

7 "언더피팅이란 무엇인가?" IBM, 2023년 10월 21일 접속, *https://oreil.ly/SSihF*.

8 세카이 이치 사과는 개당 $20에서 $25 사이에 판매될 수 있습니다(출처: 실버 크릭 묘목).

도출하게 됩니다. 쉽게 말하면, 모델이 학습 데이터를 과도하게 기억하고 있어서 새로운 데이터 포인트로 일반화할 수 없는 상황인 것입니다. 이러한 문제를 해결할 수 있는 방법으로는 학습 데이터 추가, 데이터 증강Data augmentation 또는 정규화Regularization 등 모델이 더 잘 일반화할 수 있도록 하는 많은 기법이 존재합니다.[9] 이어서 정규화에 대한 자세히 다루겠습니다.

정규화 요약

정규화는 머신러닝 모델의 과적합을 줄이는 데 사용되는 기법입니다. 일반적으로 정규화는 모델의 가중치 또는 계수에 패널티를 부여함으로써 과적합을 줄입니다. 여러분은 이쯤에서 제가 무엇을 하려는지 알 수 있을 텐데요, 바로 사과 예시를 다시 떠올리는 것입니다! 사과는 제가 가장 좋아하는 과일이기 때문에 이 예제를 유독 자주 사용하는 것 같습니다. 자, 모델이 '사과의 무게Weight'를 더 무겁게(우연한 말장난이지만 '가중치Weight[10]'는 모델에서 사용되는 정확한 용어입니다) 학습했다고 가정해보겠습니다. 예를 들어, 사과의 무게가 모델의 가격 예측에 높은 양(+)의 영향을 미친다고 가정해봅시다. 만약 정규화로 사과의 무게가 가격 예측에 미치는 영향을 완화할 수 있다면 모델이 더 일반화되며, 다른 변수를 더 균등하게 고려하도록 만들 수 있습니다.

> ### ▌ 분산 편향(VARIANCE BIAS) 트레이드오프
>
> 분산 편향 트레이드오프는 머신러닝 인터뷰에서 흔히 나오는 주제입니다. 정규화와 같은 머신러닝 모델 개선 기법을 적용할 때 편향에 대한 수정과 분산 사이의 트레이드오프를 고려하는 것이 중요합니다. 편향은 모델의 전반적인 부정확성을 의미하며 종종 지나친 단순화(과소적합)로 인해 발생할 수 있습니다.
>
> 분산은 과적합으로부터 비롯됩니다. 즉, 모델이 학습 세트를 너무 구체적으로 학습했을 때 발생합니다. 이 현상이 '분산'으로 불리는 이유를 기억하는 한 가지 방법은 이 용어가 모델의 변동성을 의미한다는 걸 이해하는 것입니다. 모델이 특정 포인트Point[11]나 특성Trait(데이터 세트의 특징이나 변수)에 과적합되어 있어 다른 데이터 포인트에 대해 매우 민감하게 반응하여 변동성과 변이를 일으킵니다.

....

9 "오버피팅이란 무엇인가?" IBM, 2023년 10월 21일 접속, *https://oreil.ly/p9V_u*.

10 옮긴이_ 영어로 Weight는 무게를 뜻하기도 하지만, 통계나 머신러닝에서는 가중치를 의미합니다.

11 옮긴이_ 데이터 세트 내의 개별 데이터 항목이나 관측값

> 정규화는 모델의 분산을 줄일 수 있지만, 의도치 않게 편향을 증가시킬 수 있으므로 다양한 모델 개선 기법을 시험하며 신중해야 합니다.

기초적인 기법에 관한 인터뷰 문제 예제

이제 다양한 통계 및 머신러닝 기법들을 상위 수준에서 다루었으니, 몇 가지 인터뷰 문제 예제를 살펴보겠습니다. 여기에서는 이번 절에서 다룬 개념에서 파생된 일반적인 인터뷰 문제들의 세부 사항을 깊이 다루겠습니다. 이전에 다루지 않았던 세부 사항들도 있을 수 있으므로, 이러한 예시 문제들이 새로운 개념을 이해하는 데 도움이 되기를 바랍니다.

인터뷰 문제 3-1: L1 정규화와 L2 정규화는 무엇인가요?

| 답변 예시 |

L1 정규화 또는 라쏘 정규화lasso regularization[12]라고도 불리는 이 정규화 방법은 모델 파라미터를 0을 향해 축소시켜 나갑니다. L2 정규화(또는 릿지 정규화ridge regularization)는 목적 함수에 모델 계수의 제곱에 비례하는 패널티 항을 추가합니다. 이 패널티 항은 계수를 0의 방향으로 축소시켜 나가지만, L1(라쏘) 정규화와는 달리 계수를 정확히 0으로 만들지는 않습니다. L2 정규화는 계수가 너무 커지는 것을 방지함으로써 과적합을 줄이고 모델의 안정성을 개선하는 데 도움을 줄 수 있습니다. L1 정규화와 L2 정규화는 모두 과적합을 방지하고 머신러닝 모델의 일반화를 개선하기 위해 많이 사용되는 방법입니다.

> **TIP** 모델 과적합 및 과소적합에 대한 인터뷰 문제는 다른 질문으로 이어질 수 있습니다. 예를 들면, 여러분이 L1과 L2 정규화에 대해 언급하면 인터뷰어는 "또 어떤 종류의 다른 정규화가 도움이 될 수 있나요?"라고 물을 수 있습니다. 그러한 경우, L1과 L2 기법을 결합한 엘라스틱 넷elastic net을 답변으로 제시할 수 있습니다. 과적합의 경우엔 앙상블ensemble 기법 역시 도움이 될 수 있습니다(인터뷰 문제 3-3 참조).

---

[12] "라쏘 및 엘라스틱 넷," MathWorks, 2023년 10월 21일 접속, *https://oreil.ly/y0CEe*.

| 답변 예시 |

머신러닝에서 불균형 데이터 세트는 특정 클래스나 카테고리가 다른 것에 비해 우세한 데이터 세트를 뜻합니다.[13] 불균형 데이터 세트를 다루는 기법으로는 데이터 증강Data augmentation, 오버샘플링Oversampling, 언더샘플링Undersampling, 앙상블 기법Ensemble methods 등이 있습니다.

데이터 증강

데이터 증강은 머신러닝 모델이 학습할 샘플을 증가시키기 위해 더 많은 데이터를 생성하는 방법입니다. 예를 들어, 이미지를 학습시킬 때 이미지를 회전시켜서 데이터 세트에 뒤집힌 사람의 이미지와 정상적인 상태의 이미지 방향을 모두 포함시킬 수 있습니다. 데이터 증강 없이는 모델이 옆으로 누워있거나 물구나무 서고 있는 사람의 이미지를 제대로 인식하지 못할 수 있습니다. 왜냐하면 데이터는 서 있는 자세의 사람에 대한 정보로 편향되어 있기 때문입니다.

오버샘플링

오버샘플링은 소수 클래스의 데이터 포인트 수를 인공적으로 증가시키는 기법입니다. 예를 들어, SMOTEsynthetic minority oversampling technique (합성 소수 클래스 오버샘플링 기법)[14]는 소수 클래스의 피처 벡터를 사용하여 실제 데이터 포인트와 그 k-최근접 이웃 사이에 위치한 합성 데이터 포인트를 생성합니다. 이를 통해 소수 클래스의 크기를 인위적으로 증가시키고 오버샘플링 처리된 데이터 세트로 학습된 ML 모델의 성능을 향상시킬 수 있습니다.

언더샘플링

언더샘플링은 반대로, 다수 클래스의 샘플을 줄여서 다수 클래스와 소수 클래스의 데이터 포인트 수가 균형을 맞추도록 합니다. 실제로는 언더샘플링보다 오버샘플링이 선호되는데, 그 이유는 원본 데이터 세트가 작은 경우 언더샘플링에 의해 유용한 데이터가 제거될 위험이 있기 때문입니다.

---

13 "불균형 데이터," 머신러닝, Google for Developers, 2023년 10월 21일 접속, *https://oreil.ly/sKP4h.*

14 니테쉬 V. 차울라, 케빈 W. 보우여, 로렌스 O. 홀, W. 필립 케겔메이어, "SMOTE: 합성 소수 클래스 오버샘플링 기법," 인공지능 연구 저널 16(2002): 321-57, doi:10.1613/jair.953.

앙상블 기법

앙상블 기법은 불균형 데이터 세트를 처리하는 과정에서 모델의 성능을 향상시키는 데 도움이 될 수 있습니다.[15] 앙상블 내의 각 모델은 데이터의 다른 부분집합에서 학습될 수 있으며, 각 클래스의 미묘한 차이를 더 잘 학습하는 데 도움이 될 수 있습니다.

인터뷰어의 관점: 인터뷰 질문의 범위를 확인하세요

머신러닝 인터뷰 문제에 답변할 때는 잠시 시간을 내어 질문의 범위를 확인하는 것이 좋습니다. 다시 말해, 인터뷰어가 로지스틱 회귀의 정의만을 묻고 있다면, 다른 여러 기법에 대해 장황하게 이야기하지 않는 것이 좋습니다. 만약 질문의 범위가 넓게 느껴진다면, 인터뷰어가 구체적으로 무엇에 대해 물어보는 것인지 확인하세요.

인터뷰 문제 *3-3: 부스팅과 배깅에 대해 설명하고, 어떤 경우에 도움이 될 수 있는지 설명해주세요.*

| 답변 예시 |

배깅Bagging과 부스팅Boosting은 머신러닝 모델의 성능을 향상시키기 위해 사용되는 앙상블 기법입니다.

배깅

배깅은 다양한 모델을 학습 데이터의 서로 다른 부분집합으로 학습시키고, 이 모델들의 예측을 결합하여 최종 예측을 만듭니다.

부스팅

부스팅은 연이어 일련의 모델을 학습시키는 기법으로, 각 모델은 이전 모델의 오류를 수정하려고 합니다. 최종 예측은 전체 모델에 의해 이루어집니다. 앙상블 기법은 머신러닝 학습 도중에 마주칠 수 있는 여러 문제, 특히 불균형 데이터 문제[16]와 과적합 감소[17]에 도움을 줄 수 있습니다.

---

15 『머신러닝 시스템 설계』(한빛미디어, 2023) 4장 참고

16 『머신러닝 시스템 설계』(한빛미디어, 2023) 6장 참고

17 "오버피팅이란 무엇인가?" IBM, 2023년 10월 21일 접속, *https://oreil.ly/p9V_u.*

NOTE 모델 평가에 관한 더 심층적인 질문들은 4장을 참조하세요.

3.3 지도 학습, 비지도 학습, 강화 학습

머신러닝 직무에서는 지도 학습, 비지도 학습, 강화 학습을 포함한 각기 다른 기법 중에서 어떤 것을 언제 사용해야 하는지 아는 것이 필수적입니다. 저는 이전 직장에서 사기 방지와 고객 이탈 방지를 위해 지도 학습을 사용했습니다. 하지만 어떤 때에는 동일한 문제를 대해 이상 징후 탐지와 같은 비지도 학습을 사용하기도 했습니다. 데이터와 상황에 따라 기법들을 달리 적용했죠. 가끔은 (머신러닝 커리어에서 커리어를 쌓을수록 더 자주) 여러분은 지도 학습과 비지도 학습 모두를 위한 머신러닝 파이프라인을 구축할 수도 있습니다. 강화 학습 파이프라인에서는 이전 단계에서 지도 학습을 사용해 피처를 레이블링할 수 있습니다. 기술의 기본 원리를 이해하면 친숙한 방법을 고수하기보다는 새로운 기법을 적용하는 것이 더 효과적일 수 있는 상황에 적응하는 데 도움이 됩니다.

따라서 인터뷰에서는 종종 지도 학습과 비지도 학습에 대한 질문이 나옵니다. 강화 학습(RL)은 다소 고급 주제로 간주되며, 인터뷰에서 많이 다루지 않을 수도 있습니다. 그러나 추천 시스템을 비롯한 업계 실무에 RL의 사용이 증가함에 따라 저는 꽤 많은 인터뷰에서 이에 대해 질문을 받았습니다. 제 과거의 RL 작업 경험이 인터뷰어들의 그런 질문을 끌어냈을 수도 있겠지만요. 2장에서 언급한 것처럼, 이력서에 기술된 내용 모두가 인터뷰에서 논의될만한 주제입니다! 강화 학습에 대한 보다 포괄적인 개요가 궁금하다면, 3.6 '강화 학습 알고리즘' 절을 참조하세요.

TIP 여러분이 지원한 머신러닝 직무가 무엇이든, 지도 학습과 비지도 학습에 대한 지식은 필수입니다. 이 내용을 먼저 복습한 후에 강화 학습을 복습하세요.

이 절은 레이블이 지정된 데이터, 지도 학습, 비지도 학습, 준지도 및 자기 지도 학습, 그리고 강화 학습의 기초를 다룹니다. 이 분야에 대한 배경 지식에 자신이 없는 분들을 위한 내용입니다. 잘 알고 있다면 건너뛰어도 좋습니다. 전문성과는 관계없이 머신러닝 인터뷰에 특화된 조언을 팁 상자에 담았습니다. 이 팁을 활용해서 각 머신러닝 분야에 여러분의 지식을 적용하고 인터뷰에서 뛰어난 성과를 낼 수 있기를 바랍니다.

> ### 지도 학습 및 비지도 학습 관련 학습 자료
>
> 이 책에서 제공하는 요약 내용 외에 지도 학습 및 비지도 학습 머신러닝 기법에 관련한 지식을 더 보충하고 싶다면 다음 자료를 추천합니다.
>
> - 『The Elements of Statistical Learning(통계적 학습의 원리)』(Springer, 2009)(*https://oreil.ly/oZ5si*)

레이블이 지정된 데이터 정의하기

'독립변수 및 종속변수 요약' 절에서 소개한 사과 데이터 세트로 다시 돌아가 보겠습니다. 우리는 과거에 사과가 얼마에 팔렸는지에 대한 데이터 포인트를 가지고 있었습니다. 우리는 '선형 회귀 요약' 절에서 가격도 종속변수임을 파악했습니다. 데이터 세트에 대한 레이블을 갖고 있다는 사실[18]은 여러분이 앞서 했던 머신러닝 작업들이 **레이블이 지정된** 데이터로 이뤄졌다는 것을 의미합니다. 반면에, 여러분이 사과의 가격과 무게 데이터는 갖고 있지만 품종 정보는 없는 상태에서 사과의 다른 품종 사이의 공통점을 추론하려고 하는 경우는 **레이블이 지정되지 않은** 데이터의 예입니다. 애초부터 정확한 '레이블'이 지정되지 않은 경우에는(이 예에서는 품종) 레이블이 지정되지 않은 데이터를 사용해서 비지도 학습을 수행하게 됩니다.

---

18 참고로, 이 사과 데이터 세트의 레이블은 과거 사과 가격입니다. 즉, 학습된 모델의 정확성을 확인하기 위한 과거의 '정답' 또는 예상 결과입니다.

지도 학습 요약

레이블이 지정된 데이터와 레이블이 지정되지 않은 데이터에 대한 개념을 기반으로 지도 학습에 대해 살펴보겠습니다. 지도 학습은 레이블이 지정된 데이터 사용을 특징으로 하는 머신러닝의 첫 번째 유형입니다. 과거에 만들어진 정확한 데이터를 바탕으로 새로운 데이터 포인트 또는 미래의 데이터 포인트에 대한 종속변수를 예측합니다. 사과의 무게와 품종 등을 활용해 새 사과의 판매 가격을 예측하는 것도 지도 학습의 한 예입니다. 지도 학습은 주로 회귀와 분류, 크게 이 두 가지 범주로 나뉩니다.

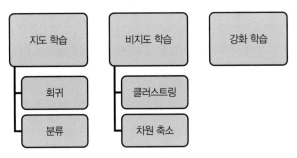

그림 3-6 머신 러닝 분류 개요(이해를 돕기 위해 단순화한 버전)

회귀^{Regression}에서 종속/출력변수는 연속적인 값입니다. 예를 들어, 주가, 주택 가격 또는 날씨(기온)를 예측하면 연속적인 값으로 결과를 생성합니다. 분류^{Classification}는 종속/출력변수가 범주형이며, 예를 들어 '이것은 개' 또는 '이것은 고양이'와 같은 범주로 그 결과가 출력됩니다. 분류의 예로는 스팸 탐지, 사진 속 동물 종류 태깅과 같은 이미지 인식 등이 있습니다.

원-핫 인코딩$^{one-hot\ encoding}$ 같은 기법을 이용하면 범주형 데이터와 연속형 데이터를 혼합할 수 있습니다. 예를 들어, 이미지 속에 개 또는 고양이가 있는지 분류하려고 할 때, 개가 있는 이미지는 '개' 카테고리에 대해서는 1로, '고양이' 카테고리에 대해서는 0으로 인코딩될 것입니다. 각 카테고리를 대표하는 불리언^{Boolean} 참/거짓 표현으로 생각하면 이해가 쉬울 것입니다. 그런 다음 이 숫자 인코딩(0 또는 1)을 연속적인 값을 가진 데이터 세트와 혼합할 수 있습니다.

비지도 학습 정의

비지도 학습 Unsupervised learning은 레이블이 없는 데이터를 이용해 모델을 학습시키는 방식입니다. 사용 가능한 '레이블'(올바른 또는 예상되는 값)이 없을 때 사용합니다. 비지도 학습을 이용하면 정확한 결과 레이블에 대한 사전 지식 없이도 데이터 세트에서 패턴, 공통점 또는 이상을 발견할 수 있습니다.

비지도 학습의 일반적인 용도로는 클러스터링과 차원 축소가 있습니다(그림 3-6 참조). VAE variational autoencoder (변분 오토인코더)와 같은 많은 생성 모델이 비지도 학습을 사용하며, 스테이블 디퓨전Stable Diffusion 같은 이미지 생성 애플리케이션에도 활용됩니다.

클러스터링Clustering은 유사한 데이터 포인트를 클러스터로 그룹화하는 머신러닝 작업으로, 새로운 패턴을 파악할 수 있게 합니다(그림 3-7 참조). 존재하지 않는 레이블을 추론할 수는 없지만, 클러스터링을 통해 이상치나 관심 클러스터를 발견하여 추가적으로 조사할 수 있습니다. 비지도 학습은 같은 클러스터에 속한 고객들이 비슷한 선호도나 행동을 보일 것이라는 가설을 세울 수 있어 고객 세분화에 적용될 수 있습니다. 또한, 사전 지식 없이 데이터에서 비정상적인 패턴을 찾을 수 있으므로 이상 징후 탐지에도 활용됩니다.

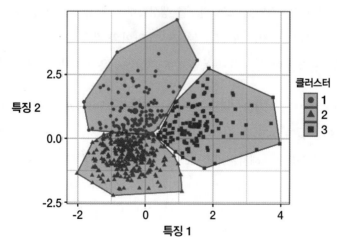

그림 3-7 비지도 학습의 예: 클러스터링

차원 축소Dimensionality reduction는 학습 데이터의 중복된 입력변수 수를 줄이는 데 일반적으로 사용되는 기법입니다. 너무 많은 변수로 학습하는 모델은 해당 변수들의 '노이즈'까지 학습할 수 있기 때문에, 특징/입력변수의 수를 줄이면 과적합을 줄이는 데 도움이 됩니다.

준지도 학습 및 자기 지도 학습 요약

대규모 데이터 세트의 완전한 레이블링에는 한계가 있기 때문에 지도 학습과 비지도 학습을 확장한 변형들이 업계에서 인기를 얻고 있습니다. 인터뷰에서 이 개념들이 자주 등장하진 않겠지만 알아둬야 합니다. 인터뷰 대상 팀이 이 기술들을 사용한다면, 여기에 관해 논의할 준비를 해두는 것이 좋습니다.

준지도 학습Semisupervised learning은 소량의 (보통은 수동으로) 레이블링된 데이터를 사용하여 사전에 레이블이 지정되지 않은 데이터를 자동으로 레이블링하기 위한 별도의 머신러닝 모델을 학습시킵니다. 그 다음에 [그림 3-8]처럼 가장 높은 신뢰도를 가진 자동 생성된 레이블과 결합하여 더 큰 레이블이 지정된 데이터 세트를 생성합니다.

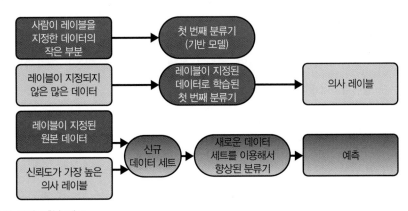

그림 3-8 준지도 학습 개요

자기 지도 학습Self-supervised learning[19]은 레이블을 사용하지 않고 데이터 세트 자체에 잠재해 있는 표현을 학습합니다. 예를 들어서, 이미지의 특정 부분이 제거되었을 때, 우리는 그 누락된 부분을 예측하거나 재생성할 수 있을까요? 자기 지도 학습은 이미지, 오디오, 비디오[20], 텍스트 등의 누락된 부분을 채우는 데에 일반적으로 사용됩니다.

> **TIP** 인터뷰 중에 레이블 데이터가 없거나 모든 데이터를 레이블링할 필요가 없는 경우에 대한 논의가 나오면 준지도 학습과 자기 지도 학습을 언급할 수 있습니다.

강화 학습 요약

데이터 세트 또는 레이블 사용 여부로 구분되는 머신러닝의 세 번째 주요 유형은 강화 학습 reinforcement learning(RL)입니다. RL의 기본 형태는 반드시 사전 데이터 세트를 필요로 하지 않지만, 업계에서는 주로 RL 알고리즘을 실제 배포 전에 오프라인에서 테스트할 수 있도록 기존 데이터 세트나 모델을 보유하는 것을 선호합니다.

RL은 '에이전트'를 사용하는데, 앞서 소개한 머신러닝 '모델'과는 다르지만 반복적인 학습을 통해 개선된다는 공통점이 있습니다. RL은 시행착오를 통해 학습합니다. 에이전트는 새로운 데이터 포인트에 대해 반응만 하면 되며, 경험을 통해 최적의 다음 행동을 예측하는 방법을 결국 배우게 됩니다. 대표적인 RL 예시로는 보상(금), 함정, 출구가 있는 미로를 탐색하는 로봇이 있습니다. 로봇은 처음에는 금, 함정, 출구의 위치를 모르는 상태에서 시작하지만, 환경을 탐색하며 시행착오를 통해 자신만의 데이터 세트를 구축하듯 과거에 대한 지식을 습득합니다. 충분한 탐색 후, 로봇은 가장 빠르고 안전한 출구로의 경로를 학습합니다. 하지만 RL 에이전트의 설계에 따라, 가능한 한 빨리 출구에 도달하는 것 대신에 최대한 많은 금을 수집하도록 최적화할 수도 있습니다.

---

19 랜달 발레스티에로 외, 자기 지도 학습 쿡북, 2023년 6월 28일, *https://oreil.ly/M200U* 및 "자기 지도 학습 쿡북" 메타 AI(블로그), 2023년 4월 25일, *https://oreil.ly/XT6wX*.

20 자세한 내용은 앤드류 지서먼의 "자기 지도 학습"(프레젠테이션, Google DeepMind), *https://oreil.ly/wGQ98*을 참조하세요.

RL에는 다양한 유형이 있으며, 일부는 지도 학습과 유사한 점이 있습니다. 하지만 이에 대해서는 3.6 '강화 학습 알고리즘' 절에서 더 깊이 다루겠습니다. RL은 주로 게임, 로봇공학, 자율주행차에 사용되지만, 유튜브의 동영상 추천 시스템과 같이 예전에는 지도 학습을 사용하던 응용 분야에서도 점점 더 다양하게 사용되고 있습니다.

지도 학습과 비지도 학습에 관한 인터뷰 문제 예제

이제 지도 학습, 비지도 학습, 강화 학습을 개괄적으로 살펴보았으니, 이러한 개념에서 시작되는 대표적인 인터뷰 문제 몇 가지를 살펴보겠습니다.

> **NOTE** 이 절에서는 지도 학습과 비지도 학습에 대한 인터뷰 문제를 다룹니다. RL에 대한 질문은 3.6 '강화 학습 알고리즘' 절에서 따로 다룹니다.

인터뷰 문제 *3-4: 지도 학습의 대표적인 알고리즘에는 무엇이 있습니까?*

| 답변 예시 |

회귀regression 알고리즘에는 선형 회귀와 로지스틱 회귀를 비롯해 일반화된 선형 모델generalized linear models (GLM)과 자동 회귀 통합 이동 평균autoregressive integrated moving average (ARIMA)과 같은 다양한 시계열 회귀 모델 등이 있습니다.

의사 결정 트리decision tree 알고리즘은 지도 학습 내에서 분류와 회귀 작업 모두에 사용될 수 있으며, 구체적인 기법으로는 XGBoost, LightGBM, CatBoost 등이 있습니다. 의사 결정 트리는 여러 의사 결정 트리를 앙상블하는 랜덤 포레스트random forest 알고리즘에서 사용될 수 있습니다. 의사 결정 트리와 마찬가지로, 랜덤 포레스트도 지도 학습 하에서 분류와 회귀 작업에 모두 사용될 수 있습니다.

신경망Neural networks은 비지도 학습뿐만 아니라 지도 학습 작업에도 사용될 수 있습니다. 지도 학습 신경망은 이미지 분류, 객체 인식, 음성 인식, 자연어 처리(NLP) 등에 사용됩니다.

다른 알고리즘으로는 베이즈 정리Bayes' theorem[21]를 사용하는 지도 학습 기반의 분류 알고리즘인 나이브 베이즈naive Bayes[22]가 있습니다. 머신러닝에서 베이즈 정리를 사용하는 예로는 결과의 분포를 예측하는 베이지안 신경망Bayesian neural networks[23]이 있습니다(예: 일반 모델은 가격이 $100이라고 예측하지만, 베이지안 모델은 표준 편차 5를 가진 $100으로 예측합니다).

인터뷰 문제 *3-5*: 비지도 학습의 대표적인 알고리즘에는 무엇이 있으며, 어떻게 동작하나요?

| 답변 예시 |

비지도 학습은 주로 클러스터링, 이상 징후 탐지anomaly detection, 차원 축소 등에 사용됩니다. 이러한 카테고리별로 알고리즘을 분류해 보겠습니다. 클러스터링에는 k-평균 클러스터링, 밀도 기반 클러스터링(DBSCAN 알고리즘) 등의 알고리즘이 자주 사용됩니다. k-평균 클러스터링K-means clustering은 데이터를 k개의 클러스터로 그룹화하여, 반복적으로 각 데이터 포인트를 클러스터 중심점으로 레이블링합니다.

이때 클러스터 중심점centroid이 업데이트되고, 클러스터 할당이 안정된 상태에 이르고 더 이상 변화가 없을 때까지 알고리즘은 계속 실행됩니다. DBSCAN은 높은 밀도를 가진 서로 가까운 데이터 포인트를 그룹화하고, 거리에 따라 클러스터를 서로 분리하는 인기 알고리즘입니다. 비지도 학습 알고리즘은 큰 클래스 불균형을 다룰 수 있으므로, 이상 징후 탐지에 자주 사용됩니다.

차원 축소에 사용할 수 있는 알고리즘은 다양합니다. 주성분 분석Principal component analysis(PCA)은 데이터 세트를 낮은 차원의 공간으로 '평탄화'할 수 있으며, 데이터 전처리에 유용하게 사용됩니다. 이렇게 하여 주성분 분석은 데이터의 분산을 유지하면서도 중복되는 피처의 수를 줄여, 데이터 안에 충분한 신호와 패턴이 보존되도록 합니다.

오토인코더Auto Encoder는 NLP뿐만 아니라 광범위하게 응용되는 비지도 학습 알고리즘입니다. 오토인코더는 입력 텍스트의 압축된 표현을 인코딩하고, 이 압축된 표현을 디코딩하여 다음 텍스트 데이터 청크의 생성에 사용할 수 있습니다. 차원 축소의 한 형태이죠. 오토인코더는

---

21 "베이즈 정리에 관한 직관적(그리고 짧은) 설명," Better Explained, 2023년 10월 23일 접속, *https://oreil.ly/I7ika*.
22 『파이썬 데이터 사이언스 핸드북』(위키북스, 2023)
23 "베이지안 신경망," 머신러닝 용어집, 2023년 10월 23일 접속, *https://oreil.ly/BotI7*.

텍스트 완성 및 텍스트 요약 작업에도 유용합니다. 자기 지도 학습은 오토인코더를 사용할 수 있는 비지도 학습의 한 분야로, 이미지의 누락된 부분을 채우거나 오디오 및 비디오를 수정[24] 하는 등의 작업에 적용될 수 있습니다.

인터뷰 문제 **3-6: 지도 학습과 비지도 학습의 차이는 무엇인가요?**

| 답변 예시 |

두 가지 머신러닝 유형의 가장 큰 차이점은 사용되는 학습 데이터와 관련이 있습니다. 지도 학습은 레이블이 지정된 데이터를 사용하는 반면, 비지도 학습은 레이블이 지정되지 않은 데이터를 사용합니다. 레이블이 지정된 데이터는 학습 데이터 세트에 이미 올바른 출력 또는 결과가 포함되어 있는 경우를 말합니다.

지도 학습과 비지도 학습은 머신러닝 모델 출력 측면에서도 다릅니다. 지도 학습에서 머신러닝 모델은 레이블이 무엇인지 예측하는 것을 목표로 합니다. 비지도 학습은 특정 레이블을 예측하는 것이 아니라 데이터 세트 내에서 잠재된 패턴과 그룹을 찾으려 하며, 이렇게 찾아낸 패턴과 그룹은 새로운 데이터 포인트를 클러스터링하는 데 사용할 수 있습니다.

지도 학습과 비지도 학습은 평가 측면에서도 다릅니다. 지도 학습은 출력을 올바른 출력(테스트/홀드아웃/검증 데이터 세트와 함께)과 비교하여 평가합니다. 비지도 학습에서는 모델이 데이터 내에서 얼마나 잘 그룹화하는지 또는 패턴을 잘 포착하는지에 따라 평가됩니다. 비지도 학습의 평가는 클러스터링을 위한 자카드점수 또는 실루엣 인덱스, 이상 징후 탐지를 위한 양성률 비교를 위한 수신자 조작 특성 곡선(ROC)/곡선 아래 면적(AUC) 지표와 같은 메트릭을 통해 이루어집니다.

클러스터링의 경우 자카드 점수Jaccard score나 실루엣 인덱스silhouette index 같은 메트릭으로, 이상 징후 탐지의 경우는 ROCreceiver operating characteristic curves/AUCarea under the curve(수신자 조작 특성 곡선/곡선 아래 면적) 지표로 평가할 수 있습니다.[25]

마지막으로, 지도 학습과 비지도 학습은 일반적으로 서로 다른 유형의 작업에 사용됩니다. 지

---

24 앤드류 지서먼, "자기 지도 학습"(프레젠테이션, Google DeepMind), *https://oreil.ly/o32MY*.
25 머신러닝 모델 평가는 4장에서 더 자세히 다룹니다.

도 학습은 분류(정확한 범주 예측) 또는 회귀(정확한 값 예측) 작업에 자주 사용되는 반면, 비지도 학습은 클러스터링, 이상 징후 탐지 및 차원 축소 작업에 자주 사용됩니다.

인터뷰 문제 **3-7: 지도 학습은 사용하지만 비지도 학습은 사용하지 않는 경우와 그 반대의 경우에는 어떤 것이 있나요? 몇 가지 실제 사례를 들어 설명해주세요.**

| 답변 예시 |

비지도 학습과 지도 학습은 결과 또는 레이블의 사용 방식에서 차이가 있습니다. 그래서 레이블이 지정된 데이터가 없거나 '정확한' 결과를 예측하기보다는 데이터 내의 패턴이나 이상을 찾는 작업에 비지도 학습이 특히 적합합니다.

실제 사례로는, 지도 학습은 이미지 인식과 같은 분류 및 객체 인식에 활용될 수 있습니다. 학습 데이터 세트에서 객체에 정확한 레이블을 지정하면, 알고리즘은 예측을 실제 값과 비교하여 객체 인식 학습이 정확히 이루어지고 있는지 판단합니다. 즉, 알고리즘이 이미지 속 얼굴을 정확하게 구분하지 못하는 경우, 정확하게 레이블링된 이미지(얼굴이 올바르게 구분된)를 통해 그 문제를 확인할 수 있습니다. 지도 학습의 다른 사용 사례로는 연식, 시리즈 이름, 카드 상태와 같은 특성을 기반으로 희귀 트레이딩 카드의 가격을 예측하는 경우가 있습니다. 사기 데이터에 정확한 레이블을 지정한 데이터 세트가 있다면, 사기 탐지도 지도 학습의 응용 분야가 될 수 있습니다. 반면, 사기 행위에 대한 레이블링된 데이터가 없는 경우, 비정상적인 행동을 탐지하는 비지도 학습을 사용할 수 있습니다.

> **NOTE** 실제 인터뷰에서는 많은 예시를 제시할 필요는 없지만 참고용 답변으로 여기에 몇 가지 예시를 포함했습니다. 많은 양의 예시보다는 지원한 회사의 도메인에서 흔히 나타나는 문제와 관련된 예시를 드는 것이 더 좋습니다. 예를 들어, 시계열 분석은 금융과 핀테크 분야에서 자주 사용되며, 사기 탐지는 온라인 판매 플랫폼, 은행, 금융 분야에서 중요한 이슈입니다.

때로는 지도 학습보다 비지도 학습이 더 적합할 수 있습니다. 비정상적인 행동의 일반적인 경고 신호로, 이상 징후 탐지를 통해 사용자의 온라인 은행 계좌에서 비정상적인 로그인 위치를 찾을 수 있습니다. 클러스터링은 비지도 학습의 한 예로써, 실제로 고객을 그들의 특성(예를 들어, 행동이나 선호도)에 따라 세분화하는 것을 의미하며, 이는 기업이 클러스터 내의 사용자에게 제품을 맞춤화하거나 마케팅 캠페인을 타깃팅하는 데 활용될 수 있습니다. 예를 들어 클러스터링 알고리즘 기반의 분석을 통해 젊은 직장인들이 비슷한 행동 양상을 보이는 것을 발견한다면, 우리는 회사의 차기 디지털 광고 캠페인에서 이들에게 유사한 홍보 자료를 제공해도 된다는 사실을 알 수 있습니다.

인터뷰 문제 *3-8: 지도 학습을 구현하면서 생길 수 있는 대표적인 이슈는 무엇이 있으며, 어떻게 해결할 수 있나요?*

| 답변 예시 |

지도 학습에 영향을 줄 수 있는 일반적인 문제 중 하나는 레이블이 지정된 데이터의 부족입니다. 예를 들어, 머신러닝을 이용해 이미지 속 특정 만화 캐릭터와 애니메이션 캐릭터를 분류하고자 할 때, 레이블이 지정된 데이터를 온라인에서 확보하기는 어렵습니다. CIFAR[26]와 같이 일반 사물과 항목에 대해 레이블이 지정된 오픈 소스 데이터 세트는 있지만, 더 구체적인 사용 사례의 경우, 직접 이미지를 확보하고 레이블을 지정해야 합니다.

저는 레이블이 지정된 데이터가 충분하지 않은 문제를 해결하기 위해 초기에는 몇 가지 예제에 직접 레이블을 직접 지정하는 것으로 시작했습니다. 하지만 레이블이 지정된 예가 여전히 충분하지 않아 데이터 세트가 불균형해졌습니다. 레이블이 지정된 데이터를 인위적으로 늘리기 위해 데이터 증강 기법을 적용하였으며, 기존 데이터에 새로 생성한 합성 데이터를 추가하여 머신러닝 모델을 더욱 강력하게 만들었습니다.

이미지 인식에서 데이터 증강의 한 예로, 이미지를 무작위로 뒤집거나 회전시키는 것이 있습니다. 이를 통해 샘플을 늘리는 방법을 설명하자면, 오른쪽을 바라보는 애니메이션 캐릭터 하나를 뒤집을 경우, 모델이 학습할 수 있는 데이터 포인트가 오른쪽을 바라보는 것과 왼쪽을 바라보는 것, 두 가지가 됩니다. 회전 역시 도움이 될 수 있습니다. 예를 들면 머신러닝 알고리즘이 옆으로 기울어져 있거나 심지어 물구나무를 서고 있는 애니메이션 캐릭터를 정확하게 식별할 수 있게 할 수 있습니다.

---

26 알렉스 크리제브스키, "CIFAR-10 데이터 세트," 캐나다 고등 연구소, 2023년 10월 23일 접속, *https://oreil.ly/x1g7o*.

3.4 자연어 처리(NLP) 알고리즘

NLP^{Natural Language Processing}는 최근 몇 년 동안 큰 주목을 받았습니다. OpenAI의 ChatGPT와 같은 주목할 만한 사례가 있죠. NLP 알고리즘 인터뷰에는 트랜스포머의 기본 기술을 바탕으로 한 문제가 많으며, 이후 BERT와 GPT 모델 계열 또한 마찬가지이므로, 이 절에서는 이러한 개념들을 다루겠습니다.

NLP는 챗봇과 감성 분석(예: 레딧이나 트위터 게시물을 기반으로 제품이나 회사에 대한 일반적인 태도가 긍정적인지 부정적인지를 파악하는 경우)에 자주 적용됩니다. 또한, 텍스트 기반 콘텐츠 생성에도 사용됩니다. NLP를 연구하는 회사나 팀과 인터뷰를 하게 된다면, 이러한 개념에 대한 깊은 이해를 보여줄 것을 요구받게 될 것입니다. 특정한 NLP 팀을 위한 인터뷰가 아니더라도, NLP 애플리케이션에 대한 일반적인 이해를 가지고 있으면 더 다재다능한 후보자이자 머신러닝 전문가가 될 수 있습니다. 더 이상 NLP 기술은 텍스트 콘텐츠 생성에만 사용되지 않으며, 컴퓨터 비전과 텍스트 예를 들어, 이미지 모델을 결합하여 이미지, 비디오, 오디오 등을 생성하는 데에도 사용됩니다. 심지어 시계열 예측 및 추천 시스템에도 NLP 기술이 도입되기 시작했습니다. 기술이 일반화될 수 있기 때문에 NLP의 기초를 학습하면 큰 이점을 얻을 수 있습니다.

이 절에서는 이 분야에 대한 배경 지식이 확실하지 않은 분들을 위해 NLP 기술의 기초를 다룹니다. 이미 해당 분야에 전문성이 있다면 세부 절은 건너뛰어도 됩니다. 여러분의 전문성과는 관계없이, 팁 상자 안에 머신러닝 인터뷰를 위한 특정한 조언을 강조했으니 각 머신러닝 분야에서의 여러분의 지식에 적용하고 인터뷰에서 잘 활용하기를 바랍니다.

> ### NLP에 관한 학습 자료
>
> 이 책에서 요약한 내용 외에 NLP 기술에 대한 지식을 더 보강하고 싶다면 다음 자료를 추천합니다.
>
> - 『만들면서 배우는 생성 AI』(한빛미디어, 2023)
> - 『트랜스포머를 활용한 자연어처리』(한빛미디어, 2022)
> - 대규모 언어 모델을 위한 실무 가이드(GitHub)(*https://oreil.ly/SeYwE*)
> - 『Practical Natural Language Processing: A Comprehensive Guide to Building Real-World NLP Systems』(*https://oreil.ly/bp_6b*)

NLP 기본 개념 요약

NLP의 핵심 구성 요소를 살펴봅시다. 우선, 종종 텍스트 코퍼스corpus[27]라고 불리는 데이터 세트가 있습니다. 텍스트 코퍼스는 뉴스, 온라인 포럼과 같은 다양한 종류의 의미 있는 다양한 텍스트로 구성될 수 있습니다. 이 데이터 세트는 다른 머신러닝 작업과 마찬가지로 전처리를 거쳐야 합니다. 인터뷰에서 자주 언급되는 전처리 기술로는 토큰화, Bag of Words 또는 TF-IDF(단어 빈도-역 문서 빈도term frequency-inverse document frequency)가 있습니다.

토큰화Tokenization는 텍스트를 개별 단어, 구와 같은 의미 있는 단위로 나누는 과정입니다.[28] 예를 들어, 상황에 따라 'preprocess' 단어를 하나의 토큰으로 둘 수도 있고, 'pre'와 'process'로 분리할 수도 있습니다. 'Aren't'는 하나의 토큰으로 놔둘 수도 있지만, 'are'와 'n't'로 분리할 수도 있습니다.

데이트 세트를 전처리하면, 언어 모델링을 통해 (그림 3-9에 설명되어 있는 바와 같이) 다음에 올 단어, 문장, 단락 또는 누락된 단어 등을 예측할 수 있습니다.

---

27 "텍스트 코퍼스," 위키피디아, 2023년 9월 17일 업데이트, *https://oreil.ly/v2IbE*.

28 크리스토퍼 D. 매닝, 프라바카르 라가반, 힌리히 슈트제, "토크나이제이션," 정보 검색 입문(Cambridge University Press, 2022), *https://oreil.ly/0opk0*.

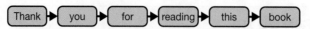

그림 3-9 휴대폰이나 이메일의 자동 완성 기능(*https://oreil.ly/MoMsz*)에서 볼 수 있는 다음 단어 또는 구문 예측[29]

BoW[Bag of words]은 문장이나 구에 있는 단어들을 벡터로 매핑하는 방식입니다. 이 벡터는 단어들과 그 외 정보, 예를 들어 단어가 나타난 횟수(한 번이면 1, 두 번이면 2 등)를 포함할 수 있습니다. 예를 들어, 'Syd likes to drink bubble tea and chamomile tea'라는 문장에 대한 BoW의 .json 표현 예는 다음과 같습니다.

```
{
    "Syd": 1, "likes": 1, "to": 1, "drink": 1, "bubble": 1, "tea": 2,
    "and": 1, "chamomile": 1
}
```

"tea"는 두 번 등장하므로 횟수는 2가 됩니다.

TF-IDF는 문단이나 문서에서 단어의 출현 빈도를 사용해 해당 단어의 중요성을 판단합니다.

다른 유형의 머신러닝과 많은 기본적인 개념을 공유하긴 하지만, NLP에서만 겪는 고유한 어려움이 있습니다. 예를 들어, 다운스트림 파인 튜닝[Downstream find-tuning][30]과 같은 지도 학습을 사용할 때, 데이터 레이블링이 어렵습니다. 사용자 리뷰가 긍정적인지 부정적인지 빠르게 예측하기 위한 감성 분석에 지도 학습 파인 튜닝을 사용할 경우, 가끔 모호한 상황이 발생할 수 있습니다. 또한, 속어나 사투리에 따른 큰 변동성이 있을 수 있으며, 정확한 단어 조합이 텍스트 코퍼스에서 드물게 나타나지만 여전히 유효한 상황인 데이터 희소성[data sparsity] 문제로 이어질 수 있습니다.

NLP의 일반적인 사용 사례로는 감성 분석, 챗봇, 텍스트 분류(예: 스팸 vs 스팸 아님), 텍스

---

29 용후이 우, "스마트 컴포즈: 이메일 작성을 돕는 신경망 사용," Google Research(블로그), 2018년 5월 16일, *https://oreil.ly/gqnBt*.

30 옮긴이_ 머신러닝이나 NLP에서 사전에 학습시킨 모델을 특정 작업이나 애플리케이션에 맞게 추가로 학습시키는 과정을 말합니다. 여기서 "다운스트림"은 기본적인 또는 사전에 학습된 작업들 이후에 발생하는 작업 또는 과정을 지칭합니다.

트 생성, 텍스트 요약, 텍스트-이미지 생성 등이 있습니다.

> **TIP** BoW와 TF-IDF는 유용한 기반 기술로써, 최근 인터뷰에서 자주 언급되었습니다.

LSTM 신경망 요약

장단기기억Long short-term memory(LSTM) 신경망은 긴 데이터 시퀀스를 다루도록 설계된 순환 신경망recurrent neural network(RNN)의 한 유형으로, NLP 애플리케이션에 유용합니다. 트랜스포머의 어텐션 유닛처럼, 장기 의존성과 이전 텍스트의 맥락은 효과적인 NLP에 있어 중요한 요소입니다. 그러나 LSTM은 몇 가지 한계를 가지고 있습니다. 특히 매우 긴 텍스트 시퀀스를 다룰 때 즉, 페이지나 문단의 훨씬 앞부분에 나오는 텍스트의 맥락을 이해할 때 약점을 보입니다. 이러한 문제에 대해, 트랜스포머(다음 절에서 다룹니다)는 장기 의존성을 더 잘 처리할 수 있습니다.

> **TIP** LSTM은 피처 엔지니어링과 시계열 데이터에도 사용할 수 있습니다. 지면의 제약 때문에 이 책에서 더 자세한 설명은 하지 않지만, 자세히 알아 둘 것을 권장드립니다. 크리스토퍼 올라의 블로그 「LSTM 신경망 이해하기(https://oreil.ly/C-jwG)」에서는 LSTM이 어떻게 사용되는지 이해하는 데 도움이 되는 좋은 설명을 제공합니다.

트랜스포머 모델 요약

트랜스포머 모델은 2017년에 구글에 의해 소개되었으며[31], 최근 몇 년간 언어 모델의 범위를 확대하는 데 기여한 기술입니다. 트랜스포머는 합성곱 신경망(CNN)과 순환 신경망(RNN)

---

31 아시시 바스와니 외, "Attention Is All You Need"(2017년 Neural Information Processing Systems 컨퍼런스 발표 논문), https://arxiv.org/abs/1706.03762.

에 비해 긴 텍스트 문자열의 맥락과 의미를 더 잘 다루도록 개선되었기 때문에, NLP 모델링에 효과적입니다. 또한, 트랜스포머는 CNN이나 RNN이 요구하는 것처럼 대규모의 레이블이 지정된 데이터 세트가 아닌, 데이터 세트 내 패턴을 찾는 데에도 적합합니다.[32] 이로 인해 사용 가능한 데이터 세트에 대한 접근 장벽이 낮아졌습니다. 트랜스포머 덕분에 비용이 많이 드는 레이블링 작업 없이도 인터넷에서 수집한 대규모의 비정형 텍스트 코퍼스를 사용할 수 있게 되었죠.

트랜스포머 신경망 내부의 어텐션Attention 유닛은 트랜스포머의 효과성을 일부 설명해주며, 단어 간의 단거리 및 장거리 관계를 찾아냄으로써 모델이 맥락을 정확하게 레이블링할 수 있도록 돕습니다. 예를 들어, 'Max went to the record store. Later, he bought a Jay Chou album.'라는 문장에서 셀프 어텐션Self-attention 유닛은 'he'가 'Max'를 지칭한다는 것을 정확히 식별할 수 있습니다. BERT의 인코더 구조와 멀티헤드 어텐션Multihead attention 메커니즘의 결합은 NLP 과업에서의 성능과 능력을 현저히 향상시켰습니다.

BERT 모델 요약

구글에서 개발한 BERTBidirectional Encoder Representations from Transformers (트랜스포머의 양방향 인코더 표현) 모델은 2019년부터 구글 검색 엔진에서 쿼리를 처리하는 데 사용되었습니다.[33] 이름이 알 수 있듯이, BERT는 앞서 논의된 트랜스포머 신경망을 활용합니다. BERT는 사전에 학습됩니다. 즉, 구글이 수행한 초기 단계가 대규모 텍스트 코퍼스(예: 위키피디아 및 기타 텍스트 데이터 세트) 기반으로 한 '자기 지도' 학습을 통해 사용자가 접근[34]할 수 있는 모델을 생성한다는 것입니다. BERT는 사전 학습 과정에서 두 가지 주요 작업, 즉 마스크 언어 모델링(MLM)과 다음 문장 예측(NSP)에 대해 학습합니다.

32 릭 메리트, "트랜스포머 모델이란 무엇인가?" Nvidia(블로그), 2022년 3월 25일, *https://oreil.ly/As2W6*.

33 판두 나야크, "그 어느 때보다 더 나은 검색 이해하기," The Keyword(블로그), Google, 2019년 10월 25일, *https://oreil.ly/xONdR*.

34 "사전 학습 모델"을 깃헙의 BERT에서 참조하세요. *https://oreil.ly/XkaY2*.

마스크 언어 모델링Masked language modeling은 문장에서 여러 토큰을 무작위로 '마스킹'하여 모델이 이를 정확히 예측하도록 하는 과정입니다. 예를 들어, [그림 3-10]과 같이 'Lisa is singing a [MASK]'에서 [MASK]는 BERT가 예측해야 할 토큰을 나타냅니다. BERT가 'song'이나 'melody'와 같은 단어가 정확할 확률이 높다고 예측할 수 있다면 모델 학습이 잘 진행되고 있는 것입니다. 반면, 'dog'와 같은 관련 없는 단어나 토큰을 예측한다면, 해당 시점에서 모델 학습이 정확하지 않은 것으로 간주됩니다.

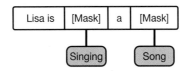

그림 3-10 마스크 언어 모델링

다음 문장 예측Next sentence prediction은 BERT가 다루는 두 번째 과업입니다. 이 과업의 목표는 텍스트 시퀀스에서 다음 문장을 정확히 예측하는 것입니다. 이 학습 과정은 외부 레이블링 없이도 모델에 피드백을 제공할 수 있으므로, 엄밀히 말하면 '지도 학습'이 아닌 '자기 지도 학습'으로 묘사됩니다. 텍스트 코퍼스 자체에서 피드백을 받기 때문입니다.

모델 사전 학습 후, 사용자는 모델을 다운로드하거나 API[35]를 사용하여 자신의 사용 사례에 맞게 모델을 '파인 튜닝'할 수 있습니다. 이 작업은 사용자의 BERT 모델 사본을 개선하며, 지도 학습이 필요합니다. 예를 들어, 사용자가 BERT를 감성 분석에 사용하고자 하는 경우, 긍정적인 감성, 부정적인 감성 또는 (사용자가 원하는 경우) 모호한 감성을 가진 텍스트의 예시와 레이블을 제공해야 합니다. 예를 들어 영화 속의 슈퍼 빌런과 같은 특정한 톤으로 텍스트를 생성할 때 BERT를 사용하고 싶다면, 파인 튜닝 작업의 일부로써 BERT에 특정한 예시를 제공해야 합니다. BERT는 이미 대상 언어(영어를 포함하여 다양한 개발자들에 의해 생성된 기타 언어의 사전 학습된 모델[36])에 대한 일반적인 이해를 가지고 있기 때문에, 사용자

35 "내장된 BERT 알고리즘 시작하기," AI 플랫폼 학습: 문서, Google Cloud, 2023년 10월 20일 업데이트, *https://oreil.ly/HeJax*.

36 "BERT 다국어 베이스 모델(Cased)"을 Hugging Face에서 참조하세요. *https://oreil.ly/ty06D*.

가 이 작업을 하는 데 드는 시간을 많이 절약해 줍니다.

> **TIP** 파인 튜닝은 BERT뿐만 아니라 다른 많은 머신러닝 모델에도 사용할 수 있습니다. 예를 들어, (이 글을 쓰는 시점 기준으로) GPT-3.5(*https://oreil.ly/5IMBU*)와 같은 모델도 파인 튜닝할 수 있습니다. 그러나 저는 BERT와 관련된 파인 튜닝에 대한 질문을 많이 접했기 때문에, 이 주제를 BERT와 함께 다뤘습니다.

GPT 모델 요약

GPT$^{Generative\ Pretrained\ Transformer}$ 계열의 자연어 처리 모델은 OpenAI의 도구인 ChatGPT를 구동하는 것으로 잘 알려져 있습니다. GPT 계열의 모델로는 집필 시점 기준으로 GPT-1, GPT-2, GPT-3, 그리고 GPT-4가 존재합니다.[37] 이들은 BookCorpus, WebText(레딧), 영문 위키피디아 등과 같은 대규모 텍스트 코퍼스[38]를 이용하여 학습됩니다.

GPT 계열은 트랜스포머를 활용하며 다음 단어를 예측하도록 사전 학습됩니다. 다른 주요 자연어 처리 모델처럼 GPT 역시 텍스트 생성과 같은 더 특정한 과업을 위해 사전 학습된 모델의 파라미터를 업데이트하는 다운스트림 파인 튜닝[39]이 가능합니다. 특히, 이 글을 쓰고 있는 시점에서 ChatGPT를 구동하는 GPT-3(및 GPT-3.5와 GPT-4)은 모델 예측을 개선하기 위해 사용자 피드백을 통한 강화 학습을 사용합니다. 강화 학습에 대해서는 3.6 '강화 학습 알고리즘' 절에서 더 자세히 다룹니다.

GPT 외에도, 구글 Bard[40]를 구동하는 PaLM2, Llama/Llama 2(*https://oreil.ly/MkMeN*)(메타 AI) 등과 같은 여러 다른 대규모 언어 모델(LLM)[41]들도 비슷한 기술을 기반으로 학습합니다.

---

37 이 장의 첫 번째 초안을 작성한 후 GPT-4가 출시되었습니다. 이 책이 여러분의 손에 닿을 쯤에는 무엇이 더 출시되었을지 궁금합니다.
38 '사전 학습된 생성형 트랜스포머,' 위키피디아, 2023년 10월 23일 업데이트, *https://oreil.ly/Emp_M*.
39 '파인 튜닝', OpenAI 문서, 2023년 10월 23일 접속, *https://oreil.ly/B19eG*.
40 옮긴이_ 번역하고 있는 시점에는 Gemini로 명칭이 변경되었습니다.
41 이 분야는 빠르게 변화하고 있습니다. 이 책이 나올 때쯤이면 이 모델들이 대체되었을지도 모릅니다.

더 멀리

NLP는 (그림 3-11에 설명한 바와 같이) 최근 몇 년 동안 잘 알려진 대규모 언어 모델
(LLM)들이 많이 출시되면서 빠르게 성장하고 있습니다. 이 분야에 관심이 있다면 이러한 모
델과 기술에 대해 더 배우기를 권합니다. 저는 회사에서 Word2vec[42]과 GloVe[43]를 살펴본
기억이 있는데, 지금은 NLP 애플리케이션을 개발하는 수많은 방법이 존재합니다. BERT와
같은 모델뿐만 아니라 Word2vec, GloVe 같은 기초적인 방법도 널리 사용되고 있으며, 제
가 알고 지내는 채용 매니저들은 지금도 인터뷰에서 해당 기법들에 관해 물어보고 있습니다.
그러니 기초를 무시하면 안 됩니다!

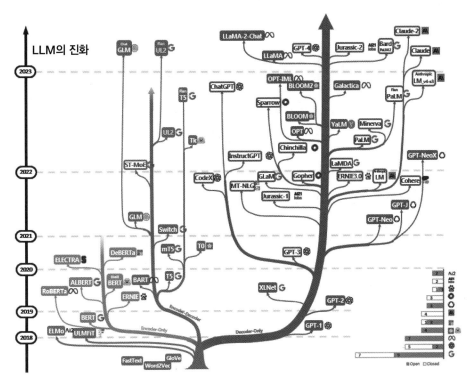

그림 3-11 대규모 언어 모델의 진화, 출처: 대규모 언어 모델을 위한 실무 가이드(https://oreil.ly/eVJEK)

---

42 'Word2vec,' 위키피디아, 2023년 9월 5일 업데이트, https://oreil.ly/JyqBW.

43 제프리 페닝턴, 리처드 소처, 크리스토퍼 D. 매닝, 「GloVe: 단어 표현을 위한 글로벌 벡터」 Stanford University, 2014년 8월, https://oreil.ly/LdCcH.

NLP에 관한 인터뷰 문제 예제

NLP에 사용되는 몇 가지 기본적인 기술을 살펴보았으니 이제 인터뷰 문제를 살펴볼 차례입니다. NLP 분야와 생성형 AI의 응용 분야는 매우 빠르게 발전하고 있으므로 앞으로도 그 변화를 보게 될 것입니다! 하지만 제 지인 채용 매니저들과 이야기를 나눠본 결과, 여전히 모든 채용 매니저가 NLP 사용 사례에 대한 기본적인 주제와 데이터 전처리 기법에 대한 지식을 요구하고 있다는 것을 알 수 있었습니다.

인터뷰 문제 *3-9: 감성 분석, 챗봇, 개체명 인식Named entity recognition과 같은 특정 다운스트림 과업에 BERT와 같은 사전 학습된 모델을 어떻게 활용하겠습니까?*

| 답변 예시 |

BERT 및 기타 사전 학습된 NLP 모델은 파인 튜닝을 통해 추가적인 학습이 가능합니다. 허깅페이스Hugging Face 모델 리포지토리는 사전 학습된 NLP 모델을 대량으로 제공하는 주요 소스 중 하나입니다. 여기에는 구글, OpenAI 등이 개발한 원본 모델을 사용자가 파인 튜닝한 버전이 포함되어 있으며, 감성 분석 같은 특정 과업에 맞게 파인 튜닝된 모델도 다운로드할 수 있습니다.

만약 원본 모델을 직접 파인 튜닝하고자 한다면, 해당 NLP 모델을 위한 레이블이 지정된 데이터 세트를 제공해야 합니다. 예를 들어, 감성 분석을 위해서는 긍정적 및 부정적 감성이 표시된 텍스트 예시가 필요하며, 챗봇을 위해서는 도움말 질문에 대한 정확한 답변이 포함된 레이블 데이터를, 개체명 인식의 경우에는 NLP 모델이 정확히 식별해야 할 개체명의 예시를 준비해야 합니다.

인터뷰 문제 *3-10: NLP 모델 학습을 위해 원시 텍스트 코퍼스를 어떻게 정제/처리하나요? 어떤 기법이 있는지 설명하고, 왜 그 기법들을 사용하는지에 대해 말씀해 주시겠어요?*

| 답변 예시 |

원시 코퍼스raw corpus에서 시작할 때, 첫 단계로 정규식을 활용해 불필요한 문자들을 제거하는 것이 효과적입니다. 다운스트림 과업 중 일부는 구두점에 크게 의존하지 않지만, 감성 분석과 같은 과업에서는 구두점을 유지하는 것이 유리할 수 있습니다. 예를 들어, '!'와 같은 구두점은 감성 분석에 매우 유용할 수 있습니다. 그 다음으로, 토큰화를 통해 텍스트를 의미 있는 단위로 나눌 수 있습니다. 대부분의 경우 단어가 그 단위가 됩니다. 예를 들면, 'Susan is writing a sentence'는 'Susan', 'is', 'writing', 'a', 'sentence'의 다섯 개 토큰으로 나뉩니다.

어간 추출[stemming]과 표제어 추출[lemmatization]은 모두 단어를 그 기본 형태로 되돌리는 것을 목표로 합니다. 이 기법들은 단어의 다양한 시제 형태나 파생형이 같은 기본어[root word]를 가리킬 수 있게 해줍니다. 어간 추출은 대략적으로 단어의 끝을 잘라내는 휴리스틱 방식으로, 예를 들어 'cars'는 'car'로, 'history'와 'historical'은 'histori'로 변환시킵니다.[44] 표제어 추출은 어간 추출보다 정교하며, 단어의 사전형[dictionary forms]을 활용합니다. 예를 들어, 'studying', 'studies', 'study'는 모두 'study'로 표제어 추출됩니다. 표제어 추출은 NLP 과업에서 이러한 단어들이 기본적으로 동일한 의미를 가진다는 것을 인식하는 데 유용합니다.

인터뷰 문제 *3-11: NLP 모델의 대표적인 어려움은 무엇이며, 당신은 이 문제들을 어떻게 해결하겠습니까?*

| 답변 예시 |

NLP에서 겪을 수 있는 문제로는, 강력한 사전 학습된 모델에서도 발생하는 동음이의어/유의어, 비꼬기, 금융이나 법률 문서와 같은 특정 도메인 전문용어 등이 있습니다. 이 문제들은 모두 각 사례별 데이터를 추가적으로 확보하여 다운스트림 파인 튜닝을 거치면 개선될 수 있습니다. 예를 들어, 유의어의 사용 예시를 더 제공하면 NLP 모델이 어떤 단어를 언제 사용할 지에 대한 신호를 더 많이 찾아낼 수 있게 됩니다.

또한, 내재된 편향이 존재하는 경우가 많다는 사실에도 유의해야 합니다. 위키피디아와 같이 LLM[Large Language Models](대규모 언어 모델) 학습에 흔히 사용되는 사전 학습된 코퍼스는 남성 자원봉사 편집자의 비율이 높습니다. 대규모 텍스트 데이터 세트를 가진 포럼인 레딧도 학습 데이터 세트의 기반으로 흔히 사용되며, 남성 사용자의 비율이 높습니다.

---

44 크리스토퍼 D. 매닝, 프라바카르 라가반, 힌리히 슈트제, "어간 추출 및 원형 복원." 정보 검색 입문(Cambridge University Press, 2008), *https://oreil.ly/JsXCj*.

인터뷰 문제 **3-12: BERT-cased와 BERT-uncased의 차이점은 무엇이며, 이 둘의 장단점은 무엇인가요?**

| 답변 예시 |

BERT-uncased는 입력된 텍스트를 소문자화하는 토크나이저를 가지고 있어, 입력 텍스트에 대소문자가 섞여 있든 모두 소문자로만 되어 있든, BERT-uncased에게는 모두 동일한 것으로 간주됩니다. 반면, BERT-cased는 같은 단어라도 대소문자가 다를 경우 별도의 항목을 가집니다. 예를 들어, 'The'와 'the'는 BERT-cased에서 다르다고 간주됩니다. 따라서, BERT-cased는 대소문자에 기반한 다른 의미를 구별할 수 있는 능력이 있습니다. 대소문자 정보가 그다지 중요하지 않은 애플리케이션의 경우에는 BERT-uncased가 적합할 수 있습니다. 그러나, 고유 명사가 높은 가치를 가지는 NLP 과업의 예와 같이 대소문자 정보가 중요한 상황에서는 BERT-cased가 선호됩니다.

> **TIP** 이 질문들에서 트렌드를 엿볼 수 있습니다. 바로 NLP 애플리케이션의 종류에 관계없이(생성 AI일지라도) 상황에 맞게 적용하는 방법을 아는 것이 필수라는 것이죠. 고유 명사를 활용해야 하는 경우엔(모든 것을 소문자로 바꾸지 않음) 전처리 방법이 달라질 것이며, 때로는 구두점을 유지해야 할 때도 있고(예: 감성 분석), 때로는 그렇지 않을 때도 있습니다. NLP 기술을 깊이 이해하면 단순히 암기하고 되새김질하는 것보다 인터뷰에서 훨씬 더 잘 처신할 수 있게 됩니다.

---

45 바이딩거 외, 언어 모델에서 발생할 수 있는 윤리적 및 사회적 위험, Google DeepMind, 2021년 12월 8일, *https://oreil.ly/-ZFL7*.

3.5 추천 시스템 알고리즘

추천 시스템^{Recommender Systems}(RecSys)는 디지털 라이프 곳곳에 자리잡고 있으며, 우리가 사용하는 웹페이지와 앱의 개인화를 담당하고 있습니다. 넷플릭스, 유튜브, 스포티파이, 그리고 모든 소셜 미디어 사이트 등 많은 서비스가 이에 해당합니다. 어떤 사이트가 개인화를 하고 있는지 알 수 있는 방법 한 가지는 다른 두 사람이 로그인 했을 때 첫 페이지 또는 검색 결과에 표시되는 항목이나 제품의 순서를 비교해보는 것입니다. 예를 들면, 여러분의 유튜브 첫 페이지에 표시되는 것은 여러분의 형제나 친구의 첫 페이지와 다를 가능성이 높습니다.

추천 시스템은 사용자의 과거 행동을 기반으로 사용자가 좋아할 것이라고 예상되거나, 관심을 가질 것으로 예상되거나 또는 구매할 것으로 판단하는 항목이나 제품을 추천합니다. 예를 들어, 넷플릭스는 사용자가 이전에 시청한 프로그램과 영화에 대한 정보를 추천 시스템의 기준으로 삼아 사용자에게 새로운 프로그램과 영화를 추천합니다.

> **TIP** 수많은 기술 제품들이 추천 시스템을 사용하고 있기 때문에, 이 주제는 빅테크 회사에서 인터뷰어들이 물어볼 대표적인 기본 질문 카테고리입니다.

이 절은 이 분야에 대한 기본적인 지식이 없는 분들을 위한 추천 시스템 기법의 기초를 다룹니다. 이미 해당 분야에 대한 전문 지식이 있으면 하위 절을 건너뛰셔도 좋습니다. 여러분의 전문성과는 관계없이, 팁 상자 안에 머신러닝 인터뷰를 위한 특정한 조언을 강조해놨으니 각 머신러닝 분야에서의 여러분의 지식에 적용하고 인터뷰에서 잘 활용하기를 바랍니다.

> ### ▌RECSYS 알고리즘에 관한 학습 자료
>
> 이 책에서 제공하는 내용 외에 추천 기법에 대해 더 알고 싶다면 다음 자료들을 추천합니다.
>
> - 『Practical Recommender Systems』(*https://oreil.ly/mNis7*)(Manning, 2019)
> - 사용 사례 및 논문들(*https://oreil.ly/cmW6s*): 유진 얀이 큐레이션한 응용 머신러닝 리포지토리

협업 필터링 요약

협업 필터링Collaborative filtering은 추천 시스템에서 대표적으로 사용되는 기술입니다. '협업 필터링'이라는 용어는 다수의 사용자 및 항목에(협업) 대한 선호도 데이터를 활용하여 단일 사용자에게(필터링) 추천을 제공한다는 점에서 유래했습니다. 이 기법은 유사한 기호를 가진 사람들이 아직 접하지 못한 새로운 제품에 대해서도 비슷한 취향을 가질 수 있다는 가정에 기반합니다. 따라서, 이 알고리즘은 유사한 사용자들이 좋아할 만한 새로운 항목을 추천합니다.

협업 필터링 기법에는 크게 두 가지 유형이 있습니다. 바로 사용자 기반과 항목 기반 협업 필터링입니다. 사용자 기반 협업 필터링User-based Collaborative filtering은 유사한 관심사와 선호도를 가진 사용자를 식별한 후, 그들이 이전에 발견하지 못한 제품이나 항목을 각각의 유사한 사용자들에게 추천합니다. '유사한' 사용자는 행렬 분해와 같은 머신러닝 알고리즘을 사용하여 계산됩니다. 관련 내용은 이 장의 후반부에서 다시 다루겠습니다. 항목 기반 협업 필터링Item-based collaborative filtering은 사용자 평가나 사용자 상호작용에 기반하여 서로 유사한 항목을 식별합니다. 사용자가 이전에 유사한 항목을 좋아했다면, 협업 필터링 알고리즘에 의해 해당 항목이 추천됩니다.

명시적 및 암시적 평가 요약

사용자 기반 및 항목 기반 협업 필터링에 있어서 일반적으로 사용자의 평가와 선호도를 알아야 합니다. 사용자가 좋은 평가와 리뷰를 남겼다면, 그들이 제품을 좋아했다는 것을 명시적으로 알 수 있습니다. 그러나 사용자들은 모든 것에 대해 명시적이고 상세한 피드백을 제공할 충분한 시간이 없습니다. 여러분이 과거에 리뷰를 남긴 경우를 생각해 보세요. 여러분이 사용했던 모든 제품과 서비스에 대해 리뷰를 남기지는 않았을 겁니다. 하지만 우리는 유튜브 영상 시청 시간과 같은 암시적 피드백은 계산할 수 있습니다. 누군가가 어떤 영상을 끝까지 시청했다면, 그 영상을 2초만 보고 중단한 영상보다 더 좋아했다는 것을 의미할 수 있습니다. 암시적 피드백은 추천 시스템 내에서 대표적인 편향을 어느 정도 완화하는 데 활용할 수 있습니다. 사람들은 제품을 매우 좋아하거나 싫어할 경우 명시적인 리뷰를 남길 가능성이 더 높기 때문입니다(우리는 무언가 잘못되었을 때 사람들이 더 목소리를 높인다는 사실을 잘 알고 있습니다).

> **TIP** 4장에서는 모델 학습과 데이터 전처리에 대해 설명합니다. 추천 시스템 애플리케이션의 경우 탐색적 데이터 분석exploratory data analysis, 모델 학습, 데이터 전처리, 피처 엔지니어링, 평가 및 모니터링 과정에서 사용 가능한 명시적 및 암시적 평가를 이해하는 것은 관련 인터뷰에서 중요한 논의 주제입니다.

콘텐츠 기반 추천 시스템 요약

콘텐츠 기반content-based 추천 시스템은 또다른 대표적인 유형의 추천 시스템입니다. 콘텐츠 기반 추천 시스템에서는 제품 자체에 대한 상세한 정보가 필요합니다. 이 정보는 텍스트 설명(책 소개, 영화 장르 및 설명), 이미지(제품 스크린샷), 오디오/영상(트레일러, 제품 영상) 등의 피처를 포함하여, 어떤 항목들이 서로 유사한지를 파악하는 데 사용됩니다. 반면에 앞서 설명한 사용자 및 항목 기반 협업 필터링은 항목이나 제품에 대한 사용자의 선호도에 의존하지만, 항목 자체의 피처에는 의존하지 않습니다.

예를 들어 콘텐츠 기반 영화 추천 시스템은 명시적 및 암시적 피드백의 측정 결과에 따라 사용자가 이전에 시청하고 즐겼던 영화의 장르, 감독, 또는 배우를 기반으로 영화를 추천할 수 있습니다. 따라서 콘텐츠 기반 추천 시스템은 랭킹 또는 분류 문제로 정의될 수 있으며, 트리 기반 모델과 같은 알고리즘을 사용하는 것이 적합합니다.

사용자 기반/아이템 기반 vs 콘텐츠 기반 추천 시스템

사용자 기반/항목 기반 또는 콘텐츠 기반 추천 시스템을 사용하는 것에는 장단점이 있습니다. 사용자 기반 시스템은 새로운 사용자에게 그다지 잘 작동하지 않는 경우가 많습니다. 이러한 상황은 일반적으로 '콜드 스타트' 문제라고 불리는데, 아직 어떤 제품도 구매하거나 평가하지 않은 사용자들로 인해 발생합니다.

콘텐츠 기반 추천 시스템은 다른 사용자들의 선호도나 평가에 의존하지 않기 때문에 사용자 행동 데이터가 덜 필요하며 사용자 피드백이 전반적으로 적은 신규 사용자나 틈새 항목에 특히 적합합니다. 그러나 콘텐츠 기반 시스템은 사용자가 이전에 상호작용한 항목과 유사한 항목을 추천하는 데에만 국한될 수 있습니다. 이로 인해, 새로운 항목이 사용자에게 소개되지 않아, 사용자가 추천받았다면 좋아했을 제품이나 항목의 다양성이 제한됩니다.

> **TIP** 사용자 기반, 항목 기반, 그리고 콘텐츠 기반 추천 시스템 간의 트레이드오프를 이해하는 것은 인터뷰는 물론 실제 업무에서도 유용합니다. 현실에서는 명시적 피드백은 얻기 어렵고 암시적 피드백은 완벽하지 않을 수 있습니다. 사용 가능한 모든 데이터와 추천 시스템 알고리즘을 결합하고 조정하는 방법을 아는 후보자는 눈에 띌 것입니다.

행렬 분해 요약

행렬 분해Matrix factorization는 협업 필터링에서 사용되는 기법입니다. 사용자를 행으로, 항목을 열로 하는 행렬을 만들어 사용자의 항목에 대한 평가나 선호도를 셀에 표현합니다. 이 행렬을 사용자–항목 행렬이라고 하며, [그림 3–12]에 예시가 나타나 있습니다. 모든 사용자가 모든 항목과 상호작용하지는 않기 때문에, 원본 행렬은 매우 희소한 상태가 됩니다. 예를 들어, 사용자는 소수의 항목과만 상호작용했을 수 있지만, 온라인 플랫폼에는 수천 개 또는 수백만 개의 제품이 있습니다. 행렬 분해의 목표는 행렬의 빈 값들을 예측하는 것입니다. 즉, 사용자가 이전에 상호작용하지 않았던 항목들을 어떻게 평가할지 예측하고, 사용자가 좋아할 것으로 추정되는 항목들을 추천하는 것입니다.

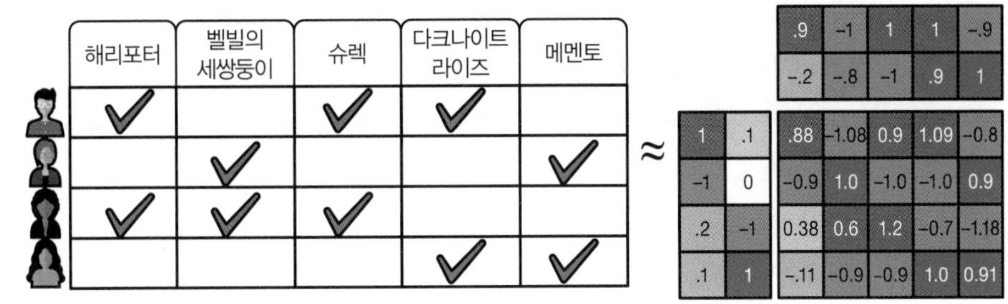

그림 3-12 행렬 분해

특이값 분해$^{singular\ value\ decomposition}$(SVD)는 협업 필터링에 사용되는 고전적인 알고리즘입니다. 그러나 높은 계산 비용 때문에, 저는 연습용 데이터 세트 이외에서 SVD가 사용된 것을 본 적이 없습니다.[46] 머신러닝 실무자로서 업계 애플리케이션에서 행렬 분해를 사용하기로 결정했다면, 많은 온라인 플랫폼에서 대량의 제품과 사용자를 다뤄야 하므로 선택한 알고리즘은 매우 희소하고 큰 행렬을 처리할 수 있어야 합니다. ALS와 같은 알고리즘은 이러한 문제에 대한 해결책을 제공합니다. 이 알고리즘들은 '선형 회귀 요약'에서 설명된 바와 같이, 전통적인 SVD가 사용하는 복잡한 행렬 조작 대신 최소 제곱법을 사용한 근사로 계산하는 방식을 채택합니다.

추천 시스템에 관한 인터뷰 문제 예제

추천 시스템의 기본적인 내용을 다뤘으니 이제 몇 가지 인터뷰 문제 예제를 살펴보겠습니다.

인터뷰 문제 *3-13: 콘텐츠 기반 추천 시스템과 협업 필터링 추천 시스템의 차이점은 무엇이며, 언제 어떤 시스템을 사용해야 하나요?*

| 답변 예시 |

콘텐츠 기반 추천 시스템은 추천되는 제품의 분류나 특성을 알아야 제품의 유사성을 판단할

---

46 궁금한 분들을 위해 설명을 하자면, m×n 행렬에 대한 SVD의 시간 복잡도(*https://oreil.ly/z4_x0*)는 m 〉 n: O(m²×n+n³)입니다. MathWorks 논의(*https://oreil.ly/GFa4z*)에서도 언급된 바와 같이 실질적으로는 구현에 따라 달라질 수 있습니다.

수 있습니다. 협업 필터링은 사용자의 행동과 선호에 기반하여, 비슷한 취향의 사용자들이 선호하는 제품을 추천하므로, 제품 자체에 대한 정보는 상대적으로 덜 중요합니다. 따라서 콘텐츠 기반 추천 시스템은 사용자나 아이템의 수가 적을 때 효과적입니다. 즉, 제품의 피처와 사용자의 특성 또는 선호에 대한 정보가 있으면, '콜드 스타트' 문제가 있더라도 추천이 가능합니다. 반면 많은 사용자 행동 데이터가 있는 시나리오에서는 협업 필터링이 적합합니다. 때때로 제품을 설명하는 의미 있는 피처를 충분히 모으기 어려워 콘텐츠 기반 시스템이 효과를 발휘하지 못할 때, 협업 필터링이 더 적합할 수 있습니다.

> **TIP** 제 경험을 하나 공유하자면, 웹 플랫폼을 오래 사용한 사용자들에게는 협업 필터링 알고리즘(ALS)이 잘 동작했지만 신규 사용자에게는 제대로 작동하지 않는 프로젝트에 참여한 적이 있습니다. 신규 사용자의 경우엔 콘텐츠 기반 필터링과 XGBoost를 함께 사용했을 때 더 나은 결과를 보였으며, 우리는 사용자 유형에 따라 다른 모델을 배포했습니다. 물론 이는 하나의 예시일 뿐이며 여러분의 상황에 따라 다를 수 있습니다.

인터뷰 문제 *3-14: 추천 시스템에서 발생할 수 있는 대표적인 문제는 무엇이며, 어떻게 해결할 수 있나요?*

| 답변 예시 |

추천 시스템에서 생기는 대표적인 문제는 '콜드 스타트'이며, 머신러닝 모델이 학습할 과거 데이터 포인트가 많지 않을 때 발생합니다. 따라서 모델은 과거 패턴을 충분히 학습하지 못해 새로운 데이터 포인트에 대한 정확한 결과를 예측할 수 없습니다. 추천 시스템에서는 사용자 행동 데이터가 아닌 제품의 피처 데이터가 필요한 콘텐츠 기반 시스템을 사용할 수 있습니다. 이렇게 하면 '콜드 스타트' 문제를 해결하고 새로운 웹사이트 사용자에게 여전히 추천을 제공할 수 있습니다.

추천 시스템은 데이터 품질과 관련된 문제도 겪을 수 있지만, 이 문제는 추천 시스템에만 국한되지 않습니다. 예를 들어, 데이터를 수집하는 과정에서의 버그로 인한 원본 데이터 문제가 생길 수 있습니다. 이 문제는 원본 데이터에 문제가 있는 곳을 분석한 다음, 데이터 품질을 담당하는 팀(데이터 엔지니어, 플랫폼 엔지니어 또는 머신러닝 엔지니어와 데이터 사이언티스트 포함)과 협력하여 수정함으로써 해결할 수 있습니다. 그러나 무엇보다 먼저 데이터 품질 문제가 있음을 식별하는 것이 중요하며, 데이터 분포의 변화나 많은 결측값이 있을 때 팀에 알리는 등의 예방 조치로 Great Expectations[47]과 같은 데이터 품질 모니터링 도구 등을 사용할 수 있습니다.

머신러닝 데이터 세트에 많은 결측값이 있을 때, 이를 희소성sparsity이라고 합니다. 예를 들어, 사용자 선호도를 묻는 설문지로 웹 플랫폼에 가입하는 사용자가 몇 가지 항목을 제대로 입력하지 않거나 전혀 입력하지 않을 수 있습니다. 예를 들어, 새로운 레딧 계정에 가입할 때 사용자가 관심을 가질 수 있는 일반적인 서브레딧(하위 포럼)을 보여주는 프롬프트가 있지만, 사용자는 이 단계를 건너뛰기도 합니다. 웹 가입을 가능한 한 원활하게 하기 위해 의도적으로 이렇게 설계되었지만, 이 때문에 추천 시스템을 위한 피처 데이터 세트를 구축하려고 할 때 데이터 희소성을 초래할 수 있습니다. 해결책으로는 결측값을 평균으로 채우거나 트리 기반 방법을 사용하는 보간, 협업 필터링 또는 행렬 분해 기술, 피처 엔지니어링 등의 방법이 있습니다.

인터뷰 문제 **3-15: 추천 시스템에서 명시적 피드백과 암시적 피드백의 차이는 무엇인가요? 각 유형에 따른 트레이드오프는 무엇인가요?**

| 답변 예시 |

명시적 피드백에는 사용자의 평점이나 리뷰가 해당되며, 암시적 피드백은 웹 페이지에서 보낸 시간이나 클릭스트림Clickstream과 같은 사용자 행동으로부터 도출됩니다. 명시적 피드백의 장점에는 머신러닝에서 사용가능한 명확하게 정량화된 평점이 있으며, 암시적 피드백에 비해 명확합니다. 그러나, 모든 사용자가 모든 상호작용 후에 리뷰를 남기지는 않기 때문에(대부분이 남기지 않습니다), 명시적 피드백을 수집하기가 어려운 경우가 많습니다.

따라서 영상 시청 시간이나 웹사이트에서 머문 시간과 같은 암시적 피드백을 통해 사용자의 참여도나 만족도를 측정할 수 있습니다. 물론, 이러한 측정 결과는 완벽하지 않을 가능성이 있습니다. 사용자가 웹페이지에서 오랜 시간을 보내는 것은 콘텐츠를 좋아했기 때문일 수도 있고, 콘텐츠 텍스트를 이해하는 데 혼란을 겪었기 때문일 수도 있습니다. 전체적으로 트레이드 오프를 고려하는 것이 중요하지만, 실제로는 머신러닝 모델에 자주 이 두 가지 피드백 유형을 결합하여 사용합니다.

---

47 옮긴이_ 데이터 검증, 문서화 및 프로파일링을 위한 파이썬 기반 오픈 소스 라이브러리입니다.

3-16: 추천 시스템에서 불균형 데이터 문제는 어떻게 해결할 수 있나요?

| 답변 예시 |

불균형 데이터는 머신러닝 시나리오에서 흔히 마주치는 문제입니다. 불균형 데이터에서는 몇 몇 클래스나 카테고리는 다른 것들보다 훨씬 많은 관측치나 데이터 포인트를 가지고 있으며, 관측치가 너무 적어서 롱테일long tail을 형성하는 클래스/카테고리가 많습니다.[48]

문제가 단순한 경우에는 관측치가 적은 카테고리의 데이터 포인트를 더 만들어내는 등의 오버샘플링 기법이 도움이 될 수 있습니다. 그러나 관측치의 클래스/카테고리가 많을 때는 단순한 오버샘플링 기법으로는 이 문제를 완화시킬 수 없습니다. 대신 피처 엔지니어링과 앙상블 방법과 같은 보완적인 기법을 사용할 수 있으며, 오버샘플링과 함께 사용할 수도 있습니다. 앙상블 기법의 예로는 인기 항목과 비인기 항목에 대해 별도의 추천 시스템을 만드는 것이 있을 수 있습니다.

아마존과 스포티파이와 같은 회사에서는 추천 시스템을 강화 학습을 비롯하여 다른 방법들과 결합함으로써 롱테일을 가진 제품, 아티스트 또는 항목이 사용자에게 적어도 일부 시간 동안만이라도 노출시키는 데 도움을 줍니다.[49]

> **TIP** 이 절의 시작으로 돌아가보자면, 많은 기술 회사들의 머신러닝 사용 사례가 랭킹이나 추천 문제로 정의될 수 있기 때문에 추천 시스템은 머신러닝 인터뷰에서 기본적으로 물어보는 대표적인 주제입니다. 빅테크에서는 NLP나 강화 학습과 같은 기술을 추천 시스템과 결합하는 경향이 늘고 있으므로, 소셜 미디어(예: 페이스북, 인스타그램), 엔터테인먼트(예: 넷플릭스, 스포티파이, 유튜브), 온라인 쇼핑(예: 아마존) 등 잘 알려진 추천 시스템에 초점을 맞춘 제품 예제를 소개하는 '추천 시스템 알고리즘에 관한 학습 자료'의 논문들을 꼭 확인하세요.

....

48 이 문제는 추천시스템의 "롱테일" 문제(*https://oreil.ly/Zd1Yp*)라고 불리기도 합니다.

49 리샤브 메흐로트라, "다목적 상황적 밴딧을 사용한 설명 가능한 추천 개인화"(MLconf 영상 프레젠테이션, 유튜브, 2019년 3월 29일), *https://oreil.ly/v587X*; 브렌트 라보스키와 리암 모리슨, "추천 시스템에 관한 새로운 소식," AWS for M&E(블로그), Amazon Web Services, *https://oreil.ly/Z0Qq2*.

3.6 강화 학습 알고리즘

저는 3.3 '지도 학습, 비지도 학습, 강화 학습' 절에서 강화 학습(RL) 알고리즘을 간략히 소개했습니다. RL은 '시행착오'를 통해 학습하며, 간단한 경우에는 사전에 준비된 데이터 세트나 알려진 레이블이 필요 없습니다. 예를 들어, RL은 로봇이 미로를 여러 차례 탐색하면서 금, 함정, 출구의 위치를 학습하는 방식으로 지식을 수집합니다. 강화 학습은 자율주행 차량, 게임[50], 대규모 추천 시스템, LLM 개선(예를 들어, ChatGPT의 개선에 큰 역할을 한 RLHF[51]) 등 다양한 분야에서 응용되고 있습니다. 그러므로, RL을 사용하는 팀과 인터뷰를 할 때는 RL에 대한 이해가 필수적입니다.

> **TIP** 앞서 언급했듯이, RL은 실제 환경에 적용하기엔 까다로운 고급 기술에 속합니다. 따라서 신입 직무에 지원하는 경우, 머신러닝에 대한 광범위한 지식을 먼저 습득하는 데 집중하는 것이 중요합니다. 저의 경험에 따르면, 이러한 지식을 갖춘 후 RL에 대한 이해를 더하면 취업 시장에서 돋보일 수 있습니다.

이번 절은 이 분야에 대한 배경 지식에 자신 없는 분들을 위해 RL 기법의 기본을 다룹니다. 여러분이 이 분야의 전문가라면 건너뛰어도 좋습니다. 여러분의 전문성과는 관계없이, 팁 상자 안에 머신러닝 인터뷰를 위한 특정한 조언을 강조해놨으니 각 머신러닝 분야에서의 여러분의 지식에 적용하고 인터뷰에서 잘 활용하기를 바랍니다.

📑 RL 알고리즘에 관한 학습 자료

이 책에서 제공하는 요약 외에 강화 학습 기술에 대한 지식을 더 보완하고 싶다면 다음 자료들을 추천합니다.

- 『단단한 강화 학습』(제이펍, 2020)
- 사용 사례 및 논문들(*https://oreil.ly/Nr5eg*) : 유진 얀이 큐레이션한 응용 머신러닝 리포지토리

---

50 Ubisoft의 팀이 RL 에이전트를 학습시켜 게임을 최적화하고 테스트하는 데 도움을 주었다고 들었습니다. Ubisoft의 다른 예시들은 *https://oreil.ly/1RP1h*를 참조하세요.
51 칩 후옌, "RLHF: 인간 피드백 기반의 강화 학습"(블로그), 2023년 5월 2일, *https://oreil.ly/xE7tR*.

강화 학습 에이전트 요약

RL에서 에이전트^{Agent}는 특정 목표나 목적을 가지고 환경과 상호작용하는 자율적인 개체로써, 시행착오를 통해 최적의 결정을 내리는 방법을 학습합니다. 예를 들어, 처음엔 운전에 미숙했던 자율 주행 차가 테스트 환경에서 학습하면서 시간이 지남에 따라 어떤 행동이 좋은지(속도 제한 및 도로 표지판 따르기)와 나쁜지(나무에 부딪히거나 빨간 신호에서 달리기 같은)를 배워 나갑니다.

이전 절에서 언급된 대부분의 머신러닝 알고리즘에서는 모델이 주로 업데이트 되는 반면, RL에서는 에이전트가 환경과 상호작용하면서 업데이트됩니다. 이것은 RL에 '모델'이 없다는 의미는 아니지만, 모델들은 종종 전체 RL 워크플로 내에서 조합하고 결합할 수 있는 보조적인 구성 요소로 사용됩니다.

RL에 대한 이해를 돕기 위해 단순화된 자율 주행 차의 예를 계속 들어보겠습니다. 기본적인 RL 에이전트를 만드는 데 필요한 구성 요소는 상태, 행동, 보상, 정책입니다.

> **TIP** 강화 학습에는 여러 유형이 있고, 각 알고리즘에 따라 정책, 상태, 행동, 보상이 상호 작용하는 방식이 다를 수 있으며 다른 개념과 조합/혼합하여 사용될 수도 있습니다. 인터뷰에서 어떤 개념에 대해 질문을 받고 있는지에 주의를 기울여야 합니다.

해당 RL 에이전트는 환경에 반응하여 안전하게 운전하는 방법에 대한 최적의 정책을 학습하려고 시도합니다. 에이전트가 초기화될 때에는 주어진 시나리오에서 최선의 행동을 선택할 수 있는 정책을 아직 모르고 있으므로 일단 에이전트가 환경 안에서 운전을 하도록 합니다. 이 시나리오를 위한 구성 요소는 다음과 같습니다.

| 상태(State) |

에이전트가 접하는 상태는 환경의 표현과 환경의 상태를 말합니다. 여기에는 자율 주행 차량 주변 정보의 업데이트, 차량의 왼쪽, 오른쪽, 앞, 뒤에 물체가 있는지에 대한 추적, 주행 가능한 도로와 신호등 및 그 상태에 대한 특별 태그가 포함되기도 합니다.

| 행동(Action) |

이 예제에서 에이전트가 선택할 수 있는 행동에는 좌회전, 우회전, 전진, 제동이 있습니다. 이 시나리오는 이산적인discrete 행동으로 단순화되었지만, 복잡한 시나리오는 핸들을 어느 정도 돌릴지와 같은 행동을 포함할 수 있다는 점에 주의하세요. 에이전트가 수행할 수 있는 모든 행동은 행동 세트action set로 총칭되며, 에이전트는 매번 결정을 내릴 때마다 최선의 행동을 수행하려고 합니다.

| 보상(Reward) |

에이전트가 환경의 상태를 고려하여 행동을 할 때마다, 얻은 이득이나 손실에 대한 피드백을 받습니다. 이것을 RL에서 보상이라고 합니다. 예를 들어, 자율 주행차량 RL 에이전트 앞에 빨간 신호가 있는 상태에서 RL 에이전트가 제동하는 행동을 하면, 그 결과로 긍정적인 값의 보상을 받습니다. 만약 RL 에이전트가 전진하여 빨간 신호를 무시했다면, 해당 에이전트는 벌점, 즉 부정적인 값의 보상을 받게 됩니다. 에이전트는 다음을 위해 이러한 보상을 기억합니다. 보상은 대부분 외부에서 정의되며, 에이전트는 보상에 대해 사전에 알지 못하고 시행착오 과정을 통해 이를 학습합니다. '주어진 상태에서 행동을 했다'가 신중한 표현이라는 점에 유의하세요. 동일한 행동이 다른 상태에서는 다른 보상을 낳을 수 있습니다. 예를 들어, 오른쪽에 가로등이 있는 상태에서 우회전하고 충돌하면 부정적인 보상을, 우회전 차선이 있는 상태에서 우회전하면 긍정적인 보상을 각각 얻습니다. 따라서, RL 에이전트의 의사 결정과 학습에 있어 행동과 보상 외에도 상태가 반드시 필요합니다.

| 정책(Policy) |

정책은 에이전트가 행동을 선택하는 방식입니다. 대부분의 경우, 에이전트는 자신이 알고 있는 최고의 보상을 제공하는 행동을 선택하겠지만, 이렇게 단순한 정책은 에이전트가 새로운 시나리오를 탐색하는 것을 멈추게 하고 종종 이상한 행동을 선택하게 만듭니다. 예를 들어 에이전트가 초기에 빨간 신호에서 우회전해도 부정적인 보상이 없다는 것을 학습했을 수 있습니다(북미의 많은 곳에서 교통법규에 허용됨). 에이전트는 새로운 행동을 시도해서 빨간 신호에서 멈추는 대신, 기존 지식을 활용해서exploit 빨간 신호에서는 항상 우회전하게 될 수 있습니다.

따라서 정책은 알려진 보상을 활용exploitation하고, 새로운 상태–행동–보상 조합을 학습하기 위해 환경을 탐색exploration하는 것과 같은 추가 요인들을 고려하여 주어진 상태에서 최고의 보상을 가져올 행동을 선택하는 것으로 정의됩니다. 일반적으로 사용되는 정책에는 엡실론–그리디epsilon–greedy 정책[52]이 있으며, 이 정책하에서 에이전트는 학습 초기에 활용보다는 탐색을 더 많이 하고, 상태, 행동, 보상을 많이 경험한 후에는 탐색보다는 활용을 더 많이 하게 됩니다. 일부 유형의 RL에서는 정책이 파라미터화된 모델로써 사후에 업데이트됩니다. 이에 대해서는 정책 기반 RL에 관한 후반부 절에서 더 다룰 것입니다.

요약하자면 [그림 3–13]과 같이, 에이전트는 주어진 상태에서 최적의 행동을 선택하기 위해 정책을 사용하고, 그 후 행동에서 나온 보상을 보며 미래의 상태와 행동을 개선하기 위해 정책을 업데이트합니다.

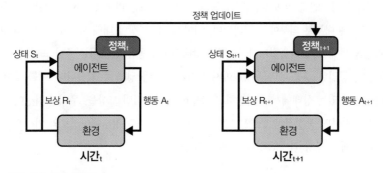

그림 3-13 강화 학습 정책 업데이트

> **TIP** 저는 인터뷰에서 "왜 동영상 시청 시간이 아닌 클릭 수를 긍정적인 보상으로 설정했나요?" 등 보상이 정해진 이유에 대한 후속 심층 질문을 많이 경험했습니다.

---

52 "엡실론 그리디 정책," 강화 학습 용어집, 2023년 10월 23일 접속, *https://oreil.ly/ZYbkN.*

Q-러닝 요약

상태, 행동, 보상, 정책에 대한 개념을 바탕으로 설명을 계속해 나가겠습니다. RL 에이전트는 주어진 상태에서 어떤 행동을 선택함으로써 최대한의 보상을 얻고자 합니다. 그러나 보상 설계에 더 많은 세밀함을 추가하지 않으면, 에이전트는 단기적으로만 사고하게 됩니다. RL에서 단기적 사고를 방지하는 한 방법은 즉각적인 행동을 넘어 보상 설계에 더 많은 복잡성을 추가하는 것입니다. 따라서 즉각적인 행동으로부터 얻는 보상뿐만 아니라 에이전트가 미래에 접근할 수 있는 가능한 보상도 포함하는 장기 기대 보상이 중요합니다.

총 기대 보상은 현재 단계에서 가능한 미래 보상의 기대값의 가중 합으로, RL 과정의 일부로써 계산됩니다. 이 과정을 [그림 3-14]에 나타난 이 과정을 미로에서 출구를 찾아야 하는 로봇의 예를 들어 설명하겠습니다.

- 이 미로에서 폭탄은 나쁘고 금/돈은 좋은 것입니다.
- 출구는 미로의 우측 상단에 있으며, 미로 중앙에는 로봇이 앞서 탐색을 통해 알아낸 막다른 길이 있습니다.
- 로봇이 중앙으로 가기로 선택하면, 막다른 길로 가는 확률이 높고 출구로 가는 확률이 낮은데, 이러한 부분들이 미래 보상의 기대값 합에 반영됩니다.
- 따라서, 모든 것이 일정하다고 가정할 때, 우측 상단으로 향하는 것에서 얻는 총 기대 보상이 중앙으로 향하는 것보다 높을 것입니다. 물론 로봇은 이미 해당 장소들을 탐색했어야 합니다. 탐색하기 전에도 예상 보상을 계산할 수는 있지만, 그 정확도는 낮을 수 있습니다.

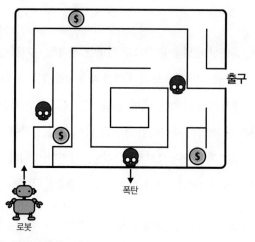

출구

폭탄

로봇

그림 3-14 강화 학습의 예: 미로를 탐색하는 로봇

이제 기대 누적 보상의 개념을 특정 상태에서 행동을 취했을 때의 기대 누적 보상인 Q-값과 연결해 보겠습니다. Q-함수는 이와 관련된 개념으로써, 상태-행동 쌍을 입력 받아 Q-값을 출력합니다. 정책은 RL 에이전트가 주어진 상태에서 취해야 할 행동을 결정합니다. 모든 것을 하나로 묶어, Q-러닝에서 최적의 정책은 각 상태에서 가장 높은 Q-값을 가진 행동을 선택하는 것으로부터 나옵니다. 각 단계 후에는 정책이 평가되고 벨만 방정식Bellman equation[53]을 사용한 최적화 방법을 통해 Q-값이 업데이트됩니다. 이 과정은 정책이 수렴하고 주어진 상태에서 동일한 행동을 선택할 때까지 반복됩니다.

모델 기반 강화 학습 vs 비모델 강화 학습 요약

Q-러닝은 세계, 즉 상태와 행동 간의 관계를 모델링하기 위한 모델을 사용하지 않기 때문에 비모델model-free RL 기법에 해당합니다. 상태와 행동을 나타내야 하지만, Q-값과 정책(정책 반복을 사용할 경우)을 개선하기 위해서는 보상을 관찰하기만 하면 됩니다.

---

53 "벨만 방정식," 강화 학습 용어집, 2023년 10월 23일 접속, *https://oreil.ly/KP8kh.*

모델 기반 RL에서 에이전트는 상태 전이state transition(행동에 의해 상태가 변경되는 것)를 내포하는 환경의 모델을 학습합니다. 에이전트는 이 모델을 사용하여 주어진 상태에서 취할 최선의 행동에 대한 결정을 내립니다. 따라서 모델 기반 RL은 환경에 대한 명시적인 지식이 필요합니다. 예시로는 동적 계획법과 몬테카를로 트리 탐색MCTS, Monte Carlo tree search(*https://oreil.ly/ZuF22*) 등이 있습니다.[56]

값 기반의 강화 학습 vs 정책 기반 강화 학습 요약

값 기반Value-based RL은 특정 상태에서 특정 행동을 선택할 때의 기대 누적 보상(즉, '값')을 추정하는 것에 기초합니다. Q-러닝[57], SARSA[58], 그리고 DQNdeep Q-networks이 값 기반 RL에 해당합니다. 이 알고리즘들은 기대 누적 보상을 예측할 수 있는 능력에 초점을 둡니다.

반면, 정책 기반Policy-based RL은 주어진 상태에서 행동을 선택하는 방법 또는 패턴, 즉 정책을 학습합니다. 정책 기반 RL에는 상태와 행동 사이의 매핑을 학습하면서 그래디언트 상승Gradient ascent 기법을 통해 최적화할 수 있는 파라미터화된 정책 함수가 있습니다. 정책 기반 RL에서 그래디언트 상승을 사용하는 이유는 기대 누적 보상을 최대화하는 것이 목표이기 때문입니다. 이는 오차를 최소화할 때 사용되는 그래디언트 하강gradient descent과는 반대죠.

54 "SARSA 에이전트," MathWorks, 2023년 10월 23일 접속, *https://oreil.ly/KP8kh*.

55 유에웬 선, 신 위안, 원장 류, 창인 신, "근접 정책 최적화를 통한 모델 기반 강화 학습," 2019년 중국 자동화 컨퍼런스(CAC), 2019, pp. 4736–40, doi:10.1109/CAC48633.2019.8996875.

56 마이클 잰너, "모델 기반 강화 학습: 이론과 실제," 버클리 인공지능 연구소, 2019년 12월 12일, *https://oreil.ly/ZuF22*.

57 J. 지코 콜터, "강화 학습 소개"(프레젠테이션, 28th International Conference on Automated Planning and Scheduling, 네덜란드 델프트, 2018년 6월 24–29일), *https://oreil.ly/b_5n0*.

58 "SARSA 에이전트," MathWorks, 2023년 10월 2일 접속, *https://oreil.ly/iZ0G3*.

일반적인 정책 기반 알고리즘에는 REINFORCE[59]와 액터-크리틱^{actor-critic} 기법('액터'는 정책을 학습하고, '크리틱'은 값을 학습함) 같은 정책 그래디언트 알고리즘이 포함됩니다. 다양한 유형의 강화 학습을 [그림 3-15]에서 볼 수 있습니다.

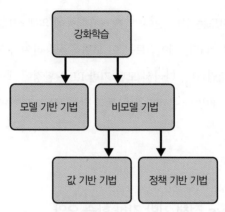

그림 3-15 강화 학습 기법 개요, 출처: 강화 학습 입문(*https://oreil.ly/d0sua*)

온-폴리시 강화 학습 vs 오프-폴리시 강화 학습 요약

온-폴리시^{On-Policy} RL은 현재 정책의 반복을 따르면서 수집된 데이터 포인트를 바탕으로 정책을 업데이트합니다. 그러나 모든 정책 기반 강화 학습이 반드시 온-폴리시인 것은 아닙니다.[60] 예를 들어, RL 알고리즘이 현재 정책(p1)으로 행동(a1)을 취하고, 그 행동으로부터의 관측을 바탕으로 그래디언트 상승을 사용하여 정책을 업데이트하여 (p2)로 표기된 최신 학습된 정책을 얻는다고 해보죠. 이 때 에이전트가 새로운 정책(p2)으로 다음 행동(a2)을 취한다면, 온-폴리시로 간주됩니다. SARSA[61]와 같은 정책 반복 기법은 온-폴리시 강화 학습에 해당합니다. 즉, 에이전트의 행동 정책이 목표 정책(*https://oreil.ly/Fgmck*)[62](업데이

---

59 옮긴이_ REINFORCE는 REward Increment(보상 증가) = Nonnegative Factor(비음수 계수)×Offset Reinforcement(오프셋 강화)×Characteristic Eligibility(특성 적합성)의 약자로, 정책 기반(policy-based) 접근법에 속하는 정책 그래디언트 알고리즘입니다.

60 팅우 왕, "REINFORCE 학습을 통한 강화 학습 학습"(프레젠테이션, 토론토 대학교 머신러닝 그룹), *https://oreil.ly/Fgmck*.

61 데이비드 L. 풀, 앨런 K. 맥워스, "온-폴리시 학습," 인공지능, 2판(Cambridge University Press, 2017), *https://oreil.ly/KmgMu*.

62 팅우 왕, "REINFORCE 학습을 통한 강화 학습 학습"(프레젠테이션, 토론토 대학교 머신러닝 그룹), *https://oreil.ly/Fgmck*.

트되는 정책)이라면, 그 강화 학습은 온–폴리시 RL입니다.

오프–폴리시^{Off-Policy} 강화 학습 알고리즘은 다른 정책 또는 결합된 정책으로부터 수집된 데이터 포인트 또는 경험을 바탕으로 정책을 업데이트합니다. Q–러닝과 DQN은 오프–폴리시 강화 학습에 해당합니다. 그런데 공교롭게도 이 알고리즘들은 값 기반 강화 학습이기도 하죠. 혼란을 방지하기 위해 말씀드리면, 온–폴리시 대 오프–폴리시는 에이전트가 업데이트되는 새로운 정책을 사용하는지 여부와 관련이 있으며, 정책 기반 대 값 기반은 최적의 행동을 도출하기 위해 사용된 알고리즘의 유형과 관련이 있습니다.

이 외에도 우리가 더 살펴볼 수 있는 알고리즘이 많이 있습니다. 시간차^{Temporal Difference}(TD), 비동기적 어드밴티지 액터 크리틱^{Asynchronous Advantage Actor-Critic}(A3C), PPO 등이 있습니다. 이에 대해 더 알고 싶은 분들은 리처드 서튼과 앤드류 바토가 저술한 강화 학습 교과서를 온라인(*https://oreil.ly/MCgBK*)또는 절 시작 앞 부분의 자료에서 확인해보세요.

강화 학습에 관한 인터뷰 문제 예시

이제 기초적인 RL 개념에 친숙해졌으니, 몇 가지 인터뷰 문제 예시를 살펴보겠습니다.

인터뷰 문제 *3-17: 강화 학습의 DQN을 설명하세요.*

| 답변 예시 |

DQN^{Deep Q-Network}은 Q–러닝을 확장한 것입니다. DQN은 주어진 상태에서 행동을 취할 때 기대되는 미래 보상을 나타내는 Q–값을 근사하기 위해 신경망을 사용합니다. DQN에서는 두 개의 신경망, 즉 타깃 신경망과 Q–신경망이 있습니다. 타깃 신경망은 주어진 상태에서 취할 수 있는 모든 행동 중에서 최고의 Q–값(타깃 Q–값)을 예측하는 역할을 합니다. Q–신경망은 현재 상태와 행동을 입력 받아 특정 행동에 대한 Q–값(예측된 Q–값)을 예측합니다. Q–신경망를 개선하기 위해, 예측된 Q–값과 타깃 Q–값 그리고 관측된 보상 사이의 차이를 Q–신경망의 손실 함수로 사용합니다.

신경망의 가중치는 예측된 Q-러닝과 경험을 통해 얻은 실제 Q-값 사이의 차이를 바탕으로 업데이트됩니다. 타깃 신경망을 사용하는 이유는 각 단계마다 Q-신경망을 업데이트할 때 발생할 수 있는 높은 행동 분산을 안정화시켜 학습 결과의 안정성을 보장하기 위해서입니다. 충분한 단계가 지난 후에 타깃 신경망은 Q-신경망의 새로운 가중치로 업데이트되며 학습은 계속 진행됩니다.

인터뷰 문제 *3-18: 이어지는 질문으로, DQN이 일반적인 Q-러닝에서 중점적으로 수정한 부분에 대해 설명할 수 있나요?*

| 답변 예시 |

DQN이 일반적인 Q-러닝에 추가한 주요 개선점 중 하나는 경험 리플레이experience replay입니다. 경험 리플레이는 Q-신경망과 타깃 신경망에 앞서 처리되는 과정으로, 실제 환경에서 현재 상태에서 엡실론-그리디 방법으로 선택된 행동을 취하고 그에 따르는 보상을 받습니다. 이 과정에서 행동, 상태, 보상은 신경망이 학습할 수 있는 데이터로서의 경험으로 저장됩니다. 경험 리플레이를 사용하는 이유는 강화 학습의 순차적 특성 때문입니다. 이로 인해, 네트워크의 학습 데이터 세트는 이전 상태에서 취해진 각각의 행동이 가져온 보상과 그로 인해 발생하는 새로운 상태들의 순서를 포함하게 됩니다.

인터뷰 문제 *3-19: 강화 학습에서 탐색과 활용을 예를 들어 설명해주세요. 이 두 개념 간의 트레이드오프는 무엇인가요? 탐색과 활용을 어떻게 균형 있게 조절할 수 있나요?*

| 답변 예시 |

간단한 자율 주행 차의 일부인 RL 에이전트를 예로 들겠습니다. 탐색 과정에서 에이전트는 북미의 규칙에 따라 빨간 신호에서 우회전하더라도 벌점을 받지 않는다는 것을 처음 알게 됩니다. 이 지식을 활용하여 에이전트는 새로운 행동을 시도하고 빨간 신호에서 멈추는 것을 배우는 대신 계속해서 우회전하는 행동을 선택할 수 있습니다. 우리가 원하지 않는 행동, 즉 차량이 빨간 신호에서 멈추지 않는 상황을 초래할 수 있습니다. 따라서 에이전트가 새로운 행동을 시도하도록 탐색을 장려하는 것이 중요합니다. 에이전트가 환경에서 탐색을 충분히 더 반복한 후에는, 에이전트가 지금까지 잘 수행한 경험을 잘 모은 것을 기반으로 정확한 자율 주행을 하는 것이 더 중요해지므로 활용 파라미터를 계속 늘리는 것이 더 안전합니다. 초기에 탐색을 우선시한 뒤, 점차 탐색을 줄이고 활용을 늘려가는 방식으로, 엡실론–그리디 정책과 같은 기법을 사용하여 탐색과 활용 사이의 균형을 맞출 수 있습니다.

결론적으로, RL 에이전트가 환경을 더 넓게 탐색할 수 있도록 엡실론–그리디 정책[63]을 활용하여 탐색과 활용의 균형을 맞출 것입니다. 에이전트가 환경과 상호작용하며 더 많이 배우면서 엡실론 값을 줄이면, 에이전트가 활용을 늘리기 시작합니다. 결국에 에이전트가 충분히 탐색하고 나면, 과거에 관측한 좋은 결정을 활용하고 탐색을 줄일 수 있게 됩니다.

인터뷰 문제 *3-20: 다음 시나리오에서 강화 학습 알고리즘이 판매 가격의 10%로 잘못 표시된 상품을 계속 추천하는 것을 발견했습니다. 이러한 상황이 발생한 원인은 무엇일까요? 그리고 데이터가 모두 정확하다고 가정할 때, 무엇을 조사하겠습니까?*

| 답변 예시 |

우리 RL 에이전트에 보상 함수가 존재한다면, 보상 함수를 분석하여 RL 에이전트의 부적절한 행동을 긍정적으로 보상하고 있는지 확인할 것입니다. 에이전트가 사용자의 클릭률을 인위적으로 높이는 방법을 이용하고 있을 수도 있습니다. 예를 들어 큰 할인이 적용된 상품을 추천함으로써 말이죠. 이 경우 클릭률의 인위적 증가는 RL 에이전트에게 긍정적인 보상을 가져옵니다. 보상 함수가 할인 비용을 고려할 경우, 에이전트는 제품에 손해를 보면서까지 클릭률 최적화에만 집중할 가능성이 낮아질 것입니다.

인터뷰 문제 *3-21: 모델 기반 강화 학습과 비모델 강화 학습을 설명해주세요. 각각의 예시는 무엇이 있으며, 어떤 경우에 어떤 알고리즘을 선택하겠습니까?*

| 답변 예시 |

환경 모델을 추정하기 어렵거나 환경이 지속적으로 변하는 경우에는 비모델 RL이 종종 선호됩니다. 모델 기반 알고리즘이 작동 중인 전체 환경의 정확한 모델을 구축하려 시도하기 때문입니다. '모델'이라는 용어 사용은 RL의 다른 구성 요소들이 ML 모델이 아니라는 의미는 아닙니다. 구체적으로, '모델 기반' RL은 환경의 모델을 지칭하며, 즉 워크플로에 다른 ML 모델을 포함할 수 있다는 것을 의미합니다.

---

63 "엡실론 그리디 정책," 강화 학습 용어집, 2023년 10월 23일 접속. *https://oreil.ly/jHrup*.

모델 기반 RL은 아타리나 체스와 같이 전체 환경을 실제와 유사하게 표현할 수 있는 게임 환경에서 효과적입니다. 이러한 환경은 (대체로) 결정적인 결과와 함께 여러 번 시뮬레이션할 수 있으므로, 환경과 그 상태 전환 확률을 설명하는 모델을 학습하고 구축할 수 있습니다. 하지만 대부분의 실제 상황에서 환경을 완전히 설명하는 것은 매우 어렵습니다. 그럼에도 불구하고, 자율 주행 차량에 있는 고급 센서와 같이 환경을 설명하는 매우 많은 피처를 가진 딥러닝을 이용하면 가능해질 수도 있습니다. 환경에 대한 정보가 부족한 경우에는 일반적으로 비모델 RL이 사용됩니다.

3.7 컴퓨터 비전 알고리즘

컴퓨터 비전은 이미지 분류, 이미지 인식 등을 아우르는 대표적인 머신러닝 응용 분야입니다. 예를 들어, X-레이 같은 의료 이미지에 컴퓨터 비전을 적용해 환자의 특정 질병 유무를 분류하거나, 웨이브폼 이미지를 통해 특정 사운드를 분류하는 것 등이 이 분야의 적용 예입니다. 자율주행차는 다양한 컴퓨터 비전 기법을 복합적으로 사용하는 대표적인 사례입니다.

특정 컴퓨터 비전 애플리케이션은 다양한 산업에서 광범위하게 사용될 수 있습니다. 예를 들어 광학 문자 인식(OCR)은 은행의 온라인 수표 예치 시스템부터 수표를 읽을 때 소셜 미디어 게시물에서 로고를 탐지하거나 광고 이미지에서의 제품 식별에 이르기까지 두루 사용될 수 있습니다.[64]

특히, 헬스케어나 자율주행차와 같이 영향이 큰 영역에서 컴퓨터 비전을 활용하는 머신러닝 실무자들은 도메인 지식의 이점을 크게 누립니다.

> **TIP** 컴퓨터 비전에 대한 인터뷰 문제는 도메인 지식에 크게 의존할 수 있으므로 이 책과 기술적인 노하우에 대한 자료 외에도 목표 분야에 특화된 컴퓨터 비전 애플리케이션에 대한 자료를 읽어볼 것을 추천합니다.

---

64 "OCR(광학 문자 인식)이란 무엇인가?" Amazon Web Services, 2023년 10월 24일 접속, *https://oreil.ly/0ms_Z.*

이번 절은 이 분야에 대한 배경 지식에 자신 없는 분들을 위해 컴퓨터 비전 기법의 기본을 다룹니다. 여러분이 이 분야의 전문가라면 건너뛰어도 좋습니다. 여러분의 전문성과는 관계없이, 팁 상자 안에 머신러닝 인터뷰를 위한 특정한 조언을 강조해놨으니 각 머신러닝 분야에서의 여러분의 지식에 적용하고 인터뷰에서 잘 활용하기를 바랍니다.

> **컴퓨터 비전 관련 학습 자료**
>
> 이 책에서 제공하는 요약 외에 컴퓨터 비전에 대한 지식을 더 보완하고 싶다면 다음 자료들을 추천합니다.
>
> - 텐서플로로 이미지 분류하기 튜토리얼(*https://oreil.ly/K-0F7*)
> - 『실전! 컴퓨터비전을 위한 머신러닝』(위키북스, 2023)
> - 파이토치 튜토리얼: 분류기 학습시키기(*https://oreil.ly/_Hy_U*)

대표적인 이미지 데이터 세트 요약

시각적이며 상대적으로 이해하기 쉬운 특성 덕분에, 이미지 데이터 세트는 딥러닝 초심자들을 위한 튜토리얼로 자주 활용됩니다. 예컨대, 저는 CNN에 관한 Coursera 강의에서 개와 고양이 데이터 세트를 활용한 경험이 있는데, 같이 수업을 들은 학습자가 수십만 명이나 되었습니다. 이미지를 활용한 머신러닝은 머신러닝 열성팬들의 상상력을 자극했으며, 자가 학습과 포트폴리오 프로젝트 용도로 인기가 많았습니다. 연구 분야에서도 다양한 동일한 데이터 세트들이 머신러닝의 주요한 발전을 촉진했습니다. 1장에서 언급했듯이, 이미지넷[ImageNet] 데이터 세트와 그에 따른 도전은 딥러닝 모델의 정확성을 전례 없이 폭발적으로 향상시키며 발전을 주도했습니다.

컴퓨터 비전 분야에서 활용되는 몇 가지 유명한 공개 데이터 세트를 소개합니다.

- 이미지넷(*https://oreil.ly/yQH11*)
- CIFAR-100(*https://oreil.ly/regHX*)

- MNIST(*https://oreil.ly/4Yf5C*) 및 관련된 데이터 세트(예: Fashion-MNIST(*https://oreil.ly/0eMdK*))

- COCO(Common Objects in Context)(*https://oreil.ly/FsK3V*)

- LVIS(어노테이트된 COCO)(*https://oreil.ly/2h6JQ*)

다음의 데이터 세트 활용을 권장합니다. 처음 시작한다면 Colab 노트북을 활용해보세요.

- 이미지 분류―Colaboratory 튜토리얼(텐서플로)(*https://oreil.ly/XnUJz*)

- 컴퓨터 비전을 위한 전이 학습 튜토리얼(PyTorch)(*https://oreil.ly/AgB50*)

기본적인 내용을 숙지했다면, 직접 프로젝트를 기획해보세요. 더 많은 이미지 데이터 세트를 여기서 찾거나 직접 수집할 수도 있습니다.

- paperswithcode.com의 이미지 분류 머신러닝 데이터 세트(*https://oreil.ly/b_uhg*)

- Google의 Know Your Data 카탈로그(*https://knowyourdata.withgoogle.com/*)

- Kaggle 데이터 세트(*https://oreil.ly/Fy-9E*)

> **TIP** 많은 온라인 튜토리얼이 고양이와 개 분류, 홍채 데이터 세트(*https://oreil.ly/4Bhjc*), MNIST 등과 같은 간단한 이미지 데이터 세트로 시작합니다. 따라서 이러한 튜토리얼은 포트폴리오 목적이 아닌 학습 목적으로 사용해야 합니다. 인터뷰어들은 이러한 프로젝트를 들고 오는 수천 명의 후보자(과장된 표현은 아닙니다)를 보아왔기 때문에 이렇게 흔한 데이터 세트[65]만 사용하는 프로젝트로는 눈에 띄기 어려울 것입니다. 포트폴리오 프로젝트를 구축하는 경우 좀 더 독특한 데이터 세트를 찾아보세요.

합성곱 신경망(CNN) 요약

컴퓨터 비전 작업의 예시에는 객체 인식, 얼굴 인식, 의료 분류 등이 있습니다. 컴퓨터 비전 알고리즘에서 흔히 사용되는 데이터는 이미지입니다. 컴퓨터 비전은 종종 [그림 3-16]에 묘사되어 있는 CNN 아키텍처로 구현됩니다. CNN은 이미지로부터 정보를 인코딩하여 입력

---

65 정말 창의적인 아이디어가 있다면 이야기가 다를 수 있습니다. 덜 진부한 데이터 세트를 사용하면 더 나은 ROI를 얻을 수 있습니다.

으로 사용할 수 있으며, 이미지는 행렬(입력 피처 맵)로 표현되기 때문에 이미지 인식과 같은 작업에 특히 효과적입니다. 입력은 이후 네트워크의 다양한 합성곱 계층을 통해 합성곱 convoluted 처리되며, 이 과정에서 이미지의 행렬 표현에서 정보가 추출되고 이미지에 대한 더 세밀한 정보를 포착하는 새로운 피처가 생성됩니다. 또한 합성곱은 이미지 정보를 평탄화하고 압축함으로써 계산을 효율적으로 만듭니다.

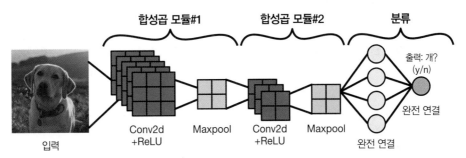

그림 3-16 CNN이 개 이미지를 입력받아 행렬 형태로 변환합니다. 이어서 두 개의 합성곱 모듈이 유용한 피처들을 추출하며, 이 피처들은 마지막 두 개의 완전 연결 계층으로 전달되어 이미지가 개인지 아닌지를 예측합니다. 개 이미지는 구글의 "머신러닝 실습: 이미지 분류(*https://oreil.ly/I3yeL*)"에서 가져왔습니다.

전이 학습 요약

컴퓨터 비전 과업의 경우, 온라인에서 다양한 사전 학습된 모델을 찾을 수 있습니다. 이 모델들은 이미지 분류 작업과 같은 일반적인 작업에 대해 조정되고 튜닝되었습니다. 이 모델들을 처음부터 학습시키는 데에는 시간과 자원이 많이 필요하기 때문에, 실무에서는 전이 학습이라는 기법이 자주 사용됩니다. 전이 학습은 사전 학습된 모델을 활용하고 마지막 계층을 수정하여 특정 소규모 작업에 맞춰 튜닝합니다. 예를 들어, 사전 학습된 모델이 천 가지 항목을 분류하도록 학습되었을 수 있다고 해보죠. 그런데 여러분은 회사에서 재고 추적 작업을 위해 데스크탑 컴퓨터와 노트북만을 분류해야 합니다. 사전 학습된 모델을 다운로드하여 마지막 계층을 제외한 아키텍처와 가중치를 사용하고, 마지막 계층만을 그 두 객체에 특화되도록 학습시킬 수 있습니다.

결과적으로, 모델은 이미지 분류에 대한 일반적인 이해와 함께 파인 튜닝을 통해 특정 작업에 맞춤화된 능력을 갖추게 됩니다. 이 과정을 전이 학습Transfer learning이라고 합니다.

다음은 전이 학습을 다루는 몇 가지 튜토리얼입니다.

- 전이 학습과 파인 튜닝(텐서플로)(*https://oreil.ly/qVisB*)
- 컴퓨터 비전을 위한 전이 학습(파이토치)(*https://oreil.ly/z03Af*)

> **TIP** 인터뷰에서 전이 학습에 대해 알고 있으면 좋습니다. 많은 상황에서 특정 과업을 위해 적절한 사전 학습된 모델을 식별하여 이를 기반으로 추가 개발하는 것이 유용합니다. 업계에서는 비용 때문에 새로운 신경망을 바닥부터 학습시키는 일이 드뭅니다. 만약 컴퓨터 비전 모델을 바닥부터 학습시키는 것만을 언급한다면, 실제 환경에 대한 이해가 부족하다는 인상을 줄 수 있습니다.

생성형 적대 신경망 요약

'딥페이크'는 딥러닝으로 생성된 가짜 이미지를 뜻하며, 이 기술로 만들어진 정치인과 유명 인사의 가짜 이미지가 뉴스에서 주목을 받고 있습니다. 이 가짜 이미지들은 주로 생성형 적대 신경망generative adversarial networks(GAN)이라 불리는 신경망을 통해 만들어집니다. GAN의 구조[66]는 생성자와 판별자, 두 가지 모델에 집중합니다. 생성자generator는 우수한 결과물을 만들기 위해, 판별자discriminator는 생성자가 만든 결과물이 실제인지 가짜인지를 판별하기 위해 각각 학습하고 개선해 나갑니다.

예를 들어, 래브라도 리트리버(간단히 래브라도라고 하겠습니다) 이미지를 생성하는 학습 과정은 다음과 같습니다(그림 3-17 참조).

- 학습이 시작되면, 생성자는 래브라도와 같은 객체를 생성하는 데 서투르고, 판별자는 생성자가 만든 이미지와 실제 래브라도 사진을 구분하는 데 서툽니다.

---

66 "GAN 구조 개요." 머신러닝, Google for Developers, 2022년 7월 18일, *https://oreil.ly/EfpSR*.

- 생성자가 더 많이 학습함에 따라, 래브라도와 더 비슷하게 보이는 이미지를 만들어내는 방법을 배웁니다. 판별자가 더 많이 학습함에 따라, 생성자의 가짜 래브라도와 진짜 래브라도를 잘 구분할 수 있게 됩니다. 생성자의 목표는 판별자가 실제 세계의 진짜 래브라도 사진으로 착각할 만큼 현실적으로 보이는 래브라도를 생성하는 것입니다.

- 마침내, 생성자는 래브라도 이미지를 생성하는 데 있어서 매우 능숙해져서 판별자가 더 이상 구분할 수 없게 됩니다.

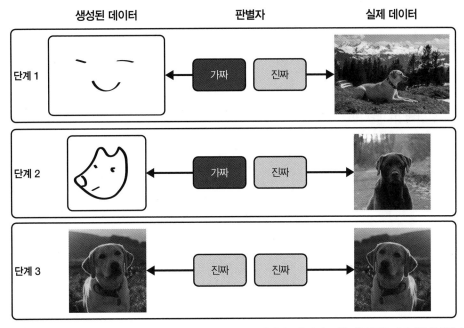

그림 3-17 GAN 학습 과정. GAN은 학습 데이터 세트에 없는, 판별자를 속일 수 있을 만큼 좋은 이미지를 생성할 수 있습니다. (이 그림에서는 단순한 설명을 위해 이미지를 반전시켜 놓았지만 실제 신경망은 실제 학습 데이터와 매우 다른 이미지를 생성할 수 있습니다.)

> **NOTE** 확산 모델은 현재 이미지 생성 작업에 널리 사용되고 있습니다. 이 책에서는 자세히 다루지 않겠지만, 관심이 있다면 원본 논문[67]을 읽어보는 것도 좋습니다.

---

67 야샤 소울-딕슈타인 외, "Deep Unsupervised Learning Using Nonequilibrium Thermodynamics"(2015), *https://oreil.ly/0Zp8Q*.

추가적인 컴퓨터 비전 활용 사례 요약

분류와 이미지 생성 외에도, 컴퓨터 비전은 슈퍼 해상도, 의미론적 분할, 객체 인식 등 다양한 활용 사례를 가지고 있습니다. 여기에서 몇 가지 일반적인 산업 활용 사례를 소개하겠지만, 앞서 언급한 바와 같이 인터뷰를 볼 회사 또는 산업 분야에 관련된 예시에 대해 읽어볼 것을 권장합니다. 이를 통해 여러분의 인터뷰 답변을 더욱 풍부하게 할 수 있을 것입니다.

슈퍼 해상도[68] 개요

슈퍼 해상도Super resolution는 저해상도 이미지를 받아 고해상도 버전으로 만드는 과업입니다. 이 과업은 업스케일링Upscaling이라고도 합니다. 역사적 이미지, 사진, 영화 등을 업스케일하는 경우가 일반적입니다. 의료 산업에서는 기존의 의료 장비 해상도를 높여 장비를 업그레이드하기 어려울 때 더 나은 진단을 가능하게 하는 데 사용될 수 있습니다. 이 작업에는 GAN(생성적 적대 신경망)과 확산 모델이 일반적으로 사용됩니다. 더 많은 예시를 위한 자료는 다음과 같습니다.

- 「확산 모델을 사용한 고해상도 이미지 생성」(*https://oreil.ly/5b_5Y*), 조나단 호(구글 리서치 블로그)
- 「SUPERVEGAN: 낮은 비트레이트 스트림을 지각적으로 개선하는 슈퍼 해상도 비디오 개선 GAN」(*https://oreil.ly/nw0e2*), 실비우 S. 안드레이 외(아마존 사이언스)

객체 인식 개요

객체 인식Object Detection은 이미지 내 객체를 인식하고 위치를 파악하는 과업입니다. 단순히 이미지 전체를 대상으로 하는 이미지 분류보다 더 진보된 기술로, 위치 파악은 우리에게 이미지 내 관심 객체의 위치를 알려줍니다. 이 기법을 확장하여 비디오의 개별 프레임에 객체 인식을 적용함으로써, 비디오 피드에서 물체나 객체의 위치를 추적하고, 심지어 여러 카메라 각도에서도 추적이 가능합니다. 예를 들어, 스포츠 경기 중계에서 공을 추적할 때 머신러닝을 적용한 객체 인식과 객체 추적이 사용될 수 있습니다. 객체 인식에는 다음과 같은 알고리

---

68 옮긴이_ 슈퍼 해상도는 '초해상도' 또는 '초고해상도'로 번역되기도 합니다.

즘이 있습니다.

- YOLO(You Only Look Once)(*https://oreil.ly/2RAW5*) 및 신규 버전, 치엔-야오 왕 외
- 「Pix2Seq: 객체 인식을 위한 새로운 언어 인터페이스」(*https://oreil.ly/n14_h*), 팅 첸과 데이비드 플릿
  (구글 리서치 블로그)

의미론적 이미지 분할 개요

의미론적 이미지 분할Semantic image segmentation은 이미지의 각 픽셀에 '컴퓨터', '폰', '사람', '개'와
같은 의미론적 레이블을 할당하는 과업입니다. 이미지 안에서 카테고리에 따라 분리하는 것
이 이 과업에 해당하며, 배경에 있는 건물과 전경에 있는 사람을 분리하는 것이 그 예입니다.
스마트폰 카메라의 인물 모드가 이를 위한 대표적인 예입니다. 구글 픽셀 모바일 폰 카메라
의 인물 모드[69]에서 의미론적 이미지 분할의 활용 예를 더 읽어보시길 바랍니다.

다음 자료를 통해 의미론적 이미지 분할에 대해 더 자세히 공부할 수 있습니다.

- 「텐서플로에서 DeepLab을 이용한 의미론적 이미지 분할」(*https://oreil.ly/qDr94*)
- 『실전! 컴퓨터비전을 위한 머신러닝』(위키북스, 2023)의 '객체 인식과 의미론적 분할의 비교'

다음은 몇 가지 업계 사례입니다(이들은 대체로 여러 기술을 결합한다는 점에 유의하세요).

- 아마존은 온라인 쇼핑을 하는 고객을 돕기 위해 컴퓨터 비전 연구 및 실험을 지속합니다.[70] 예를 들어, 고객이
  마음에 드는 드레스를 찾았으나 원하는 색상의 스타일이 없는 경우, "비슷한 것을 원하는데, 검정을 분홍색으
  로 바꿔주세요"라고 입력하면 유사한 제품을 찾을 수 있습니다.
- 메타 AI는 컴퓨터 비전 기술을 활용하여 소셜 미디어 플랫폼의 자동화를 개선하기 위해 노력합니다. 예를 들
  어, 시각 장애인을 위한 이미지의 자동 생성된 텍스트 설명 개선[71], 페이스북 마켓플레이스 항목의 더 나은 자
  동 분류, 콘텐츠 모더레이션 등이 있습니다.

------

69 마크 레보이와 야엘 프리트, "Pixel 2 및 Pixel 2 XL 스마트폰의 인물 모드," Google Research(블로그), 2017년 10월 17일,
https://oreil.ly/VdtgX.

70 래리 하디스티, "아마존 고객의 온라인 쇼핑을 도울 컴퓨터 비전," Amazon Science(블로그), 2020년 6월 5일, *https://oreil.ly/
xGyam*.

71 "시각 장애인 및 시력이 약한 사람들을 위한 사진 설명을 개선하기 위해 AI를 사용하는 방법," AI at Meta(블로그), 2021년 1월 19일,
https://oreil.ly/_3YYj.

- 넷플릭스는 콘텐츠의 썸네일 개선 및 기타 활용 사례 실험을 위해 영상, 오디오, 이미지 데이터를 활용하는 컴퓨터 비전 기술을 사용합니다.[72]

이미지 인식에 관한 인터뷰 문제 예제

지금까지 컴퓨터 비전의 개요, 대표적인 데이터 세트, 알고리즘, 그리고 사용 사례를 알아보았습니다. 이제 인터뷰 문제들을 몇 개 살펴보겠습니다.

인터뷰 문제 *3-22: 이미지 인식 과업에서의 전처리 기법에는 어떤 것들이 있나요?*

| 답변 예시 |

이미지 인식 과업에서의 대표적인 전처리 기법에는 데이터 정규화, 데이터 증강, 그리고 이미지 표준화가 포함됩니다. 데이터 정규화$^{Data\ Normalization}$는 이미지 내 픽셀을 표현하는 수치를 (0, 1) 또는 (−1, 1)처럼 사전 정의된 범위 내로 변환합니다. 이것은 다른 계층에 적용되는 알고리즘들도 동일한 범위를 따를 수 있도록 하기 위함입니다. 데이터 증강$^{Data\ augmentation}$은 학습 데이터 세트에 대한 과적합을 줄일 수 있습니다. 예를 들어, 학습 데이터가 오른쪽을 보고 있는 고양이만 의도치 않게 포함하는 경우, CNN은 왼쪽을 보고 있는 고양이 또한 고양이라는 사실을 학습하지 못할 수 있습니다. 뒤집기, 회전, 자르기 등 다양한 데이터 증강 기술을 사용하면 데이터 세트에 동일 객체의 더 많은 표현을 추가하면 CNN이 객체 인식을 일반화하도록 학습시킬 수 있습니다. 이미지 표준화$^{Image\ standardization}$는 이미지가 서로 비슷한 높이와 너비를 가지도록 하여 데이터 세트를 다루기 쉽게 만듭니다. 이 전처리 과정을 통해 모든 이미지가 특정 너비와 높이 안으로 들어오도록 크기가 조정됩니다.

인터뷰 문제 *3-23: 이미지 인식 과업에서 발생하는 클래스 불균형을 어떻게 해결하겠습니까?*

| 답변 예시 |

이미지 인식 과업에서 클래스 불균형$^{Class\ imbalance}$을 처리하기 위한 몇 가지 방법이 있습니다.

---

72 "Ava: Netflix에서 이미지 발견의 예술과 과학," Netflix Technology Blog, Medium, 2018년 2월 7일, *https://oreil.ly/3S9NZ*.

여기에서 '클래스'는 카테고리나 레이블을 의미합니다. 예를 들어, 이미지 속에는 '고양이'나 '개'가 나타나 있을 수 있습니다. 클래스 불균형을 처리하는 방법 중 하나는 '오렌지'와 '귤'처럼 매우 비슷한 카테고리를 병합하는 것입니다. 이때 병합되는 레이블 간의 트레이드오프를 고려해야 합니다. 이미지 인식 모델이 감귤류를 레이블링해야 하는 경우, 다른 방법을 시도하거나 다른 유형의 레이블을 병합해야 할 수도 있습니다. 두 번째 방법은 리샘플링^{Resampling}으로, 합성 데이터^{synthetic data}를 생성하거나 소수 클래스의 데이터 포인트를 복제하는 것입니다. 텐서플로와 PyTorch에는 이미지 인식 과업을 위한 이런 류의 작업에 사용할 수 있는 도구가 내장되어 있습니다. 클래스 불균형을 처리하는 또 다른 방법은 CNN의 손실 함수를 조정하여 소수 또는 희귀 카테고리에 대한 오류를 일반적인 클래스의 오류보다 더 크게 가중하는 것입니다. 이렇게 함으로써 클래스 불균형으로 인해 희귀 카테고리에서 과소적합이 발생하는 것을 방지하기 위함입니다.

인터뷰 문제 *3-24: 이미지 인식 과업에서 발생하는 과적합을 어떻게 처리하겠습니까?*

| 답변 예시 |

CNN 내에 드롭아웃^{Dropout} 계층(정규화 방법 중 하나)을 추가하면 무작위로 선정한 뉴런의 활성화를 0으로 설정하여 특정 피처를 과도하게 활용하는 것을 방지합니다. 또 다른 방법은 조기 종료입니다. (CNN이 최소화하고자 하는) 손실의 의미 있는 감소가 없을 때 학습을 중단시킵니다. CNN 계층이 너무 복잡하면 이미지에서 무의미한 패턴을 더 많이 찾게 되므로 계층의 복잡도를 줄이는 것도 과적합을 줄이는 또 한 가지 방법입니다. 예를 들어 가수들에 대한 이미지 상당수는 가수가 무대 위에 서 있고 마이크를 들고 있는 모습을 담고 있기 때문에 모델이 이미지상에 존재하는 마이크가 가수의 존재를 의미하는 것이라고 학습할 수 있습니다. 이미지 인식에서 과적합을 처리하는 또 다른 기법은 데이터 증강으로, 학습 데이터 세트에 더 많은 다양성을 추가함으로써 과적합을 줄이는 방법입니다.

| 답변 예시 |

기존의 CNN 신경망이 제대로 작동하지 않을 때, 예를 들어 과소적합으로 인해 객체 인식을 제대로 수행하지 못하는 경우에 저는 특정 유형의 계층을 추가하는 것을 고려하겠습니다. 예를 들면, 합성곱 계층을 추가하거나 다양한 계층의 순서를 재조정하는 것이죠. 연구자들도 이러한 방식으로 다양한 알고리즘 아키텍처를 최적화합니다. 예를 들어, ResNet에 다양한 계층의 변형을 추가하여 여러 가지 변형을 만들어냈습니다.

요약

어려운 주제들을 모두 잘 따라와 주셔서 감사합니다. 이번 장을 시작하면서 여러분은 정규화와 같은 머신러닝에서 자주 사용되는 기법들과 과적합 및 과소적합과 같은 주제들을 포함하여 인터뷰에서 자주 언급되는 통계 기법에 대한 요약 내용을 살펴봤습니다. 이어서, 지도 학습, 비지도 학습, 강화 학습을 살펴보았고, 자연어 처리, 추천 시스템, 강화 학습, 컴퓨터 비전 등의 다양한 핵심 머신러닝 영역들을 깊게 다뤄보았습니다.

아울러 이 장에서는 인터뷰를 준비할 때 참고할 수 있는 각 주제에 대한 자료와 함께 몇 가지 예시 인터뷰 문제를 제공했습니다.

이제 머신러닝 알고리즘 부분에 대한 개요를 살펴보았으니, 다음으로는 머신러닝 모델의 학습 과정과 모델 평가를 살펴볼 차례입니다.

CHAPTER

04

기술 인터뷰:
모델 학습 및 평가

이 장에서는 머신러닝 모델 학습 과정과 관련된 인터뷰 문제들을 다룰 것입니다. 많은 실무자에게 모델 학습은 가장 재미있는 부분이며, 저 역시 그렇게 생각합니다. 학습 과정을 통해 모델이 점점 더 정확해지는 것을 보는 건 매우 즐겁습니다. 그러나, 머신러닝 모델 학습, 하이퍼파라미터 튜닝hyperparameter tuning, 다양한 알고리즘을 사용한 실험을 진행하는 것 모두 데이터를 필요로 합니다. 머신러닝의 핵심은 알고리즘이 데이터에서 패턴을 찾고, 그 패턴을 바탕으로 예측 및 결정을 내리게 하는 것입니다. 유용한 데이터는 머신러닝의 토대이며, 업계 속담 그대로 "쓰레기를 입력하면 쓰레기가 출력된다"입니다. 즉, 머신러닝 모델이 쓸모없는 데이터로 학습되면, 학습 결과로 만들어지는 모델과 이를 통한 추론도 쓸모없게 됩니다.

이 장에서 저는 원시 데이터를 머신러닝 알고리즘에 유용한(그리고 호환 가능한) 형식으로 변환하는 데이터 프로세싱 및 정제에 대한 개요를 살펴보는 것부터 시작합니다. 그 다음에는 다양한 시나리오에서 머신러닝 알고리즘 간의 트레이드오프와 주어진 문제에 일반적으로 가장 적합한 알고리즘을 선택하는 방법을 설명하겠습니다.

그 후에, 모델의 성능을 최적화하는 모델 학습 과정을 다룰 것입니다. 이 과정이 쉽진 않겠지만, 하이퍼파라미터 튜닝 및 실험 추적과 같은 몇 가지 모범 사례를 배우게 될 것입니다. 이런 기법들은 최상의 결과가 손실되는 것을 방지하고 재현 가능성을 보장합니다. 이와 관련하여, 실질적인 의미에서 어떤 머신러닝 알고리즘이 언제 좋은지를 판단하는 방법도 다룰 것입니다. 모델 평가와 일부 베이스라인 모델 또는 베이스라인 휴리스틱에 대한 비교도 함께 다룹니다. 또한 모델 평가는 노출되지 않았던 새로운 데이터에 대한 모델의 효과성을 판단하고 실전에서의 과적합, 부적합 또는 그 밖의 성능 저하의 발생 가능성을 발견하는 데 도움이 됩니다.

> **NOTE** 지면이 허락하는 한 대표적인 머신러닝 인터뷰 기법을 최대한 많이 담으려고 노력했지만, 이 책에서 다루지 못한 기법이 많습니다. 링크된 자료를 이용하여 공부와 인터뷰 준비를 보강하길 바랍니다.

이 장의 전반에서 머신러닝 인터뷰 성공에 도움이 될 실용적인 팁과 예시를 제공할 것입니다. 이 장을 마치면 데이터 정제, 전처리, 모델 학습 및 평가 과정에 대한 탄탄한 이해를 얻게 될 것이며, 여러분은 인터뷰에서 이를 잘 설명할 수 있을 것입니다.

4.1 머신러닝 문제 정의하기

이 절에서는 머신러닝 문제 정의에 대한 전반적인 개요를 제공합니다. 인터뷰에서 머신러닝 문제 정의에 관한 질문이 왜, 그리고 어떻게 나오는지도 함께 설명합니다.

다음 시나리오를 생각해 보세요. 여러분, 즉 후보자가 직접 만든 머신러닝 프로젝트를 설명하고 있습니다. 이 프로젝트의 목표는 사용자가 특정 가수의 콘서트 홍보 이메일을 클릭할지를 예측하는 것입니다.[1] 인터뷰어가 여러분의 설명을 듣고 잠시 생각한 다음에, "사용자가 아티스트 A의 음악을 얼마나 오래 듣는지를 기반으로 해당 아티스트의 홍보 이메일을 받을 사람을 결정할 수 있겠네요. 예를 들어, 만약 사용자가 아티스트 A의 음악을 일주일에 5시간 이상 듣는다면, 아티스트 A의 콘서트가 해당 청취자의 지역에서 열릴 때 이메일을 보내는 것이죠. 머신러닝을 사용하지 않고도 여러분의 모델과 같은 목표를 달성할 수 있는 더 간단한 접근 방식이 있는데 왜 머신러닝을 선택했나요?"라고 물어봅니다.

여러분은 이런 질문을 생각해보지 않았기 때문에 얼어붙게 됩니다. 그 프로젝트를 할 때에는 재미있는 자기주도 프로젝트 같았고, 해당 프로젝트를 통해 공부를 하고 싶었을 뿐입니다. 인터뷰어가 무엇을 묻고 있는지 정확히 이해할 수 없습니다. 여기서 여러분은 무엇을 해야 할까요?

이러한 질문에 잘 대답하려면 미리 알아둬야 할 것들이 있습니다. 다음과 같은 관점을 고려해볼 수 있습니다.

- 먼저 휴리스틱 기반(규칙 기반) 베이스라인을 사용해 볼 생각은 했나요? 적용이 가능하다면 최대한 단순한 모

---

[1] 이 프로젝트에 이 문제에 적합한 공개 데이터 세트가 있다고 가정해 보겠습니다.

델, 예를 들어 로지스틱 회귀 모델을 베이스라인으로 사용할 수도 있습니다. 그렇다면 여러분의 머신러닝 모델의 목표는 베이스라인보다 더 나은 성능을 내는 것이 됩니다.

- 실제 업무에서는 새로운 머신러닝 이니셔티브는 비즈니스 가치가 엔지니어링에 들이는 시간과 노력을 명확하게 정당화하지 않는 이상 승인되거나 시작되지 않습니다. 예를 들어, 콘서트를 추천하는 머신러닝 시스템을 바닥부터 구현하는 비용이 예상 수익을 초과하지 않는다면 휴리스틱을 사용하게 될 겁니다. 예상되는 복잡성, 수동 작업, 시간 관련 절약도 휴리스틱 대신 머신러닝을 사용할 이유가 될 수 있습니다.

걱정할 필요는 없습니다. 인터뷰어는 여러분의 프로젝트를 경시하는 것이 아니라 "왜 머신러닝인가?"라고 묻는 것뿐입니다. 이것은 전문적인 머신러닝 업계에서는 흔히 있는 일입니다. "왜 머신러닝인가?"라는 질문은 "절대 머신러닝을 사용하지 않았어야 합니다"라는 의미가 아닙니다. 이러한 질문은 논의의 시작일 뿐이며, 머신러닝 전문가들은 일상생활에서 자주 이런 논의를 합니다. 특히 대졸 신입에게는 이 질문에 대한 답변 방식이 업계의 머신러닝 분야에서 잘 일할 수 있는지를 보여주는 좋은 신호가 될 수 있습니다.

이 시나리오에서 사용할 수 있는 대답은 다음과 같습니다.

- 솔직하게 말하기: "솔직히 말해서, 저는 사이드 프로젝트를 통해 새로운 모델링 기술을 배우고 싶었고, 스포티파이의 사용자로서 해당 이메일 기능을 머신러닝으로 어떻게 모방할 수 있을지 보고 싶었습니다."

- 업무 프로젝트에 대해 이야기할 때: "저는 휴리스틱이 실제로 작동한다는 것을 발견했지만, 그것은 가장 평균적인 사용자들에게만 해당됐습니다. 예를 들어, 장시간 사용자들은 자신들의 좋아하는 아티스트를 결정하기 위해 더 긴 청취 시간이 필요합니다. 또한, 좋아요와 플레이리스트 추가와 같은 다른 데이터를 휴리스틱에 포함하자 홍보 이메일에 대한 응답률이 높아졌습니다. 이 때문에 휴리스틱이 너무 복잡하고 확장하기 어려워졌습니다. 그래서 더 많아진 피처 속에서 패턴을 찾을 수 있도록 머신러닝을 사용하기 시작했습니다."

> **TIP** 솔직해도 괜찮습니다. 제가 신입 인터뷰를 볼 때, 사이드 프로젝트 설명을 시작하며 "이것은 아리아나 그란데 이미지의 분류기입니다. 저는 이 프로젝트를 재미로 하고 싶었고, 꼭 아리아나 그란데여야 할 이유는 없습니다. 제가 이 프로젝트를 수행한 방식은 다음과 같습니다..." 라고 말문을 연 적이 있습니다. 이것은 합성곱 신경망을 사용할 수 있는 기회라고 프로젝트를 정당화함으로써 인터뷰어들에게 진지하게 받아들여질 수 있었습니다.

여러분이 자신만의 사이드 프로젝트를 진행하고 있고, 이를 인터뷰 문제에 답하는 데 사용하려 한다면, 어떤 휴리스틱 기법으로 여러분이 원하는 목표를 달성할 수 있는지를 고려해보세요. 그 휴리스틱 기법들을 간단한 베이스라인으로 활용하여 머신러닝 기법이 더 나은지 판단할 수 있습니다. 이렇게 하면 다른 후보자들과 차별화되는 데 도움이 될 것입니다. 이 장 후반부에서 모델 선택과 평가에 대해 자세히 다룰 예정입니다.

▌ 개인 프로젝트를 통해 직장 커리어 근사하기

만약 여러분이 머신러닝 분야에서의 직장 커리어가 없다 하더라도, 다음과 같은 방법을 통해 직장에서 유사한 프로젝트를 진행했던 사람의 답변을 근사해볼 수 있습니다.

- 몇 가지 간단한 비머신러닝 베이스라인 규칙 및 휴리스틱을 시도해보고 그 성능을 기록하세요.
- 휴리스틱 접근법에 비해 머신러닝 접근법이 더 높은 효과를 발휘할 수 있는 잠재적인 방법에 대해 생각해보세요. 휴리스틱 대신 머신러닝을 채택하는 대표적인 실질적인 이유로는 수동 작업 감소와 더불어, 모델 재학습을 거치면 머신러닝이 더 많은 피처를 고려할 수 있기 때문에 작업을 더 잘 일반화할 수 있다는 점 등이 있습니다.

4.2 데이터 전처리와 피처 엔지니어링

이번 절에서는 데이터 전처리와 피처 엔지니어링 기법, 그리고 머신러닝 생애주기의 이 단계를 다루는 대표적인 머신러닝 인터뷰 문제와 시나리오를 요약하겠습니다. 설명을 단순화하기 위해, 머신러닝 인터뷰 문제용 데이터는 준비되어 있다고 가정합니다. 비록 데이터 획득이 실제 상황에서는 대표적인 문제이지만요. 그럼 데이터 획득[2], 탐색적 데이터 분석exploratory data analysis(EDA), 피처 엔지니어링에 대한 소개로 이번 장을 시작하겠습니다.

> **TIP** 모든 데이터 및 머신러닝 직무는 데이터 전처리와 EDA를 사용합니다. 이 장에서 소개하는 기법 중 몇 가지는 머신러닝을 위한 것이지만 데이터 애널리스트와 데이터 엔지니어에게도 유용합니다.

---

2 라이선스, 저작권 및 개인정보 보호 문제에 유의하세요.

데이터 획득 소개

데이터 획득, 머신러닝의 맥락에서는 흔히 데이터 획득[Data Acquisition]이라고 불리는 이 과정은 다음과 같은 방법을 통해 이뤄질 수 있습니다.

- 업무 활동을 통해 확보. 대체로 독점 데이터에 해당

- 공공 데이터 세트(예: Kaggle, 인구조사국($https://oreil.ly/_BFu5$))

- 웹 스크래핑(일부 사이트의 이용 약관에 주의)

- 학술 활동을 통해 확보(예: 대학 연구실의 연구원이 되기)

- 데이터 공급자로부터 구입

  - 데이터에 주석을 달고 레이블을 지정하는 데 도움을 주는 일부 공급자들도 존재(예: Figure Eight ($https://oreil.ly/LAH7w$), Scale AI($https://scale.com/$)) 등

  - 보통 소속 직장이나 학술 기관에서 비용 지원 가능(개인 프로젝트 진행 시 높은 비용)

- 시뮬레이션을 통한 합성 데이터 생성

- 자체 원시 데이터 생성(예: 직접 사진 촬영, 데이터의 크라우드소싱, 직접 만든 그림/디자인을 사용하기 등)

> **회사는 머신러닝 생애주기 전반의 지식을 선호합니다.**
>
> 기업은 입사한 직원을 가르쳐야 하며, 완벽한 후보자를 요구하지 않습니다. 하지만 데이터 획득에 대한 지식이 있다면 인터뷰에서 답변할 때 큰 도움이 될 것입니다. 교육이 빨리 끝날 수 있는 후보자와 더 오래 걸릴 것 같은 후보자 중 어느 쪽이 입사 제안을 받게 될 가능성이 높을지 생각해보세요.

탐색적 데이터 분석 소개

이제 데이터를 확보했으니, 데이터를 분석할 시간입니다. 탐색적 데이터 분석(EDA)의 주요 목적은 시작점으로서 데이터가 충분한지 혹은 더 많은 데이터가 필요한지를 확인하는 것입니다. 따라서, 데이터 분포의 전반적인 개요를 얻고 잠재적인 결함과 특이사항을 찾는 것이 목표가 됩니다. 결함[Flaw]과 특이사항[Quirk]의 예에는 너무 많은 값 누락, 치우친 데이터 분포, 중복된 데이터 등이 있습니다. EDA는 평균과 분포 등을 통해 각 피처의 일반적인 특성을 조

사합니다. 결함을 발견하면, 나중에 데이터 정제 및 피처 엔지니어링 과정에서 이 문제들을 해결할 방법이 있습니다. EDA의 핵심은 잠재적 문제를 인식하는 것에 있습니다.

> **TIP** 머신러닝 및 데이터 실무자에게는 도메인 지식을 어느 정도 갖추는 것이 중요합니다. 저는 열렬한 게이머였기 때문에, 비디오 게임 가격 책정에 관한 사이드 프로젝트를 하면서 업계의 역학 관계와 고객 행동에 대해 잘 알고 있었습니다. 업무를 할 때는 유용한 머신러닝 모델을 구축하기 위해 각 도메인에 대해 공부해야 합니다. 예컨대, 통신업계의 고객과 핀테크 업계의 고객은 행동 양식이 다릅니다.

제가 일반적으로 사용하는 접근 방식은 과거에 pandas-profiling으로 알려졌던 ydata-profiling(*https://oreil.ly/S3XXt*)을 실행하여 생성된 보고서(그림 4-1의 예시 보고서)로부터 심층 분석을 시작하는 것입니다. 이 단계는 출발점에 지나지 않으며, 도메인 지식을 활용해 패턴이나 이상현상을 짚어내는 것이 중요합니다. 어떤 산업이나 모델에서는 문제가 될 수 있는 사항이 다른 곳에서는 늘 있는 경우일 수 있습니다. 예를 들어, 추천 시스템 문제에서는 시계열 데이터 세트에 비해 데이터가 더 희소한 경우가 생각보다 흔합니다. 단순히 생성된 통계를 살펴보는 것만으로는 부족합니다. 또한, 특정 도메인에서 흔한 문제들을 해결하는 알고리즘을 가지고 있기 때문에 그러한 문제들은 크게 걱정할 필요가 없습니다.

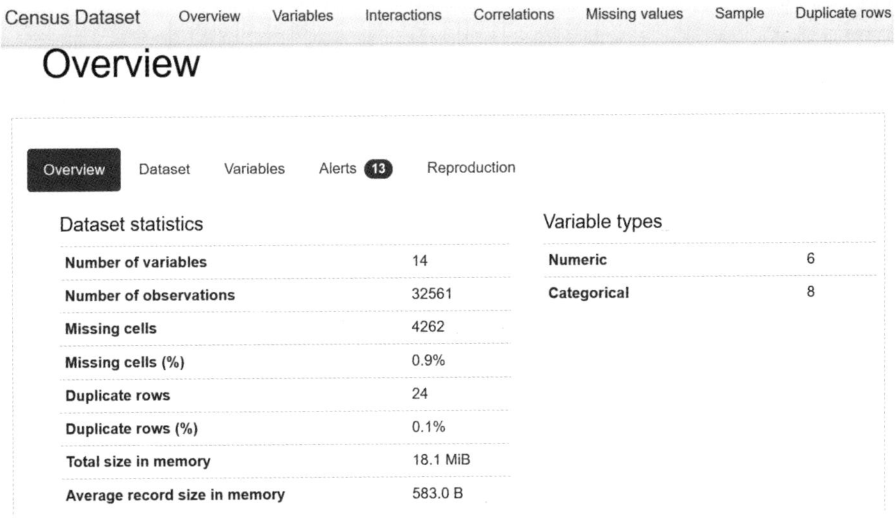

그림 4-1 ydata-profiling 스크린샷, 출처: ydata-profiling 문서(*https://oreil.ly/j0E08*).

이 책에서 다룰 범위를 넘어서는 EDA의 자세한 내용은 글렌 J. 마이어트와 웨인 P. 존슨이 집필한『Making Sense of Data: A Practical Guide to Exploratory Data Analysis and Data Mining』(Wiley, 2006)를 읽어볼 것을 권장드립니다.

이제 몇 번의 반복을 거쳐 EDA를 완료하여 의사 결정 단계에 도달했다고 가정해봅시다. 데이터가 (지금 당장은) 다음 단계를 진행하기에 충분히 타당해 보이거나, 더 많은 데이터 또는 다른 데이터 세트를 확보해야 한다고 판단할 수도 있습니다. 이 과정을 계속 반복하세요.

> **TIP** 인터뷰어가 머신러닝 문제가 발생했을 때 어떻게 대처할 것인지를 물어본다면 여러분이 데이터 원본을 확보한 후 EDA를 하겠다고 언급하기를 기대하고 있는 것입니다. 단순히 사전에 정제된 데이터 세트를 사용하는 것이 아니라 데이터를 비판적으로 살펴보고 결함까지 찾아낼 수 있다는 것을 보여주는 것이 중요합니다.

피처 엔지니어링 소개

데이터를 탐색하고 모델 학습을 위한 좋은 출발점을 찾을 때까지 반복했다면, 이젠 피처 엔지니어링에 착수할 시점입니다. 머신러닝에서 피처Feature는 머신러닝 모델에 대한 입력값을 가리킵니다. 피처 엔지니어링의 목표는 데이터 세트를 수정하여 머신러닝 모델과의 호환 가능성을 확보하고, 동시에 누락된 값 등 데이터의 관찰된 결함이나 부족한 완성도를 해결하는 것입니다. 이번 절에서 다루는 주제에는 누락된 데이터 처리, 중복 데이터 처리, 데이터 표준화, 그리고 데이터 전처리가 있습니다.

> **NOTE** 여기에서 소개하는 일부 기법들은 '데이터 정제'라고 불리는 기법과 겹칩니다. 데이터 정제는 피처 엔지니어링이 아닌 머신러닝 생애주기의 다른 단계들에서도 이뤄지지만, 여기서 소개하는 것이 유용하다고 생각합니다.

결측치 대체를 통한 데이터 누수 처리

여러분은 결측 데이터를 처리하기 위해 사용되는 주요 결측치 대체imputation 기법들과 그 장단점을 인터뷰에서 언급할 수 있어야 합니다. 여기에는 평균값이나 중간값으로 채우는 방법과 트리 기반 모델을 사용하는 방법이 포함됩니다.

[표 4-1]에는 누락된 값을 채울 때 유의해야 할 몇 가지 사항을 정리했습니다.

표 4-1 대표적인 결측치 대체 기법들의 장단점

기법	장점	단점
평균/중간값/ 최빈값	구현이 간단함	트리 기반 방식에 비해 이상치를 고려하지 못할 수 있음 범주형 변수에는 적합하지 않음
트리 기반 모델	더 깊은 패턴을 포착할 수 있음 수치형 변수와 범주형 변수 모두에 적합	데이터 전처리 과정에서 복잡성이 추가됨 데이터의 기본 분포가 변하면 모델을 다시 학습시켜야 함

> ### █ 결측치 대체를 할 때는 데이터 누수에 유의하세요.
>
> 예를 들어, 전자상거래 구매 데이터 세트에서 결측치를 채울 계획이라고 가정해봅시다. 이 데이터 세트의 나이 열에 있는 결측치를 평균값으로 대체할 계획입니다. 이것은 고객의 나이가 기록된 관측치와 동일한 분포에서 결측치가 발생했다고 가정할 때 의미가 있습니다(이런 가정을 머신러닝에서 할 때는 중앙화된 장소에 기록하여 나중에 예측에 문제가 생겼을 때 모델 디버깅에 활용하세요.)
>
> 그러나 학습, 검증, 테스트 세트로 나누기 전에 전체 데이터를 대상으로 구한 평균을 사용하면, 불가피하게 테스트 세트의 특성을 포착하게 됩니다. 결과적으로, 해당 머신러닝 모델은 테스트 세트에 대한 잠재 정보를 포함한 데이터로 학습되어, 때로는 데이터가 대체된 방법 때문에 정확도가 이유 없이 증가하는 경우가 생깁니다. 이런 현상을 데이터 누수Data Leakage라고 합니다. 결측치 대체를 원한다면, 학습, 검증, 테스트 세트를 먼저 분리한 다음, 학습 세트 내의 결측치를 오직 학습 세트의 요약 통계만을 사용하여 대체해야 합니다. 이 부분을 인터뷰에서 언급하지 않거나 올바르게 설명하지 못하면, 설득력 있는 이유를 제시하지 못하는 한, 여러분의 머신러닝 모델에 관한 명백한 실수로 받아들여질 것입니다.

중복 데이터 처리

관측치가 실수로 중복될 수 있는 경우가 무수히 많기 때문에 EDA를 수행할 때 이런 문제들을 발견해야 합니다.

- 오류로 인해 데이터 수집Data Ingestion 작업이 두 번 실행될 수 있습니다.
- 복잡한 조인을 수행하면서 몇몇 행이 실수로 중복되어 그대로 남아 발견되지 않을 수 있습니다.
- 일부 극단적인 경우 데이터 원본에 중복된 데이터가 있을 수 있습니다.

… 등등

중복된 데이터를 발견하면 SQL이나 파이썬을 사용하여 데이터의 중복을 제거하고, 나중에 접근하고 사용하기 쉬운 형태로 레코드를 정리해야 합니다.

데이터 표준화

결측치와 중복 데이터를 처리한 후에는 데이터를 표준화해야 합니다. 이 과정에는 이상치 처리, 피처 스케일링, 데이터 타입 및 형식의 일관성을 확보하는 것이 포함됩니다.

| 이상치 처리 |

이상치Outlier를 처리하는 기법에는 데이터 세트에서 극단적인 이상치를 제거하거나, 덜 극단적인 값으로 대체하는 윈저화winsorizing와 로그 스케일 변환 등이 있습니다. 이상치를 제거할 때는 도메인 지식이 매우 중요하므로 주의 깊게 고려해야 합니다. 일부 분야에서는 더 심각한 결과를 초래할 수 있습니다. 예를 들어, 자율 주행 차량 학습 데이터 세트에서 마차 이미지 데이터를 흔하지 않은 차량 유형이라는 이유만으로 제거한다면, 모델이 실제 세계에서 마차를 인식하지 못할 수 있습니다. 따라서, 특정 기법을 결정하기 전에 그 영향을 신중히 평가해야 합니다.

| 피처 스케일링 |

수치 값을 가진 다수의 피처를 포함하는 데이터 세트에서, 큰 수치 값을 가진 피처는 머신러닝 알고리즘이 더 큰 영향력을 가진 것으로 잘못 해석할 수 있습니다. 예를 들어, 가격 컬럼의 범위가 $50에서 $5,000까지이고, 광고 표시 횟수를 나타내는 또 다른 피처는 0에서 10회까지라고 해보죠. 이 두 피처는 서로 다른 단위를 가지고 있지만 모두 수치형이기 때문에, 가격 컬럼이 더 큰 영향력을 가지는 것처럼 보일 수 있습니다. 경사 하강법을 사용하는 모델과 같은 일부 모델들은 피처의 스케일에 더욱 민감합니다. 따라서, 피처들을 [−1, 1] 또는 [0, 1]의 범위로 스케일링하는 것이 바람직합니다.

> **CAUTION** 피처를 스케일링할 때는 주의 깊게 접근해야 합니다. EDA를 수행하면서 발견한 내용을 활용하거나 다양한 기법을 조합하는 것이 유용합니다. 예를 들어, 대부분의 관측치가 [0, 100] 범위에 있지만 한 관측치가 1000인 경우처럼 피처에는 극단적인 이상치가 존재할 수 있습니다. 이런 상황을 고려하지 않고 최소값 0과 최대값 1000을 사용하여 피처 값을 스케일링할 경우, 피처에 포함된 정보가 압축될 위험이 있습니다.

| 데이터 타입 일관성 |

한 번은 머신러닝 모델을 작업하던 중 예상치 못한 결과를 얻어 디버깅하는 데 상당한 시간이 걸린 적이 있습니다. 문제의 원인은 수치형 컬럼이 문자열로 지정되어 생긴 일이었습니다. 나머지 과정을 진행하기 전에 최종 데이터 타입이 머신러닝 모델에 입력하기에 적합한지 검토하는 것이 좋습니다. 이것을 품질 보증(QA)의 일부분으로 간주하는 것이 바람직합니다.

> **TIP** 인터뷰어가 이상치, 피처 스케일, 데이터 타입 일관성을 정확히 어떻게 처리했는지에 관해 후속 질문을 할 수 있으므로 각 접근 방식의 근거와 장단점을 숙지해두세요.

데이터 전처리

데이터 전처리는 머신러닝 모델이 여러분이 사용하는 알고리즘 유형의 맥락에서 피처를 이해할 수 있게 합니다. 정형 데이터Structured data에 대한 전처리 기법에는 원-핫 인코딩, 레이블 인코딩, 구간화binning, 피처 선택 등이 있습니다.

범주형 데이터의 원-핫 인코딩

범주형 데이터를 수치 데이터로 표현하고 싶은 경우가 있습니다. 각 범주는 하나의 피처가 되며, 각 관측치마다 해당 피처의 상태는 0 또는 1로 표시됩니다. 예를 들어, 오직 맑음 또는 흐림, 이렇게 두 가지만 입력 가능한 간단한 날씨 데이터 세트를 생각해 보세요. 다음과 같은 데이터가 있을 것입니다.

3월 1일

- 날씨: 맑음

- 온도(섭씨): 27

3월 2일

- 날씨: 맑음

- 온도(섭씨): 25

3월 3일

- 날씨: 흐림

- 온도(섭씨): 20

이를 다음과 같이 원-핫 인코딩을 사용하여 모든 날씨 상태를 표현할 수 있습니다.

---

3 "비정형 데이터", MongoDB, 2023년 10월 24일 접근, *https://oreil.ly/3DqzA*.

3월 1일

- 맑음: 1

- 흐림: 0

3월 2일

- 맑음: 1

- 흐림: 0

3월 3일

- 맑음: 0

- 흐림: 1

원-핫 인코딩은 수치 데이터를 머신러닝 알고리즘이 이해하기 쉽기 때문에 자주 사용됩니다. 일부 알고리즘은 범주형 값을 받아들이지 않지만, 시간이 지나면서 이러한 알고리즘도 개선되어 일부는 범주형 값을 직접 사용할 수 있게 되었습니다. 원-핫 인코딩의 단점 중 하나는 많은 고유값을 가진 피처의 경우 피처 수가 급격히 증가할 수 있어 계산 비용이 더 높아질 수 있다는 것입니다.

> **TIP** 도메인 지식이나 비즈니스 로직에 대한 이해가 부족하면 데이터 전처리 과정에서 문제가 발생할 수 있습니다. 예를 들어, 머신러닝을 개발할 때는 이탈 사용자를 지난 7일 이내에 제품을 취소한 사용자로 정의하지만, 실제로 제품이나 비즈니스 로직에서는 지난 60일 이내에 이탈한 사용자를 이탈 사용자로 간주하는 경우가 있을 수 있습니다. (만약 어떤 이유로든 비즈니스 로직이 머신러닝에 적합하지 않다면, 적절한 해결책을 찾기 위해 논의할 필요가 있습니다.)

레이블 인코딩

레이블 인코딩Label Encoding은 범주를 숫자로 매핑하지만 동일한 피처로 유지합니다. 예를 들어, [그림 4-2]와 같이 날씨의 유형을 각각 고유한 숫자로 매핑할 수 있습니다.

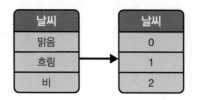

그림 4-2 레이블 인코딩

레이블 인코딩의 단점 중 하나는 일부 머신러닝 알고리즘이 스케일과 값을 잘못 해석하여 더 큰 영향력을 가진 것으로 판단할 수 있다는 점입니다. 우리가 이전에 본 예제에 레이블 인코딩을 적용해보면 맑음은 0이 되고, 흐림은 1이 됩니다. 하지만 머신러닝에서는 1이 0보다 크다는 이유로 흐림이 더 중요한 값으로 해석될 수 있습니다.

다행히도, 많은 머신러닝 알고리즘에서 내장 클래스(예: scikit-learn의 LabelEncoder 클래스)를 사용하면, 알고리즘이 내부적으로 이것이 단지 분류일 뿐이며 규모를 나타내는 것은 아니라는 것을 이해할 수 있도록 해줍니다.

> **TIP** 물론, 레이블 인코딩된 피처를 알고리즘에 명시하지 않으면 머신러닝 알고리즘은 그 피처를 일반 숫자 피처처럼 취급할 가능성이 높습니다. 여러분이 여기에 관련한 인터뷰 문제를 질문 받았을 때 이러한 점들을 언급하지 않으면 어떤 문제가 생길지 예상이 될 겁니다.

수치값을 위한 구간화

구간화Binning는 카디널리티의 수를 줄여서 모델의 일반화에 도움을 줄 수 있습니다. 예를 들어, 데이터 세트에서 $100의 가격을 가진 항목이 있을 때 해당 애플리케이션에서 $95가 $100과 유사하다 할지라도 모델이 $95를 처음 보았을 때 이를 일반화하지 못할 수 있습니다. 예를 들어, 구간 경계를 [15, 25, 35, 45, 55, 65, 75, 85, 99]로 정의하면, '$15-$25' '$25-$35' '$35-$45' 등과 같은 비슷한 가격 범위를 생성할 수 있습니다.

구간화의 단점은 구간에 명확한 경계를 설정함으로써, 예를 들어 $46의 관측치가 '$35-$45' 구간과 전혀 다르게 취급될 수 있다는 점입니다. 비록 실제로는 그 구간과 유사할 수 있음에도 불구하고 말이죠.

피처 선택

데이터 세트에는 서로 높은 상관관계를 가진 피처가 포함될 수 있습니다. 즉, 피처 간에 공선성collinearity이 존재하는 경우가 있습니다. 예를 들면 센티미터 단위로 측정된 키와 미터 단위로 측정된 키는 본질적으로 동일한 정보를 포착합니다. 다른 피처들도 상당한 비율로 같은 정보를 포착할 수 있으며, 이들을 제거하여 모델이 처리해야 할 피처 수를 줄임으로써, 발생하기 쉬운 오버피팅을 줄이거나 모델의 처리 속도를 향상시킬 수 있습니다. 차원 축소는 피처 선택을 위한 일반적인 방법이며, 가장 중요한 정보를 유지하면서도 데이터의 차원을 줄이는 작업입니다.

또 다른 방법은 피처 중요도 테이블Feature Importance Table을 활용하는 것입니다. 예를 들어, XGBoost나 CatBoost에서 제공하는 피처 중요도 테이블을 이용하여 모델에 가장 낮은 기여를 하는 피처를 제거할 수 있습니다.

데이터 전처리와 피처 엔지니어링에 관한 인터뷰 문제 예제

데이터 전처리 및 피처 엔지니어링의 기초에 대해 알아보았으니, 이제 몇 가지 인터뷰 문제 예제를 살펴보겠습니다.

인터뷰 문제 *4-1: 피처 엔지니어링과 피처 선택의 차이점은 무엇인가요?*

| 답변 예시 |

피처 엔지니어링은 원본 데이터에서 피처를 생성하거나 변환하는 과정입니다. 피처 엔지니어링은 데이터를 더 잘 표현하고 머신러닝에 더 적합하기 위한 목적으로 수행합니다. 대표적인 기법으로는 결측 데이터 처리, 데이터 형식 표준화 등이 있습니다.

피처 선택은 모델을 단순화하고 오버피팅을 방지하기 위해 관련 머신러닝 피처를 선택하는 과정입니다. 일반적인 기법으로는 PCA^Principal Component Analysis(주성분 분석)나 트리 기반 모델의 피처 중요도를 사용해 어떤 피처가 더 유용한 신호를 제공하는지 확인하는 것 등이 있습니다.

인터뷰 문제 4-2: 데이터 전처리 과정에서 생기는 데이터 누수 문제는 어떻게 방지하나요?

| 답변 예시 |

학습, 검증, 테스트 데이터 분할에 주의를 기울이는 것은 데이터 누수를 방지하는 가장 대표적인 방법 중 하나입니다. 하지만 상황이 항상 그렇게 간단하지는 않습니다. 예를 들어, 평균값을 사용한 결측치 대체 시, 평균값이 모든 관측치에 대한 정보를 포함한다는 의미이므로, 학습 데이터 세트에 대한 정보만을 사용하여 학습 데이터 세트에서 결측치 대체를 수행해야 합니다. 데이터 누수의 다른 예로는 시계열 분할이 있을 수 있습니다. 시계열 데이터를 잘못 섞거나 분할하는 실수를 방지하기 위해 주의해야 합니다(예를 들어, 내일을 이용해서 오늘을 예측하는 것이 아니라 반대로 해야 합니다).

인터뷰 문제 4-3: 피처 엔지니어링 중 소수 데이터 클래스가 머신러닝 문제에 필요한 경우, 치우친 데이터 분포를 어떻게 처리하나요?

| 답변 예시 |

전처리 및 피처 엔지니어링 과정에서 소수 데이터 클래스를 오버샘플링하는 등의 샘플링 기법이 도움[4]이 됩니다. 예를 들어 SMOTE와 같은 기법을 사용합니다. 오버샘플링할 때는 검증 또는 테스트 세트와의 데이터 누수를 방지하기 위해 학습 데이터만 이용해서 사본 또는 합성 인스턴스를 생성하는 것이 중요합니다.

---

4 샘플링 기법은 3장에서 설명합니다.

4.3 모델 학습 프로세스

이제 머신러닝을 위한 데이터가 준비되었다면 다음 단계인 모델 학습으로 넘어가야 할 시간입니다. 이 과정은 머신러닝 과업을 정의하고, 해당 과업에 가장 적합한 머신러닝 알고리즘을 선택한 다음, 실제로 모델을 학습시키는 단계를 포함합니다. 이번 절에서도 인터뷰에 도움이 될 대표적인 인터뷰 문제와 팁이 제공됩니다.

모델 학습에서의 반복 과정

머신러닝 프로젝트를 시작할 때, 일반적으로 여러분은 원하는 결과가 무엇인지에 대해 생각했을 것입니다. 예를 들어, '캐글 대회에서 가능한 한 높은 정확도를 달성하기'나 '이 데이터를 사용하여 비디오 게임 판매 가격을 예측하기'와 같은 결과 말이죠. 또한 시계열 예측 같은 과업에 효과적인 알고리즘을 연구하기 시작했을 수도 있습니다. 최종 머신러닝 과업이 무엇일지 결정하는 것은, [그림 4-3]과 같이 (종종) 여러 단계 사이를 왕복하면서 무엇인가에 도달하기까지 반복적으로 진행되는 과정입니다.

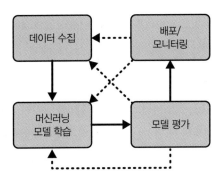

그림 4-3 ML 학습 중 이뤄지는 반복 과정 예시

예로써 비디오 게임 판매 예측 프로젝트의 전체 단계를 살펴보겠습니다.

   1. 머신러닝 과업 정의, 모델 선택: 문제가 단순해 보이므로, 여러분은 시계열 데이터와 ARIMA(Auto

Regressive Integrated Moving Average)를 사용하겠다는 아이디어로 시작할 것입니다. 가격 예측은 종종 시계열 데이터를 사용하니까요.

2. **데이터 획득**: 여러분은 시간(예를 들어 날짜나 타임스탬프)과 가격만 포함하는 시계열 데이터가 있는 데이터 세트를 획득할 겁니다. 미래 가격은 모델 예측의 출력이며, 과거 가격 이력은 입력입니다.

   그러나 ARIMA가 잘 동작하지 않는 상황에 처하면 여러분은 원본 데이터를 더 면밀히 분석함으로써 문제를 해결하려고 할 겁니다. 그러다 대형 회사의 게임(일명 'AAA' 게임)과 독립 스튜디오의 작은 게임(일명 '인디' 게임) 데이터를 혼합해서 사용하고 있음을 알게 됩니다. AAA 게임은 종종 마케팅 및 홍보에 큰 예산을 사용하기 때문에 평균적으로 인디 게임보다 더 많이 판매됩니다.

3. **머신러닝 과업 정의(다시)**: 다음 단계는 머신러닝 과업을 재평가하는 것입니다. 여러분은 생각 끝에 여전히 시계열을 예측하기로 결정하며, 머신러닝 과업을 그대로 유지합니다.

4. **데이터 획득(다시)**: 이번에는 결과를 개선하기 위해 무엇을 다르게 해야 하는지를 이미 알고 있습니다. 따라서 게임이 AAA인지 인디인지 여부와 같은 데이터를 더 획득합니다. 심지어 수작업으로 레이블을 지정하기도 했습니다.

5. **모델 선택(다시)**: 이제 모델이 변경되어야 함을 깨닫습니다. ARIMA는 '인디'와 'AAA'와 같은 범주형 변수를 처리하지 않기 때문입니다. 따라서 온라인에서 범주형 변수와 수치형 변수를 혼합할 수 있는 다른 알고리즘을 찾아보고 그 중 하나를 시도합니다.

6. 충분히 좋은 결과가 나올 때까지 이전 단계를 반복합니다. 여전히 만족스럽지 않다면, 더 많은 유형의 피처를 획득하고, 다른 모델을 시도하거나, 원-핫 인코딩과 같은 피처 엔지니어링을 하는 등의 작업을 반복할 수 있습니다. 머신러닝 과업은 이 과정에서 변경될 수도 있습니다. 정확한 판매 수치를 예측하는 대신, EDA를 통해 정의한 대로 (높음, 중간, 낮음)과 같은 판매량 구간을 예측할 수 있습니다. 예를 들어, 50,000개 이상이면 높은 판매량이라고 정의할 수 있습니다.

프로젝트를 처음부터 끝까지 진행해본 적이 있다면, 이 절에서 설명한 단계들이 반복적인 성격을 가진다는 것을 알고 있을 것입니다. 이 예시에서는 데이터 획득으로 돌아가게 된 이유와 머신러닝 과업을 다시 정의하게 된 이유를 명확하게 볼 수 있습니다. 그런 결정에는 항상 이유가 있습니다. 그 이유가 그저 새로운 접근 방식이 현재 방식보다 더 나은지 확인하기 위한 것일 때도 있고요. 이러한 반복은 인터뷰어의 질문에 답변할 때 흥미로운 정보를 많이 제공할 것입니다.

인터뷰어는 다음 사항을 확인하고 싶어할 것입니다.

- 여러분이 해당 분야에서 일반적인 머신러닝 과업에 대해 잘 알고 있습니다.

- 여러분이 해당 과업과 관련된 일반적인 알고리즘에 대해 잘 알고 있습니다.

- 여러분이 해당 모델을 평가하는 방법을 알고 있습니다.

> **인터뷰어의 관점: 이유를 설명하세요**
>
> 인터뷰어가 여러분에게 어떤 모델을 선택했고, 모델 학습의 어느 단계에서 어떤 기법을 사용했는지 묻는다면 그 이유도 함께 언급하는 것이 좋습니다. 인터뷰어가 전체 프로젝트에 대해 자세히 설명해달라고 요청하지 않았다면 세세한 부분까지 설명할 필요는 없지만, 이유를 설명한다면 훨씬 더 설득력 있게 답변할 수 있습니다.

머신러닝 과업 정의하기

이전 절에서는 데이터 획득에서 모델 학습까지의 단계가 반복되는 경우가 많으며, 각 반복의 근거를 설명하는 것이 인터뷰 답변에 도움이 된다는 점을 살펴보았습니다.

머신러닝 모델을 선택하려면 머신러닝 과업을 정의해야 합니다. 이를 파악하기 위해서는 어떤 알고리즘을 사용할지와 해당 알고리즘과 관련된 과업이 무엇인지 스스로에게 물어보는 것이 좋습니다. 해당 과업이 분류 문제인지 아니면 회귀 문제인지 결정하는 것이 그 예입니다.

올바른 알고리즘을 알려주는 정해진 방법은 없지만, 여러분은 아마도 다음과 같은 사항을 알고 싶을 것입니다.

- 데이터가 충분한가?

- 수량/수치 값을 예측하는가 아니면 카테고리/범주 값을 예측하는가?

- 레이블이 지정된 데이터가 있는가(정답 레이블을 알고 있는가)? 이 질문을 통해 지도 학습과 비지도 학습 중 어떤 것이 과업에 더 적합한지 결정할 수 있습니다.

3장에서 설명한 바와 같이, 머신러닝 과업에는 회귀, 분류, 이상 징후 탐지, 추천 시스템, 강화 학습, 자연어 처리, 생성형 AI 등이 있습니다. 머신러닝 과업 선택에 대한 간략한 개요는 [그림 4-4]에 나와 있습니다. 목표와 사용 가능한(또는 확보할 계획인) 데이터를 파악하면 초기의 과업 선택에 도움이 됩니다. 예를 들면 레이블이 지정된 데이터의 유무나 대상 변수가 연속형인지 범주형인지에 따라 다른 유형의 머신러닝 과업이 더 적합할 수 있습니다.

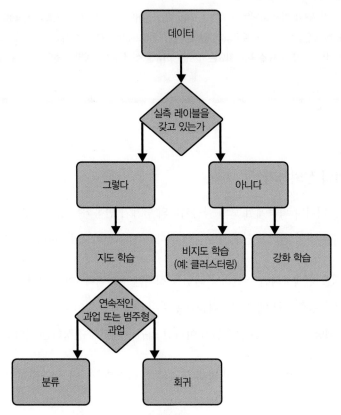

그림 4-4 머신러닝 과업 선택 과정을 단순하게 표현한 플로우차트

모델 선택 개요

머신러닝 과업에 대한 아이디어를 가지고 있으니, 이제 모델 선택 단계로 넘어가 보겠습니다. 이 과정은 반복적이므로 한 번에 결론이 나지는 않습니다. 하지만, 시작점으로서 하나 또

는 몇 개의 모델을 선택해야 합니다. 인터뷰에서는 특정 알고리즘 또는 모델을 선택한 이유에 대해 질문을 받게 되며, 단순한 직감만으로는 좋은 답변을 할 수 없습니다. [그림 4-4]에서 보았듯이, 이미 정의한 머신러닝 과업을 바탕으로 시작할 수 있는 단계가 있습니다. 그러므로 과업을 수행하는 데 사용할 수 있는 몇 가지 대표적인 알고리즘과 (주로 파이썬용) 라이브러리에 대해 더 깊이 파고들어 보겠습니다.

용어에 대해 간단히 설명하고자 합니다. 처음에 알고리즘을 선택할 때, 실제로 모델을 테스트하고 결과 모델의 성능을 비교하기 전까지는 기술적으로 모델 선택이라고 할 수는 없습니다. 실제 모델 성능을 기반으로 최종 결정을 내릴 수밖에 없으므로 이 용어는 종종 같은 의미로 사용됩니다. 제이슨 브라운리가 머신 러닝 마스터리^{Machine Learning Mastery}에서 말했듯이, "모델 선택은 다양한 유형의 모델(예: 로지스틱 회귀, SVM, KNN 등)과 다른 모델 하이퍼파라미터(예: SVM의 다른 커널)를 가진 같은 유형의 모델 모두에 적용될 수 있는 과정입니다."[5]

> **인터뷰 팁: 베이스라인으로써 단순한 알고리즘과 모델**
> 4.1 '머신러닝 문제 정의하기' 절에서 설명했듯이 머신러닝 모델을 비교하기 위한 간단한 휴리스틱을 확보하는 것이 바람직합니다. 단순한 if 문 몇 개나 로지스틱 회귀가 여러분이 선택한 더 복잡한 모델보다 더 나은 성능을 보인다면, 여러분은 실제로 사용하기 전에 해당 모델을 계속해서 개선해야만 할 겁니다.

각 과업에 대한 간단한 시작점으로 사용할 수 있는 몇 가지 알고리즘과 라이브러리를 소개합니다. 많은 라이브러리가 다양한 용도로 사용될 수 있음에 유의하세요(예를 들어, 결정트리는 분류와 회귀 모두에 사용될 수 있습니다). 그러나 여기에서는 이해를 돕기 위해 몇 가지 단순화된 예시만 다룹니다.

| 분류 |

알고리즘으로는 결정트리^{Decision Tree}, 랜덤 포레스트^{Random Forest} 등이 있습니다. 시작하기 좋은

---

5 제이슨 브라운리, "머신러닝을 위한 모델 선택에 대한 친절한 소개", 머신러닝 마스터리(블로그), 2019년 9월 26일, *https://oreil.ly/2ylZa*.

파이썬 라이브러리 예시로는 scikit-learn, CatBoost, LightGBM이 있습니다.

| 회귀 |

알고리즘으로는 로지스틱 회귀, 결정트리 등이 있습니다. 시작하기 좋은 파이썬 라이브러리는 scikit-learn과 statsmodels입니다.

| 클러스터링(비지도 학습) |

알고리즘으로는 k-평균 클러스터링, DBSCAN 등이 있습니다. 시작하기 좋은 파이썬 라이브러리 예시는 scikit-learn입니다.

| 시계열 예측 |

알고리즘으로는 ARIMA, LSTM 등이 있습니다. 시작하기 좋은 파이썬 라이브러리로는 statsmodels, Prophet, 케라스/텐서플로 등이 있습니다.

| 추천 시스템 |

알고리즘으로는 협업 필터링과 같은 행렬 분해 기법이 있습니다. 시작하기 좋은 라이브러리와 도구로는 Spark의 MLlib 또는 AWS의 Amazon Personalize가 있습니다.

| 강화 학습 |

알고리즘으로는 멀티암드밴딧^{Multi-armed Bandit}, Q-러닝, 정책 그래디언트 등이 있습니다. 시작하기 좋은 라이브러리로는 Vowpal Wabbit, TorchRL(PyTorch), 텐서플로-RL이 있습니다.

| 컴퓨터 비전 |

딥러닝 기법은 컴퓨터 비전 과업에 있어 대표적인 시작점입니다. OpenCV는 중요한 컴퓨터 비전 라이브러리로 일부 ML 모델도 지원합니다. 인기 있는 딥러닝 프레임워크로는 텐서플로, 케라스, PyTorch, Caffe가 있습니다.

| 자연어 처리 |

앞서 언급한 모든 딥러닝 프레임워크는 NLP에도 사용될 수 있습니다. 또한, 트랜스포머 기반 기법을 시도하거나 허깅페이스에서 무언가를 찾는 것이 일반적입니다. 요즘에는 OpenAI API와 GPT 모델을 사용하는 경우도 많습니다. 랭체인LangChain은 NLP 워크플로를 위한 빠르게 성장하는 라이브러리입니다. 구글에서 최근 출시한 바드[6]도 있습니다.

> **TIP** 잘 알려진 머신러닝 계열의 과업이라면 해당 과업에 특화된 잘 알려진 알고리즘도 있습니다. 항상 그렇듯이 여기에서 제시되는 휴리스틱은 대표적인 출발점일 뿐이며, 트리 기반 모델이나 앙상블과 같은 다양한 기법을 시도하게 될 수 있습니다.

모델 학습 개요

이제 머신러닝 과업을 정의하고 알고리즘을 선택하는 단계를 거쳤으니, 모델 학습을 시작할 시간입니다. 이 과정에는 하이퍼파라미터 튜닝과 (필요한 경우) 옵티마이저 또는 손실 함수의 튜닝이 포함되며, 이 단계의 목표는 모델 자체의 파라미터를 변경하여 모델이 점점 개선되는 것을 보는 것입니다. 때로는 이 방법이 효과가 없어 입력 데이터를 통해 모델을 개선하기 위해 이전 단계로 돌아갈 필요가 있을 수도 있습니다. 이 절은 데이터가 아닌 모델 자체를 튜닝하는 데에 초점을 맞춥니다.

인터뷰어들은 후보자로부터 모델의 성능을 어떻게 향상시켰는지에 대한 과정을 듣는 것을 단순히 고성능 모델을 얻었다는 이야기보다 더 흥미로워합니다. 경우에 따라 최종적으로 성능이 낮은 모델이라도, 데이터 획득과 같이 제어할 수 없는 다른 요소들이 있을 때 머신러닝 학습 과정에 대해 심사숙고했다면 여러분이 해당 직무에 적합하다는 것을 인터뷰어에게 보여줄 수 있습니다. 이와는 달리, 모델이 높은 정확도를 가졌다 해도 배포한 적이 없다면 인터뷰어는 여러분이 높은 정확도를 가진 모델을 구축했다는 점을 그렇게 중요하게 생각하지 않을 것입니다. 모델이 학습 단계와 오프라인 평가에서는 좋은 성능을 보여도 실제 운영 환경

---

6 옮긴이_ 현재는 제미나이(Gemini)로 명칭이 변경되었습니다.

또는 실전에서는 성능이 좋지 않은 경우가 흔하기 때문입니다.

하이퍼파라미터 튜닝

하이퍼파라미터 튜닝Hyperparameter tuning은 수동 조정, 그리드 서치Grid Search 또는 AutoML을 통해 모델에 최적의 하이퍼파라미터를 선택하는 과정입니다. 하이퍼파라미터에는 학습률Learning Rate, 배치 크기, 신경망의 은닉층 수 등 모델 자체의 특성이나 구조가 포함됩니다. Prophet과 같은 특정 모델은 변경점Changepoint 및 계절성 사전 스케일seasonality prior scale(https://oreil.ly/6ydRg)과 같은 자체 파라미터를 가질 수 있습니다. 하이퍼파라미터 튜닝의 목표는, 예를 들어 학습률이 크면 모델이 더 빠르게 수렴하고 성능이 더 좋아지는지를 관찰하는 것입니다.

하이퍼파라미터 튜닝 실험을 할 때에는 이를 추적할 수 있는 좋은 시스템을 갖추는 것이 중요합니다. 스크립트를 수정해서 좋은 결과를 내는 모델을 실행했는데 변경 사항을 잃어버리고 좋은 결과를 재현할 수 없게 되는 경우를 상상해보세요! 실험 추적에 대해서는 '실험 추적' 절에서 더 자세히 논의할 것입니다.

머신러닝 손실 함수

손실 함수Loss functions는 모델의 예측값과 실제값 사이의 차이를 측정합니다. 모델의 목표는 손실 함수를 최소화하는 것이며, 모델의 정의된 정확도에 따라 최적의 예측을 하게 됩니다. 손실 함수 예로는 평균 제곱 오차mean squared error(MSE)와 평균 절대 오차mean absolute error(MAE)가 있습니다.

머신러닝 옵티마이저

옵티마이저Optimizer는 손실 함수를 최소화하기 위해 머신러닝 모델이 파라미터를 조정하는 방법입니다. 옵티마이저를 변경하는 것도 가능한데, 예를 들어 PyTorch는 선택할 수 있는 13가지 대표적인 옵티마이저(https://oreil.ly/b9o11)를 제공합니다. Adam과 Adagrad는 인기 있는 옵티마이저로, 이들을 사용하여 모델의 성능을 향상시키는 과정에서 모델의 하이퍼파라미터 자체가 성능 향상을 위해 튜닝될 가능성이 높습니다. 옵티마이저는 모델 구조와 현재 옵티마이저가 만족스럽지 않다고 생각되는 이유에 따라 사용할 수 있는 추가적인 조정 수단이 될 수 있습니다.

> **인터뷰 팁: 머신러닝 전문화에 관련된 모델에 대해 유창하게 이야기하세요**
>
> NLP 지식이 필요한 머신러닝 직무에 인터뷰를 보는 경우, 해당 분야의 업무나 연구 경험이 없다면 시간을 내어 간단한 프로젝트를 수행하여 기술을 연마하세요. 대표적인 알고리즘, 라이브러리, 손실 함수 등에 대한 지식이 있으면 인터뷰어에게 머신러닝의 언어를 유창하게 구사하는 데 도움이 됩니다.

실험 추적

하이퍼파라미터 튜닝을 진행할 때에는 모델의 각 반복[iteration]에서의 성능을 추적해야 합니다. 과거 파라미터 세트와 그에 따른 성능 기록이 없다면, 어떤 파라미터 세트가 더 나은 성능을 내는지 알아낼 수 없습니다. 이러한 기록은 다양한 하이퍼파라미터 조합을 평가하고 최적의 설정을 찾는 데 필수적입니다.

인터뷰를 볼 회사에는 머신러닝 실험 추적 도구가 있을 수도 있습니다. 특정 도구 사용 경험이 없더라도 실험 추적에 대한 이해가 있다면 문제가 되지 않습니다. 저는 이전에 MS 엑셀로 실험을 추적했고, 많은 다른 실무자들도 그렇게 하고 있습니다. 그러나 중앙 집중식 실험 추적 플랫폼을 사용하는 것이 추세입니다. 이러한 플랫폼의 예로는 MLflow[7], TensorBoard[8], Weights & Biases[9], Keras Tuner[10], Kubeflow[11], DVC[12], Comet ML[13] 등이 있습니다. 인터뷰에서는 어떤 것을 경험했는지보다는 어떻게든 중앙 집중식 시스템에서 실험 결과를 추적해야 한다는 것을 알고 있는지 여부가 중요합니다.

---

7 *https://oreil.ly/RNpng*

8 *https://oreil.ly/tt-ur*

9 *https://oreil.ly/gIW5j*

10 *https://oreil.ly/Xt1k-*

11 *https://oreil.ly/tTNa4*

12 *https://oreil.ly/OPFQ_*

13 *https://oreil.ly/cig1c*

모델 학습에 대한 추가 자료

구글은 관심 있는 사람들을 위해 구글 머신러닝 교육 사이트[14]를 운영하며, 머신러닝 크래시 코스[15]부터 시작하는 것이 좋습니다. 머신러닝 크래시 코스는 구글 Colab상에서 실행할 수 있으며, 머신러닝과 텐서플로에 중점을 두고 있습니다.

모델 선택과 학습에 관한 인터뷰 문제 예제

모델 학습에 관한 대표적인 고려 사항들을 살펴보았으니 몇 가지 인터뷰 문제 예제를 살펴보 겠습니다.

인터뷰 문제 *4-4: 어떤 시나리오에서 트리 기반 방식이 아닌 강화 학습 알고리즘을 사용하시겠습 니까?*

| 답변 예시 |

RL 알고리즘은 시행착오를 통해 학습하는 것이 중요하고, 행동의 순서가 중요할 때 유용합니 다. 또한, 결과가 지연될 수 있지만 RL 에이전트가 지속적으로 개선되길 원할 때도 RL은 유 용합니다. RL의 예로는 게임 플레이, 로보틱스, 추천 시스템 등이 있습니다.

반면, 결정 트리나 랜덤 포레스트와 같은 트리 기반 방법은 문제가 정적이고 순차적이지 않을 때 유용합니다. 다시 말해, 지연된 보상이나 순차적 의사결정을 고려할 필요가 없으며, 학습 시점의 정적 데이터 세트만으로 학습이 가능합니다.

인터뷰 문제 *4-5: 모델 학습 과정에서 일어나는 대표적인 실수는 무엇이며, 이를 어떻게 피할 수 있나요?*

| 답변 예시 |

오버피팅은 대표적인 문제로서, 결과 모델이 학습 데이터에서 너무 복잡한 정보를 학습하고

---

14 집필 시점에는 무료로 제공되고 있습니다. *https://oreil.ly/BthDc*
15 *https://oreil.ly/5rJ1q*

새로운 데이터에 잘 일반화하지 못하는 상황을 말합니다. 정규화 기법[16]을 사용하면 이러한 오버피팅을 방지할 수 있습니다.

주요 하이퍼파라미터를 튜닝하지 않으면 모델의 성능이 좋지 않을 수 있습니다. 기본 설정된 하이퍼파라미터로는 종종 최적의 결과를 얻을 수 없기 때문입니다.

문제를 과도하게 복잡하게 해결하려는 시도도 모델 학습 중 문제를 일으킬 수 있습니다. 때로는 먼저 간단한 베이스라인 모델로 시작하는 것이 좋습니다.

인터뷰 문제 *4-6: 앙상블 모델은 어떤 상황에서 유용한가요?*

| 답변 예시 |

한 클래스가 다른 클래스들에 비해 현저하게 많은 불균형 데이터 세트를 작업할 때, 앙상블 기법들은 소수 데이터 클래스의 결과 정확도를 개선하는 데 도움이 될 수 있습니다. 여러 모델을 결합함으로써, 다수 데이터 클래스에 대한 모델의 편향을 피하고 줄일 수 있습니다.

4.4 모델 평가

모델을 학습시켰으니, 이제 해당 모델을 평가할 시간입니다. 모델을 계속해서 개선해야 할지, 아니면 충분히 좋은지를 판단해야 합니다. 또한, 사업 지표는 머신러닝 모델링을 시작하기 전에 결정되어야 합니다. 사업 지표business metric로는 클릭률 증가, 고객 전환율의 개선, 고객 설문 조사를 통한 만족도 향상 등이 있습니다. 이러한 지표는 이 절에서 다룰 머신러닝 모델 지표와는 다릅니다. 학습 데이터 세트로 학습되고 평가 데이터 세트로 평가된 후에야 사업 지표들이 해당 모델이 테스트 데이터 세트에서 얼마나 좋은 성능을 내는지를 확인하기 위해 사용됩니다. 인터뷰어들은 해당 분야에서 모델을 평가하는 대표적인 방법에 대한 지식을 확인할 것입니다. 예를 들어, 인터뷰어들은 여러분이 시계열 인터뷰 문제에서는 평균 절대

---

16 3장에서 언급되었습니다.

오차(MAE), 제곱근 평균 제곱 오차(RMSE)와 같은 평가 지표에 대해 알고 있을 것으로 기대하며, 저는 실제로 핀테크 분야 직무 인터뷰에서 이런 경험을 한 적이 있습니다. 위양성^{False positive}과 위음성^{False negative} 사이의 트레이드오프에 관한 논의를 할 가능성도 높습니다. 제가 보안 머신러닝 분야에서 인터뷰를 볼 때 경험했던 부분입니다. 인터뷰에서 요구되는 또다른 대표적인 지식에는 분산 편향 트레이드오프^{variance bias trade-off}와 그 측정 방법, 정확도^{accuracy} 대 정밀도^{precision}와 재현율^{recall}이 있습니다.

대표적인 머신러닝 평가 지표 요약

다음은 머신러닝 모델을 평가하는 데 사용되는 대표적인 지표들입니다. 어떤 지표를 선택할지는 머신러닝 과업에 따라 달라집니다.

통계 교과서로 변질될 위험 때문에 이 책에서 모든 용어를 정의하지는 않고, 가장 대표적인 용어들만 정의하고 설명하겠습니다. 그 외의 지표를 깊이 알고 싶은 분들을 위한 추가 자료도 준비되어 있습니다.

분류 지표

분류 지표^{Classification metrics}는 분류 모델의 성능을 측정하는 데 사용됩니다. [그림 4-5]에 나타난 지표들을 약어로 하면 참양성^{true positive}은 TP, 참음성^{true negative}은 TN, 위양성^{false positive}은 FP, 위음성^{false negative}은 FN입니다. 이 외에도 다음과 같은 용어를 알아둬야 합니다.

- 정밀도^{Precision} = TP / (TP + FP)(그림 4-6 참조)
- 재현율^{Recall} = TP / (TP + FN)(그림 4-6 참조)
- 정확도^{Accuracy} = (TP + TN) / (TP + TN + FP + FN)

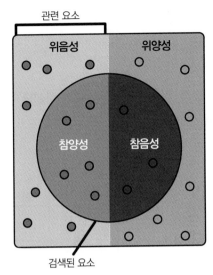

관련 요소

위음성　　　위양성

참양성　　　참음성

검색된 요소

그림 4-5 참양성, 위양성, 위음성, 참음성 설명(출처: Walber, CC BY-SA 4.0, Wikimedia Commons.)

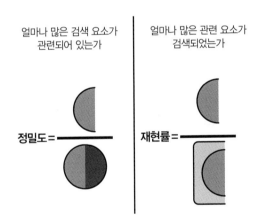

얼마나 많은 검색 요소가
관련되어 있는가

얼마나 많은 관련 요소가
검색되었는가

정밀도 =

재현률 =

그림 4-6 정밀도 vs 재현율 설명

이 용어들을 사용해서 다음과 같이 다양한 평가를 만들 수 있습니다.

| 혼동 행렬(Confusion matrix) |

TP/TN/FP/FN 값의 행렬 형태 요약(그림 4-7 참조).

| F1 점수 |

정밀도와 재현율의 조화 평균

| AUC(ROC 곡선 아래의 면적) 및 ROC(수신자 조작 특성) |

다양한 임계값에서 참양성률 대 위양성률을 그린 곡선

		실제 결과		
		아니오	예	합
예측 결과	아니오	9432	138	9570
	예	235	195	430
	합	9667	333	10000

그림 4-7 혼동 행렬 예시

인터뷰 팁: 도메인 지식

인터뷰를 보는 회사에 대해 조사하고, 그 회사의 사업에서 무엇이 중요한지 생각해보세요. 이렇게 하면 모델 평가 지표에 관한 인터뷰 문제에 더 잘 대응할 수 있습니다. 예를 들면 악성 코드 탐지 머신러닝 시스템에서는 위양성을 줄이는 것이 중요합니다. 사용자들이 악성 코드 탐지 모델 자체에 대한 신뢰를 잃게 만드는 경고 피로도(Alarm fatigue)를 일으키지 않아야 하기 때문입니다.

회귀 지표

회귀 지표Regression metrics는 회귀 모델의 성능을 측정할 때 사용합니다. 다음은 알아둬야 할 용어와 값입니다.

- MAE: 평균 절대 오차($MAE(y, \hat{y}) = \frac{1}{n} \sum_{i=1}^{n} |y_i - \hat{y}_i|$)

- MSE: 평균 제곱 오차

- RMSE: 제곱근 평균 제곱 오차

- R^2: 결정 계수R-squared

클러스터링 지표

클러스터링 지표Clustering metrics는 클러스터링 모델의 성능을 측정하는 데 사용됩니다. 클러스터링 지표 사용은 정답 레이블의 유무에 따라 달라질 수 있습니다. 여기서는 정답 레이블이 없다고 가정하지만, 만약 있다면 분류 지표 역시 사용될 수 있습니다. 알아둬야 할 용어는 다음과 같습니다.

| 실루엣 계수Silhouette coefficient |

클러스터 내 항목들의 응집력과 다른 클러스터와의 분리 정도를 측정(−1에서 1 사이의 범위)

| 칼린스키-하라바즈Calinski–Harabasz 지수 |

클러스터의 품질을 평가하기 위한 점수(점수가 높을수록 클러스터의 밀집도가 높고 잘 분리되었음을 의미)

랭킹 지표

랭킹 지표Ranking metrics는 추천 시스템이나 랭킹 시스템에 사용됩니다. 주목해야 할 용어들은 다음과 같습니다.

| 평균 상호 순위Mean reciprocal rank (MRR) |

첫 번째로 관련 있는 문서가 얼마나 높은 순위에 위치하는지를 통해 순위 시스템의 정확성을 측정

| K개의 정밀도Precision at K |

상위 K개 항목 중에서 관련 있는 항목의 비율을 계산

| 정규화된 할인 누적 이득Normalized discounted cumulative gain (NDCG) |

머신러닝 모델이 예측한 중요도/순위와 실제 관련성을 비교

> **머신러닝 평가 관련 학습 자료**
>
> 수학적 배경지식을 포함하여 머신러닝 평가 지표에 대해 더 공부할 수 있는 자료는 다음과 같습니다.
>
> - 『Evaluating Machine Learning Models』(O'Reilly Media, 2015)(*https://oreil.ly/0sYrV*)
>
> - 『An Introduction to Statistical Learning: with Applications in Python』(Springer, 2023)
>
> - 『데이터 과학을 위한 통계: 데이터 분석에서 머신러닝까지 파이썬과 R로 살펴보는 50가지 핵심 개념』(한빛미디어, 2021)

어떤 지표를 사용할지 결정한 후에는(가끔은 여러 가지를 사용할 필요가 있을 겁니다), 그 지표들을 코드로 구현해야 합니다. 파이썬의 주요 머신러닝 라이브러리들에서는 이미 이 절에서 언급된 대부분의 지표들이 구현되어 있으므로, 굳이 처음부터 직접 구현할 필요는 없습니다. 다음과 같은 지표 구현에서 시작하면 좋습니다.

- 텐서플로와 케라스의 지표 구현(*https://oreil.ly/z6UD_*)

- Scikit-learn의 지표 구현(*https://oreil.ly/CyyXE*)

- MLlib의 지표 구현(*https://oreil.ly/-4ZdG*)

이 목록은 모든 것을 담고 있는 것은 아니므로, 사용 중인 라이브러리의 문서에서 더 많은 정보를 찾아보세요. 내장 구현이 어떤 이유로 특정 요구 사항에 맞지 않는다면, 직접 맞춤형 구현을 작성할 수 있습니다. 인터뷰에서 이와 관련된 질문이 나온다면, 왜 그런 선택을 했는지 설명하는 것이 좋습니다. 예를 들어, 여러 다른 라이브러리에서 다양한 지표를 조합하고 싶었다면, 그것들을 모두 연결하고 집계하기 위한 코드를 작성했을 수 있습니다.

평가 지표에서의 트레이드오프

인터뷰어들에게 중요한 것은 여러분이 머신러닝 평가 지표와 다양한 트레이드오프에 대해 비판적으로 사고할 수 있는 능력을 보여주는 것입니다. 예를 들어, 정확도만 사용하는 경우, 모델이 대다수 클래스의 예측에는 매우 효과적이지만 소수 클래스(대다수 클래스에 비해 데이터 포인트가 매우 적은 카테고리)에 대한 예측에서 모델의 결함을 숨길 수 있습니다. 이런 경우에는 F1 점수 같은 추가적인 지표를 사용하는 것이 좋습니다. 그러나 때때로 명시적인 트레이드오프를 해야 할 필요가 있습니다.

예를 들어, X-레이 스캔 이미지를 통해 폐암을 예측하는 의료 모델의 경우, 위음성은 매우 큰 영향을 미칩니다. 따라서 위음성을 줄이는 것이 우선시되어야 합니다. 위음성을 줄이면 재현율 지표가 향상됩니다(이전 절에서 '정의' 참조). 그러나 때로는 위음성을 줄이려는 과정에서 모델이 실제로 폐암이 없는 환자를 양성으로 잘못 분류하는 경우가 발생할 수 있습니다. 즉, 위양성이 증가하는 데 따른 간접적인 결과로 모델의 정밀도가 떨어집니다.

따라서 위양성과 위음성 사이의 트레이드오프를 결정하는 것이 중요합니다. 경우에 따라서는 그 노력이 가치가 있을 수도 있고, 때로는 그렇지 않을 수도 있습니다. 인터뷰에서 질문에 답변할 때 이러한 트레이드오프에 대해 토론할 수 있다면 유용할 것입니다.

> **TIP** 인터뷰어는 여러분의 사려 깊은 답변을 통해 모델의 편향성에 대해 비판적으로 사고할 수 있고 적절한 모델과 메트릭을 선택할 수 있는지 여부를 알 수 있습니다. 이러한 사고 능력은 여러분을 보다 효과적인 머신러닝 실무자로 만듭니다.

오프라인 평가를 위한 기타 기법들

앞서 설명한 모델 지표들을 활용하면 모델이 학습 과정에서 본 적 없는 레이블을 정답 레이블과 비교하여 얼마나 효과적으로 예측하는지 측정할 수 있습니다. 이 과정에 도달하기까지 여러분이 몇 가지 조정을 시도해봤기를 바랍니다. 첫 번째 모델이 지표상에서 가장 우수한 성능을 나타냈다 하더라도, 무엇이 작동하지 않았는지 파악하는 것도 가치가 있습니다. 인터뷰어 역시 이에 대해 물어볼 수 있거든요!

하지만, 모델을 실제로 배포하기 전에는 모델이 실제 운영 환경에서도 잘 수행될 것인지 확신하기 어렵습니다. 여기서 '실제 운영'이란 마치 '생방송'과 같이, 실세계에 배치된 상태를 의미합니다. 운영 환경Production은 실제 입력과 출력을 다루는 소프트웨어 시스템을 말합니다. 모델이 모델 지표상으로는 우수한 성능을 보였음에도 불구하고, 실제 운영 환경에서 성능이 떨어지는 데에는 다양한 이유가 있을 수 있습니다. 학습 데이터가 실세계의 데이터 분포를 충분히 반영하지 못하거나, 극단적인 사례나 이상치가 존재하는 경우 등이 그 예입니다.

요즘 많은 기업들이 모델이 실제 운영 환경에서 어떻게 작동할지를 이해하는 경험을 중요시하고 있습니다. 학교나 학문적 프로젝트와는 달리 실제 입력을 받아 작동하는 모델이 부적절하게 동작할 경우 사업에 실질적인 손실을 초래할 수 있기 때문입니다. 예를 들어, 부실한 사기 탐지 모델은 은행에 수백만 달러의 손해를 초래할 수 있습니다. 관련성이 낮거나 부적절한 콘텐츠를 지속해서 추천하는 추천 시스템은 회사에 대한 고객의 신뢰를 잃게 만들 수 있습니다. 어떤 경우에는 회사가 법적 소송에 휘말릴 수도 있습니다. 인터뷰어들은 여러분이 이런 문제에 대해 인지하고 있으며, 이러한 시나리오를 방지하기 위해 어떤 대책을 고민해 보았는지 알고 싶어할 것입니다.

반면, 모델이 성공적으로 동작하면 수백만 달러의 사기 손실을 방지하거나 여러분이 좋아하는 음악 스트리밍 앱 이면에서 작동하는 등, 머신러닝 분야에서 일하는 것이 보람차게 느껴집니다.

다음은 모델을 실제 운영 환경에 배포하기 전에 모델이 정말 견고하고 새로운 데이터에 대해 잘 일반화할 수 있는지 평가할 수 있는 기법들입니다.

교란 테스트 Perturbation tests [17]

테스트 데이터에 소음을 추가하거나 변형을 가하여 모델이 올바른 결과를 예측하지 못하는지 확인합니다. 예를 들어, 이미지에 임의로 몇 개의 픽셀을 추가하여 모델의 예측 능력에 영

---

17 이 용어는 칩 후옌의 저서인 『머신러닝 시스템 설계』(한빛미디어, 2023)에서 사용된 용어이며, 통일된 용어라기 보다는 높은 수준의 분류에 가깝기 때문에 편의상 이 절에서도 동일한 용어를 사용합니다.

향을 미치는지 보는 것입니다.

불변성 테스트 *Invariance tests*

머신러닝 모델이 다양한 조건하에 일관되게 수행하는지 검증합니다. 예를 들어, 특정 입력을 제거하거나 변경해도 출력에 큰 변화가 없어야 합니다. 하나의 피처를 완전히 제거했을 때 모델의 예측이 달라진다면, 해당 피처에 대해 추가 조사를 해봐야 합니다. 불변성 테스트는 피처가 인종이나 인구 통계와 같은 민감한 정보와 관련되어 있을 때 더욱 중요합니다.

슬라이스 기반 평가 *Slice-based evaluation*

테스트 분할의 다양한 슬라이스 또는 하위 그룹에서 모델의 성능을 테스트합니다. 예를 들어, 모델이 정확도와 F1 점수 같은 지표에서 전반적으로는 잘 수행되지만, 35세 이상인 사람들이나 15세 미만인 사람들에 대해서는 성능이 낮은 것으로 나타날 수 있습니다. 특히, 학습 과정에서 일부 그룹을 간과했다면 이 부분을 조사하고 개선하는 것이 중요합니다.

이러한 평가 기법에 대해 더 알고 싶다면, 칩 후옌의 『머신러닝 시스템 설계』(한빛미디어, 2023)를 참고하세요.

모델 버전 관리

모델 평가의 목적은 모델이 충분히 잘 작동하는지, 아니면 베이스라인 모델이나 다른 머신러닝 모델보다 더 우수한지를 확인하는 것입니다. 각각의 모델 학습 후에는 모델 정의, 모델 파라미터, 데이터 스냅샷 등 다양한 모델 아티팩트들이 생성됩니다. 성능이 뛰어난 모델을 선택하려고 할 때, 이런 모델 아티팩트들을 쉽게 검색할 수 있다면 훨씬 편리할 것입니다. 특정 하이퍼파라미터를 알고 있어서 전체 모델 학습 파이프라인을 실행하여 모델 아티팩트를 다시 생성하는 것보다 모델 버전 관리 기능을 사용하는 것이 더 편리합니다. 실험 추적에 사용되는 도구들은 대체로 모델 버전 관리 기능을 지원하기도 합니다('실험 추적' 절에서 언급된 바 있습니다).

모델 평가에 관한 인터뷰 문제 예제

모델 평가 기법과 고려 사항들을 살펴봤으니, 이제 인터뷰 문제 예제들을 살펴보시죠.

인터뷰 문제 *4-7: ROC 지표란 무엇이며, 언제 유용한가요?*

| 답변 예시 |

ROC(수신자 조작 특성) 곡선은 이진 분류 모델을 평가하는 데 사용될 수 있습니다. 이 곡선은 다양한 임계값에서의 참양성률 대 위양성률을 그립니다. 여기서 임계값이란 0과 1 사이의 확률로, 이보다 높을 경우 예측 결과를 해당 클래스로 간주합니다. 예를 들어, 임계값을 0.6으로 설정하면, 모델의 확률 예측 중 클래스 1일 확률이 0.6을 초과하는 것들이 클래스 1로 레이블링됩니다.

ROC를 사용하면 다양한 임계값에서 참양성률과 위양성률의 트레이드오프를 판단하고 최적의 임계값을 결정할 수 있습니다.

인터뷰 문제 *4-8: 정밀도와 재현율의 차이는 무엇이며, 분류 과업에서 언제 어떤 걸 사용하나요?*

| 답변 예시 |

정밀도는 모델이 정확한 예측을 하는 능력(품질)을 측정하며, 재현율은 모델이 얼마나 많은 관련 항목을 정확하게 예측하는지(양)를 측정합니다. 수학적으로 정밀도는 참양성(TP) / (참양성(TP) + 위양성(FP))으로 계산되며, 재현율은 참양성(TP) / (참양성(TP) + 위음성(FN))입니다.

위양성(FP)을 최소화하고 낮게 유지하는 것이 더욱 중요할 때는 재현율보다는 정밀도를 우선시할 수 있습니다. 예를 들어, 악성코드 탐지나 이메일 스팸 탐지와 같은 경우, 너무 많은 위양성은 사용자의 신뢰를 저하시킬 수 있습니다. 이메일 스팸 탐지에서의 위양성은 정당한 비즈니스 이메일을 스팸 폴더로 이동시켜, 지연과 비즈니스의 손실을 야기할 수 있습니다.

반면, 의료 진단과 같은 고위험 예측 상황에서는 재현율이 정밀도보다 더 중요할 수 있습니다. 재현율을 높이는 것은 위음성이 줄어든다는 것을 의미하며, 이는 우발적인 위양성이 일부 발생하더라도 참인 사례를 놓치지 않는 것을 우선시하는 상황에서 중요시 됩니다.

인터뷰 문제 *4-9: NDCG(정규화된 할인 누적 이득)란 무엇이며, 어떤 유형의 머신러닝 과업에 사용되나요?*

| 답변 예시 |

NDCG는 추천 시스템, 정보 검색, 검색 엔진/애플리케이션 등 랭킹 과업의 품질을 측정하는 데 사용됩니다. NDCG는 머신러닝 모델이 예측한 중요도/순위를 실제 관련성과 비교합니다. 예를 들어, 모델이 고객에게 관심 없는 제품을 쇼핑 웹사이트 상단에 표시하는 등, 모델의 예측이 실제 또는 이상적인 관련성과 크게 다를 경우 점수가 낮아집니다. NDCG는 예측된 관련성 점수(할인된 누적 이득, DCG)의 합을 이상적 할인된 누적 이득ideal discounted cumulative gain(IDCG)으로 나눈 값으로 계산됩니다. 그 후 이 값은 0과 1 사이로 정규화됩니다.

요약

이 장에서는 머신러닝 모델링 및 학습 과정 전반에 대한 개요와 각 단계가 머신러닝 인터뷰와 어떻게 연결되는지를 살펴보았습니다. 첫 단계로 머신러닝 과업을 정의하고 적합한 데이터를 확보했습니다. 그 다음엔 과업에 적합한 알고리즘을 기반으로 모델을 선택하고, 휴리스틱 기법이나 로지스틱 회귀처럼 최대한 간단한 베이스라인 모델을 비교 기준으로 삼았습니다.

인터뷰를 진행할 때, 이 모든 학습 단계에 대해 모델을 개선하기 위해 프로세스를 어떻게 반복적으로 접근했는지, 필요한 경우 데이터 수집 같은 이전 단계로 되돌아갔는지를 언급하는 것이 중요합니다. 학교, 개인 또는 직장 프로젝트 등 자신의 머신러닝 모델 학습 경험에 대해 답변할 때, 본인이 결정해야 했던 트레이드오프와 특정 기법을 선택한 이유를 설명해야 합니다.

단순히 테스트 세트에서 높은 정확도를 가진 모델을 보유하는 것만으로는 부족합니다. 오늘날 회사들은 머신러닝 후보자가 모델을 실제 운영 환경에서 동작 시켜본 경험 보유 여부를 중요하게 봅니다. 실제 운영 환경의 파이프라인과 인프라를 구축하는 머신러닝 직무에 지원하는 경우에는 이 부분이 특히 중요합니다. 마지막으로, 머신러닝 모델을 어떻게 평가하고 최적의 모델을 어떻게 선정하는지에 대해 검토했습니다.

다음 장에서는 머신러닝 기술 인터뷰의 또 다른 주요 구성 요소인 코딩에 대해 다루겠습니다.

기술 인터뷰: 코딩

5장에서는 머신러닝 인터뷰 과정과 기술 인터뷰에 포함된 머신러닝 알고리즘 및 모델 학습 부분을 소개했습니다. 그러나 기술 인터뷰는 머신러닝 알고리즘, 통계 지식, 모델 학습을 넘어 후보자에게 더 많은 것을 요구하기도 합니다. 이 장에서는 그 중 하나인 코딩 인터뷰에 대해 다룹니다.

머신러닝 직무에서 요구되는 코딩의 종류는 회사마다, 심지어 같은 회사 내의 팀마다 다를 수 있습니다. 예를 들어 데이터 사이언티스트 및 MLE 직무 인터뷰를 볼 때, 저는 다음과 같은 다양한 유형의 코딩 문제와 과제를 받았습니다.

- 회사 1: pandas를 사용한 데이터 조작에 관한 파이썬 문제
- 회사 2: 릿코드 스타일의 파이썬 퍼즐 문제
- 회사 3: SQL과 파이썬 pandas를 사용한 데이터 관련 코딩 문제
- 회사 4: 실제 상황을 코드로 구현하는 코딩 문제

코딩 인터뷰 라운드에서 회사가 물어볼 수 있는 것은 매우 다양합니다. 제가 직접 경험하고 소프트웨어 엔지니어 및 소프트웨어 엔지니어링 채용 매니저로부터 들은 바에 따르면, 머신러닝 코딩 인터뷰는 소프트웨어 엔지니어링 역할을 위한 기술 인터뷰보다는 덜 표준화되어 있습니다. 한 가지 좋은 점은 일부 머신러닝 직무의 인터뷰어들은 후보자에게 가장 어려운 '릿코드 스타일' 문제, 즉 '릿코드 하드'를 요구하지 않는다는 것입니다.[1] 후보자를 머신러닝 알고리즘 지식과 같은 다른 기술로 평가할 수 있기 때문입니다. 그러나 직책에 따라 이것 역시 크게 달라질 수 있습니다. 예를 들어, 대형 기술 회사에서 엔지니어 직책(예: MLE)에 지원한 후보자는 보통 소프트웨어 엔지니어링에 관한 질문을 받게 되며, 이는 릿코드 하드 문제를 포함할 수 있습니다. 이런 부분을 리크루터에게 확인하는 것이 좋습니다.

1.5절 '머신러닝 직무의 세 가지 축'에서 언급했듯이, 머신러닝 분야에서 일하는 사람들은 프로그래밍과 머신러닝/통계 두 분야 모두에서 기준을 충족해야 합니다. 평균적인 소프트웨어 엔지니어 직무의 후보자보다 더 경험이 많은 코더가 될 정도는 아니지만, 팀과 원활하게 협

---

1 온라인 코딩 연습 플랫폼인 릿코드에서 난이도 측면에서 어렵다고 표시된 코딩 문제. 작성 당시 다른 난이도는 쉬움, 중간 정도였습니다.

업할 수 있을 정도의 코딩 실력은 필요합니다.

일부 팀에서는 머신러닝/통계 지식만 필요하고, 작은 규모의 데이터만 다루며 제품에 통합할 필요가 없는 경우도 있습니다. 이런 회사들은 인터뷰 과정에서 코딩 능력을 평가하지 않을 수 있습니다. 그러나 실제로 배포하고 서비스할 수단 없이는 머신러닝 모델이 제품의 일부가 될 수 없기 때문에, 이 책에서 저는 소프트웨어 엔지니어링과 머신러닝이 혼합된 머신러닝 직무를 설명합니다. 머신러닝 자체만으로는 넷플릭스 추천 시스템을 만들 수 없습니다. 모델을 제품에 통합하고 고객이 상호 작용하는 프론트엔드 경험의 일부로 만들어 사용자를 기쁘게 해야 머신러닝이 수익을 창출하게 됩니다. (모델 배포에 대한 지식을 평가하는 인터뷰에 대해 더 알고 싶다면 6장을 참조하세요.)

이 장에서는 머신러닝 직무 인터뷰에서 자주 나오는 프로그래밍 문제 유형을 분석하고 준비하는 방법을 소개합니다.

- 파이썬을 모르는 사람을 위한 학습 로드맵
- 데이터와 관련된 파이썬 문제
- 파이썬 브레인티저 문제
- 데이터와 관련된 SQL 문제

5.1 바닥부터 시작하기: 파이썬을 모르는 사람을 위한 학습 로드맵

파이썬을 알고 있다면 이번 절은 건너뛰어도 됩니다. 제가 파이썬 지식에 집중하는 이유는 다음과 같습니다.

- 제가 경험한 머신러닝 인터뷰 대부분은 후보자가 어느 정도 파이썬을 알고 있다고 가정했습니다. 업무에서 사용할 대부분의 머신러닝 라이브러리가 파이썬으로 구현되어 있습니다.

- 소프트웨어 엔지니어조차도 코딩 속도와 추상화를 이유로 언어 중립적인 인터뷰에서는 파이썬을 사용하는 것을 추천합니다. C나 C++로 바닥부터 코딩하는 데 소중한 인터뷰 시간을 소진하는 대신 파이썬으로 단 한두 줄만 코딩하면 인터뷰에서 중요한 부분에 집중할 수 있습니다.

- 머신러닝 직무에서는 다른 개인 또는 팀과 협력하게 됩니다. 머신러닝이 주요 기술일 수 있지만, 인터뷰어는 동료가 읽고 사용할 수 있는 가독성 좋은 코드를 작성할 수 있는지를 주목할 것입니다.

이러한 이유로, 파이썬을 전혀 모르거나 조금 생소한 분들이 혼자서 공부할 수 있는 추천 로드맵을 다음과 같이 제공합니다.

이해하기 쉬운 책이나 강의 선택하기

실제 코드에 초점을 맞추고 결과를 바로 확인할 수 있는 책이나 강의를 찾아보세요.[2] 책의 연습 문제를 풀어보세요. 추천 자료는 다음과 같습니다.

- 『파이썬 프로그래밍으로 지루한 작업 자동화하기』(스포트라잇북, 2019): 일상 활동과 관련된 연습문제와 함께 온라인에서 무료로 제공됩니다. 파이썬의 기초부터 시작하여 계산에 파이썬을 사용하는 방법까지 다루므로 누구나 이 책으로 시작할 수 있습니다.

- 영상을 더 선호하는 분들을 위해 알 스웨이가트는 자신의 책을 15개의 동영상 강의로 소개하는 유튜브 재생 목록(*https://oreil.ly/JbMbT*)을 제공합니다.

- 캐글에서 '파이썬, 데이터 시각화, pandas 배우기' 튜토리얼(*https://oreil.ly/lCzfX*)

릿코드, 해커랭크 또는 선호하는 플랫폼에서 쉬운 문제 시작하기

북미에서 가장 대표적인 온라인 코딩 플랫폼은 릿코드(*https://oreil.ly/-ghT4*)와 해커랭크(*https://oreil.ly/QNx1z*)입니다. 이 책에서는 설명을 쉽게 하기 위해 이 두 플랫폼을 대부분의 예제에서 사용하겠지만, 여러분의 거주 지역에 따라 이에 상응하는 다른 플랫폼이 있

---

2 저는 렌파이(*https://www.renpy.org*) 게임 엔진에서 코딩을 배웠습니다. 파이썬을 기반으로 하고 화면에서 결과를 바로 확인할 수 있었기 때문에 코드가 무엇을 하는지 직관적으로 이해할 수 있었습니다. 독학으로 코딩을 배운 저에게는 매우 큰 도움이 되었습니다.

을 수도 있습니다.

이 플랫폼에서 전통적인 초보자용 문제인 피즈버즈(*https://oreil.ly/b90_W*)와 두 수의 합 (*https://oreil.ly/0WEIZ*)을 풀어보세요. 학습 단계 초기에서 답을 보는 것이 필요하더라도 괜찮습니다. 코드를 이해하는 것이 목표이니까요. 해당 문제를 지금 이해할 수 있다면, 나중에 더 어려운 문제도 이해할 수 있습니다.[3]

측정 가능한 목표를 설정하고 연습, 연습, 연습하기

초보자에게는 하루에 한 문제나 이틀에 한 문제를 완료하는 것도 좋습니다. 노트나 휴대폰에 일지를 기록하세요. 한 시간 동안 시도해보고 막히면 답을 보고 이해할 때까지 관련 동영상 해설을 찾아보세요. 며칠 후에 그 문제를 다시 풀어보면 잘 이해했는지 확인할 수 있습니다. 인터뷰에서 정확히 같은 문제가 나올 가능성은 없기 때문에 단순 암기는 피하는 것이 좋습니다.

머신러닝 관련 파이썬 패키지 사용해보기

파이썬의 기초를 일부 익힌 후, 머신러닝 활용을 위한 다음 튜토리얼을 시작하세요.

- CatBoost: 튜토리얼(*https://oreil.ly/LLHMA*)
- NumPy: 초보자를 위한 기초(*https://oreil.ly/t_q7L*)
- pandas: 10분 만에 pandas 배우기(*https://oreil.ly/BnmdV*)

CatBoost 튜토리얼은 첫 머신러닝 모델을 향한 출발점이 될 수 있습니다! 이 단계를 마치면 여러분만의 데이터 세트를 사용 및 수정해보거나, 다른 유형의 모델을 사용해보거나, 여러분만의 프로젝트를 구축해 볼 수 있습니다.

---

3 악기 학습에 비유하자면, 천천히 연주할 수 있으면 빨리 연주할 수 있습니다.

이제 머신러닝 직무 인터뷰 중에 나올법한 코딩 인터뷰의 몇 가지 팁을 소개하겠습니다.

5.2 코딩 인터뷰 성공 팁

이 장의 코드 부분으로 넘어가기 전에, 염두에 두어야 할 몇 가지 팁이 있습니다. 인터뷰 당일에는 최고의 성과를 올릴 수 있도록 해야 합니다. 아무리 준비를 잘 했다고 해도, 그 결과가 인터뷰어에게 명확히 드러나지 않는다면 아무 소용이 없습니다. 많은 후보자가 이 점을 간과해서 그들의 노력이 헛되게 하고 있습니다. 반면에, 이 팁들을 잘 활용하는 후보자들은 성공적인 성과를 거둘 수 있습니다.

소리 내어 생각하세요

코딩은 여러분이 직접 하지만, 인터뷰는 여러분과 인터뷰어 간의 토론입니다. 인터뷰어는 여러분이 특정 코드 줄을 작성하는 의도를 항상 명확하게 알기 어렵습니다. 타이핑하는 동안 소리 내어 생각한다면, 인터뷰어가 여러분이 추구하는 방향을 이해하는 데 도움을 줄 수 있고, 심지어 여러분 스스로에게도 도움이 될 수 있습니다. "다음에는 몇 가지 테스트를 작성할 계획인데, 무엇을 테스트할지 생각 중입니다…"라고 소리 내어 생각해보세요.

최적의 솔루션을 코딩한다 하더라도, 인터뷰 대부분을 침묵 속에서 보낸다면 이것은 대체로 좋은 징조가 아닙니다. 생각과 대화로 모든 순간을 채울 필요는 없으며, 그렇게 해서도 안 됩니다. 중요한 것은 침묵 속에서 코딩하기보다는 인터뷰어에게 충분한 정보를 제공하는 것입니다.

다음은 몇 가지 예시입니다. 인터뷰하는 동안 매우 조용했던 후보자가 있었습니다. 저는 그들이 코드를 설명하도록 몇 가지 질문을 했지만, 그들은 긴장해서인지 어떤 설명도 제공하지 않았습니다. 결국, 저는 그들을 최적의 해결책으로 안내하는 데 도움을 줄 수 없었습니다. 또 다른 인터뷰에서, 후보자는 그들의 생각 과정을 공유했으므로, 저는 후보자가 깊은 고민에 빠지기 전에 명확한 질문을 할 수 있었고, 후보자는 올바른 방향으로 나아갈 수 있었습니다. 소리 내어 생각한다고 해서 답을 제공받게 되는 것은 아니지만, 인터뷰어와 대화를 계속 함으로써, 인터뷰어가 코딩하는 과정에서 더 명확한 피드백을 제공할 수 있습니다.

인터뷰어의 관점

머신러닝 인터뷰어로서, 저는 제 동료가 될 만한 후보자들을 찾고 있습니다. 인터뷰이가 다른 사람들을 혼란스럽게 하지 않고 명확하게 소통할 수 있다면, 그들이 우리 팀과의 공동 프로젝트에서 함께 일하며 프로젝트 진행을 더 원활하게 할 수 있을 것이라고 생각합니다.

흐름을 제어하세요

후보자로서 인터뷰의 대화 흐름을 적극적으로 이끌면, 코드를 작성할 때 더 잘 집중할 수 있습니다. 집중이 필요한 순간이 있다면, 인터뷰어에게 알려주세요! 해결책을 고민할 때 사용했던 말은 이렇습니다. "해결책을 떠올리려고 2분 정도 집중할 테니, 잠시 동안만 조용히 있겠습니다." 이 방법은 "팀 프로젝트에서 어려움을 극복한 경험에 대해 말해주세요" 같은 행동 인터뷰 질문에도 사용할 수 있습니다. 머리가 막혀 바로 답이 떠오르지 않을 때는, 긴장한 상태에서 즉석에서 대답을 만들어내기보다는 "답하기 전에 잠시 생각을 정리하고 있습니다"라고 말하는 것이 좋습니다. 코딩 인터뷰 중에도 이 원칙이 적용됩니다. 인터뷰어가 여러분의 생각을 읽을 수 없기 때문에, 속도를 조절해야 여러분의 실력을 최대한으로 끌어낼 수 있습니다.

시간 관리도 중요하므로, 꼭 인터뷰어에게만 시간 관리를 맡기지 마세요. 제가 인터뷰어로서 인터뷰를 진행할 때, 시간이 부족해서 다음 문제로 넘어가기 위해 후보자의 말을 중단시킨 적이 있습니다. 여러분은 후보자로서 인터뷰를 시작할 때 몇 개의 문제를 받게 될지, 각 문제에 대해 대략 얼마나 시간이 소요될지를 명확히 할 수 있습니다. 인터뷰어가 이 정보를 직접 제공해주기도 하지만, 항상 그런 것은 아닙니다. 예를 들면 다음과 같이 질문할 수 있습니다.

> *후보자: "몇 개의 문제가 있고, 각 문제에 얼마나 시간을 할애하길 원하십니까?"*
>
> *인터뷰어: "인터뷰는 한 시간이며, 세 개의 문제를 통과해야 합니다. 그러니 대략 각각 20분씩입니다. 하지만 첫 번째는 가장 쉽고, 마지막은 가장 복잡하므로, 첫 번째 문제에 10분에서 15분 정도를 진행하는 것이 일반적입니다."*

하나의 간단한 질문으로 인터뷰의 흐름을 자신의 속도에 맞추어 조절하는 데 도움이 되는 더 많은 정보를 얻을 수 있습니다! 이제 여러분은 10분밖에 남지 않은 상태에서 아직 문제가 몇 개 남아 있어도 당황하지 않게 됩니다.

인터뷰어의 관점

저는 보통 인터뷰를 시작할 때 문제가 몇 개인지 이야기합니다. 하지만 제 동료들 중 일부는 이렇게 하지 않습니다. 솔직히 말해, 이는 필수적인 절차가 아니며, 인터뷰어들이 다양한 이유로 이를 언급하지 않을 수도 있습니다. 예를 들어, 기술적 문제로 인해 인터뷰가 늦게 시작되었다면, 바로 본론으로 들어갈 수도 있습니다.

인터뷰어로서 저 역시 후보자와의 시간 관리에 신경을 씁니다. 시간이 얼마 남지 않았다면 이를 후보자에게 알려드리지만, 때로는 후보자가 해결책에 매우 가까워졌다고 느껴지면 조금 더 시간을 드릴 수 있다고 언급하기도 합니다. 저는 후보자가 시간 부족을 느끼지 않도록 주의하며, 시간을 충분히 활용할 수 있도록 돕습니다. 그러나 인터뷰 또한 하나의 기술입니다. 후보자로서 인터뷰어에게 모든 속도 조절을 맡기기보다는 자신의 필요에 따라 흐름을 조정하는 것이 중요합니다.

〈보너스 팁〉 서두르지 마세요! 문제를 제대로 이해했는지 확인할 수 있도록 인터뷰어에게 문제를 재구성해서 말해보세요.

인터뷰어는 여러분을 도와줄 수 있습니다

'소리 내어 생각하세요' 팁처럼 여러분이 어느 부분에서 막혔을 때 인터뷰어에게 알리는 것도 좋습니다. 인터뷰어가 팁을 제공하는 것에 관한 금지 규정은 대체로 없습니다. 저는 후보자로서 인터뷰어에게 직접적으로 팁을 요청한 적이 있습니다! 예를 들어 "이 문제를 어떤 방향으로 진행하는 것이 좋을까요?"라고 물어봤습니다. (이런 간단한 팁을 요청해서 인터뷰를 통과한 적이 있습니다.) 하지만 전 조심스럽게 접근합니다. 너무 많은 도움을 요청할 경우 적게 도움을 요청한 다른 후보자에 비해 평가에서 불리할 수 있음을 알고 있기 때문입니다. 그럼에도 불구하고, 저는 긴 시간 동안 막혀 있으니 문제에 대한 답을 30%라도 더 완성할 수 있는 작은 힌트를 얻는 것이 더 낫다고 생각합니다. 상황과 시간을 잘 판단하세요. 잘못된 방향으로 나아가기 전에 인터뷰어에게 현재 방향이 올바른지 확인하는 것이 대체로 더 현명한 방법입니다.

아마존의 시니어 응용 사이언티스트 유진 얀은 다음과 같이 말했습니다. "대부분의 인터뷰어는 후보자가 인터뷰를 무난히 통과하기를 원합니다! 그래서, 그들은 후보자가 직무에 적합함을 증명할 수 있도록 올바른 반응을 유도하는 질문을 하고, 기술 인터뷰 과정에서 피드백과 힌트를 제공합니다. 따라서, 인터뷰어는 적이 아닌 동맹으로 여겨져야 합니다."

여러분의 환경을 최적화하세요

말할 것도 없이 온라인으로 인터뷰를 진행할 때는 주변 소음이 없는 조용한 환경을 선택하는 것이 좋습니다. 영상 카메라를 켠다면 너무 유난하지 않은 배경이나 가상 배경을 사용하세요. 한 인터뷰어는 인터뷰 중에 후보자 뒤에서 파트너가 제대로 옷을 입지 않고 침대에서 움직이는 상황을 경험했다고 합니다. 강한 인상을 주기엔 좋은 방법이 아닙니다! 줌, 마이크로소프트 팀즈, 구글 미트의 가상 배경 덕분에, 여러분은 이런 상황을 피할 수 있습니다.

그러나 만약 제가 사람이 붐비는 카페와 같은 시끄러운 환경에서 인터뷰를 진행할 수밖에 없다면, 배경 소음 때문에 음소거를 할 수도 있다고 언급할 것입니다. 인터뷰어들은 항상 이런 상황들을 이해해주었습니다. 중요한 것은 여러분이 충분히 명확하게 말해서 인터뷰어가 알아들을 수 있게 하는 것입니다. 여러 번 같은 말을 반복하다 보면 대화가 어색해질 수 있습니다.

온사이트 인터뷰를 보는 경우엔 기본적인 것을 챙기세요. 인터뷰 전에 배고픔을 느끼지 않도록 해야 합니다. 인터뷰 후에 회사에서 점심을 제공한다고 해도, 현장에서 간식이나 아침을 먹을 시간이 없다면, 미리 무언가를 먹어두는 것이 좋습니다. 제 경우에는 매일 커피를 마시기 때문에, 인터뷰 전에 커피를 마실 수 있도록 준비합니다. 회사에 간이 주방과 무료 간식이 있다고 해도, 여러분이 필요할 때 그것들을 이용할 수 있다는 보장은 없습니다. 저는 그냥 제것을 가져가는 것이 더 낫다고 생각합니다.

저는 온사이트 인터뷰에 갈 때는 물병을 꼭 챙기고 그 전날 숙면을 취하려고 노력합니다. 물론 이것이 항상 가능한 것은 아니지만, 최선을 다해보세요. 후회하지 않을 겁니다.

인터뷰는 에너지가 필요합니다!

이 모든 팁을 이야기하는 이유는 인터뷰가 많은 집중력과 정신적, 신체적 에너지를 요구하기 때문입니다. 기술 주제에 대한 준비뿐만 아니라, 인터뷰는 표준화된 시험처럼 여러분의 전반적인 역량을 평가합니다. 스트레스, 긴장, 충분하지 않은 수면 때문에 많이 준비했지만, 역량을 충분히 발휘하지 못하는 사람들이 있습니다. 또는 준비는 조금 부족했지만 인터뷰 시점의 좋은 정신적, 신체적 상태로 인해 더 잘 보는 사람들도 있습니다. 결국 인터뷰를 더 잘 보는 사람이 인터뷰를 통과합니다. 불공평하게 들릴 수 있지만, 이를 염두에 두고 최선을 다하세요.

5.3 파이썬 코딩 인터뷰: 데이터 및 머신러닝 관련 문제들

이제 프로그래밍/코딩 인터뷰 문제의 첫 번째 유형인 데이터 및 머신러닝 관련 문제를 살펴보겠습니다. 이 문제들은 파이썬 사용에 초점을 두고 있으며, NumPy, pandas 라이브러리나 XGBoost와 같은 머신러닝 라이브러리를 활용해 인터뷰 문제에 대한 솔루션을 구현하는 방법을 다룹니다. 이런 유형의 문제들은 머신러닝 직무의 일상적인 업무와 더 밀접하게 연관되어 있다는 점에서 다음 절에서 다룰 브레인티저/릿코드 문제와 큰 차이가 있습니다.

인터뷰를 보는 회사의 유형에 따라 회사의 제품과 관련된 문제를 질문받을 수도 있습니다. 예를 들어 소셜 미디어 회사는 새로운 사용자 가입 정보를 어떻게 수집할 것인지, 사용자의 활동 정도를 어떻게 파악할 것인지, 지난 주에 이탈한 사용자 수를 어떻게 집계할 것인지 등에 관해 물어볼 할 수 있습니다.

데이터 및 머신러닝 관련 인터뷰 문제 예제

이번 절은 여러분에게 인터뷰 시나리오 한 가지를 설명하고, 두 가지 샘플 데이터 및 인터뷰에서 나올 수 있는 머신러닝 관련 파이썬 문제를 제공합니다. 이 예제에 포함된 데이터 세트는 이해를 돕기 위해 의도적으로 작고 간단하게 구성했음에 유의하세요.

시나리오

인터뷰 당일에 인터뷰어가 해커랭크(`https://oreil.ly/NK22m`) 링크를 보내줍니다. 링크를 열면 코드를 작성할 수 있는 사용자 인터페이스가 나타납니다. 인터뷰어와 다시 확인하여 이 한 시간 동안 총 두 가지 문제가 있음을 알고, 첫 번째 문제에는 15분, 두 번째 문제에는 30분을 할애할 예정이라고 가늠합니다. 남은 시간은 예비용 시간과 인터뷰어와의 질의응답을 위한 시간입니다.

인터뷰어는 페이지 상단에 첫 번째 문제를 복사해서 붙여넣으며, 주석 처리된 코드 형태로 문제의 개요를 제시합니다. 코딩 인터페이스에 문제가 미리 입력되어 있을 수도 있지만, 제가 경험했던 대기업부터 스타트업까지 다양한 회사에서의 많은 데이터 인터뷰에서는 문제가 사이드바가 아닌 코딩 영역에 붙여 넣어졌습니다. 저는 인터뷰어로서 스크립트 전체를 실행할 필요가 없는 문제와 많은 대화를 중심으로 진행되는 인터뷰에서는 이 방식이 더 적합하다고 생각합니다.

여러분은 해커랭크 환경이 실제 데이터베이스에 연결되지 않는다는 점을 감안해 코드를 완전히 실행할 필요가 없는지 다시 확인합니다. 인터뷰어가 이를 확인해줍니다.

| 문제 5-1 (a) |

[여러분이 인터뷰를 보고 있는 소셜 미디어 회사]에서, 우리는 사용자 행동을 들여다보고 있습니다. 우리가 갖고 있는 데이터 형식은 [.json 형식의 샘플 데이터]입니다. 해당 데이터는 다음 두 가지의 .json 객체(편의를 위해 '테이블'로 지칭하겠습니다)로써 제공됩니다.

테이블 1:

```
user_signups = {
  "user_signups": [
      { "user_id": 31876, "timestamp": "2023-05-14 09:18:15" },
      { "user_id": 59284, "timestamp": "2023-05-13 15:12:45" },
      { "user_id": 86729, "timestamp": "2023-06-18 09:03:30" },
  ]
}
```

테이블 2:

```
user_logins = {
  "user_logins": [
      { "user_identifier": 31876, "login_time": "2023-05-15 10:28:15",
"logoff_time": "2023-07-15 13:47:30" },
      { "user_identifier": 31876, "login_time": "2023-06-17 15:12:45",
"logoff_time": "2023-07-17 18:31:20" },
      { "user_identifier": 31876, "login_time": "2023-06-20 09:03:30",
"logoff_time": "2023-07-20 12:17:10" },
      { "user_identifier": 59284, "login_time": "2023-05-16 14:49:10",
"logoff_time": "2023-07-16 18:02:45" },
      { "user_identifier": 59284, "login_time": "2023-05-18 09:33:25",
"logoff_time": "2023-07-18 12:48:15" },
```

```
        { "user_identifier": 59284, "login_time": "2023-06-19 14:06:40",
  "logoff_time": "2023-07-19 16:34:50" },
        { "user_identifier": 59284, "login_time": "2023-06-21 08:20:05",
  "logoff_time": "2023-07-21 11:36:25" },
        { "user_identifier": 59284, "login_time": "2023-07-23 15:28:50",
  "logoff_time": "2023-07-23 18:44:40" },
        { "user_identifier": 86729, "login_time": "2023-06-18 10:48:30",
  "logoff_time": "2023-07-18 10:58:20" },
        { "user_identifier": 86729, "login_time": "2023-06-19 13:31:05",
  "logoff_time": "2023-07-19 15:50:40" },
        { "user_identifier": 86729, "login_time": "2023-06-21 10:10:25",
  "logoff_time": "2023-06-21 12:21:15" }
    ]
}
```

문제: 이 두 테이블을 이용해 가입 60일 후 사용자들의 최신 활동을 알려주세요.

이 첫 번째 문제에 답변을 하기에 앞서 다음 일들을 수행해야 합니다.

- 각 데이터 유형이 무엇을 의미하는지 확인하세요. 테이블 1의 user_id와 테이블 2의 user_identifier가 같은 것을 의미하나요?(이 답변 예시에서는 두 항목이 같다고 가정합니다.)
- .json 형식을 원하는 형식으로 로드하세요(예: pandas DataFrame).
- 소리 내어 생각하세요. 코드를 작성하는 동안 여러분의 접근 방식과 생각을 설명하세요. 문제를 잘 이해하지 못했다면 문제를 다시 확인하세요. 이 예제 데이터에는 컬럼이 여러 개가 있지만 결국 필요하지 않은 컬럼들이 있을 수 있으며, 결과를 단순화할 수도 있습니다.

다음 코드는 문제 5-1(a)에 대한 답변 예시입니다.

```python
# python

import json
import pandas as pd
```

```python
user_signins_df = pd.DataFrame(user_signins["user_signins"]) ①

user_logins_df = pd.DataFrame(user_logins["user_logins"])
latest_login_times = user_logins_df.groupby(
    'user_identifier')['login_time'].max() ②

merged_df = user_signups_df.merge( ③
    latest_login_times,
    left_on="user_id",
    right_on="user_identifier",
    how="inner"
    )




merged_df['timestamp'] = pd.to_datetime(merged_df['timestamp'])
merged_df['last_login_time'] = pd.to_datetime(merged_df['login_time'])

# merged_df
```

user_id	timestamp	login_time
31876	2023-05-14 09:18:15	2023-06-20 09:03:30
59284	2023-05-13 15:12:45	2023-07-23 15:28:50
86729	2023-06-18 09:03:30	2023-06-21 10:10:25

```python
merged_df['time_between_signup_and_latest_login'] = \
merged_df['last_login_time'] - merged_df['timestamp'] ④



# merged_df
```

user_id	timestamp	login_time	time_between _signup_and

```
                                                          _latest_login
|31876    |2023-05-14 09:18:15 |2023-06-20 09:03:30 |36 days 23:45:15

|59284    |2023-05-13 15:12:45 |2023-07-23 15:28:50 |71 days 00:16:05

|86729    |2023-06-18 09:03:30 |2023-06-21 10:10:25 |3 days 01:06:55


filtered_users = merged_df[merged_df['time_between_signup_and_latest_login'] \
> pd.Timedelta(days=60)] ⑤



filtered_user['user_id']
# Result: 59284
```

① .json 객체를 pandas DataFrame으로 읽어 들입니다.

② 각 사용자에 대해 최근 로그인 시간을 가져와서 latest_login_times라는 DataFrame에 저장합니다.

③ 두 DataFrame을 병합합니다. 이제 각 사용자에 대해 가입 시간(timestamp)과 최근 로그인 시간(login_time)이 표시됩니다.

> **TIP** 인터뷰에서 시간이 허락된다면 이 컬럼들의 이름을 더 명확하게 바꾸세요.

④ 가입 timestamp와 최근 login_time 사이의 시간을 계산하여 새로운 컬럼에 결과를 입력합니다.

⑤ 가입 후 60일이 지난 후 로그인한 사용자만 필터링하여 보관합니다.

> **NOTE** 이 책의 코드 샘플은 책의 인쇄용 서식으로 인해 줄 바꿈이 코드 포맷터의 결과물처럼 깔끔하지 않은 경우가 있습니다.

| 문제 5-1 (b) |

자, 이제 인터뷰어가 해커랭크 인터페이스에 두 번째 문제를 입력했습니다. 테이블 3과 같은 새로운 데이터 세트를 갖고 있다고 가정해보죠.

테이블 3:

```
{
  "user_information": [
    {
      "user_id": "31876",
      "feature_id": "profile_completion",
      "feature_value": "55%"
    },
    {
      "user_id": "31876",
      "feature_id": "friend_connections",
      "feature_value": "127"
    },
    {
      "user_id": "31876",
      "feature_id": "posts",
      "feature_value": "42"
    },
    {
      "user_id": "31876",
      "feature_id": "saved_posts",
      "feature_value": "3"
    },
    {
      "user_id": "59284",
      "feature_id": "profile_completion",
      "feature_value": "92%"
    },
    {
      "user_id": "59284",
      "feature_id": "friend_connections",
      "feature_value": "95"
    },
    {
```

```
  "user_id": "59284",
  "feature_id": "posts",
  "feature_value": "63"
},
{
  "user_id": "59284",
  "feature_id": "saved_posts",
  "feature_value": "8"
},
{
  "user_id": "86729",
  "feature_id": "profile_completion",
  "feature_value": "75%"
},
{
  "user_id": "86729",
  "feature_id": "friend_connections",
  "feature_value": "58"
},
{
  "user_id": "86729",
  "feature_id": "posts",
  "feature_value": "31"
},
{
  "user_id": "86729",
  "feature_id": "saved_posts",
  "feature_value": "1"
},
{
  "user_id": "13985",
  "feature_id": "profile_completion",
  "feature_value": "45%"
},
```

```
{
  "user_id": "13985",
  "feature_id": "friend_connections",
  "feature_value": "43"
},
{
  "user_id": "13985",
  "feature_id": "posts",
  "feature_value": "19"
},
{
  "user_id": "13985",
  "feature_id": "saved_posts",
  "feature_value": "0"
},
{
  "user_id": "47021",
  "feature_id": "profile_completion",
  "feature_value": "65%"
},
{
  "user_id": "47021",
  "feature_id": "friend_connections",
  "feature_value": "73"
},
{
  "user_id": "47021",
  "feature_id": "posts",
  "feature_value": "37"
},
{
  "user_id": "47021",
  "feature_id": "saved_posts",
  "feature_value": "32"
```

```
        }
    ]
}
```

문제: 새로운 테이블(테이블 3)과 이전 문제의 테이블들을 기반으로, 해당 모델이 이보다 훨씬 많은 데이터에서 실행될 것이라고 가정할 때, 이 가상 데이터를 사용한 고객 이탈 예측 모델을 어떻게 구축할 것인지 설명해주세요. 분석이 실행되는 날짜는 2023년 7월 25일이라고 가정합니다. 고객 이탈 지표와 피처 테이블을 만들고, 모델링 진행 방법에 대해 구두로 설명해주세요.

5-1 (b)번 문제에 대한 답변 팁은 다음과 같습니다.

- 실제 데이터가 아니더라도 데이터 세트를 분석하고, 데이터가 더 많은 경우엔 어떤 과정을 거칠지 단계별로 설명해야 합니다.

- 사용자의 잔류와 이탈이 정확히 무엇을 의미하는지 정의하세요. 그 회사는 이탈한 사용자를 어떻게 정의하고 있나요?(예: 30일 동안 로그인하지 않은 사용자인가요?) 모호한 부분은 명확히 짚고 넘어가세요.

- 상관관계를 발견할 수 있는 몇 가지 방법을 제안하세요. 사용자의 낮은 프로필 완성도와 해당 사용자가 이탈할 가능성의 상관관계가 그 예가 될 수 있습니다. 또한, 주어진 데이터 세트에서 이러한 가정을 테스트하고 확인할 방법을 코드와 함께 대략적으로 설명하세요.

- 노력을 적게 들이고도 시도해 볼 수 있는 베이스라인 모델엔 무엇이 있나요? 회귀 분석이나 간단한 트리 기반 모델 같은 것을 사용할 수 있을까요?

- 더 복잡한 모델을 구축해야 할 때는 어떻게 해야 할까요?

- 시간이 얼마 남지 않았다면, 복잡한 모델이 어떻게 작동할지에 대한 빠른 개요를 제공하겠다고 인터뷰어에게 설명하고 마무리하세요.

다음은 테이블 형태로 데이터를 불러왔을 때 일부 로우^{Row}가 어떻게 보일지에 대한 예제입니다.

user_id	feature_id	feature_value
31876	profile_completion	55%
31876	friend_connections	127
31876	posts	42
31876	saved_posts	3
…		

다음 코드는 5-1 (b)번 문제에 대한 예시 답안의 첫 번째 부분으로, 테이블 3을 불러옵니다.

```python
# python

import pandas as pd

user_info_df = pd.DataFrame(user_info["user_information"])

user_info_df.head() # print top 5 rows


    |user_id   |feature_id           |feature_value
    |31876     |profile_completion   |55%
    |31876     |friend_connections   |127
    |31876     |posts                |42
    |31876     |saved_posts          |3
    |59284     |profile_completion   |92%
```

인터뷰어는 사용자가 30일 동안 로그인하지 않았다면 그들을 이탈한 것으로 간주할 수 있다고 했습니다. 현재 날짜가 2023년 7월 25일이라고 가정하고 있다는 점에 유의하세요. 이탈 여부를 나타내는 이진 값의 컬럼을 생성합니다. 다음 코드는 5-1 (b)번 문제에 대한 답안의 두 번째 부분으로, 이탈 지표를 생성합니다.

```python
# python

import numpy as np

# add churn indicators

merged_df['churn_status'] = np.where(
    pd.to_datetime('2023-07-25') - merged_df['login_time'] >= pd.Timedelta(days=30),
    1,
    0
    )

# merged_df
```

user_id	timestamp	login_time	time_between _signup_and _latest_login	churn _status
31876	2023-05-14 09:18:15	2023-06-20 09:03:30	36 days 23:45:15	1
59284	2023-05-13 15:12:45	2023-07-23 15:28:50	71 days 00:16:05	0
86729	2023-06-18 09:03:30	2023-06-21 10:10:25	3 days 01:06:55	1

이제 해당 데이터를 피처 테이블과 결합할 수 있습니다.

```python
# python

user_info_df["user_id"] = pd.to_numeric(user_info_df["user_id"])

features_df = user_info_df.merge(merged_df_2[["user_id", "churn_status"]],
                                 left_on="user_id", right_on="user_id")   ①

# features_df
```

user_id	feature_id	feature_value	churn_status
31876	profile_completion	55%	1
31876	friend_connections	127	1
31876	posts	42	1
31876	saved_posts	3	1
59284	profile_completion	92%	0
59284	friend_connections	95	0
59284	posts	63	0
59284	saved_posts	8	0
86729	profile_completion	75%	1
86729	friend_connections	58	1
86729	posts	31	1
86729	saved_posts	1	1

① merged_df 데이터프레임에는 고객 이탈 지표가 있으며, 이제 이것을 피처를 담고 있는 테이블인 features_df와 결합합니다.

다음으로, 간단한 머신러닝 모델인 CatBoost를 선택하고, 이 데이터프레임을 인터뷰어가 요구한 형식으로 변환합니다(이 예제에서는 피처를 컬럼으로 사용하면 더 쉽습니다). 간단한 규칙 기반 방법의 예로써, 사용자가 20일 동안 로그인하지 않으면 고객 이탈(30일 동안 로그인하지 않음) 가능성이 높다고 볼 수 있습니다. 이 방법은 일종의 간단한 '지켜보기' 규칙 기반 방식이지만 선택지가 될 수 있습니다. 또 다른 선택지는 사용자가 14일 동안 로그인하지 않았고 친구를 추가하지 않았다면 고객 이탈 가능성이 높다고 보는 것입니다. 우리의 예측은 그 때까지 친구가 없다면 돌아올 유인이 없을 것이므로 고객 이탈 가능성이 있다는 것입니다.

> **TIP** 4장에서 언급했듯이, 이곳은 큰 '숫자'를 가진 피처로 인해 전체 스케일의 비율이 왜곡되지 않게 하는 데이터 스케일링에 대해 논의할 수 있는 부분입니다. 누락된 값에 대해서도 논의해야 합니다(이 가상 예제에서는 없지만, 실제 세계에서는 있을 가능성이 높습니다).

데이터 및 머신러닝 중심의 인터뷰에 관한 FAQ

앞서 저는 데이터와 머신러닝에 초점을 맞춘 인터뷰가 어떻게 진행되는지를 설명했습니다. 저는 이러한 인터뷰를 때로는 인터뷰이로서, 때로는 인터뷰어로서 많이 경험했습니다. 다음은 제가 경험을 통해 알게 된 몇 가지 사실과 팁입니다. 여러분에게 도움이 되길 바랍니다.

FAQ: 인터뷰 형식이 많이 다른 것 같습니다. 해커랭크나 코더패드 같은 플랫폼에서 연습해보는 것이 좋을까요?

A: 인터뷰 형식은 다를 수 있지만, 너무 걱정하지 마세요. 몇 번 진행해보면 다양한 유형에 익숙해지게 됩니다. 예를 들어서 저는 코드를 정확하게 실행해야 하는 인터뷰도 있었고, 최선을 다한 의사코드만으로 충분했던 인터뷰도 있었습니다. 구글 인터뷰를 예로 들자면, 구글 독스Google Docs에서 코딩해야 했기 때문에 코드를 실제로 실행할 수는 없습니다. 하지만 여러분이 문법에 익숙하지 않거나 명백한 실수를 많이 저지르면 인터뷰어들은 코드를 실행하지 않고도 여전히 그러한 문제들을 잘 알아볼 수 있습니다.

FAQ: 소리 내어 생각하는 것이 산만하게 느껴집니다. 정말로 못하겠다면 어떻게 해야 하나요?

A: 소리 내어 생각하는 것 때문에 산만해진다고 생각되면 자주 말할 필요는 없습니다. 하지만 자연스럽게 휴식을 취하는 순간, 예를 들어 함수를 정의하고 난 직후에 생기는 잠깐의 틈을 이용해 지금까지 무엇을 했고 왜 했는지 간략하게 요약하는 것이 좋습니다. 제가 인터뷰어로서 후보자가 타이핑하는 모든 문자를 보고 있어도 제가 하고 있는 가정이 잘못될 수 있습니다. 저는 마음을 읽을 수 없으니까요. 요약하자면, 자연스럽게 생기는 틈을 이용해서 설명을 해보세요.

FAQ: 데이터를 다뤄본 업무 경험이 없습니다. 이런 문제들은 어떻게 잘 대답할 수 있을까요?

A: 데이터를 다루는 사람들은 다양한 알고리즘의 장단점에 대해 생각하는 것을 중요하게 여깁니다. 데이터의 미묘한 차이점에도 주의를 기울이죠. 예를 들어 소셜 미디어 회사에

서의 인터뷰에서 인터뷰어는 오랜 사용자에게는 트리 기반 모델이 더 잘 작동할 수 있지만 새로운 사용자에게는 그렇게 효과적이지 않을 수 있다는 점을 제기할 수 있습니다. 인터뷰이는 이러한 단점을 해결할 수 있는 방안을 제시할 수 있어야 합니다. 예를 들어 활동 기간이 30일 이상인 사용자에게만 이 모델을 사용하는 것이 솔루션이 될 수 있습니다.

데이터의 미묘한 차이를 고려해야 합니다. 예를 들어, 테이블에 사용자 ID와 친구 목록이 있어도 소셜 미디어 플랫폼 사용 기간 정보가 없다면, 친구 수의 의미가 달라질 수 있습니다. 플랫폼을 오래 사용한 사용자일수록 자연스럽게 더 많은 친구를 가질 가능성이 큽니다. 한 달간 가입한 사용자와 1년간 가입한 사용자가 같은 10명의 친구를 가진 경우, 그 의미는 다를 수 있습니다. 따라서 단순히 친구 수만으로 사용자를 평가하는 것은 적절하지 않을 수 있습니다.

좋은 소식은 데이터 관련 업무 경험이 없어도 이러한 주요 포인트들을 알게 되었다면 사이드 프로젝트를 통해 같은 유형의 사고방식을 개발할 수 있다는 것입니다. 요구 사항이 많은 것처럼 들릴 수 있지만, 저는 계량경제학 수업 과제를 통해 배운 것을 바탕으로 신입 인터뷰 때 이러한 문제에 답할 수 있었습니다. 여러분이 실질적인 경험을 쌓았다면(인터뷰를 준비하고 프로젝트 포트폴리오를 구축하면서 꼭 해야 합니다) 여러분도 할 수 있습니다.

데이터 및 머신러닝 인터뷰 문제 자료

데이터 및 머신러닝 과련 인터뷰 문제를 연습할 수 있는 추가 자료는 다음과 같습니다.

- NumPy 연습 문제 및 답안(*https://oreil.ly/ecEfI*)(집필 시점에 깃헙 스타 10.6k 개)
- pandas 연습 문제(*https://oreil.ly/pzbx0*)(집필 시점에 깃헙 스타 9.2k개)
- 구글 코드랩으로 하는 pandas 실습(*https://oreil.ly/YqMzP*)(버클리 대학교)

5.4 파이썬 코딩 인터뷰: 브레인티저 문제들

이제 이 책에서 다룰 또 다른 유형의 프로그래밍 문제로 넘어가겠습니다. 바로 '브레인티저 문제'입니다. 이들은 '릿코드 문제'으로도 널리 알려져 있으며(이를 종종 LC라고 줄여 말합니다), 코딩 도전 과제 등으로 불립니다. 머신러닝에 초점을 맞춘 인터뷰에 관한 프로그래밍 문제를 검색할 때, 브레인티저 유형의 문제들이 검색 엔진 결과에서 자주 나타납니다. 여러분도 알겠지만, 이것이 유일한 문제 유형은 아니어도 여전히 중요한 이유는 다음과 같습니다.

- 이들은 더 표준화되어 있습니다.
- 이들은 더 오랜 역사를 가진 소프트웨어 개발자/엔지니어 인터뷰 과정과 일부를 공유합니다.
- 소프트웨어 엔지니어링 기술을 크게 중시하는 머신러닝 직무에서는 이 유형의 문제와 인터뷰 과정이 일반 소프트웨어 엔지니어링 인터뷰와 많이 겹칩니다.
- 브레인티저 문제는 주로 후보자의 프로그래밍 능력을 평가하는 데 사용됩니다. 비록 실제 직무에서 여러분이 맡게 될 프로젝트들이 코딩 브레인티저보다 훨씬 광범위할지라도 말이죠.

본격적으로 조언과 자료를 제공하기 전에, 여러분이 브레인티저 문제 준비 과정에서 주목해야 할 몇 가지 패턴에 대해 알려드리겠습니다.

브레인티저 프로그래밍 문제 패턴

릿코드나 해커랭크에 가입하게 되면, 수백 가지의 문제들을 마주하게 됩니다. 이 많은 문제들로 인해 어디서부터 시작해야 할지 모르는 마비를 겪을 수 있습니다. 그리고 "정말 수십만 개의 문제를 모두 익힐 수 있을까?" 하는 걱정이 이어집니다.

하지만 걱정하지 마세요, 모든 것을 공부할 필요는 없습니다. 많은 문제들이 유사한 개념과 패턴에서 비롯되거든요. 공통된 패턴을 식별하고 그 기본 원칙을 이해하는 데에 더 집중하면, 이전에 보지 못한 새로운 문제도 유연하게 대응할 수 있게 됩니다.

100개의 문제가 있어도 이들이 실제로 확인하는 것이 단지 10가지 주요 패턴뿐이라면, 100개의 문제 전부를 처음부터 끝까지 다 다루기보다는 초기에 각 유형별로 2~3개씩만 다뤄보는 것이 (총 20~30개의 문제) 시간을 절약하는 방법일 것입니다.

이 절은 대략적으로만 살펴봐도 되며, 지금 바로 모든 것을 깊이 이해하지 않아도 됩니다. 인터뷰 준비를 시작한 이후에 다시 돌아와서 복습해도 됩니다.

우리가 주목해야 할 몇 가지 패턴은 다음과 같습니다.

- 배열과 문자열 조작
- 슬라이딩 윈도우
- 두 개의 포인터
- 빠르고 느린 포인터
- 구간 병합
- 그래프 탐색(예: 깊이 우선 탐색(DFS)과 너비 우선 탐색(BFS))

배열과 문자열 조작, 슬라이딩 윈도우, 두개의 포인터에 대해서는 상세히 다룰 예정입니다.

모든 데이터 직무를 아우르는 인터뷰 문제 중에는 이 주제들에 많은 부분을 차지합니다. 소프트웨어 엔지니어링에 더 초점을 맞춘 직무의 인터뷰에서는 그래프 탐색 같은 개념에 대해서도 문제가 나올 수 있습니다. 이 절의 후반부에서 이러한 개념들을 정리하는 데 도움이 될 자료들에 대한 링크를 제공합니다.

배열과 문자열 조작

많은 프로그래밍 문제에 있어 여러분은 배열, 문자열, 딕셔너리 또는 다른 데이터 타입을 조작할 수 있어야 합니다. 이 문장을 두 부분으로 나눠 몇 가지 정의를 설명하겠습니다. 첫째, 여기에서 배열은 파이썬 배열(*https://oreil.ly/ncZpX*)이나 NumPy 배열에 국한되지 않는 일반적인 용어입니다. 인터뷰의 '배열'에는 파이썬 리스트와 다른 순회 가능^{iterable} 객체가 포함되며 for 루프를 통해 순회할 수 있습니다. 여기에서 조작^{Manipulation}이라 함은 목표하는 결과를 만들기 위해 배열의 요소를 갱신하고, 재배열하며, 추출하는 작업을 말합니다. 이 패턴은 단독으로 사용하기보다는 배열과 문자열 조작 기술을 슬라이딩 윈도우와 두 포인터 같은 다른 패턴과 함께 사용하는 경우가 많습니다.

이러한 문제들에 있어 여러분이 능숙하게 사용할 수 있어야 하는 함수들은 다음과 같습니다.

- len()(*https://oreil.ly/T0Etb*)
- sum()(*https://oreil.ly/BVbs0*)
- min()(*https://oreil.ly/NnOow*)
- max()(*https://oreil.ly/qwqK-*)
- enumerate()(*https://oreil.ly/7GTvF*)

이 외에도 collection(*https://oreil.ly/Dum4h*)나 itertools(*https://oreil.ly/EEBfv*) 모듈을 가져오거나 내장 함수인 sorted()를 사용할 수도 있지만 문법에 익숙하지 않거나 더 간단한 내장 함수를 사용하여 쉽게 결과를 달성할 수 있다면 굳이 이들을 사용할 필요는 없습니다(파이썬 문서(*https://oreil.ly/I9XcU*)에서 발췌).

abs()	float()	oct()
aiter()	format()	open()
all()	frozenset()	ord()
any()	getattr()	pow()
anext()	globals()	print()
ascii()	hasattr()	property()
bin()	hash()	range()
bool()	help()	repr()
breakpoint()	hex()	reversed()
bytearray()	id()	round()
bytes()	input()	set()
callable()	int()	setattr()
chr()	isinstance()	slice()
classmethod()	issubclass()	sorted()
compile()	iter()	staticmethod()
complex()	len()	str()
delattr()	list()	sum()
dict()	locals()	super()
dir()	map()	tuple()
divmod()	max()	type()
enumerate()	memoryview()	vars()
eval()	min()	zip()
exec()	next()	__import__()
filter()	object()	

여러분은 대표적인 데이터 타입과도 친해져야 합니다. 다음은 그 중의 몇 가지 예입니다(이

책이 파이썬에 중심을 두고 있다는 점을 기억해주세요).

| 리스트 |

리스트를 인덱스를 이용해 순회하고, 자르며, 조작하는 데 익숙해야 합니다. 예를 들어, A 부터 B까지 요소를 가져오거나 마지막 세 요소를 가져오는 작업 등을 할 수 있어야 합니다. (*https://oreil.ly/domv5*)

| 문자열 |

리스트와 유사하게 문자열을 조작할 수 있어야 합니다. 세 번째 글자를 쉽게 가져올 수 있나요? 첫 번째부터 세 번째 글자까지 가져올 수 있나요? 마지막 글자만 가져올 수 있나요? (*https://oreil.ly/u4moU*)

| 다양한 숫자 타입 |

int나 float으로 저장할 필요가 있나요? 타입을 골랐을 때에는 타당한 이유가 있어야 합니다. (*https://oreil.ly/JyA_n*)

| 딕셔너리 |

키-값 쌍을 사용해 데이터를 저장하고 쉽게 접근할 수 있게 해주며, 접근 속도 또한 빠릅니다. 자바의 HashMap과 비슷하다고 할 수 있습니다. (*https://oreil.ly/4CaPK*)

| 집합 |

유일한 값을 다루는 인터뷰 문제에 특히 유용합니다. (*https://oreil.ly/dAHtJ*)

| 튜플 |

프로그램에서 한 번에 여러 결과를 반환하고자 할 때 이상적입니다. (*https://oreil.ly/u6kcb*)

| 제너레이터 |

실전에서 매우 유용하며, 대량의 데이터를 처리하는 테스트 케이스를 실행할 때 메모리 사용량을 절약하고 오류를 줄일 수 있습니다. (*https://oreil.ly/UztZh*)

| 배열 |

인터뷰에서는 이전에 언급된 데이터 타입들을 사용하는 것으로 충분했기 때문에, NumPy 배열과는 다른 파이썬 '배열'을 직접 사용하지는 않습니다. 그럼에도 불구하고, 대량의 데이터와 수치 연산에 더 효율적일 수 있는 이 구현에 대해 알고 있는 것이 유리할 수 있습니다. (*https://oreil.ly/FkFsb*)

> **TIP** 데이터 타입에 대한 설명이 완전한 것은 아니며, 인터뷰에 유용하다고 생각한 내용만을 정리한 것입니다.

> **NOTE** 여러분이 지원하는 직무에 따라서는 이 책에 소개된 기초적인 내용보다 문제의 난이도가 훨씬 높을 수 있습니다. 대형 기술 회사에서 MLE(머신러닝 엔지니어)나 머신러닝 소프트웨어 엔지니어와 같은 엔지니어링 직무를 지원한다면, 릿코드와 같은 온라인 플랫폼에서 많은 연습을 하는 것이 권장되며 실제로 필요합니다. 초보자는 여기서 소개된 기초를 바탕으로 계속해서 공부하길 바랍니다.

슬라이딩 윈도우

다음은 슬라이딩 윈도우^{sliding window} 패턴입니다. 이 패턴은 여러분이 일정 범위 안에 있는 값들을 조작하거나 집계할 때 사용할 수 있습니다. 이 패턴을 알기 전에 저는 이런 종류의 문제들을 무차별 대입법으로 접근하곤 했습니다. 예를 들면 저는 반복마다 전체 범위의 합을 구하려 했습니다. 그러나 이 방식으로는 곧 한계에 부딪히게 되었습니다. 데이터가 작을 때는 문제가 없지만, 범위가 넓어지면 제 해법은 (릿코드에서) 시간 초과로 실패하곤 했습니다. 테스트 케이스를 제공하는 인터뷰였다면, 제가 그 문제를 완전히 해결할 수 없다는 것을 의미했죠.

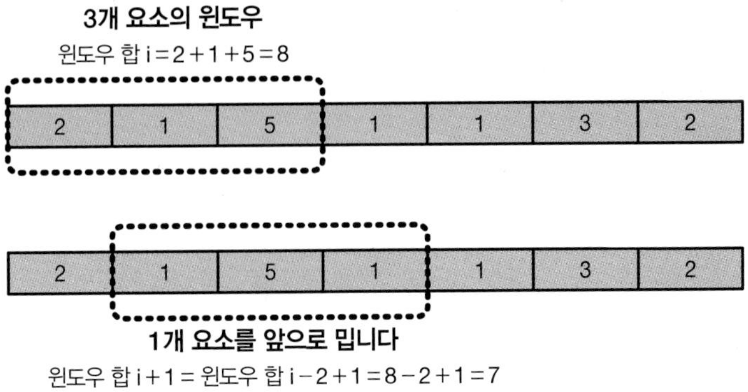

3개 요소의 윈도우
윈도우 합 i = 2 + 1 + 5 = 8

| 2 | 1 | 5 | 1 | 1 | 3 | 2 |

| 2 | 1 | 5 | 1 | 1 | 3 | 2 |

1개 요소를 앞으로 밉니다
윈도우 합 i+1 = 윈도우 합 i−2+1 = 8−2+1 = 7

그림 5-1 슬라이딩 윈도우 설명

이 패턴은 반복 루프의 각 후속 반복 사이에 겹치는 윈도우나 범위를 재사용할 수 있도록 해줍니다. 첫 번째 반복에서는 첫 반복에 필요한 범위 내의 모든 것을 합산합니다. 루프의 두 번째 반복에서는 두 번째 반복 범위를 처음부터 다시 합산하는 대신, 첫 번째 반복의 총합에 새 숫자를 더하고 첫 번째 숫자를 빼는 방법을 사용합니다. 이렇게 함으로써 일정 범위 안에 있는 모든 값을 합산하는 작업이 훨씬 단순한, 숫자 세개만을 다루는 문제로 변모합니다. 이 방법을 적용해보니, 이전에 실패했던 많은 문제들이 이제는 큰 범위의 숫자를 다룰 때에도 테스트 케이스를 통과했습니다.

이제 몇 가지 문제 예제들을 살펴보며 이해를 돕겠습니다. 릿코드와 같은 많은 온라인 플랫폼들은 여러분이 코드를 삽입할 수 있는 사전에 정의된 클래스와 같은 보일러플레이트 코드를 제공합니다. 그러나 이 책에서는 간결한 설명을 위해 예시 문제와 답변에서는 보일러플레이트를 포함하지 않겠습니다.

| 문제 5-2 |

양수의 배열 [2, 1, 5, 1, 1, 3, 2]과 양의 정수 k가 주어졌을 때, 크기가 k인 연속 하위 배열의 최대 합을 구하세요.

이 예시에서는 크기가 3인 하위 배열은 다음과 같습니다.

```
[2, 1, 5] → Sum: 8
[1, 5, 1] → Sum: 7
[5, 1, 1] → Sum: 7
[1, 1, 3] → Sum: 5
[1, 3, 2] → Sum: 6
```

다음 코드는 [문제 5-2]에 대한 답변 예시입니다.

```python
# python
def max_subarray_sum(arr: List[int], k: int):
    """
    :returns: int
    """
    results = []
    window_sum, window_start = 0, 0

    for window_end in range(len(arr)):
        window_sum += arr[end]              ①

        if window_end >= k-1:                ②
          results.append(window_sum)         ③
          window_sum -= arr[window_start]    ④
          window_start +=1


    return max(results)

test_arr = [2, 1, 5, 1, 1, 3, 2]
test_k=3
result = max_subarray_sum(test_arr, test_k)

# result: 8
```

① 윈도우를 슬라이딩한 후에 새 항목을 추가합니다(그림 5-1 참조).

② 처음 k개 요소를 window_sum에 합산합니다. 리스트/배열이 0-인덱스를 사용하기 때문에 k-1을 사용합니다. 즉 위치가 1이 아닌 0부터 시작한다는 것을 의미합니다.

③ 윈도우를 슬라이드하기 시작하면, results라는 배열에 결과를 저장합니다.

④ 슬라이딩한 후 윈도우에서 제외된 항목을 차감합니다(그림 5-1 참조).

> **TIP** 입력 배열의 정렬 여부에 따라 구현 방식이 달라질 수 있습니다. 문제에서 입력/출력이 정렬되어 있는지 또는 정렬되지 않았는지를 명시하고 있는지 항상 확인하세요.

> 📕 **추가 예제**
>
> 연속된 하위 배열의 합에 관한 좋은 예제(https://oreil.ly/8t-3j)가 있습니다. 나중에 이 링크가 작동하지 않는 경우엔 'Continuous Subarray Sum'을 검색하거나 'coding sliding window practice problems'를 검색하면 비슷한 문제를 찾을 수 있습니다.[4]

두 개의 포인터

다음으로 소개할 패턴은 두 개의 포인터Two Pointers입니다. 이 패턴을 따르는 문제들은 배열, 리스트, 문자열 등을 두 포인터를 사용하여 순회하면서 풀 수 있습니다(예제 답변의 그림 5-2 참조). 배열이 직선 도로를 나타낸다고 할 때, 거북이와 토끼가 도로의 양 끝에 위치해 있다고 상상해 보세요. 거북이와 토끼는 문제의 해결을 위해 서로를 향해 이동하며 결국엔 중간에서 만납니다. 이런 패턴 외에도 한 포인터가 고정된 채로 다른 포인터만 이동하는 등 다른 패턴의 문제도 존재합니다.

설명을 돕기 위해 두 포인터를 사용하는 인터뷰 문제의 예시와 이와 관련된 다른 문제들을 연습할 수 있는 온라인 자료를 살펴보겠습니다.

---

4 옮긴이_ 한국어로 번역할 경우 검색 결과와 품질이 달라질 수 있으므로 검색 키워드는 번역하지 않았습니다.

| 문제 5-3 |

고유한 숫자로 구성된 정렬된 숫자 배열에서 서로 더했을 때 특정 목표 값을 만드는 두 숫자의 쌍을 찾아주세요. 배열에서 숫자 쌍의 각 위치(인덱스)를 반환해야 합니다. 각 숫자는 한 번씩만 사용될 수 있습니다. 즉, 자기 자신을 두 번 더할 수는 없습니다.

입력 예시는 다음과 같습니다.

```
numbers = [2, 5, 7, 11, 16]
target = 16
```

출력 예시는 [1, 3]입니다. 인덱스 1과 3에 위치한 숫자, 즉 5와 11이 목표 합, 16을 만듭니다.

두 포인터 방식이 어떻게 작동하는지를 간단히 설명하겠습니다. 이 예시에서 포인터들은 배열의 시작과 끝에서 출발하여 목표 합에 가까워지도록 서로 중간으로 이동합니다.

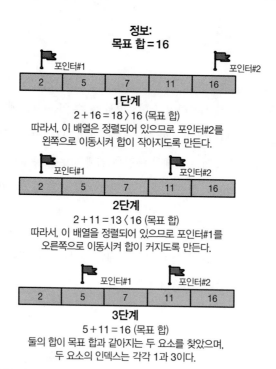

그림 5-2 두 개의 포인터 동작 과정

다음은 구현 예시입니다.

```python
# python
import math

def get_pair_with_target_sum(numbers: List[int], target: int):
    """
    :returns: List[int]
    """
    start_ind, end_ind = 0, len(numbers) - 1      ①

    test_num = math.inf

    while test_num != target_sum:                 ②

        start_num = numbers[start_ind]
        end_num = numbers[end_ind]
        test_num = start_num + end_num

        if test_num > target_sum:
            end_ind -= 1
        elif test_num < target_sum:
            start_ind += 1
        elif test_num == target_sum:
            return [start_ind, end_ind]

    if test_num == math.inf:
        return None

numbers = [2, 5, 7, 11, 16]
target = 16
result = get_pair_with_target_sum(numbers, target)

# result: [1,3]
```

① start_ind는 [그림 5-2]에서 포인터 #1(가장 왼쪽 포인터)을 나타내며, end_ind는 포인터 #2(가장 오른쪽 포인터)을 나타냅니다.

② 목표 합보다 현재 합이 작을 경우 오른쪽 포인터를 왼쪽으로, 타깃 합보다 큰 경우 왼쪽 포인터를 오른쪽으로 이동시키며, [그림 5-2]에 설명된 바와 같이 합을 반복적으로 계산합니다.

> **TIP** 더 어려운 프로그래밍 문제가 나오는 직무 인터뷰의 경우, 인터뷰어는 여러분이 제시한 솔루션을 어떻게 최적화하거나 속도를 높일 수 있는지 계속해서 물어볼 수 있습니다. 처음부터 최적화된 솔루션을 제시할 수 있다면 더욱 좋겠죠! 최적화의 예는 다음 코드 예시에서 설명합니다.

다음 예시 코드는 최초 답변보다 더 간소화되어 있습니다.

```python
# python
def get_pair_with_target_sum(numbers: List[int], target: int):
    """
    :returns: List[int]
    """
    pointer_1, pointer_2 = 0, len(numbers) - 1
    while(pointer_1 < pointer_2):
        current_sum = numbers[pointer_1] + numbers[pointer_2]
        if current_sum == target:
            return [pointer_1, pointer_2]
        if target > current_sum:
            pointer_1 += 1
        else:
            pointer_2 -= 1

numbers = [2, 5, 7, 11, 16]
target = 16
result = get_pair_with_target_sum(numbers, target)

# result: [1,3]
```

> **NOTE** 인터뷰어가 제공한 것이든 여러분이 직접 만든 것이든, 테스트 케이스에 따라 입력값에 대한 정제가 필요한지에 대한 숨은 가정이 있을 수 있습니다. [문제 5-3]에서는 입력값이 양의 정수라고 가정하지만, 여러분이 작성한 코드는 양수만 입력받는다고 가정하고 있는 상황에서 음수를 입력하는 등의 속임수 문제가 있을 수 있습니다. 인터뷰어에게 이런 부분을 확인하고 상황에 맞게 대응하세요.

🔖 추가 예제

다음은 두 개의 포인터 문제와 관련된 릿코드 자료입니다.

- 두 합(*https://oreil.ly/70iBt*)

- 0 옮기기(*https://oreil.ly/Bxzxr*)

- 하위 시퀀스 판별(*https://oreil.ly/GcctB*)

브레인티저 프로그래밍 문제 자료

이 절은 코딩 인터뷰를 준비하기 위한 추가 자료를 제공합니다.

코딩 인터뷰 연습 플랫폼

다음은 릿코드 스타일 또는 브레인티저 스타일 코딩 문제를 연습하기 위한 일반적인 플랫폼입니다.

| 릿코드 |

소프트웨어 엔지니어 및 개발자를 위한 코딩 도전 과제 및 인터뷰 준비 자료를 제공하는 온라인 플랫폼(*https://oreil.ly/1uqha*)

| 해커랭크 |

온라인 코딩 테스트 및 기술 인터뷰를 제공하는 온라인 플랫폼(*https://oreil.ly/ShS4w*)

| 프램프 |

기술 인터뷰 연습을 위한 무료 온라인 P2P 플랫폼(*https://oreil.ly/sh_Bm*)

| Interviewing.io |

테크 회사 엔지니어들과의 익명 모의 인터뷰(*https://oreil.ly/rguzR*)

코딩 인터뷰를 위한 선별된 학습 자료

다음은 브레인티저 문제에 관한 유용한 가이드입니다. 기본적으로는 일반적인 소프트웨어 엔지니어 인터뷰 과정에서 사용하는 자료와 동일합니다.

- 『코딩 인터뷰 완전 분석』(인사이트, 2017): 이 책은 대형 테크 스타일 코딩 인터뷰에 대한 가장 인기 있는 서적 중 하나로 여겨집니다. 소프트웨어 엔지니어링 인터뷰 루프에 초점을 맞추고 있지만, 소프트웨어 엔지니어링과 많은 부분이 겹치는 ML 직무(예: 일부 MLE 역할, ML 소프트웨어 엔지니어 등)에 인터뷰하는 경우 해당 인터뷰에 대해서도 준비해야 합니다.

- 제임스 티민스의 『파이썬 코딩 인터뷰에서 돋보이는 방법』(*https://oreil.ly/9pkXS*)

코딩 인터뷰를 위해 선별된 연습 문제

더 다양한 브레인티저 문제 패턴은 전체 『릿코드 75 공부 계획(*https://oreil.ly/YucsS*)』과 헌터 존슨의 블로그 포스트 「코딩 인터뷰에서 가장 중요한 릿코드 패턴 7가지(*https://oreil.ly/_Yfud*)」를 참고하시기 바랍니다.

> **▌ 코딩 환경에 친숙해지세요.**
>
> 여러분이 인터뷰를 보는 회사는 여러분의 코딩 실력을 평가하기 위해 해커랭크, 코더패드, 코딜리티 등과 같이 다양한 플랫폼을 사용할 수 있습니다. 대부분의 주요 플랫폼들은 비슷하기 때문에, 후보자라면 그 중 하나에서 연습한 경험이 있다면 실제로 사용해 보지 않았더라도 다른 플랫폼에도 쉽게 익숙해질 수 있습니다.
>
> 미리 연습해서 혜택을 볼 수 있는 상황은 다음과 같습니다. 구글은 후보자가 구글 독스로 코드를 작성하도록 요구하기 때문에 코드를 실행할 수 없습니다. 그러므로 코드가 유효한지 확인하기 위해 시간을 할애해야 합니다. 온라인 플랫폼과 비주얼 스튜디오 코드(VS Code) 같은 에디터의 자동완성 기능에 익숙한 후보자들에게는 이런 부분에 적응하느라 애를 써야 했습니다.

5.5 SQL 코딩 인터뷰: 데이터 관련 문제

데이터 분야에 종사하는 사람들은 일하다 보면 언젠가는 반드시 SQL을 사용하게 됩니다. 제가 근무했던 모든 회사에서는 파이썬과 SQL을 모두 사용해야 했습니다. 따라서 일부 문제는 여러분이 파이썬과 SQL 중에서 풀이 수단을 고를 수 있긴 하지만, 많은 회사들이 SQL 기반의 데이터 관련 문제를 냅니다.

파이썬 문제들이 데이터와 머신러닝에 관련되어 있는 것처럼, SQL 문제도 인터뷰를 보는 회사나 팀의 산업 분야와 연결될 수 있습니다. 예를 들어, 대규모 소셜 미디어 회사의 검색 팀에서 데이터 사이언티스트 직책으로 인터뷰를 하는 경우, 다음과 같은 문제를 질문받을 수 있습니다.

- 지난 14일 동안 10회 이상 검색한 사용자 수는 얼마입니까?
- 둘 이상의 검색 결과 유형을 갖고 있는 사용자 비율은 얼마입니까?
- 검색의 자동완성 기능을 만들어야 한다고 할 때, SQL로 이 기능의 단순한 버전을 구현하는 방법은 무엇입니까?

다음은 SQL 인터뷰 문제 예시입니다.

| 문제 5-4 |

이 문제에 대해 여러분에겐 두 가지 표가 주어집니다.

[테이블 1]은 가격과 수량을 포함한 제품 정보를 담고 있습니다.

Product	Category	Price	Quantity
Product1	Category1	10.99	5
Product2	Category2	25.99	12
Product3	Category1	15.49	20
Product4	Category3	8.99	3
Product5	Category2	17.99	8

[테이블 2]에는 예정된 할인 혜택이 나와 있습니다.

```
Category Discount
Category1 0.10
Category2 0.00
Category3 0.05
Category4 0.15
Category5 0.05
```

카테고리별로 총 수량과 할인된 값의 합계(모든 항목이 할인 중일 때 판매된 경우)를 가져오는 쿼리를 작성하세요. 결과는 다음과 같은 컬럼을 포함해야 합니다.

- 카테고리

- 총_카테고리_수량

- 총_할인된_값

다음 코드는 [문제 5-4]에 대한 답안 예시입니다.

```
— SQL
SELECT
P.category AS category,
SUM(P.quantity) AS total_category_quantity,
SUM(P.quantity * P.price * (1-COALESCE(D.discount, 0)))
AS total_discounted_values
FROM TABLE_1 AS P
LEFT JOIN TABLE_2 AS D
ON A.CATEGORY = B.CATEGORY
GROUP BY P.CATEGORY
;
```

SQL 코딩 인터뷰 문제 관련 자료

여기에서 설명하는 예시는 조인에 대해 물어보는 SQL의 기본적인 문제에 대해 이해를 돕기 위한 것입니다. 그러나 고급 SQL은 더 많은 테이블, 더 복잡한 구조의 테이블, 윈도우 함수(*https://oreil.ly/uyHg3*), 서브쿼리 등을 포함할 수 있습니다. 다음 자료를 이용해서 심화 학습을 하시기 바랍니다.

- SQL 기초 배우기(*https://oreil.ly/NE03A*): Coursera
- 릿코드에서 제공하는 SQL 문제(*https://oreil.ly/Wkwrg*): 무료 제공
- 고급 SQL 쿼리_ 윈도우 함수 연습(*https://oreil.ly/4EKy2*): 로그인 필요

5.6 코딩 인터뷰 준비 로드맵

이미 인터뷰 경험이 있는 분들은 다양한 유형의 문제에 대해 잘 알고 있을 것입니다. 저는 처음 인터뷰를 볼 때 다양한 유형의 문제에 놀랐습니다. 예를 들어 저는 데이터 및 머신러닝 관련 파이썬 문제 준비에 집중했지만, 일반적인 머신러닝이나 통계 파이썬 라이브러리를 전혀 사용하지 않는 브레인티저 문제가 있을 줄은 몰랐습니다. 그 이후로 인터뷰 준비를 보다 광범위하게 하기로 결심했습니다.

하지만, 말처럼 쉬운 것은 아니었습니다. 파이썬이나 SQL을 이미 안다 하더라도, 이 문제들의 형식은 여전히 혼란스럽습니다. 제한된 시간에 잘해내는 것은 충분한 연습 없이는 어려운 일입니다. 인터뷰는 각각 독립된 사건이며, 제가 언급했듯이 인터뷰에서 잘하는 것 또한 별개의 기술입니다. 아무리 철저히 준비하고 경험이 많다 해도, 인터뷰 중에 너무 긴장하는 사람은 선발될 가능성이 낮습니다. 하지만 영리하게 준비하고 인터뷰 중 압박감을 잘 견디는 후보자는 채용 제안을 받을 가능성이 더 높습니다.

이 책은 머신러닝 커리어에 중점을 두고 있으므로, 특히 최근의 릿코드 브레인티저를 연습하

지 않은 경험이 풍부한 업계 사람들의 실력을 평가하는 최선의 방법이라고 할 수 있는지에 대해서는 별도로 언급하지 않겠습니다. 하지만 인터뷰를 보기 전에 저는 이런 질문들에 대해 복습하는 시간을 갖고, 이를 위한 계획을 세웁니다. 이 장을 통해 여러분은 어떤 준비를 해야 하는지 이미 알고 있겠지만 실제로 코드를 작성해 보지 않으면 채용 제안을 받기 위한 실질적인 진전을 이루지 못할 것입니다.

저는 구직 활동을 할 때마다 준비해야 할 것들의 목록을 만들고, 무엇을 언제 연습할지에 대한 일정을 세웁니다. 이번 절에서는 대학생이나 직무 전환을 하는 사람들이 사용할 수 있는 캘린더를 제공합니다. 여러분의 상황에 맞게 일정을 조정하고 시작할 것을 권장합니다. 이 장은 프로그래밍 인터뷰 준비 로드맵에 초점을 맞추고 있지만, 이 책에서 언급된 모든 유형의 인터뷰 준비에 같은 캘린더 형식을 사용할 수 있습니다(보다 일반적인 머신러닝 인터뷰 준비 로드맵에 대해서는 8장을 참조하세요).

코딩 인터뷰 로드맵 예시: 4주, 대학생

당신은 학사 또는 석사 과정의 마지막 해를 보내는 학생입니다. 파이썬은 어느 정도 사용할 줄 알지만, SQL관련 수업을 들어본 적이 없어 SQL에 대해서는 전혀 모릅니다. 데이터 분야에서 일하는 졸업생과의 비공식 인터뷰와 이 책을 통해, 파이썬 브레인티저 문제 몇 가지를 연습하는 것과 함께 SQL에 대해서도 약간 알아두어야 한다는 것을 알게 되었습니다.

다음은 선택사항이지만 추천합니다. 학과의 지도 교수님[5]이나 그에 상응하는 분에게 연락해서 데이터 사이언스 또는 머신러닝 분야로 진출한 졸업 선배들과 연락할 수 있도록 부탁합니다. 졸업한 선배 두 명의 연락처를 받아 링크드인에서 이들을 찾아 연락을 시도합니다. 한 명은 응답하지 않지만, 다른 한 명과는 통화할 기회가 있었고, 그 선배는 자신의 준비 과정에

---

5 저는 저의 인생을 바꿀만큼 긍정적인 영향을 준 지도 교수를 만난 적이 있습니다. 여러분은 이분들이 제공할 수 있는 엄청난 자원들에 대해 들으면 깜짝 놀랄 것입니다. 반면에, 저는 몇 과목에서 낙제했을 때 한 지도 교수로부터 "넌 절대 만회할 수 없을 거야"라는 말을 듣고, 점심 시간에 몇몇 지도 교수가 학생들에 대해 불평하는 것을 들은 후 2년 동안 지도 교수에 대한 두려움을 가졌습니다. 이 일을 통해 훌륭한 지도 교수를 찾는 데는 노력이 필요하다는 교훈을 얻었습니다. 이 말을 하는 이유는 가능하다면 여러분이 더 많은 지도 교수와 대화를 나누라는 격려를 하기 위함입니다. 그럴 만한 가치가 있습니다!

대해 설명합니다. 당신은 몇 가지 메모를 하고 계획을 세우기 시작합니다.

목표는 4주 안에 취업 지원 및 인터뷰를 시작하는 것입니다(표 5-1).

표 5-1 수업과 과제 사이에 인터뷰 준비 시간을 할애하는 대학생을 위한 예시 로드맵. 하루에 약 2-3시간, 주당 약 18시간이 소요됩니다.

로드맵 예시						

1주차: 계획

월	화	수	목	금	토	일
머신러닝 인터뷰 읽기	머신러닝 인터뷰 읽기	머신러닝 인터뷰 읽기	[기한이 내일까지인 과제 수행][a]	[기한이 오늘까지인 과제 수행]	인터뷰 준비 일정 작성[b]	인터뷰 준비 일정 작성

2주차: 데이터 및 머신러닝 문제들

월	화	수	목	금	토	일
Numpy 및 pandas 복습	Numpy 문제 연습	Numpy 문제 연습	[클럽 활동]	padas 문제 연습	padas 문제 연습	[친구들과 BBQ]

3주차: 브레인티저 프로그래밍 문제들

월	화	수	목	금	토	일
슬라이딩 윈도우 문제 3개 풀기[c]	두 포인터 문제 3개 풀기	[XX 패턴]의 문제 3개 풀기	[기한이 내일까지인 과제 수행]	[기한이 오늘까지인 과제 수행]	배열 및 문자열 조작 문제 풀기(앞 두개 유형과 겹침)	문제 3개 풀고 시간 측정하기

4주차: SQL 기초부터 공부하기

월	화	수	목	금	토	일
SQL 입문 동영상 시청. 일부는 건너뛰기	SQL 입문 동영상 시청	3개 문제 풀이 도전, 답안 확인	3개 문제 풀이 도전, 답안 확인	답안 보지 않고 문제 풀이 2개 도전	[휴식]	[휴식]

5주차: SQL 실전 문제 + 브레인티저, 시간 제한

월	화	수	목	금	토	일
답안 보지 않고 Numpy/pandas 문제 5개 풀기	답안 보지 않고 주요패턴에 관한 릿코드 문제 4개 풀기	막혔던 문제들의 답안 확인	답안 보지 않고 1시간 내에 릿코드 문제 3개 풀기	답안 보지 않고 SQL 문제 3개 연습	더 잘 풀 수 있는 방법을 알기 위해 전날 풀었던 SQL 문제 답안 확인	미완수 계획 처리

a   이 준비 캘린더에 과제들을 포함시켰지만, 이것이 캘린더에 기록되지 않은 과제 수행, 시험 준비, 사회 활동을 하지 않는다는 의미는 아닙니다. 이 일정은 하루에 단 두세 시간을 위한 것으로, 여기에 학교나 개인 일정을 추가한다는 것은 인터뷰 준비를 하려고 했던 시간을 할애해서 급한 일, 과제 또는 기타 행사 참여를 할 수 있다는 것을 의미합니다.

b   이 예시에서는 이 2~4주차 일정이 이 때 작성되었습니다.

c   쉬운 난이도의 문제 2개로 시작하고, 중간 난이도의 문제 1개를 선택할 수 있습니다. 각 문제에 30분에서 1시간을 할애할 수 있으며, 1시간이 지나도 여전히 해결하지 못했다면 해답을 봐도 좋습니다.

이 로드맵이 상대적으로 짧을 수 있는 이유는 제가 학습 자료 소비 단계를 최대한 빨리 끝내고 싶어하기 때문입니다. 직접 코딩을 하면서 문제 풀이 연습을 시작하지 않기 때문에 두배의 시간을 투자해도 별 진전을 보지 못하는 사람들이 있습니다. 이것은 수학을 공부할 때 읽기만 하고 문제 풀이는 하지 않는 것과 같습니다.

또한 저는 압박이 적은 로드맵을 작성합니다. 문제 3개를 풀 수 없다면 하나만 하면 됩니다. 그 날 하나만 하는 거죠. 문제 풀이를 하는 날에 절반은 답안을 보고 절반은 보지 않고 할 수도 있습니다. 여러분도 이 정도는 할 수 있습니다!

> **CAUTION** 처음 연습 문제를 몇 번 도전하다가 막힐 때는 고통스러울 것입니다. 바로 효과를 볼 수 있는 팁을 얻길 바라며 다시 동영상을 시청하고 책을 읽으며 공부하는 단계로 돌아가고 싶을 것입니다. 그러한 함정에 빠지지 않도록 주의하세요. 더 빨리 연습 문제를 풀어보고 실수를 할수록, 더 빨리 배우게 될 것입니다. 그리고 제 경험에 따르면, 이 방식은 정보를 더 잘 기억하도록 해줍니다.

저는 이와 같은 방식의 로드맵으로 준비한 후에, 인터뷰를 보고 떨어진 후에 계속해서 반복적으로 해당 로드맵을 개선해 왔습니다. 어쩌면 저는 더 많은 중간 난이도 문제를 연습하거나, 인터뷰를 볼 때 문제 패턴을 더 빨리 식별하는 연습이 필요했을지도 모릅니다. 하지만 적어도 저는 시작했으며, 인터뷰에 떨어지면서도 각 인터뷰를 통해 점점 나아지는 경험은 수동적으로 동영상을 보는 데 머물게 하지 않고 머신러닝 직무 입사 제안이라는 목표에 훨씬 더 가까워지게 만들었습니다.

코딩 인터뷰 로드맵 예시: 6개월, 커리어 전환

좋습니다. 여러분이 학생이 아니라 머신러닝 분야 외의 일을 하면서, 집에서는 돌봐야 하는 아이가 있다고 가정해 보겠습니다.

여러분은 머신러닝/데이터 분야에 관심이 있고 많은 온라인 자료를 읽었으며, 이 책을 발견했습니다. 일과 후에 시간과 에너지가 많지 않지만, 새로운 도약을 시작하고 싶어 합니다. 주말은 가족과 함께 시간을 보내지만, 매주 토요일에 2~3시간, 일요일에 1시간씩 인터뷰 준비에 할애할 생각입니다. 여러분은 현실적이고 지속 가능한 목표로써, 6개월 내에 인터뷰를 준비하고 도약하길 원합니다(표 5-2).

표 5-2 풀타임 전문가와 부모를 위한 매주 약 4시간을 할애하는 로드맵

	1주차	2주차	3주차	4주차
1개월차	머신러닝 인터뷰 읽기	머신러닝 인터뷰 읽기	공부 계획 작성	공부 계획 작성
2개월차	NumPy 공부	pandas 공부	Numpy 문제 풀기 (처음에 답안 보고 나중엔 보지 않기)	pandas 문제 풀기 (처음에 답안 보고 나중엔 보지 않기)
3개월차	릿코드를 위한 파이썬 읽기	패턴에 관해 읽고 패턴 마다 문제 1개씩 풀기	쉬운 난이도로 패턴 마다 문제 2개씩 풀기	중간 난이도로 패턴 마다 문제 2개씩 풀기
4개월차	SQL 동영상 시청 공부	SQL 동영상 시청 공부	답안을 참고해서 SQL 문제 3개 풀어보기	답안 보지 않고 SQL 문제 5개 풀어보기
5개월차	한 주에 문제 3개 풀기	한 주에 문제 3개 풀기	한 주에 문제 3개 풀기	한 주에 문제 3개 풀기
6개월차	시간 제한 걸고 한 주에 문제 5개 풀기	시간 제한 걸고 한 주에 문제 5개 풀기	시간 제한 걸고 한 주에 문제 5개 풀기	시간 제한 걸고 한 주에 문제 5개 풀기

이 책의 다른 부분에 대한 준비 시간도 계획에 포함시켜야 함을 잊지 마세요. 예를 들어, 여러분이 현재 머신러닝 알고리즘을 공부하는 중이라면, 이 또한 6개월짜리 로드맵이 될 수 있습니다. 만약 직장 때문에 주말에 2~3시간, 평일에는 매일 1시간밖에 여유가 없다면, 일정을 조정하고 기간을 연장할 수 있습니다. 모든 것이 여러분의 결정에 달려 있습니다!

코딩 인터뷰 로드맵: 여러분만의 로드맵을 만들어보세요!

여러분만의 코딩 인터뷰 로드맵을 만들어보세요. 여러분의 캘린더에 다양한 인터뷰 준비 일정을 추가해 보세요. 제가 프로그래밍 인터뷰 준비에 중점을 두고 싶었던 이유는, 문제를 빠르게 풀 수 있으려면 풀이 과정을 연습을 통해 체화해야 하기 때문입니다. 코딩 준비뿐만 아니라 전반적인 인터뷰 준비에 사용할 수 있는 로드맵 템플릿은 8장에서 확인할 수 있습니다.

여러분의 로드맵을 저희 자매 사이트(*https://susanshu.substack.com/*)에 댓글을 달아 공유해주세요!

요약

이번 장을 통해 우리는 데이터 및 머신러닝 관련 문제, 브레인티저, SQL 문제 등과 같은 다양한 유형의 코딩 인터뷰 문제에 대해 알아봤습니다. 또한 코딩 인터뷰에서 인터뷰어가 후보자에게서 어떤 역량을 보고자 하는지, 그리고 합격을 위한 팁들(소리 내어 생각하기, 인터뷰어와 자주 확인하기, 인터뷰 도중 의사소통하기 등)을 배웠습니다. 마지막으로 코딩 인터뷰 준비를 위한 예시 로드맵들을 제시하며, 여러분만의 목표 일정에 따라 직접 로드맵을 만들 것을 권장했습니다.

기술 인터뷰: 모델 배포와
종단 간 머신러닝

3장과 4장에서 여러분은 머신러닝 알고리즘, 모델 학습, 평가와 관련된 중요 개념에 대한 개요를 다뤘습니다. 머신러닝 모델이 사용자에게 영향을 주기 위해서는 배포되어야 합니다. 그 사용자가 회사의 외부 고객이든, 내부 사용자이든, 동료 직원이든 관계없이 말입니다.

모델의 배포 수준에는 여러 가지가 있지만, 가장 중요하게 고려할 것은 모델의 최종 목적 달성입니다. 예를 들어 마케팅 팀이 새로운 결과를 요구할 때마다 모델을 수동으로 실행하고 있고, 이 방식이 잘 작동하고 있다면 이것이 여러분이 달성해야 할 배포 수준일 수 있습니다. 또는 모델 학습을 수행한 사람이 모델 학습 이후에 별다른 작업을 하지 않아도 모델이 고객에게 A/B 테스트의 일부로써 자동으로 배포되는 완전 자동화 시스템을 여러분이 보유하고 있을 수도 있습니다. 이런 시스템이 최종 목적에 부합한다면 그것 또한 배포 수준이 될 수 있습니다.

이런 맥락에서 머신러닝 전문가가 모델 배포에 관한 모든 세부 사항을 알 필요는 없습니다. 하지만, 여러분이 아래와 같은 직무에 지원하고자 한다면, 이번 절의 주제들을 복습하는 것이 유용할 겁니다. 모델 배포에 대한 깊은 지식을 요구할 가능성이 있는 직무는 다음과 같습니다.

- 모델 학습뿐만 아니라 다른 업무도 수행하는 머신러닝 엔지니어
- MLOps 엔지니어
- 머신러닝 배포를 전담할 인력이 따로 없는 스타트업에서 근무하는 데이터 사이언티스트나 머신러닝 엔지니어

만약 여러분이 지원하는 직무가 여기에 해당한다면 소프트웨어 엔지니어링 인터뷰와 겹치는 5장의 코딩 문제가 인터뷰에 포함될 가능성이 더 높아집니다.

반대로, 여러분의 관심 회사나 팀이 직무의 역할과 책임을 매우 명확히 구분하고 있거나, 지원 직무가 직접적인 배포를 수행할 책임을 요구하지 않거나, 여러분의 관심 직무가 아래에 해당한다면 이 장을 건너뛰거나 가볍게 읽어도 됩니다.

- 제품 데이터 사이언티스트

- 모델 개발 또는 기타 분석에 집중하는 데이터 사이언티스트, 응용 사이언티스트, 머신러닝 엔지니어 등

이 장에서는 모델 배포, 배포 후 모델 모니터링, 종단 간^{End to End} 머신러닝 프로세스 및 도구를 다룰 것입니다. 여기에 더불어서 시스템 디자인, 과거 프로젝트에 대한 심층 기술 질문, 프로덕트 센스 등 고급 머신러닝 인터뷰 주제를 간단히 요약해 설명할 것입니다. 여러분이 이런 주제들을 마주칠 때를 대비하여 준비할 수 있도록 돕기 위함입니다. 좋은 소식이 있다면, 주로 시니어 또는 스태프+ 레벨에서만 고급 주제가 요구되며, 신입 레벨에서는 그렇지 않다는 것입니다.

6.1 모델 배포

저는 모델 배포를 '생방송'에 비유해왔습니다. 머신러닝 직무에서 모델 배포는 1장에서 논의한 머신러닝 생애주기의 중요한 부분에 해당합니다. 모델 배포에 중심을 둔 직무 관련 인터뷰에서는 (모델을 제공하기 위한) 머신러닝 인프라 또는 소프트웨어 인프라, 머신러닝 가설 검증, 모니터링, 모델 업데이트 등의 주제를 다룰 가능성이 있습니다.

이런 주제에 관한 경험들은 머신러닝 모델을 개발하는 사이드 프로젝트로는 얻기가 힘듭니다. 실제 사용자에게 적용할 기회가 없기 때문이죠. 이런 이유로 저는 사이드 프로젝트를 우선시하지 않았습니다.

다음으로, 현업에서 모델 배포가 중요한 이유 몇 가지를 살펴보고, 모델 학습 및 개발 작업을 배포 작업과 어떻게 연결할 수 있는지에 대해 설명하겠습니다.

신입이 머신러닝 업계에서 겪는 주요 경험 격차

제가 머신러닝 분야에서 일을 처음 시작했을 때, '운영 환경^{Production}'과 '배포^{Deployment}'라는 개념

이 낯설었습니다. 그래서 이 절에서는 이 개념들을 처음 접하게 된 경로와 머신러닝의 이론적 지식에서 개별 프로젝트를 거쳐 완전한 규모의 프로젝트까지의 격차를 어떻게 극복했는지에 대해 설명합니다. 여러분에게 이 이야기가 도움이 되기를 바랍니다.

저는 토론토 대학교에서 석사 과정을 하면서 연구 프로젝트 일부를 위해 주피터 노트북상에서 파이썬을 사용했습니다. 저는 프로그래밍적으로 데이터를 스크래핑하고 수집했으며, 스크립트를 작성하여 데이터를 정리하고 분석했습니다. 이 기간 동안 랩탑 컴퓨터를 사용하여 계산했습니다. 저는 파이썬 패키지를 랩탑의 로컬 환경에 직접 설치했으며, 개발하는 동안에는 저 혼자만 작업했기 때문에 코드를 빠르게 수정할 수 있었습니다. 코드 백업은 랩탑에 로컬로 복사하는 것이 전부였습니다. 머신러닝 모델의 학습과 분석이 끝난 후에는 몇 가지 시각화를 생성하여 LaTeX로 논문을 작성했고, 그 프로젝트는 그렇게 끝났습니다. 저는 그 스크립트들을 다시 실행한 적이 없습니다.

이런 환경은 학습 용도로는 적합하지만 업계의 실제 작업 환경과는 매우 달라 적합하지 않을 수도 있습니다. 많은 머신러닝 실무자들이 마인드셋을 바꿨던 경험을 공유했습니다. 이제 모델은 배포되어야 하며, 다른 동료들이 쉽게 수정할 수 있어야 하고, 코드는 백업되어 자동으로 자주 재실행되어야 합니다! 운영 환경은 다양한 스펙트럼을 가지고 있으며, 회사마다 다릅니다. 어떤 팀에게는 핵심 머신러닝 결과물이 모델을 한 번만 학습시킨 후에 몇 가지 도식을 생성하는 것일 수 있으며, 학교나 개인 프로젝트 경험과 비슷한 수준인 경우도 있습니다. 또 어떤 팀의 경우에는(소문에 의하면 이러한 직무는 더 경쟁적인 것 같습니다), 운영 환경이 수백만 명의 사용자를 위한 장시간 운영에 대한 기대를 요구받을 수 있습니다. 이런 경우에는 단순한 개발 환경에서 통하던 것들이 운영 환경에서는 더 이상 통하지 않을 가능성이 높습니다.

제 첫 직장에서는 직접 개발한 머신러닝 모델이 매일 수백만 명의 사용자를 대상으로 실행되어야 했습니다. 몇 천 개의 데이터만 다뤘던 대학원 프로젝트에 비해 필요한 계산량이 매우 달라져, 더 이상 제 랩탑에서 실행할 수 없게 되었습니다. 첫 직장에서는 우리의 로컬 클라우드 컴퓨팅 환경에 원격으로 접속하고 가상 머신에서 코드를 작업하는 방법을 익혀야만 했습니다. 또한, 코드를 백업하고 동료들과 쉽게 공유할 수 있도록 버전 관리 시스템 사용법도 배워야 했습니다. 새로운 코드 변경사항이 자동으로 테스트 될 수 있도록 테스트를 작성하는 것이 필요했는데, 학교 프로젝트에서는 수동으로 각 변경사항을 테스트했기 때문에 저는 경험해보지 않았던 일이었습니다. 마지막으로 그 회사의 머신러닝 모델은 스케줄러를 사용해 최소 하루에 한 번씩 예측을 생성할 수 있도록 해야 했는데, 학교에서 학습을 마친 후 단 한 번만 실행하여 전체 결과를 생성했던 제 모델과는 큰 차이가 있었습니다. 이러한 경험을 여러분과 공유하는 이유는 학교에서 버전 관리 시스템(예: Git, GitHub 등)을 사용하는 협업 프로젝트를 통해 이러한 경험을 확보해 두면 인터뷰에서 이러한 기술에 대해 더 명확하게 설명할 수 있을 것이기 때문입니다. 협업 개발을 배울 기회가 없었다면, 지원하는 직무와 관계없이 이 주제를 통해 직장에서 배워야 할 내용을 미리 알아보는 게 유익합니다.

> **TIP** 요즘에 저는 후보자들에게 Streamlit(*https://streamlit.io/*)과 같은 도구를 사용하여 간단한 웹 앱을 배포해 볼 것을 권장합니다. 예전에 저는 Flask로 작업했던 사이드 프로젝트를 로컬 환경이나 Heroku(*https://oreil.ly/D86D9*)와 같은 호스팅 사이트에 배포했었습니다.

데이터 사이언티스트나 머신러닝 엔지니어도 이걸 알아야 하나요?

저는 "A는 도커를 알아야 하나요?", "B는 태블루를 알아야 하나요?"와 같은 질문을 구직자들에게 많이 받았습니다. 구체적인 질문 예는 다음과 같습니다.

- 데이터 사이언티스트도 쿠버네티스를 알아야 하나요?
- 머신러닝 엔지니어도 머신러닝 알고리즘에 관한 수학을 알아야 하나요?
- 데이터 사이언티스트도 도커를 알아야 하나요?

제 답변은 이렇습니다. 여러분은 머신러닝 커리어에서 특정 시점에 기술 X를 배워야 할지 여부를 여러분 자신의 상황에 맞게 결정해야 합니다. 이에 대한 접근 방법은 다음과 같습니다. 쿠버네티스를 예로 들어보겠습니다. 여러분은 여러분이 쿠버네티스를 알아야 하는지를 알아보고자 합니다. 저는 여기에 순서가 있다고 생각합니다. 먼저, 여러분이 지원하는 직무에서 필요한 것이 무엇인지 알아야 합니다. 1장과 2장에서 제시한 방법들을 사용하여 머신러닝 생애주기 중 여러분이 관심 있는 부분을 파악한 다음, 채용 공고를 분석하여 여러분이 지원하는 직무가 쿠버네티스에 대한 지식을 요구하는지 확인하세요. 해당 직무가 쿠버네티스 지식을 요구하지 않는다면, 모델 학습이나 평가와 같은 다른 핵심 주제 준비에 집중하세요.

여러분의 목표 직무가 쿠버네티스 경험이나 젠킨스 설정, 깃헙 액션, 일반 CI/CD 같은 배포 관련 지식을 요구한다면, 실질적인 경험을 얻기 위해 이 주제를 조사하고 토이 프로젝트를 진행하는 것이 중요합니다. 한 단계 더 나아가, 해당 주제에 관한 신뢰할 수 있는 다양한 자료를 꼼꼼히 읽어 다양한 관점을 얻는 것이 중요합니다. 예를 들어, 『머신러닝 시스템 설계』(한빛미디어, 2023)의 저자 칩 후옌은 「데이터 사이언티스트가 쿠버네티스를 알 필요가 없는 이유」라는 블로그 포스트에서 다음과 같이 말했습니다.

> 데이터 사이언스 프로젝트의 종단 간으로 관리하면 프로젝트 추진 속도가 빨라지고 의사소통 오버헤드가 줄어듭니다. 그러나 이것은 구성 파일 설정보다는 실제 데이터 사이언스 작업에 집중할 수 있도록 저수준 인프라를 추상화할 수 있는 좋은 도구가 있을 때만 의미가 있습니다.[1]

유진 얀의 블로그 포스트 「인기 없는 의견: 데이터 사이언티스트는 더 종단 간이어야 한다」[2]도 추천합니다. 그는 '[독자들에게] 종단 간 가시성, 일체감(즉, 역콘웨이 법칙), 그리고 소유권이 더 나은 결과로 이어진다고 설득하려고 합니다.'[3]라고 했습니다. 하지만 그는 '데이터 사이언티스트/머신러닝 엔지니어가 풀스택 개발에 능숙하고 K8s 설정 방법, 박사 수준의 연구, 프론트엔드 디자인 등에 대한 심층적인 지식을 가져야 한다고 주장하는 것은 아닙니다.'라고 덧붙입니다.

채용 공고와 다양한 신뢰할 수 있는 의견을 살펴본 후에 여러분은 다음과 같이 결론 내릴 수 있습니다. '지금 당장 쿠버네티스를 배울 필요는 없지만, 결국에는 도움이 될 수 있겠다.'

---

1 칩 후옌, 「데이터 사이언티스트가 쿠버네티스를 알 필요가 없는 이유」(블로그), 2021년 9월 13일, *https://oreil.ly/6c35m*.
2 유진 얀, 「인기 없는 의견: 데이터 사이언티스트는 더 종단 간이어야 한다」(블로그), 2020년 8월, *https://oreil.ly/iUnlj*.
3 "콘웨이의 법칙" 위키피디아, 2023년 10월 2일 업데이트, *https://oreil.ly/wJIN7*.

여러분의 결론이 '예'든 '아니오'든 상황이 변함에 따라 답이 달라질 수 있다는 점을 고려하는 것이 최선이라고 생각합니다. 모든 커리어와 마찬가지로 X, Y, Z 기술을 알아야 하는지 여부는 유동적일 것입니다! 커리어가 성장함에 따라 여러분은 다음과 같은 상황 중 하나에 처하게 될 수 있습니다.

- 스타트업으로 이동하면서 더 다양한 책임을 지게 되는 경우

- 승진을 희망하는데, 이를 위해 X 분야에서 더 많은 경험이 요구될 때

- X 분야에서 더 많은 경험이 요구되는 다른 머신러닝 직무로의 수평 이동을 원할 때

이들 시나리오에서 여러분은 결국 X를 알아야 할 필요가 있습니다. 하지만 이게 바로 지금 당장 필요하다는 뜻은 아닙니다. 인터뷰 준비 시간이 부족할 수 있으므로, 이를 제한된 자원의 최적화 문제로 간주하세요. 이상적인 직무를 찾기 위해 할애할 수 있는 에너지, 준비 시간, 연구 시간은 한정되어 있습니다. 가장 효율적인 인터뷰 결과를 얻을 수 있는 활동의 우선순위를 높여야 합니다. 만약 그것이 쿠버네티스를 배우는 것이라면 그것에 집중하세요. 만약 모델 학습의 우선순위가 높다면 먼저 모델 학습에 집중하고 남은 시간을 다른 일에 사용하세요.

종단 간 머신러닝

종단 간end-to-end에서 '종단(終마칠종, 端끝단)'은 프로젝트나 워크플로의 양 종단, 즉 시작 종단과 끝 종단을 의미하며, '종단 간'은 두 종단 사이에 존재하는 전체 워크플로를 지칭하는 용어입니다. 업계에서는 머신러닝 실무자들이 더 종단 간이어야 하는지에 대한 논의가 있는데, 여러분도 그래야 하는지 궁금할 거라 생각합니다. 머신러닝 생애주기와 연결해본다면, 제 답은 여러분이 생애주기의 여러 측면(그림 1-5 참조)을 알아야 한다는 것입니다.

소프트웨어 엔지니어링에서 비슷한 용어로는 풀스택 엔지니어나 풀스택 개발자가 있으며, 때로는 풀스택 데이터 사이언티스트, 풀스택 MLE 등도 머신러닝 프로세스의 더 많은 종단 간 부분을 담당하는 역할을 지칭하는 데 사용됩니다.

제 답은 "이것을 알아야 하나요?"라는 질문에 대한 답과 비슷합니다. 직무를 살펴보고 필요한 것이 무엇인지 파악하세요. 그 후에 우선순위와 가장 유익한 것이 무엇인지를 결정하세요.

> **TIP** 유진 얀이 블로그 게시물 「인기없는 의견: 데이터 사이언티스트는 더 종단 간이어야 한다.」에서 언급했 듯이 종단 간 머신러닝 프로세스를 알고 있는 것은 좋지만, 모든 것에 관한 전문가가 될 필요는 없습니다.

신입일 때는 아는 것이 거의 없었지만 오랜 기간에 걸쳐 더 종단 간 엔지니어가 된 저의 사례를 말씀드리겠습니다. 저는 처음에 도커나 쿠버네티스는 말할 것도 없고[4], 데이터 엔지니어링이나 SQL도 잘 몰랐습니다. 저는 첫 번째 회사에서 데이터 엔지니어링과 SQL을 고급 수준으로, 도커를 중급 수준까지 배웠지만, 쿠버네티스는 여전히 몰랐습니다. 두 번째 회사는 스타트업이었고 머신러닝 생애주기의 더 많은 부분을 담당해야 했기 때문에, 수직적 확장 방식으로 모델을 배포하는 것에 대해 더 많이 배워야 했습니다. 그런 상황에서는 해당 기술들을 익히고, 우리 앱 스택의 비머신러닝 부분과 머신러닝 워크플로를 더 잘 연결하기 위해 더 종단 간이 되는 것이 합리적이었습니다. 저는 O'Reilly AI Superstream: MLOps (*https:// oreil.ly/pb83P*)에서 기조연설을 하면서 종단 간이 되는 것의 이점에 대해 언급했습니다. 머신러닝 실무자들이 배포 프로세스를 이해하면 머신러닝 프로젝트를 더 효율적으로 완성할 수 있게 됩니다.

결과적으로 저는 종단 간 엔지니어가 됨으로써 더 좋은 커리어를 가질 수 있게 됐다고 생각합니다. 하지만, 그렇게 되기까지는 여러 해가 걸렸습니다. 머신러닝 커리어 초기에는 많은 것을 몰랐지만 대신 프로젝트마다, 직무마다 관련 지식을 쌓아갔습니다. 그러니 X, Y, Z를 알아야 한다는 주장에 너무 부담을 느낄 필요는 없습니다. 관심 직무를 살펴보고 그 인터뷰를 통과하기 위한 주요 기술에 우선순위를 부여하세요. 이 책과 비슷한 수준의 책을 통해 기술들에 대한 전체적인 개요를 빠르게 얻은 다음 나중에 더 깊이 파는 방법도 있습니다. 저처럼 직장에서 새로운 기술을 습득하거나 지속적인 자기 학습을 통해서도 배울 수 있고요.

---

4 이 예제에서는 이들이 어떻게 작동하는지 알 필요가 없습니다. 이 장의 후반부에서 도커와 쿠버네티스에 대한 개요를 제공하니 걱정하지 마세요.

다음 절에서는 클라우드 환경과 로컬 환경, 모델 배포 기술, 클라우드 제공업체, 기타 도구 등에 대해 다룰 것입니다. 이미 이러한 개념에 익숙하거나 어떤 절이 당장은 본인과 관련없다고 느낀다면 건너뛰어도 좋습니다. 해당 주제에 대해 알 필요가 생겼을 때 이 장으로 돌아오면 됩니다.

클라우드 환경과 로컬 환경

저는 4장에서 모델 학습과 평가에 대해 이야기했습니다. 그러나 개발 환경에 대해서는 자세히 설명하지 않았습니다. 모델을 학습시키고 평가하기 위해서는 해당 작업이 이루어질 환경이 필요합니다. 이 환경은 여러분의 맥북 프로와 같은 로컬 머신이나 클라우드 가상 머신(VM) 등이 될 수 있습니다.

또한, 모델이 학습되는 환경은 대체로 운영 환경과 다릅니다. 예를 들어 모델이 VM에서 학습되고 피클 파일로 패키징된 후, 스크립트에 의해 완전히 다른 구글 클라우드 플랫폼(GCP) 네임스페이스의 운영 환경으로 복사될 수 있습니다. 모델 학습을 담당하는 사람은 이 환경에 개인적으로 접근할 수 없을 수도 있습니다.

클라우드든 로컬이든, 모델 학습에서 배포로의 전환을 주의 깊게 고려해야 합니다. 모델 학습 아티팩트는 어떻게 운영 환경으로 전송되나요? 운영 환경 프로세스는 어떠하며, 프로세스의 각 단계는 어디에서 이뤄지나요? 운영 환경 프로세스가 실제로 존재하나요? 머신러닝 워크플로가 구축되는 다양한 플랫폼 유형에 대한 기본적인 이해는 머신러닝 배포를 스트림라인화, 자동화, 최적화하는 작업에 도움이 됩니다. 이러한 내용을 인터뷰에서 직접적으로 물어보는 경우는 드물지만, 인터뷰에서 다루는 다른 모델 배포 주제의 중요한 기초가 됩니다.

로컬 환경 요약

제가 데이터 분야에 처음 입문했을 때는 이미 모델을 원격이나 클라우드 환경에서 학습시키거나 클라우드 VM을 제공하는 것이 보편적이었습니다. 그러나 강력한 컴퓨팅 자원 없이도

로컬 머신에서 일반적으로 수행할 수 있는 작업들이 있습니다(근무 환경에 따라 다릅니다). 다음과 같은 작업이 그 예입니다.

- 원격 데이터 저장소에 연결하고 즉석에서 탐색적 데이터 분석을 위해 로컬에서 주피터 노트북 실행하기

- 소규모 데이터 샘플을 이용해 모델 학습의 빠른 프로토타입을 만들고, 전체 학습은 원격으로 실행하기

- 회사의 기술 스택이 루컬 실행을 지원하는 경우, 미신러닝 서비스를 로컬에서 테스트하기

서버를 단일 머신에서 운영하는 스타트업을(다운타임이나 컴퓨팅 문제 때문에 이런 경우는 매우 드뭅니다) 제외하면 로컬 머신은 대부분 개발 환경으로만 사용됩니다. 이 책에서는 단일 로컬 서버가 운영되는 경우에 대해서는 논의하지 않을 것입니다.

랩탑과 같은 로컬 머신에서 개발 환경이 어떻게 실행되는지, 그리고 그것이 어떻게 운영 환경에서 복제될 수 있는지 알아두는 것이 중요합니다. 이 장에서 나중에 다룰 예정인 도커(*https://oreil.ly/wsewB*) 설정과 Pipenv(*https://oreil.ly/kIiKf*), Poetry(*https://oreil.ly/wPvp0*) 같은 파이썬 의존성 관리 도구들은 매우 중요합니다. 이들은 여러분의 노트북에서 개발한 코드가 운영 환경이나 동료들의 컴퓨터에서도 동일하게 실행될 수 있도록 보장해줍니다.

클라우드 환경 요약

이제 클라우드는 타사에 의해 관리되는 원격 서버 사용을 의미하는 포괄적인 용어가 되었지만, 머신러닝에는 몇 가지 중요한 미묘한 차이점이 있으며 클라우드 환경을 배포하는 방식도 다양합니다. 다음으로, 몇 가지 개발 환경 유형을 살펴보도록 하겠습니다.

| 퍼블릭 클라우드 제공업체 |

퍼블릭 클라우드Public Cloud는 GCP, 아마존 웹 서비스(AWS), 마이크로소프트 애저 등의 벤더가 제공하는 클라우드 서비스를 의미합니다. 이에 대해서는 6.3 '클라우드 제공업체 개요' 절에서 더 자세히 다루겠습니다. 이 서비스가 같은 벤더의 프라이빗 클라우드와 다른 점은 하드웨어적으로 동일한 서버가 여러 회사의 워크로드를 처리하는 멀티테넌트multitenant 환경이라

는 점입니다. 퍼블릭 클라우드 제공업체의 장점은 설정이 매우 편리하다는 것으로, 이 때문에 많은 소프트웨어 회사들이 퍼블릭 클라우드를 선호합니다.

퍼블릭 클라우드를 사용할 때 고려해야 할 추가적인 사항으로는 큰 벤더의 방대한 자원 덕분에 대체로 안전한 편이지만, 규제상의 이유로 최적의 옵션은 아닐 수 있다는 것입니다. 퍼블릭 클라우드로의 이전 과정이 다운타임을 초래하고 일상적인 운영을 방해할 수 있어, 상당한 불편을 겪을 수 있습니다. 여러분이 머신러닝 분야에서 소규모 또는 중견기업에서 일할 경우엔 아마 퍼블릭 클라우드나 프라이빗 클라우드를 사용할 것입니다. 규제가 많은 산업의 대기업에서 일한다면, 온프레미스나 로컬 클라우드 사용 또는 로컬 작업이 일반적일 것입니다.

AWS와 같은 플랫폼의 등장으로 퍼블릭 클라우드가 인기를 얻게 되었으며, 많은 회사들이 온프레미스 서버에서 클라우드 서비스로 워크로드를 이전하도록 촉진했습니다. 그러나 규제상의 이유로 여전히 퍼블릭 클라우드로 이전할 수 없는 워크플로 또는 데이터 저장소가 많습니다.

| 온프레미스 및 프라이빗 클라우드 |

일부 대기업에서는 자체 서버를 보유하고 이를 통해 온프레미스 플랫폼을 호스팅하는 경우가 드물지 않습니다. 제가 과거 근무했던 대형 통신 회사는 많은 서버를 자체적으로 소유했습니다. 실제로, 대형 퍼블릭 클라우드 제공업체가 사용하는 많은 서버는 통신 회사로부터 임대되거나 소유되고 있습니다. 그 회사는 자체 사용 목적으로 서버를 유지하며, 자체적인 GitLab 인스턴스(*https://oreil.ly/0suho*) 및 기타 서비스를 운영했습니다. 많은 엔터프라이즈 소프트웨어 솔루션은 엔터프라이즈 지원 혜택이 포함된 자체 호스팅 솔루션을 제공합니다. 이 것을 온프레미스On-premises라고 합니다.

자체 호스팅의 주된 이유는 다음과 같습니다.

- 회사가 서버를 소유하고 있어 퍼블릭 클라우드에 노출되는 것보다 더 안전합니다.
- 정보 프라이버시에 관한 유럽 연합 규정인 일반 데이터 보호 규정(GDPR)과 같은 규제 준수를 위해서는 퍼블릭 클라우드보다 더 용이합니다.
- 금융 서비스와 법률 기관과 같이 규제가 심한 산업에서는 데이터가 저장되는 위치와 개인 식별 정보(PII) 저장에 대해 퍼블릭 클라우드 사용 여부에 대한 요구 사항이 있습니다.

프라이빗 클라우드Private Cloud는 퍼블릭 클라우드와 온프레미스 혹은 로컬 클라우드 사이의 중간쯤에 위치하며, AWS와 같은 벤더가 서버를 호스팅하면서 해당 서버가 오직 단일 기업 고객만을 위한 것(*https://oreil.ly/4Mkcu*)임을 보장합니다(단일 테넌트).[5] 회사는 비용, 편의성, 규제의 균형을 맞추면서 퍼블릭 클라우드를 포함한 이러한 모든 옵션들의 조합을 사용할 수 있습니다.

> **NOTE** 배포 환경을 평가 및 설정하거나 자동화하는 직무가 아니라면, 머신러닝 개발 환경이 인터뷰에서 큰 영향을 미치지 않을 것입니다. 제가 로컬 클라우드에서 작업했을 때 (저의 개인적인 의견으로는) 프라이빗이나 퍼블릭 클라우드보다는 약간 불편했습니다. 하지만 전반적으로는 비슷한 지식이 필요했습니다. 어떤 원격 환경에서 작업한 경험이 있다면, 다른 환경에서도 작업할 수 있습니다. 그러나 MLOps 플랫폼 팀의 일원이 되면 여러분이 작업하는 플랫폼 이면의 작동 방식에 대해 더 많이 알아야 할 수도 있습니다.

한편, 클라우드 송환cloud repatriation[6]라는 현상도 있습니다. 이는 퍼블릭 클라우드 서비스로 이전했던 회사들이 로컬 클라우드의 다양한 이점 때문에 다시 로컬 클라우드로 돌아갈 것을 재평가하고 있다는 것을 의미합니다. 제 관찰에 따르면, 대기업은 인력이 많기 때문에 자체 로컬 클라우드 인스턴스를 호스팅할 수 있는 더 큰 여력을 가지고 있습니다. 문제가 발생했을 때 벤더 컨설턴트와 해결 방법을 소통할 전담 직원을 둘 수도 있고요. 한 대기업에 있었을 때 플랫폼 벤더 중 하나가 IBM이었습니다. IBM의 로컬 인스턴스에 문제가 발생했을 때, 데이터 사이언스 팀의 경험 많은 팀원이 IBM에 연락하여 IBM이 문제 해결을 돕도록 회의를 예약했습니다. IBM 지원 팀이 24시간 대기하는 것은 좋았지만, 여러분도 상상할 수 있듯이 기술 지원과 컨설팅 비용은 매우 높았습니다.

소규모 또는 중견기업은 로컬 클라우드 유지가 번거롭고, 비용이 많이 들며, 관리상의 부담이 커서 부담스러울 수 있습니다. 이러한 유형의 회사에게는 퍼블릭 또는 프라이빗 클라우드가 여전히 가장 대표적인 선택지가 될 수 있습니다.

---

5 "워크로드에 적합한 클라우드 선택: 퍼블릭, 프라이빗, 하이브리드의 차이점," Amazon Web Services, 2023년 10월 24일 접속, *https://oreil.ly/KX5FE*.

6 티투스 쿠렉, 「클라우드 송환이란 무엇인가?」 Ubuntu(블로그), 2023년 3월 17일, *https://oreil.ly/2qcr0*.

모델 배포 개요

학습된 모델이 준비되었다면, 이제 (운영 환경으로) 배포할 시간입니다. 회사 유형에 따라 이 과정은 매우 다를 수 있습니다. 이 장의 앞부분에서 언급했듯이, 운영 환경의 수준은 다양하지만, 목표는 하나입니다. 바로 모델이 유용하게 사용되는 것이죠.

다음은 가장 간단한 수준부터 가장 복잡한 수준까지의 배포 예시를 나열한 불완전한 목록입니다.[7]

1. ML 모델은 어딘가에 저장되고 필요 시 실행되어 결과가 로컬에 저장됩니다.

2. ML 모델은 저장되어 필요할 때마다 실행되지만 결과는 중앙 저장소에 저장됩니다.

3. ML 모델은 어딘가에 저장되고 자동으로 배치 처리되어 결과가 출력됩니다.

4. ML 모델은 Flask 같은 간단한 웹 애플리케이션으로 래핑되고 도커 컨테이너를 통해 구동됩니다.

5. ML 모델은 간단한 앱으로 래핑되어 구글 클라우드 함수 또는 AWS 람다를 통해 호출됩니다.

6. ML 모델은 쿠버네티스에 의해 조율 및 관리되어 어딘가에서 제공되며, 거의 모든 것이 자동화됩니다.

여러분이 인터뷰하는 회사와 해당 회사의 배포 방식에 따라 여러분에 대한 기대 수준이 달라질 것입니다. 기술적으로 성숙하거나 ML 팀이 잘 갖춰진 회사에서 인터뷰를 본다면, 앞서 언급한 목록의 5와 6단계에 관련된 도구를 알고 있을 것으로 기대될 것입니다. 회사의 규모보다는 기술 스택의 성숙도가 기대 수준을 결정할 것입니다. 제가 200명 규모의 스타트업에 있었을 때 우리 기술 스택은 6단계에서 구동되었습니다.

이는 일반적으로, 여러분이 플랫폼, 배포 및 운영 환경 생애주기의 일부를 담당하는 머신러닝 직무를 수행하는 경우, 해당 기술과 도구에 대한 업무 경험이 없다면 더 많은 시간을 공부에 할애해야 한다는 것을 의미합니다. 1~4단계에 해당하는 성숙도가 낮은 머신러닝 팀의 경우, 모델을 학습시키는 것과 동시에 해당 역할을 수행하는 경우가 일반적입니다.

---

7 가장 간단한 수준에서 가장 복잡한 수준까지의 순서는 정확한 기술 스택과 사용 사례에 따라 다를 수 있지만, 설명을 위해 이 목록의 순서를 사용하겠습니다.

머신러닝 팀이 더 성숙해짐에 따라, 모델을 학습시키고 동시에 자동화된 플랫폼을 구축하는 동일 인물이 이 두 가지를 수행하는 것이 점점 비효율적으로 될 것입니다. 여러 가지를 한 번에 하는 사람이나 팀은 회사가 성장함에 따라 더 많은 모델이 필요해질수록 머신러닝 모델을 최상으로 만드는 데 집중할 수 없기 때문입니다.

예를 들어보겠습니다. 간단한 재고 예측 모델을 만들기 시작한 전자상거래 회사는 뉴스레터에서 아이템을 추천하는 모델을 개발하고자 할 수 있습니다. 그 다음, 해당 회사는 판매 기간에만 사용할 강력한 모델을 추가하고자 할 수 있습니다. 또는 사기 계정이 회사의 상품을 이용해 도난당한 돈의 흐름을 숨기려는 것을 파악하기 위해 회사의 누군가가 사기 탐지 모델을 만들라는 지시를 내릴 수도 있습니다.

머신러닝 팀이 점점 더 많은 책임을 맡게 되는 시점에 팀은 덕트 테이프 수리(임시방편 해결책)에 지쳐 컨테이너화와 버전 관리 시스템과 같은 개발자 부담을 다소 증가시키는 작업을 도입하고자 할 것입니다. 현재 대부분의 기업들은 처음부터 이러한 도구로 시작하지만, 몇 년 전까지만 해도 소프트웨어나 머신러닝 팀의 성숙도가 낮은 팀들은 도커를 사용하지 않는 경우가 많았습니다. 놀랍게도 일부 회사나 팀은 불과 몇 년 전에(2023년 작성 기준) 깃을 공식적으로 사용하기 시작했습니다. 현재는 도커와 버전 관리 시스템(예: 깃)에 대한 지식이 이전보다 훨씬 더 중요한 기술로 여겨지고 있습니다.

도커

도커는 소프트웨어 응용 프로그램과 그 의존성을 함께 묶어서 이동성Portability을 부여할 수 있습니다. 즉, 도커 컨테이너를 사용하면 호환 가능한 어떤 머신에서든 동일한 방식으로 소프트웨어를 실행할 수 있습니다. 반면에 환경의 이동성이 부족하다면 동료의 시스템 파이썬 환경[8]에서는 잘 작동할 수 있는 스크립트도 본인의 노트북에서는 작동하지 않을 수 있습니다. 따라서, 도커는 실행되는 인프라와 독립된 환경을 제공하는 데에도 도움을 줍니다.

---

8 "파이썬 환경을 컨테이너화하기," Docker Docs, 2023년 10월 24일 접속, *https://oreil.ly/fwWoP*.

컨테이너화는 새로운 것이 아니며, 과거에 VM을 사용해 비슷한 문제를 해결하기도 했습니다. 예를 들어, 리눅스에서 작업하는 사람이 윈도우즈에서 무언가를 테스트하고자 할 때 윈도우즈 VM을 설치할 수 있었고, 반대의 경우도 마찬가지였습니다. 그러나 전체 운영 체제를 설치하는 것은 다른 환경에서 무언가를 테스트에는 큰 부담이었습니다. 도커 컨테이너를 사용하면 특별히 원하지 않는 한 전체 OS를 설치할 필요가 없습니다. 예를 들어, 여러분은 파이썬 환경을 담고 있는 도커 이미지를 확보할 수 있으며, 컨테이너는 호스트의 운영 체제를 사용하지만 VM과 같이 호스트 머신의 나머지 부분으로부터 격리됩니다.

도커 이미지^{Docker Image}는 도커 컨테이너^{Docker Container}를 생성하기 위한 명령어가 포함된 읽기 전용 템플릿입니다.[9] 이미지는 금형[10]과 같은 역할을 하며, 이 금형을 정의하는 명령어는 Dockerfile에 기록됩니다. 도커 컨테이너는 이미지의 실행 가능한 인스턴스로, 여러분은 컨테이너를 생성, 시작, 정지할 수 있습니다. 단일 이미지에서 여러 개의 동일한 컨테이너를 생성할 수 있습니다. 예시는 [그림 6-1]을 참조하세요.

그림 6-1 Dockerfile, 도커 이미지 및 도커 컨테이너

🚩 도커를 얼마나 잘 알아야 할까요?

저는 주로 ML 모델을 학습시키지만 종단 간 ML 배포 인프라 구축 경험도 있는 사람으로서, 인터뷰에서 후보자에게 도커의 내부 원리에 대해 자세히 물어보는 일은 거의 없었습니다. 제가 커리어 초기에 자주 받았던 질문 중 가장 중요한 것은 도커를 사용한 실무에 적용한 경험이 있느냐는 것이었습니다. 따라서 이전에 사용

---

9 "도커 개요," 도커 문서, 2023년 10월 24일 접속, *https://oreil.ly/JsMan*.

10 옮긴이_ 재료를 일정한 형상으로 성형하기 위해 사용되는 틀이나 도구를 말합니다. 붕어빵틀도 일종의 금형입니다. 금속이나 플라스틱이 아닌 밀가루 반죽을 재료로 사용한다는 점만 다를 뿐입니다.

해 본 적이 없더라도 도커를 직접 실험해 보는 것만으로도 실무 경험이 없는 후보자에 비해 유리한 고지를 점할 수 있습니다.

쿠버네티스로 오케스트레이션하기

현대 웹 서비스는 사용자들이 높은 가용성을 기대합니다. 도커화^{dockerization}와 같은 좋은 방법들은 소프트웨어를 쉽게 이동시킬 수 있는 방식으로 패키징하는 데 도움을 주어 애플리케이션이 다운타임 없이 릴리즈될 수 있게 합니다. 하지만 이것은 문제의 일부분일 뿐입니다. 쿠버네티스와 같은 기술은 컨테이너화된 애플리케이션을 자동으로 올바른 장소와 시간에 실행되도록 오케스트레이션^{orchestration}합니다. 물론, ML 애플리케이션 오케스트레이션의 자동화를 설정하고 구성 및 정책을 조정하는 등의 일은 사람이 해야 합니다.[11]

오케스트레이션을 담당하는 직무의 책임은 회사별로 다를 수 있습니다. 어떤 회사에서는 DevOps 엔지니어가 오케스트레이션 인프라를 유지보수합니다. 하지만 저는 크고 성숙한 ML 조직에서는 인프라 엔지니어, MLOps 엔지니어, 그리고 머신러닝 엔지니어 모두가 ML 애플리케이션의 가동 시간 요구 사항의 일부를 책임지는 것을 본 적이 있습니다.

도커와 쿠버네티스에 대해 이 책에서 간략히 소개했습니다. DevOps/MLOps 책에서 다룰 만큼의 충분한 공간이 없는 대신 유용한 몇 가지 추가 자료를 소개합니다.

- 『쿠버네티스 시작하기 3/e』(에이콘출판사, 2023)
- 『쿠버네티스 모범 사례』(한빛미디어, 2020)

이 모든 것이 여러분에게 완전히 새로운 것이라도 해도 걱정하지 마세요. 제 업무 경험에 의하면, 컨테이너화와 오케스트레이션 도구 대부분을 회사에서 배울 수 있었습니다. 실제로 업무 관련 프로젝트에서 실습을 통한 학습이 지금까지 이 분야에 관한 제 지식의 대부분을 이루는 데 기여했습니다.

---

11 "정책," 쿠버네티스 문서, 2023년 5월 29일 업데이트, *https://oreil.ly/P37UZ.*

알아두면 좋은 기타 도구

여기에서는 알아두면 도움이 되는 몇 가지 다른 도구들에 대해 논의합니다.

| ML 파이프라인과 플랫폼 |

현재 많은 ML 플랫폼들이 ML 워크플로의 자동화 부분을 처리하며, 이러한 플랫폼들을 알아두면 도움이 됩니다. 인터뷰를 보는 회사가 사용하는 플랫폼을 인터뷰 전에 알게 되면, 해당 플랫폼의 문서 페이지를 확인하여 플랫폼이 제공하는 용어와 도구를 찾아보는 것이 좋습니다. 이러한 ML 플랫폼에는 Airflow, MLflow, Kubeflow, Mage 등이 있습니다.

| CI/CD |

소프트웨어 팀이 더 자동화되고 성숙한 조직에서는 지속적 통합 및 배포(CI/CD) 도구와 기술에 대한 지식이 더 필요할 수 있습니다. 이러한 도구를 설정하면 새로운 커밋이 메인 브랜치로 병합될 때 소프트웨어가 자동으로 배포되는 것을 가능하게 합니다(이해를 돕기 위한 간소화된 예시입니다). CI/CD는 업데이트가 항상 수동으로 새로 고쳐져야 할 때 수반되는 많은 수동 작업을 줄여줍니다. 소스 코드를 자동으로 업데이트하고, 소프트웨어 빌드[12]를 생성하며, 테스트하고, 배포하는 예를 [그림 6-2]에서 확인할 수 있습니다. 버전 관리 시스템과 함께 사용되는 CI/CD 도구에는 젠킨스, 깃헙 액션, 깃랩 CI/CD 등이 있습니다.

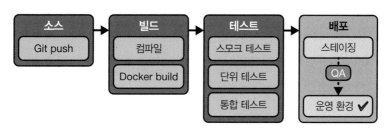

그림 6-2 코드 변경 후에 CI/CD로 자동화되는 작업의 순서도 샘플, 출처: CI/CD 파이프라인: 친절한 소개, 마르코 아나스타소프, 세마포어(*https://oreil.ly/SUkIQ*).

---

12 소스 코드 파일을 독립 실행형 소프트웨어 아티팩트로 변환하는 것. 종종 소프트웨어 빌드 또는 간단히 빌드라고 부릅니다.

온디바이스 머신러닝

머신러닝 관련 분야에는 온디바이스 배포 또는 엣지 배포와 같은 특정 분야도 있습니다. 양자화^{quantization}[13]와 같은 기술은 머신러닝 모델을 축소시켜서 모바일 기기, IoT 기기, 그리고 여러 가지 유형의 엣지 기기에서 실행될 수 있을 만큼 효율적으로 만듭니다. 온디바이스 머신러닝은 배포를 비롯하여 여러 가지를 더 고려해야 합니다. 이것은 고급 주제이므로, 인터뷰에 필요한 경우 지식을 보충할 것을 권해드립니다.

온디바이스 머신러닝에 대해 더 알아볼 수 있는 자료는 다음과 같습니다.

- 온디바이스 머신러닝(*https://oreil.ly/n4riR*)
- 『온디바이스 AI』(한빛미디어, 2023)
- 텐서플로 라이트: 온디바이스 머신러닝 운용을 위한 솔루션(*https://oreil.ly/bk4dZ/*)

모델 학습 중심 직무를 위한 인터뷰

여러분이 머신러닝 모델을 학습시키는 직무 중심으로 지원한다 하더라도, 인터뷰에서 여러분에게 도움이 될 수 있는 이러한 고급 지식의 중요성을 절대 과소평가하지 마세요. 머신러닝 학습 분야에서 많은 지식을 가진 후보자들이 많아서, 다른 후보자와의 경쟁에서 비등한 위치에 있다면, 모델 배포 관련 지식과 경험, 그리고 팀 간의 협업이 결정적인 차이를 만들어 낼 수 있습니다. 하지만 여러분의 역할이 머신러닝 운영에 중점을 두지 않는다면, 3장과 4장의 핵심 머신러닝 학습 역량을 우선시해야 합니다.

개인적인 경험에 의하면, 저에게 입사 제안을 했던 몇몇 회사의 인터뷰어들이 머신러닝 학습과 배포 프로세스를 연결한 방법에 대해 깊은 인상을 받았다는 피드백을 받았습니다. 인터뷰 중에 저는 머신러닝 모델이 운영 환경의 요구 사항을 충족시킬 수 있을 정도로 빠르게 동작할 수 있도록 머신러닝 입력을 최적화하는 방법에 대해 언급했습니다. 종단 간 프로세스를 고려

---

[13] "양자화," Hugging Face, 2023년 10월 24일 접속, *https://oreil.ly/L-RAZ*.

하는 후보자는 머신러닝 모델 프로토타입부터 회사의 제품(예: 쇼핑 사이트의 추천 시스템)으로 통합되기까지의 시간을 단축시킬 수 있습니다.

그러므로 후보자에게는 머신러닝 모델을 단순한 호기심의 프로젝트로만 다루지 않는 것이 중요합니다. 가능한 한 많은 데이터를 런타임에 사용하고, 반복 개선 과정에 너무 많은 시간이 걸리거나 디버깅할 방법이 없는 상황을 피해야 합니다. 이런 접근법은 전체 모델이 가끔씩만 실행되는 연구나 일회성 기반의 프로젝트에서는 괜찮을 수 있습니다. 하지만 운영 환경에서는 중단이나 버그가 수익 손실이나 사용자의 신뢰 손실을 초래할 수 있기 때문에, 일부 요소를 제거하고 관련 스크립트를 디버깅할 수 있도록 보장하는 것이 중요합니다. 이 문제에 대한 제 의견과 경험을 명확히 표현함으로써, 저는 자신들의 머신러닝 모델의 다운스트림에서의 사용성에 대한 어떠한 책임감도 보이지 않는 후보자들과 차별화될 수 있었습니다.

> **▌ 인터뷰는 조직의 성숙도에 따라 많이 달라집니다.**
>
> 직무마다 팀의 성숙도와 조직의 규모는 그 직무의 일상적인 역할(그림 1–3 참조)과 인터뷰 질문이 어떻게 구성될지에 관해 큰 영향을 줍니다. 예를 들어, 한 대규모 조직과 한 중견 조직의 MLE 직무에 지원했다고 가정해 봅시다. 대규모 조직은 이미 모든 CI/CD가 구성되어 있고, 자동화, 버전 관리 시스템, 컨테이너화, 오케스트레이션 등 모든 것이 오래전에 완료되었기 때문에, MLE 역할은 유지 관리와 최적화에 더 집중할 것입니다. 따라서, 인터뷰 질문은 대표적인 병목 현상과 해결 방법에 초점이 맞춰질 것입니다. 중견 조직에서는 머신러닝 팀이 막 구성되기 시작했으므로, 일상적인 역할은 자동화 시스템을 직접 구축하는 것에 더 초점을 맞출 것이며, 처음부터 무언가를 구축하는 환경에서 어떻게 작업하는지에 대한 질문을 더 많이 받게 될 것입니다.

6.2 모델 모니터링

(4장에서 설명한 과정을 통해) 모델을 학습시킨 후에는, 그 모델을 운영 환경에 배포해야 합니다. 그러나 그 이전에, 운영 환경에서 모델의 문제를 가능한 한 빨리 감지할 수 있도록 모니터링 체계를 구축하는 것이 중요합니다. 예를 들어, 모델이 지속적으로 대출 신청자를 거절하는 경우, 머신러닝 팀 내에서 이유를 조사하고 필요하다면 비즈니스 또는 제품 팀과 문

제를 논의해야 할 필요가 있습니다. 구축 가능한 모니터링 유형으로는 데이터 파이프라인 실패와 같은 상황을 알리는 알람 등이 있습니다.

이 절에서는 대시보드와 데이터 품질 검사 같은 모니터링 체계를 다룰 것이며, 정확도 관련 지표를 비롯한 특화된 머신러닝 모니터링에 대해서도 다룰 것입니다.

> **TIP** ML 모델을 운영 환경에 배포해 본 경험이 없는 구직자는 이 장의 앞부분에서 언급한 것처럼 몇 가지 간단한 웹 앱을 배포하여 이러한 경험을 시뮬레이션 할 수 있습니다.

모니터링 구축

다음은 운영 환경에서 ML 모델을 모니터링하는 몇 가지 일반적인 방법입니다.

대시보드

모니터링에서 대시보드는 종종 첫 번째 단계로 여겨집니다. 자동화된 데이터 품질 검사를 아직 갖추지 못했을지라도, 대부분의 회사들이 최소한 머신러닝 예측을 모니터링하기 위한 어느 정도 수준의 대시보드는 보유하고 있습니다.

머신러닝 모니터링을 위한 대시보드를 생성할 때 고려해야 할 중요한 사항들은 다음과 같습니다.

| 시각화는 가능한 한 단순하게 유지하세요 |

복잡하면 사람들이 보지 않게 되며, 대시보드를 만든 목적을 잃게 만듭니다.

| 레이블을 가능한 한 명확하게 만드세요 |

과거에 함께 일하고 멘토링했던 제 팀원들은 시각화에서 레이블이 없거나 명확하지 않으면 코드 리뷰에서 그 중요성을 언급하곤 했습니다. 특히 축 레이블은 잊지 말아주세요.

| 패턴을 명확하게 드러내세요 |

그래프가 지나치게 복잡해져서 기본 스케일로는 차이나 크기를 충분히 보여주지 못하는 경우가 있습니다. 그래프를 더 읽기 쉽게 만들기 위해 로그 변환을 사용할 수 있습니다.

> **CAUTION** 이러한 사항 중 일부는 인터뷰 중에 결정되는 것이 아니라 훨씬 이전에 결정됩니다. 예를 들어 이력서에 깃헙 포트폴리오를 링크했다면 인터뷰어가 이를 살펴봤을 수 있습니다. 포트폴리오의 대시보드나 그래프가 너무 불분명하고 그래프 축 레이블이 없다면 인터뷰가 시작되기도 전에 이미 부정적인 인상을 줄 수 있습니다.

구현 측면의 시각화 및 모니터링을 위한 몇 가지 일반적인 도구는 다음과 같습니다.

- 맞춤형 대시보드: Seaborn(*https://oreil.ly/m-0-g*), Plotly(*https://plotly.com/*), Matplotlib(*https://oreil.ly/s2smF*), Bokeh(*http://bokeh.org/*)

- 종단 간 플랫폼: 아마존 세이지메이커 대시보드(*https://oreil.ly/zuL3R*), 구글의 버텍스 AI 모니터링(*https://oreil.ly/GEIlI*)

- 기타 비즈니스 인텔리전스(BI) 도구: 마이크로소프트 파워 BI(*https://oreil.ly/dSwsq*), 태블루(*https://oreil.ly/xPRW6*), 루커(*https://oreil.ly/Xokd6*)

데이터 품질 검사

대시보드를 수동으로 확인하는 것이 일반적이기 때문에, 시간 절약과 정확도 보장을 위해 자동 검사를 추가하고자 할 수 있습니다. 이 검사에는 들어오는 데이터에서 누락된 값이나 분포의 변화 등을 확인하는 작업이 포함됩니다. 데이터 검사나 단위 테스트용 도구는 다음과 같습니다.

- Great Expectations(*https://oreil.ly/0vPXL*)(그림 6-3 참조)

- deequ(*https://oreil.ly/zIGqn*)

- dbt(*https://oreil.ly/WR0HG*)(파이프라인은 테스트를 포함할 수 있음)

Great Expectations 내장 라이브러리는 다음을 비롯한 50개 이상의 대표적인 Expectation을 제공합니다.

- `expect_column_values_to_not_be_null`
- `expect_column_values_to_match_regex`
- `expect_column_values_to_be_unique`
- `expect_column_values_to_match_strftime_format`
- `expect_table_row_count_to_be_between`
- `expect_column_median_to_be_between`

지원하는 Expectation의 전체 목록을 확인하려면, Expectation Gallery를 방문하세요.

그림 6-3 Great Expectations의 Expectation을 보여주는 스크린샷으로, 이를 통해 데이터가 특정 요구조건을 만족하는지를 테스트할 수 있습니다.

알림

이제 데이터 품질의 저하나 변동을 자동으로 감지하도록 설정했으니, 알림 설정할 준비가 되었습니다. 알림 정책에는 해당 슬랙 채널에 알림을 보내는 것 같은 로직이 포함됩니다. 컬럼에 Null 값이 너무 많이 생기기 시작하면, 예를 들면, 이런 조건이 알림 정책에 포함됩니다. [그림 6-4]는 Great Expectations(*https://oreil.ly/UV9ey*)을 사용해 슬랙에서 테스트 결과를 어떻게 표시하는지를 보여줍니다.

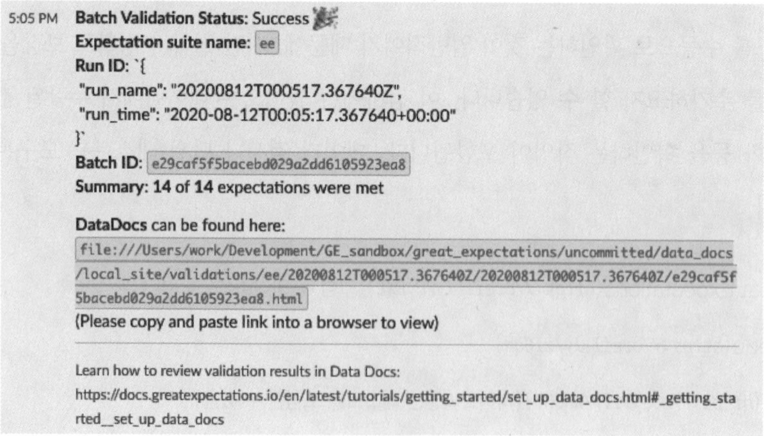

그림 6-4 Great Expectations 웹사이트 스크린샷. Slack 알림 예시(출처: Great Expectations 문서(*https://oreil.ly/7Nozg*))

머신러닝 관련 모니터링 지표

앞에서 우리는 전반적인 모니터링 설정과 데이터 모니터링을 논의했습니다. 이제 모델의 성능이나 출력 및 예측을 측정하는 지표에 초점을 맞춰 설명하겠습니다. 모니터링은 인터뷰에서 후보자가 모델 성능 변화를 어떻게 다루는지를 평가하기 위해 자주 나오는 주제입니다. 사용할 수 있는 지표의 범주 몇 가지는 다음과 같습니다.

| 정확도 관련 지표 |

전체적인 피드백 루프를 완전히 구축해야 한다는 전제하에 여러분은 정확도 관련 지표를 모니터링하고 추적할 수 있습니다. 예를 들어, 고객 이탈 예측 모델에서 이번 달의 주기 동안 사용자 한 명이 이탈할 것으로 예측할 수 있습니다. 한 달 후엔 그 예측이 실제로 맞았는지 확인하고 그 달 내의 모든 예측에 대해서도 같은 작업을 수행합니다. 모델의 정확도가 예상보다 낮다면, 조사해야 할 사항으로 기록해야 합니다.

| 예측 관련 지표 |

모델이 여러분이 갖고 있는 피드백 루프보다 더 빠르게 반응하는 것이 중요한 경우엔 예측 지표도 모니터링할 수 있습니다. 예를 들어, 사전에 결정한 임계값을 초과하는 비정상적으로 높은 사기 경보를 모델이 예측하기 시작하면, 어떤 변화가 있었는지 조사해야 합니다. 이전 단계에서 데이터 품질 검사 체계를 구축했기 때문에 이를 통해 좋은 분석 시작점을 얻을 수 있습니다. 따라서, 모델의 출력을 알람으로 활용해 문제가 발생했을 때는 입력 데이터, 최근의 세계적 사건이나 판매 동향 같은 다른 요인들을 조사하여 문제를 해결해야 합니다.

> **인터뷰 팁: 모델 메트릭에만 집중하면 안 됩니다**
>
> 이번 절 초반에 언급한 바와 같이, ML 모델의 목표는 제품의 고객 만족도나 유지율 같은 요소를 개선하는 데 있습니다. 가끔 높은 ML 정확도조차도 잘못된 결과로 이어질 수 있습니다. 예를 들어, 추천 시스템이 클릭을 정확히 예측할 수 있음에도 불구하고, 추천된 콘텐츠가 클릭 베이트나 불법이라는 사실이 밝혀지는 경우도 있습니다. 이 문제가 신속히 해결되지 않고 모델이 조정되거나 교체되지 않으면, 결국 사용자의 만족도와 신뢰도는 하락하게 됩니다.

6.3 클라우드 제공업체 개요

이 절에서는 세 가지 주요 클라우드 서비스 제공업체에 대한 개요를 제공합니다. ML 인터뷰에서는 어떤 클라우드를 경험했는지 보다 그들이 어떻게 작동하는지 이해하는 것이 더 중요하다고 생각합니다. 예를 들어, 제 첫 직장은 로컬 클라우드를 사용했지만, 주로 GCP를 사용한 두 번째 직장은 원격 머신을 다룰 수 있다는 것을 입증했기 때문에 그 경험에 만족했습니다. 저의 세 번째 직장은 AWS와 GCP를 결합해 사용했고, 지금까지 주로 GCP를 사용했으며 Azure는 조금밖에 경험해보지 않았지만 전혀 거리낌이 없었습니다.

주요 구성 요소에 익숙해지면, 각 대형 클라우드 제공업체의 기능은 대체로 서로 대응하는 것이 있습니다. 저는 여전히 'GCP [용어] AWS 대응물'과 같은 것을 검색하는 경우가 많습니다. [용어]는 예를 들어 서비스 계정(*https://oreil.ly/cAi6q*)과 같은 것일 수 있으며, AWS에서는 다르게 불립니다. 저는 그것이 AWS에서는 단순히 IAM 역할(*https://oreil.ly/f5hTc*)이라고 불린다는 것을 나중에 알게 되었습니다.

물론 고용주는 후보자가 새로운 기술에 익숙해지고 온보딩할 시간이 거의 없는 상태에서 입사할 것으로 예상할 겁니다. 그러한 상황에서는 회사가 사용하는 플랫폼에 관한 경험이 있는 후보자가 더 높은 점수를 얻을 수 있습니다. 이것은 후보자가 통제할 수 없는 범위이며, 만약 이런 이유로 불리한 상황에 처했다고 생각되어도 너무 자책하지 않아도 됩니다.

> **클라우드 서비스의 이름은 시간이 지남에 따라 바뀔 수 있습니다.**
>
> 특정 도구 이름보다 더 중요한 것은 그 도구가 어떤 기능을 하는지 아는 것입니다. 집필 시점에서 가장 잘 알려진 클라우드 서비스를 포함하려고 노력했지만 새로운 서비스가 자주 추가되고 있으므로 각 서비스의 홈페이지를 살펴보고 새로운 기능을 확인하시기 바랍니다. 예를 들어, 구글 클라우드 런[14]은 2019년에야 출시되었고, 버텍스 AI는 2021년에 발표되었습니다.[15] 지금도 계속해서 더 많은 도구가 만들어지고 있습니다!

---

14 「클라우드 런 발표, 서버리스 스택의 최신 멤버」 Google Cloud(블로그), 2019년 4월 9일, *https://oreil.ly/f5hTc*.

15 「구글 클라우드, 필요한 모든 머신러닝 도구를 갖춘 버텍스 AI 공개」 Google Cloud(블로그), 2021년 5월 18일, *https://oreil.ly/hfL1h*.

GCP

GCP^{Google Cloud Platform}는 구글의 클라우드 서비스입니다. GCP를 사용했던 여러 직장에서의 제 경험으로는 사용하기에 꽤 쉬웠습니다(제 개인적인 의견입니다). 데이터 사이언스/머신러닝 워크플로에서 주로 보게 되는 도구들은 다음과 같습니다(GCP에서 제공하는 서비스 중 일부입니다).

| 구글 코랩^{Google Colab} |

주피터 노트북을 생성, 호스팅 및 공유하기 위한 인기 솔루션입니다. 연구개발, 탐색적 데이터 분석 및 모델 학습에 사용할 수 있습니다.(*https://oreil.ly/TH4I6*)

| 구글 클라우드 스토리지^{Google Cloud Storage}(GCS) 및 버킷 |

모델 학습의 입력 및 출력을 저장할 수 있습니다.(*https://oreil.ly/36cYD*)

| 구글 클라우드 데이터베이스 |

Cloud SQL, BigQuery, Bigtable, Firestore 등을 포함합니다. 이들은 분석용 데이터베이스이며, 배치 ML의 피처 스토어로 사용되기도 합니다.(*https://oreil.ly/XKsAe*)

| 구글 쿠버네티스 엔진^{Google Kubernetes Engine}(GKE) |

큰 규모의 작업에 대해, 이 도구는 더 많은 계산 자원이 필요할 때 자동 확장과 같은 머신러닝 배포를 오케스트레이션하기 위해 쿠버네티스를 사용합니다.(*https://oreil.ly/C4WyB*)

| 구글 클라우드상의 쿠브플로우 |

GCP에서 쿠브플로우^{Kubeflow}, MLflow 등과 같은 모델 관리 도구를 실행할 수 있습니다.(*https://oreil.ly/MU_jW*)

| 버텍스^{Vertex} AI |

집필 시점에 이 기능에 몇 가지 업데이트와 변경을 이뤄지고 있으나, 종단 간 머신러닝 솔루션을 목표로 하고 있습니다. (*https://oreil.ly/YGf0I*)

물론 여러분이 일할 회사에 따라 여러 가지 도구를 조합해서 사용하게 될 수도 있습니다. 이러한 모든 구성 요소는 어떤 목적을 위한 수단일 뿐입니다. 앞서 말했듯이 모든 도구를 다 알 필요는 없으며, 저는 여러분이 일반적인 이름을 익히고 각 도구의 기능을 파악할 수 있도록 몇 가지 도구를 언급할 뿐입니다.

제가 꽤 잘 활용했던 좋은 구글 코랩의 무료 티어를 사용하면 구글 기술 스택에서 머신러닝을 무료로 시작할 수 있습니다. 일단 시작한 후에는 GCP의 무료 티어(*https://oreil.ly/PAhx9*)를 어느 정도의 월별 할당량까지 사용할 수 있습니다. 그 외에, 집필 시점 기준으로 $300 상당의 클라우드 크레딧 무료 체험(*https://oreil.ly/wnTr1*)도 제공합니다.

구글은 무료 및 유료 머신러닝 코스를 제공하며, 집필 시점 기준으로 기초 과정 페이지(*https://oreil.ly/KGEZn*)와 머신러닝 엔지니어 학습 로드맵(*https://oreil.ly/SVQZ2*)이 있습니다. 이 외에도 구글 클라우드 스킬 부스트(*https://oreil.ly/mkFKt*)가 있습니다. 이 Qwiklabs 플랫폼을 활용하여 GCP 관련 동영상 강의와 실습 랩을 포함한 종합적인 교육 서비스입니다.

AWS

아마존 웹 서비스^{Amazon Web Services}(AWS)는 아마존이 제공하는 인기 클라우드 플랫폼입니다. 머신러닝 관련 기능 및 서비스를 다수 보유하고 있으며, 다음은 그 중 일부입니다.

| 아마존 심플 스토리지 서비스^{Simple Storage Service}(S3) |

모델 학습 입력 및 출력을 저장할 수 있는 저장소 솔루션입니다. (*https://oreil.ly/XaWmX*)

| 아마존 엘라스틱 쿠버네티스 서비스^{Elastic Kubernetes Service}(EKS) |

더 많은 컴퓨팅 자원이 필요한 상황에서의 자동 스케일링과 같은 머신러닝 배포의 오케스트 레이션을 위한 완전 관리형 쿠버네티스입니다. (*https://oreil.ly/kwSLG*)

| 아마존 EC2 |

VM을 프로비저닝하기 위해 사용되는 AWS상의 컴퓨팅 레이어입니다. (*https://oreil.ly/oNArn*)

| 아마존 세이지 메이커^{SageMaker} |

관리형 머신러닝 플랫폼이자 모델 스토어, 피처 스토어입니다. 모델 버전 관리, 모델 모니터 링 대시보드(*https://oreil.ly/8YnQA*) 등을 제공합니다. (*https://oreil.ly/i-BAn*)

집필 시점 기준으로, AWS 무료 티어(*https://oreil.ly/Q800r*)를 이용하면 무료로 시작할 수 있습니다. AWS는 공식 무료 튜토리얼을 제공하여 플랫폼 사용법을 안내합니다.[16] 이 외 에도, AWS 머신러닝 플랜(*https://oreil.ly/rinPk*)도 집필 시점에는 무료로 제공되고 있 습니다. 공식 무료 코스를 통해 개요를 빠르게 익힐 것을 추천합니다. 이 코스들은 일반적으 로 더 짧고, 클라우드 제공업체가 가장 중요하다고 생각하는 부분에 초점을 맞춰 강의를 제 공합니다.

마이크로소프트 애저

다음은 마이크로소프트의 클라우드 플랫폼인 애저^{Azure}에서 사용할 수 있는 머신러닝 도구의 일부 목록입니다.

---

16 무료 및 유료 강좌에 대한 개요는 "클라우드 직무역량 빌더," AWS Training and Certification, 2023년 10월 24일 접속, *https://oreil.ly/f9jH*를 참조하세요.

| 애저 블롭 스토리지 Azure Blob Storage **|**

모델 학습의 입력 및 출력을 저장할 수 있는 저장소 솔루션입니다. ($https://oreil.ly/b8jnH$)

| 애저 버추얼 머신 Azure Virtual Machines **|**

마이크로소프트 애저 상의 컴퓨팅 레이어입니다. ($https://oreil.ly/UrntN$)

| 애저 머신러닝 Azure Machine Learning **|**

머신러닝 생애주기용 종단 간 플랫폼입니다. ($https://oreil.ly/ci02E$)

무료($https://oreil.ly/48cUE$)로 시작할 수 있습니다. 애저는 '데이터 사이언티스트를 위한 머신러닝'($https://oreil.ly/LVJ\_s$)을 통해 공식 무료 수업을 제공합니다.

6.4 인터뷰를 위한 개발자 모범 사례

인터뷰를 하는 동안 후보자가 적절한 소프트웨어 환경에서 작업한 경험을 관찰하는 것이 유용합니다. 신입 직군 후보자의 경우엔 저는 이 분들이 사용해보지 않았던 도구에 대해 코칭하고 멘토링해야 한다고 생각합니다. 그러나 많은 사람들이 학교를 졸업하면서 이미 깃과 같은 도구를 사용해 보았고, 학교 과제나 현장 실습을 통해 코드 리뷰 프로세스를 배운 경험이 있음을 보았습니다. 그래서 현실적으로 말씀드리자면 경쟁은 꽤 치열합니다. 저는 많은 후보자들을 인터뷰하고 멘토링했는데, 현장 실습/인턴 수준임에도 불구하고 후보자들은 이 절에서 설명된 일반적인 개발자 도구에 대해 풀타임에 상응하는 활용 경험을 쌓고 있었습니다.

> **TIP** 이 절은 모델 배포에 중점을 두는 독자 외에도, ML 분야에서 일하는 모든 독자에게 매우 유용합니다.

버전 관리 시스템

머신러닝 직무에 지원하는 모든 후보자는 버전 관리 시스템을 사용한 경험이 어느 정도 있어야 합니다. 일반적으로 버전 관리는 깃(*https://git-scm.com/*)을 사용하여 수행됩니다. 회사들은 깃 버전 관리 시스템을 지원하는 온라인 플랫폼인 깃헙(*https://github.com/*)이나 깃랩(*https://oreil.ly/coJq7*)을 자주 사용합니다. 버전 관리 시스템의 목표는 코드의 변경 사항을 추적하고, 이전 버전의 코드로 롤백(리셋)할 수 있으며, 다른 팀원들과 쉽게 협업할 수 있게 하는 것입니다. 코드베이스를 혼자 작업하는 경우(예: 개인 프로젝트)엔 복사 & 붙여넣기를 사용하여 코드를 백업하는 것만으로 충분할 수 있습니다. 그러나 두 사람 이상이 작업하는 일정 규모 이상의 코드베이스에 대해서는 버전 관리 시스템을 사용해서 골치 아픈 일을 피하는 것이 좋습니다.

개인적으로 버전 관리 시스템 설정에 시간을 조금 투자하면 얻는 것이 많다고 생각합니다. 버전 관리 시스템 없이는, 여러 사람 사이에 코드를 주고받으려고 수백 시간을 낭비하거나 코드가 망가졌을 때 이전에 작동했던 버전을 복구할 수 없어 당황하는 일을 겪을 수 있습니다. 생각만 해도 끔찍합니다.

> ### ▎ 버전 관리 시스템을 혼자서 어떻게 공부할 수 있을까요?
>
> 직장 밖에서 버전 관리 시스템에 대한 경험을 쌓고 싶다면, 깃헙이나 깃랩에 자신의 코드를 올리는 것에서 시작할 수 있습니다. 초기 코드 업로드에 그치지 말고, git-branch, git-commit 등을 이용해 변경 사항을 만드는 법을 배워보세요. Gittutorial[17]에서 명령어를 가지고 놀아보며 시작할 수 있습니다. 저는 깃을 배우면서 명령어를 직접 실행할 때 가장 많이 배웠습니다. 처음에는 명령어들이 상당히 혼란스러울 수 있습니다. 확실하지 않더라도 연습을 두려워하지 마세요(혹시 모르니 코드를 로컬 복사 & 붙여넣기로 백업하세요). 학교나 직장에서 작업하는 코드 저장소를 망칠까 봐 걱정된다면 실수가 자유롭고 마음대로 명령어를 테스트해볼 수 있는 테스트 저장소를 만들어서 연습할 것을 추천합니다.

---

17 "gittutorial—Git에 대한 튜토리얼 소개," Git, 2023년 10월 24일 접속, *https://oreil.ly/C7KCS*.

의존성 관리

머신러닝 직무에 지원하는 후보자가 강력한 소프트웨어 개발 기술을 갖추어야 하는 경우, 인터뷰에서 의존성 관리에 관한 질문을 받을 수 있습니다. 개발에서는 이동성^{Portability}을 위해 일련의 도구를 사용하는 것이 모범 사례이지만, 프로젝트마다 달라질 수 있습니다. 의존성 관리는 파이썬 의존성 관리를 설정하는 것처럼 간단할 수도 있으며, Poetry(*https://oreil.ly/nyt4A*)나 Pipenv(*https://oreil.ly/Ev5kg*)와 같은 도구를 사용하는 것이 그 예입니다.

의존성 관리 도구에는 Poetry와 Pipenv 외에도 여럿 있지만, 이들 도구는 여러분이 소프트웨어/머신러닝 솔루션을 출시하기 위해 이동성을 신경 쓰면서도 팀으로써 협업할 수 있음을 보여줍니다. 의존성 관리 모범 사례 학습은 이 장의 앞부분에서 설명한 도커와 연관이 있으며, 해당 글에서는 후보자가 팀과 함께 협업하는 소프트웨어 개발 워크플로에 쉽게 녹아들 수 있음을 보여주는 것이 유용하다는 점을 강조한 바 있습니다.

코드 리뷰

회사에서 제품 코드를 변경할 때는 보통 팀원들이 피드백을 줄 수 있는 리뷰 과정이 있습니다. 여러분은 코드가 의도한 대로 작동하며 아무것도 깨뜨리지 않았음을 증명할 필요가 있습니다. 테스트는 이런 목적을 이루기 위한 대표적인 방법입니다.

업계에 처음 진입하거나 학교를 막 졸업한 엔지니어들은 코드 리뷰를 거쳐본 경험이 적을 수도 있습니다. 인터뷰에서는 이것이 크게 중요하지 않을 수도 있지만, 행동 인터뷰에서는 후보자가 피드백을 잘 받아들일 수 있는지를 점검할 수 있습니다. 이렇게 하는 이유는 후보자가 팀에 합류하고 코드 리뷰의 일부가 된 후 마찰을 방지하기 위해서입니다. 건설적인 피드백을 잘 받아들이고 개인적인 비난으로 받아들이지 않는 사람들은 함께 일하기가 더 쉽습니다. 코드 리뷰에서 피드백을 주고받는 방법에 대해 깊게 이야기하는 것은 이 책의 범위를 벗어납니다만, 인터뷰 질문 일부는 코드 리뷰에서 여러분이 어떻게 반응할지에 대한 통찰을 얻기 위해 설계되었음을 알아두시기 바랍니다. 코드 리뷰는 ML/소프트웨어 워크플로의 매우 일반적인 부분입니다. 코드 리뷰에 대해 더 알고 싶다면 크로미움 문서의 〈존중하는 변경 (*https://oreil.ly/w21h1*)〉 페이지와 『구글 엔지니어는 이렇게 일한다』(한빛미디어, 2022)의 '3~4단계: 변경 이해하고 댓글 달기' 내용을 읽어보기를 추천드립니다.

안 좋은 예를 말씀드리면, 전 인터뷰에서 실수나 오해에 대해 물었을 때 비협력적이고 공격적인 방어 태세로 반응하는 후보자들을 본 적이 있습니다. 최근에는 질문에 잘 답하지 못했을 때 인터뷰어들을 비판하고 회사를 모욕하는 이메일을 보낸 후보자 이야기를 들은 적이 있습니다. 표준화되고 잘 진행된 전문적인 한 시간 동안 진행된 인터뷰에 그렇게 반응하는 후보자라면, 코드 리뷰에는 어떻게 반응할까요? 하루 종일 그 사람과 함께 일하는 동료들이 한 시간의 상호작용도 견디지 못한다면 어떻게 느낄까요? 그렇게 하는 것은 확실하게 탈락할 수 있는 좋은 방법입니다.

테스트

많은 코딩 팀이 코드를 위한 테스트를 작성하는 것을 모범 사례로 여깁니다. 파이썬에서는 pytest(*https://oreil.ly/pv2TP*)와 unittest(PyUnit)와 같은 패키지를 사용할 수 있습니다. 어떤 것을 알고 있는지는 크게 중요하지 않습니다. 에릭 블로그에서 pytest에 대한 자세한 비교를 볼 수 있습니다.[18]

많은 코딩 인터뷰에 숨겨진 요구 사항이 있는데, 그것은 바로 코드에 대한 테스트를 작성하는 것입니다. 문제 설명에 나와 있지 않더라도 말입니다. 예를 들면 저는 테스트를 작성해야 했지만 명시적으로는 설명 받지 못한 해커랭크나 코더패드에서 실시간 코딩 인터뷰를 본 적이 있고, 후보자가 적극적으로 테스트를 추가하기를 요구하는 코딩 과제도 있었습니다.

---

18 에릭 세일스 드 안드라데, 「pytest vs Unittest(가장 인기 있는 두 가지 파이썬 테스트 프레임워크에 대한 솔직한 리뷰)」, pytest with Eric(블로그), 2023년 10월 24일 업데이트, *https://oreil.ly/rYCOR*.

TIP 혹시 모르니까 코딩 인터뷰를 할 때 몇 가지 테스트 케이스를 언급하세요. 대체로 인터뷰어는 여러분이 테스트 케이스에 대해 언급이라도 하기를 기대할 것입니다. 테스트 케이스를 포함한 코딩이 인터뷰의 범위를 벗어난다면 인터뷰어가 알려줄 것입니다. 집에서 작성하는 코딩 과제라면 테스트를 작성하는 것이 좋습니다.

인터뷰어 입장에서는, 인터뷰이가 테스트를 추가해야 하는지 물어보거나 적극적으로 테스트를 추가하기를 기대합니다. 드문 사례지만, 소프트웨어 엔지니어 인터뷰 트랙과 동일한 방식을 따르는 일부 인터뷰어는 인터뷰이가 테스트 주도 개발(TDD)(*https://oreil.ly/qviBo*)을 사용하기를 기대할 수도 있습니다. 인터뷰어가 TDD[19]를 비롯해서 특정한 기법을 바란다면, 여러분에게 인터뷰를 소개할 때 그러한 요구 사항들을 이야기할 것입니다.

다음은 머신러닝 워크플로를 위한 테스트 작성에 대한 자료입니다.

- 세르지오스 카라지아나코스의 딥러닝 유닛 테스트 방법: 텐서플로에서의 테스트와 모킹 및 테스트 커버리지 (*https://oreil.ly/PBBge*)
- 앤서니 쇼우의 파이썬에서 테스팅 시작하기(*https://oreil.ly/tfkuh*)

6.5 기타 기술 인터뷰 구성 요소

[그림 1-1]에서 살펴봤듯이, 우리가 지금까지 알아본 유형 이외의 인터뷰가 있습니다. 이러한 유형의 인터뷰들은 보통 머신러닝, 코딩, 학습, 배포(지금까지 3, 4, 5장과 이 장에서 다룬 내용)를 다양하게 조합해서 후보자를 평가하는 고급 인터뷰입니다.

여러분이 접할 수 있는 기타 인터뷰 유형에는 다음과 같은 것들이 있습니다.

- 머신러닝 시스템 설계 인터뷰
- 기술 심화 인터뷰

----

19 테스트 주도 개발, 위키피디아, 2023년 8월 27일 업데이트, *https://oreil.ly/i5tPU*.

- 코딩 과제

- 프로덕트 센스

이번 절에서는 각 인터뷰 유형에 대해 간략히 설명하여 준비 방법을 알려드리겠습니다. 제가 신입 구직을 할 때는 머신러닝 이론과 코딩만으로 준비가 충분했기 때문에, 이러한 유형의 인터뷰를 준비할 필요가 없었습니다. 하지만, 시니어 및 스태프 이상 직무로 나아가면서 점점 더 고급 인터뷰를 접하게 되었습니다. 회사에 따라 이 중 일부만 요구하거나 또는 전혀 요구하지 않을 수 있습니다. 여러분이 실제로 인터뷰에서 접하게 되는 것은 다를 수도 있습니다. 예를 들어, 메타는 '시니어' 수준의 후보자뿐만 아니라 MLE 후보자에게도 시스템 설계 문제를 냅니다.

머신러닝 시스템 디자인 인터뷰

ML 시스템 설계 인터뷰와 문제는 종종 가상의 시나리오를 두고 무언가를 설계하도록 요구합니다. 처음부터 새로운 시스템을 설계하도록 요구하거나, 잘 알려진 시스템을 어떻게 가상으로 설계할 것인지를 물어보기도 합니다. 예시는 다음과 같습니다.

- "이커머스 회사의 ML 팀의 일원이라고 상상해보세요. 이 회사는 ML을 사용하여 고객 유지율을 높이려고 합니다. 당신의 접근 방식과 어떻게 달성할 것인지에 대해 설명해주세요."

- "당신은 어떻게 구글 맵에 ML 기반 식당 추천 기능을 도입하겠습니까?"

- "우리 회사가 개발 중인 온라인 게임은 플레이어 경험을 향상시키기 위해 강화 학습을 사용합니다. 이러한 시스템을 어떻게 설계하겠습니까?"

머신러닝 시스템 설계 문제는 개방형으로 출제되며, 인터뷰어가 흥미롭다고 생각되는 부분에 대해 후속 질문을 하는 등 많은 대화가 오고 갑니다. 머신러닝 시스템 설계 문제는 다음과 같은 이유로 상당히 어려울 수 있습니다.

| 100% 정확한 답이 있을 가능성이 낮습니다 |

문제가 주로 가상 시나리오에 관해 나오기 때문에, 질문 자체도 즉석에서 바뀔 수 있습니다. 예를 들어, 제가 인터뷰어에게 "이 머신러닝 시스템에 대해 예상되는 하루 사용자 수는 얼마나 되나요?"라고 물어볼 수 있겠죠? 이 질문에 대해 인터뷰어는 시나리오의 모든 파라미터를 정의하지 않았기 때문에 그 자리에서 그럴듯한 숫자를 만들어 낼 수 있습니다. 머신러닝 시스템 설계 문제에서 많은 부분이 단지 추정과 근사를 이용한 계산을 요구하며, 이에 맞는 올바른 도구를 사용할 수 없는 경우가 많습니다(예를 들어, 일부 시나리오에서는 XGBoost나 CatBoost를 사용할 수 있습니다).

| 머신러닝 시스템 설계 문제는 회사, 팀, 인터뷰어마다 큰 차이가 있습니다 |

여러분의 인터뷰 점수는 여러분의 초기 설계뿐 아니라 다양하게 진행될 수 있는 개방형 문제에 어떻게 대응하는지에 따라 달라집니다. 인터뷰어는 머신러닝 추론의 속도를 어떻게 다룰 것인지에 대해 물어볼 수 있고, 여러분은 그 주제에 대해 다른 5분을 소비할 수 있습니다. 또는 모델을 학습하기 전에 데이터의 품질을 어떻게 높게 유지할 것인지에 대한 질문을 받을 수도 있습니다. 즉흥 연설을 하는 것처럼 순발력 있게 대처하며 여러분과 인터뷰어 사이의 대화 흐름에 적응하세요.

채용 공고를 확인해서 여러분이 어떤 측면에 집중해야 하는지 확인하는 것이 좋습니다. 종단 간 머신러닝 프로젝트 설계를 하라는 시스템 디자인 문제가 나온 상황에서도 여러분은 인터뷰 중에 그 직무의 핵심 역량에 더 많은 시간을 할애할 수 있습니다. 데이터 사이언티스트 직무 인터뷰를 보는 경우, 머신러닝 모델을 학습시키고 평가하는 것에 더 자세히 설명하고 배포에 대한 언급은 줄이세요. 하지만, 종단 간 시스템 질문이라면 머신러닝 시스템의 다른 측면을 간과해선 안 됩니다. 배포에 초점을 맞춘 MLE 직무 인터뷰를 본다면, 데이터 엔지니어링에 대해 깊게 파고드는 함정에 빠지지 말고 배포에 시간을 더 할애하세요. 확신이 없다면 인터뷰어에게 당신이 올바르게 초점을 맞추고 있는지, 그리고 어떤 주제를 더 깊게 다뤘으면 하는지 물어보세요.

인터뷰어에 따라 원하는 답변이 다를 수 있습니다. 어떤 인터뷰는 데이터와 사용 가능한 구체적인 피처들이 연속적인지 범주형인지 등에 대해 이야기하기를 원할 수 있습니다. 또 다른 인터

뷰어는 그러한 세부 사항에 그다지 중점을 두지 않을 수도 있습니다. 인터뷰이는 인터뷰어가 찾고 있는 세부 사항의 수준에 대해 확인해야 합니다.

세레나 맥도널, 리드 데이터 사이언티스트, 전 쇼피파이 근무

더 이상의 예시는 제공하지 않겠습니다. 그런 예시들은 이미 이 책에서 논의된 머신러닝 알고리즘, 머신러닝 평가, 머신러닝 배포, 코딩 인터뷰의 정보를 기반으로 만들고 결합한 것이기 때문입니다. 신입 직무의 경우에 시스템 디자인 문제가 나온다면 아마도 앞 장에서 다룬 기술들에 초점을 맞출 것입니다. 고급 시스템 디자인 문제는 주로 시니어 및 스태프+ 직무를 대상으로 합니다.

이 주제에 대해 더 깊이 알아보고 싶다면, 다음 자료들을 추천합니다.

- 패트릭 할리나의 『머신러닝 시스템 디자인 인터뷰 가이드』(*https://oreil.ly/QuMZw*)
- 『가상 면접 사례로 배우는 머신러닝 시스템 설계 기초』(인사이트, 2024)
- ML에 대한 시스템 디자인 인터뷰 예시를 보여주는 유튜브 영상을 검색하세요. 좋은 예시로는 Interviewing.io가 제공하는 '유해 콘텐츠 제거: 머신러닝(시스템 디자인) 스태프 레벨 멘토십(*https://oreil.ly/RsjeE*)'이 있습니다. (이 문제의 대상은 L7 스태프 직무입니다.)

▌ 메타에서의 머신러닝 시스템 디자인 인터뷰

메타에는 '개인화된 뉴스 랭킹 시스템 설계하기', '제품 추천 시스템 설계하기' 등의 예시 질문이 있습니다. 아래 항목에서 볼 수 있듯이, 메타는 이 책에서 논의된 기술 중 일부가 아닌 모두를 보유한 인재를 찾고 있습니다.

인터뷰어가 후보자에게서 보고 싶은 신호는 다음과 같습니다.

문제 탐색

후보자가 전체 문제를 조직화할 수 있는지를 확인합니다. 메타의 인터뷰 준비 가이드는 후보자들이 문제를 비즈니스 맥락과 연결해야 한다고 강조합니다(4장 참조).

학습 데이터

당신은 학습 데이터를 어떻게 수집하고 리스크를 어떻게 평가하겠습니까?(4장 참조)

메타의 인터뷰 준비 가이드는 후보자들이 제안하는 머신러닝 디자인에 대해 잠재적인 리스크와 완화 방안을 제시할 것을 기대한다고 반복해서 언급합니다. 이것은 모든 머신러닝 인터뷰에 유용한 사고 방식이자, 효율적이며 신중한 머신러닝 실무자에게서 나타나는 신호입니다. 발생가능한 리스크에 대한 논의 역량을 향상시킬 수 있는 유용하고도 중요한 방법 한 가지는 AI 편향에 대해 읽는 것입니다. AI 편향은 리스크의 큰 부분을 차지하기 때문입니다. 티밋 게브루와 조이 부올람위니의 연구는 좋은 자료입니다. 예를 들어 그들은 성별과 인종(피부 유형을 통해)에 따른 머신러닝 알고리즘의 정확도 차이를 조사합니다(*https://oreil.ly/db8Iq*).[20] 메타 자체의 AI 공정성 및 투명성에 대한 진전과 교훈에 관한 블로그도 다양한 리스크와 완화 방안을 언급합니다.[21] 메타의 노력에는 '연구자들이 다양한 연령, 성별, 피부 톤, 그리고 주변 조명 조건에서의 정확도를 평가할 수 있도록 돕는 더 많은 데이터 세트를 만드는 것'이 포함됩니다.

---

20 조이 부올라미니와 팀닛 게브루, "Gender Shades: 상업적 성별 분류의 교차 정확성 불균형," 공정성, 책임성 및 투명성에 관한 첫 번째 회의의 논문집 81(2018), 77–91, *https://oreil.ly/spsb7*.

21 「AI 공정성과 투명성에서 메타의 진행 상황 및 교훈」 Meta(블로그), 2023년 1월 11일, *https://oreil.ly/A0wku*.

심층 기술 인터뷰

심층 기술 인터뷰에서 여러분은 과거에 바닥부터 설계하고 구축한 프로젝트를 상세히 설명하며, 그 과정에서 마주친 트레이드오프와 어려움들, 그리고 그 어려움들을 어떻게 극복했는지에 대해서 논의하게 됩니다. 저는 인터뷰어들이 이러한 유형의 질문을 과거 프로젝트와 관련된 행동 질문으로 분류하는 모습을 종종 봤습니다. 예를 들어, 쇼피파이는 기술 인터뷰 과정(*https://oreil.ly/c_F8P*)에서는 심층 기술 인터뷰^{Technical deep dive}를 중요하게 여깁니다.[22]

> **NOTE** 많은 회사들이 이러한 유형의 인터뷰를 실시하고 있습니다. 이 유형의 인터뷰는 여러 이름으로 불리는데요, 케이스 스터디 인터뷰(컨설팅 직군의 케이스 스터디와는 다릅니다), 역시스템 디자인, 시스템 디자인 회고 등이 그 예입니다. 이 책에서는 이러한 유형의 인터뷰 및 인터뷰 질문을 지칭하기 위해 쇼피파이의 용어인 '심층 기술 인터뷰^{Technical Deep Dive}'을 차용하고 있습니다.

인터뷰 단계와 인터뷰어에 따라, 이러한 유형의 질문에 답하는 것은 일반적인 행동 인터뷰에 비해 기술적으로 깊이 있는 설명이 필요해지기도 합니다. 또한 시스템 디자인 인터뷰 수준의 깊이 있는 논의가 이뤄지고요.

심층 기술 인터뷰는 온라인에서 많이 접할 수 있는 평범한 시스템 디자인 문제들과는 다릅니다. 그 질문들은 가상의 상황에 초점을 맞추는 반면, 이 질문은 이전 회사나 프로젝트에서 실제로 직접 구축한 것에 초점을 맞추기 때문입니다. 제 경험을 말씀드리자면, 저는 커리어 연차가 쌓일수록 심층 기술 인터뷰 유형의 질문을 더 많이 받게 되었습니다.

---

22 애슐리 사와츠키, 「쇼피파이의 기술 인터뷰 과정: 기대 사항 및 준비 방법」 쇼피파이 엔지니어링(블로그), 2022년 7월 7일, *https://oreil.ly/QaUfA*.

코딩 과제 팁

가끔 회사들은 후보자가 집에서 해볼 수 있는 과제나 평가를 제공하기도 합니다. 이런 과제들은 자동으로 채점되며, 후보자는 통과하거나 떨어질 수 있습니다. 그리고 단순히 과제만으로 후보자를 판단하는 것이 아니라, 후보자가 자신의 솔루션을 인터뷰어에게 설명하며 진행하는 인터뷰와 결합된 개방형 형식의 코딩 과제도 있습니다.

이전 장에서 언급된 머신러닝 알고리즘과 코딩에 대한 조언들이 여기에도 적용됩니다.

- 알고리즘뿐만 아니라 그 선택의 이유와 접근 방법, 트레이드오프를 설명할 수 있어야 합니다.
- 코드 내에 문서화 문자열docstrings을 활용하고, 인터뷰 중에도 자신의 사고 과정을 인터뷰어에게 명확하게 설명할 수 있어야 합니다.
- 테스트 코드를 작성하세요.

프로덕트 센스 Product Sense

데이터 사이언스 및 머신러닝 인터뷰에서, 특히 빅테크 기업에서는 후보자가 일종의 '프로덕트 센스'를 갖추고 있어야 한다는 숨겨진 요구 사항이 있습니다. 이 용어는 회사들이 후보자가 머신러닝이 회사의 제품에 어떻게 실질적인 혜택을 가져다주는지에 대한 실용적인 지식을 갖고 있는지를 나타내는 데 사용합니다.

후보자가 ML 제품에 관해 말할 때나 회사의 제품을 조사할 때, 이러한 지식을 드러낼 수 있습니다. ML을 위한 일반적인 제품 목표를 이해하는 것이 중요한데, 예를 들어 다음과 같습니다.

- 사용자 편의성 증가
- 사용자 이탈 감소
- 온보딩 경험 개선

프로덕트 센스는 요즘 들어 더 잘 알려지고 있습니다. '데이터 사이언스 프로덕트 센스'를 검색해보면 몇 가지 가이드가 나타납니다. 그럼에도 불구하고, 많은 후보자들이 리크루터나 채용 과정에서 명시적으로 언급되지 않는 한 이 부분에 대한 준비를 고려하지 않습니다. 머신러닝 후보자로서, 여러분은 프로덕트 센스를 행동 인터뷰, 시스템 디자인 인터뷰, 심층 기술 인터뷰 등에 결합할 수 있습니다. 프로덕트 매니저 인터뷰에서 차용함으로써 이런 준비를 할 수 있습니다.

> **TIP** 인터뷰어의 입장에서 저는 이렇게 생각합니다. 후보자가 모델 정확도 메트릭에만 관심이 있나? 아니면 제품의 월평균 사용자 수에도 관심이 있나? 구축 중인 ML을 제품에 연결할 수 있는가?

이 부분을 가볍게 여기지 마세요. 머신러닝 분야에 발을 들여놓았을 때, 경험이 풍부한 선배들과 성공적인 동료들이 저에게 비즈니스 쪽을 더 깊이 배우고 이해하라고 조언했습니다. 이것은 멘토링이 제 커리어에 긍정적인 영향을 미친 경우 중 하나였습니다. 문제 은행 형태의 인터뷰 가이드에는 나오지 않는 수많은 정보가 있습니다. 그래서 저는 이 책에 그런 정보들을 최대한 많이 담으려고 노력했습니다.

다음과 같은 자료로 시작하면 됩니다.

- 에마 딩의 "데이터 사이언티스트를 위한 프로덕트 케이스 인터뷰 뽀개기를 위한 최고의 가이드"(파트 1) (*https://oreil.ly/E83EC*)

- 프로덕트 센스에 대한 Exponent 영상 예시, "Meta/Facebook 프로덕트 매니저 모의 인터뷰"(*https://oreil.ly/pLj8E*)

- 『PM 인터뷰의 모든 것』(제이펍, 2015)

MLOps에 관한 인터뷰 질문 예시

여기 인프라 작업을 담당하는 MLOps 엔지니어와 머신러닝 엔지니어(MLE)를 대상으로 한 인터뷰에서 제가 사용해본 몇 가지 질문들을 소개합니다. 이 인터뷰 질문에는 여러분이 참고할 수 있는 예시 답안도 포함되어 있습니다. 이 질문들은 대부분 여러분의 경험을 중심으로 한 것임을 강조하고 싶습니다. MLOps 엔지니어와 MLE는 다른 직무와 마찬가지로 코딩 인터뷰 과정(5장 참조)을 거칠 가능성이 크며, 이후 이력서 리뷰 및 심층 기술 인터뷰 단계에서 본 문서에 소개된 질문들이 포함될 것입니다. 5장에서 언급했듯이, 운영에 중점을 두는 직무에 지원했다면 DevOps 엔지니어에게 제출될 법한, 보다 전문적인 코딩 질문을 받게 될 수도 있습니다. 반복해서 이야기하는 것처럼 들릴 수도 있지만, 인터뷰의 중점 사항과 기대치를 확인하기 위해 가능하다면 채용 공고를 다시 살펴보고, 여러분의 리크루터와 채용 매니저에게도 확인하는 것이 가장 좋습니다.

> **NOTE** 이 장에서는 여러분의 답변이 각자의 경험에 따라 달라질 수 있다는 점을 유념해야 합니다. 여기 제시된 답변 예시들은 답변이 어떻게 구성될 수 있는지를 보여주기 위한 것으로, 상대적으로 일반적인 내용을 담고 있습니다. 답변 예시에 나온 특정 과업이나 프로젝트를 직접 경험하지 않았다면, 이들을 실제 인터뷰에서 답변으로 사용하지 않는 것이 좋습니다.

| 답변 예시 |

쿠버네티스를 활용한 스케일링이 큰 도움이 되었습니다. 예를 들어, 수평 확장을 통해 같은 작업을 더 많은 인스턴스에서 처리할 수 있게 되었죠. 특히 요청량이 많은 경우에는 구글 쿠버네티스 엔진의 로드 밸런싱(*https://oreil.ly/g3E7F*)을 적용했습니다. 이전에는 GCP에서 오토스케일링 기능을 활용한 적도 있습니다.

인터뷰 질문 *6-2: 운영 환경에서 ML 모델의 모니터링 및 성능 추적을 어떻게 관리하나요?*

| 답변 예시 |

운영 중인 ML 애플리케이션 모니터링은 비ML 애플리케이션과 비교해 데이터와 모델 관련 모니터링이 다릅니다. 데이터 변화, 모델의 정확도 및 변화 등을 모니터링하는 것이 중요합니다. 이를 위해 Great Expectations나 Alibi Detect(*https://oreil.ly/Lk4CR*)와 같은 도구를 사용하고 있습니다. 특히, 이전 회사에서는 Great Expectations를 이용해 갑작스럽게 발생하는 누락 데이터나 분포의 변화를 감지했습니다.

이러한 도구들을 활용해 경고를 설정하고, 이상 징후 탐지 작업을 정기적으로 수행하여 오류나 변화를 신속하게 알릴 수 있습니다. 서비스 가용성 측면에서는 그라파나, ELK 스택(*https://oreil.ly/SwUDT*), 프로메테우스 같은 도구들이 일반적으로 활용됩니다.

인터뷰 질문 *6-3: 어떤 CI/CD 파이프라인을 ML 모델에 구축했으며, 그 과정은 어떠했나요?*

| 답변 예시 |

데이터 전처리, 모델 학습, 평가 등 ML 파이프라인에 관련된 단계를 자동화하는 것부터 시작했습니다. 이후 젠킨스를 이용해 이 단계들을 CI/CD 파이프라인에 통합하고, 깃헙 저장소의 코드에 변화가 있을 때마다 파이프라인이 실행되도록 설정했습니다. 파이프라인은 환경을 구성하고, 코드 검사 및 테스트를 거친 후, 스테이징 환경에서 추가 테스트를 위해 모델을 자동으로 배포합니다. 검증이 성공하면, 모델은 운영 환경으로 복사됩니다. 이러한 과정을 자동화함으로써, 수동 배포에 드는 시간을 줄이고 품질 관리를 강화할 수 있었습니다.

이번 장에서는 운영과 인프라에 관한 전문 지식에 관해 질문을 받을 수 있는 ML 직무에 대해 알아보았습니다. 그 다음으로, 데이터 팀의 규모와 성장 단계에 따라 다양한 종단 간 머신러닝 프로젝트의 수준과 사례들을 소개했습니다.

이어서, 여러분은 다른 클라우드 환경과 프라이빗 및 퍼블릭 클라우드 사이의 선택에서 고려해야 할 사항과 ML 모델을 배포하고 관리하기 위한 주요 도구들도 살펴봤습니다. 그리고 모델이 배포된 이후에 적용할 수 있는 모델 모니터링 방법들에 대해서도 논의했습니다. 인기 클라우드 서비스 제공업체들에 대한 간단한 설명을 통해, 대부분의 클라우드 서비스 제공업체들이 비슷한 도구들을 제공하고 있으며, 이 책에서 언급되지 않은 서비스 제공자를 사용하더라도 (단지 이름이 다를 뿐) 유사한 서비스를 찾을 수 있다는 점을 이야기했습니다.

또한, 운영 및 소프트웨어 중심 직무에 필수적인 개발자 모범 사례를 소개했습니다. 이런 사항들은 대부분 실무 경험을 통해 자연스럽게 배우게 되지만, 학교나 부트캠프 경험이 있는 분들도 그룹 프로젝트나 오픈 소스 프로젝트에 기여함으로써 이런 기술들을 보여줄 수 있습니다.

마지막으로, ML 직무에 대한 다양한 인터뷰 유형, 예를 들어 시스템 디자인, 심층 기술 인터뷰, 제품에 대한 이해 등에 대해 다루었습니다. 다음 장에서는 행동 인터뷰와 그 인터뷰에서 어떻게 성공할 수 있을지 성공 전략에 대해 알아봅니다.

행동 인터뷰

인터뷰의 목적은 후보자가 특정 직무에 적합한지, 그리고 팀과 잘 어울릴 수 있는지를 판단하는 것입니다. 후보자의 기술적 역량이 아무리 뛰어나더라도, 동료들과 원활히 협력하지 않는다면 프로젝트를 성공적으로 완수할 수 없을 것입니다. 인터뷰는 여러 기준을 통해 우수한 후보자를 식별합니다. 머신러닝/코딩 능력이 중요하긴 하지만 인터뷰어가 찾고 있는 전체 그림의 일부일 뿐입니다. 이 장에서는 팀과의 적합성을 평가하기 위해 설계된 인터뷰 질문에 조점을 맞춥니다.

다른 말로 하자면, 기술적 역량에 대한 최소한의 요구 사항이 존재하며, 후보자는 기술 인터뷰를 통과할 수 있는 최소한의 지식이 필요합니다. 이러한 기준은 후보자가 합리적인 수준의 기술적 업무 수행 능력을 갖고 있음을 확신할 수 있도록 세워져 있습니다. 이 기준을 충족하는 후보자들 사이에서도 차이가 있을 수 있습니다. 예를 들어, 어떤 후보자는 적응하는 데 시간이 좀 더 걸릴 수 있습니다. 하지만 고용주가 그들의 근무 기간을 1년 이상으로 예상한다면, 프로그래밍 능력의 미세한 차이는 장기적으로 큰 영향을 미치지 않을 것으로 판단할 수 있습니다.

그렇다면 기술 인터뷰를 통과한 후보자 간의 차이를 구분 짓는 기준은 무엇일까요? 인터뷰어는 후보자가 얼마나 잘 소통할 수 있는지, 동료들과 얼마나 잘 협업할 수 있는지, 피드백을 얼마나 잘 수용하는지, 성장 마인드셋을 가지고 있는지 등의 기준을 적용합니다. 예를 들어, 기준에 부합하는 적절한 기술 역량과 뛰어난 의사소통 능력을 갖춘 후보자가 기준을 훨씬 뛰어넘는 탁월한 기술력을 지녔지만 협업에 어려움이 있는 후보자보다 장기적으로 더 좋은 성과를 낼 수 있습니다.

> 행동 인터뷰는 전체 인터뷰 과정에서 매우 중요한 부분입니다. 제 경험으로는 탈락의 주된 이유가 대부분 후보자의 가치관과 과거 행위가 회사나 팀의 원칙과 부합하지 않을 때 발생하는데, 이 부분에 있어서는 기술적 능력이나 소프트 스킬보다 더 높은 기준이 적용됩니다.
>
> 유진 안, 아마존 시니어 응용 사이언티스트

일반적으로, 성찰할 수 있고 의사소통 방식에서 상식적인 판단을 사용한다면, 인터뷰 평가에 있어 나쁜 영향을 받지 않을 것입니다. 제가 하고 싶은 말은 후보자가 인터뷰에서 실패하는 빠른 길은 '이 후보자는 협업이 어렵다'고 생각하게 하는 것입니다. 채용 팀은 거만하거나 성찰할 줄 모르는 등의 사람들이 팀워크에 부정적인 영향을 끼칠 가능성이 높고, 따라서 좋은 신규 입사자가 되지 못할 것이라는 사실을 알고 있습니다.

7.1 행동 인터뷰 질문과 응답

기술적인 부분으로 측정되지 않는 모든 요소를 평가하기 위해, 인터뷰어들은 **행동 인터뷰 질문**을 활용합니다. 이런 행동 인터뷰 질문은 주로 행동 인터뷰에서 나오지만, 기술 인터뷰에서 기술적 질문과 섞여 나올 수도 있습니다. '행동 인터뷰 질문'과 '행동 인터뷰'라는 용어의 사용은 지역이나 분야에 따라 다를 수 있습니다. 대체로 이 유형의 인터뷰는 소위 말하는 **소프트 스킬**에 초점을 맞춥니다.

> **TIP** 여러분이 1인 스타트업을 운영하지 않는 한, 이러한 소프트 스킬의 보유가 머신러닝 프로젝트에 기술적으로 기여하는 여러분의 능력에 직접적인 영향을 미친다는 사실을 이해하는 것이 중요합니다.

행동 인터뷰와 질문을 통해 인터뷰어가 평가하고자 하는 후보자의 자질은 다음과 같습니다.

- 의사소통 역량
- 협업 및 팀워크
- 리더십 역량
- 갈등 해결 역량
- 후보자의 피드백 수용 능력
- 후보자의 불확실성 대처 능력, 새로운 기술 및 도구 습득 방식
- 후보자의 기술: 비즈니스 기여도 인식 능력(프로덕트 센스라고도 불림)

질문은 다음과 같이 나올 수 있습니다.

- "당신이 …했던 시절을 말해주세요." 예를 들어, "당신이 참여하던 머신러닝 프로젝트 내에서 갈등을 해결했던 경험에 대해 말해주세요."

- "당신이 마감기한이 긴박했던 상황과 그에 대한 당신의 대응을 설명해주세요."

- "당신이 머신러닝 프로젝트에 관해 성공적으로 진행했던 발표의 예시와 그 준비 과정은 무엇인가요?"

행동 인터뷰의 목적은 과거 비슷한 상황에서의 반응을 기반으로 여러분이 동료로서 어떻게 행동할지 측정하는 것입니다. 행동 인터뷰 질문은 대부분 실제 과거 경험을 다루니, "팀 내 갈등이 발생한 가상의 상황에서 당신은 어떻게 할 것인가?"와 같은 문제와 혼동하지 않도록 유의해야 합니다.

따라서, 행동 인터뷰 준비를 머신러닝 인터뷰 준비의 핵심 부분으로 간주하는 것이 매우 중요합니다. 과거 프로젝트, 업무 경험, 그리고 다른 관련된 경험들을 정리하는 것으로 시작하는 것이 좋습니다.

실습 7-1

여러분이 자랑스럽게 생각하는 직장, 자원봉사, 학교에서의 경험들을 기록해보세요. 이 기록은 행동 인터뷰 질문 준비에 기초 자료가 됩니다. 여러분은 이 장을 진행하면서 해당 목록의 주제를 구체화하게 될 것입니다.

행동 인터뷰 질문에 답할 때 STAR 기법을 사용하세요

머신러닝 인터뷰뿐만 아니라 일반적인 기술 인터뷰에서 답변을 체계적으로 구성하는 데 사용되는 기법 중 하나가 바로 STAR 기법입니다.[1] 이 기법을 통해 여러분이 과거에 겪었던 상황 설명과 해당 상황에서 취한 행동이 가져온 영향을 포함하여 인터뷰어에게 충분한 배경 정보를 제공할 수 있습니다. STAR 기법에 대한 자세한 설명은 [표 7-1]에 나와 있습니다.

---

1 "다음 행동 인터뷰에서 STAR 기법 사용하기"에서 STAR 기법에 대해 더 읽을 수 있습니다. MIT Career Advising and Professional Development, 2023년 10월 24일 접속, *https://oreil.ly/wi09h.*

표 7-1 STAR 기법

상황(Situation)	예시가 일어난 상황에 대한 배경을 제공합니다.
과제(Task)	예시 상황에서 당신이 담당했던 과제를 설명합니다.
행동(Action)	예시 상황에서 성공하기 위해 취한 단계와 행동을 설명합니다.
결과(Result)	여러분의 행동이 이끌어낸 결과와 성과를 설명합니다.

다음은 STAR 기법에 따른 질문과 답변의 예시입니다.

| 질문 |

"프로젝트 진행 중 직면한 어려운 장애물[진행을 방해하는 상황을 의미]에 대해 말해주세요. 그 장애물을 어떻게 극복했나요?"

| 답변 |

[상황(S)] 저는 우리 회사의 쇼핑 웹사이트를 위한 추천 시스템 개발 프로젝트 Y에 참여했습니다.

[과제(T)] 쇼핑 사이트 사용자들에게 추천을 제공하기 위해 머신러닝 모델을 학습시키는 임무를 맡았습니다.

[행동(A)] 데이터 엔지니어링 팀과 협력하여 필요한 데이터에 접근하고 XGBoost를 사용해 기본 모델 학습을 시작했습니다. 이 과정에서 모델에 유용할 새로운 데이터 소스를 찾아내고, 결국 새로운 사용자와 기존 사용자 각각에 더 효과적인 두 가지 유형의 모델을 개발했습니다.

[결과(R)] 이 모델들은 온라인 상에서 실행되어 대조군과 비교된 온라인 실험을 통해 평가되었습니다. 최종적으로, 머신러닝 기반 접근법은 기존 대조군 대비 참여 지표에서 2배의 향상을 달성했습니다.

이 답변에서 잘한 점은 다음과 같습니다.

- 너무 많은 전문 용어를 사용하지 않았습니다.

- ML 모델의 개선점을 대조군과 비교해 언급했습니다.

인터뷰어로서 저는 쇼핑 사이트에 대한 더 많은 세부 정보를 제공받고 싶은 생각이 듭니다. 하지만 실제 상황에서는 인터뷰이가 이 프로젝트에서 맡은 역할을 이미 이전 질문에서 설명했을 가능성이 높습니다. 또한, 인터뷰어로서 저는 "학습시킨 두 가지 모델 유형은 무엇인가요?"와 같이 더 자세히 알고 싶은 부분에 대해 후속 질문을 할 것입니다.

영웅의 여정 기법으로 답변을 강화하세요

가끔은 STAR 기법만으로는 충분하지 않을 때가 있습니다. 특히 후보자들이 해당 템플릿을 정형화된 방식으로 따를 때 인터뷰 질문에 대한 답이 지나치게 공식적이고 건조해질 수 있습니다. 저는 STAR 기법으로 만든 답변을 개선하기 위해 영웅의 여정을 사용할 것을 제안합니다. 이렇게 하려는 목적은 여러분이 극복한 도전과 상황에서 성공하기 위해 기울인 큰 노력을 더욱 상세하게 묘사함으로써 답변을 더욱 인상 깊게 만드는 것입니다.[2]

영웅의 여정[3] 또는 모노미스는 모험을 떠난 영웅이 다양한 시련을 겪는 일반적인 이야기 구조입니다. 결국, 그들은 승리하여 변화된 모습으로 집으로 돌아옵니다. 라이온 킹, 헝거 게임, 스타 워즈와 같은 주류 미디어의 예시를 생각해보세요. 이 영화들에서 캐릭터들이 겪는 여정과 그들이 극복한 도전이 가장 기억에 남지 않나요? 보통은 여정과 도전들이 세계관 설정이나 배경 설명 또는 영웅이 돌아와 축하를 받는 마지막 장면들보다 더 기억에 남습니다. 이 영화들의 구조도 대체로 이렇게 설정됩니다. 15~20%의 장면으로 맥락을 설정하고, 60~70%를 여정과 도전에 할애한 다음, 마지막 10~15%는 고무적이고 승리적인 결론을 위해 사용합니다. 물론, 이 구조는 이야기마다 다를 수 있습니다. 제가 강조하고 싶은 포인트는 상당한 시간을 여정과 도전에 할애한다는 것입니다. 그렇기 때문에 이 구조를 STAR 기법 위에 추가하는 것을 권장합니다. 이 형식으로 이뤄진 흥미진진한 이야기는 변화의 계기와 결과

---

2   스티브 후옌의 "A Life Engineered" 영상에서 비슷한 방법을 처음 보았습니다.
3   "모노미스: 영웅의 여정," 버클리 ORIAS, 2023년 10월 24일 접속, *https://oreil.ly/zjWAc*.

와 더불어 모험 중에 만난 어려움을 생생하게 전달할 것입니다.

인터뷰에서 영웅의 여정

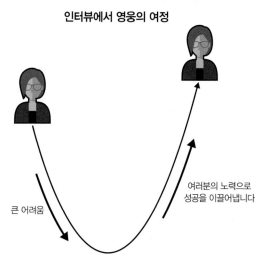

큰 어려움

여러분의 노력으로
성공을 이끌어냅니다

그림 7-1 행동 인터뷰 질문에서의 영웅의 여정

이제, STAR 기법을 따르더라도 기억에 그리 남지 않거나 영향력이 없는 답변의 예를 보여드리겠습니다. 앞서 본 인터뷰 질문을 생각해보세요. "프로젝트를 진행하면서 어려운 장애물을 경험했던 때를 말해주세요. 어떻게 그것을 극복했나요?"

저는 STAR 기법만을 이용해 답변을 작성했었는데, 여기에 영웅의 여정을 추가해 더욱 효과적인 답변을 만드는 방법을 보여드리겠습니다.

[상황(S)]

저는 우리 회사의 쇼핑 웹사이트에 적용할 추천 시스템을 개발하는 프로젝트 Y에 참여하고 있었습니다.

[과제(T)]

쇼핑 사이트 사용자들에게 맞춤형 추천을 제공하기 위한 머신러닝 모델을 학습시키는 것이 제 임무였습니다.

저는 데이터 엔지니어링 팀과 협력하여 필요한 데이터에 접근했고, XGBoost를 사용하여 기본 모델 학습을 시작했습니다.

[영웅의 여정, 도전에 집중]

XGBoost 모델을 학습하는 과정에서 모델의 전반적인 성능이 만족스럽지 못한 문제가 발생했습니다. 이에 저는 결과를 꼼꼼히 분석하여 추가적인 조사 방향을 설정했습니다. 데이터 소스의 품질 자체는 문제가 없었기에 데이터 품질 문제는 고려 대상에서 제외했습니다.

데이터 세트는 마지막 쇼핑 사이트 방문 시기나 최근 구매 금액 등 익명화된 고객의 특성으로 구성되었습니다. 그러나 모델이 데이터에 포함되지 않은 고객 행동의 미묘한 차이를 포착하지 못하고 있었습니다. 이를 해결하기 위해 저는 매니저와 팀 내 시니어 개발자에게 고객 행동에 대한 추가 데이터가 필요하다고 제안했고, 그 결과 사용 가능한 클릭스트림 데이터 세트를 제공받았습니다.

새로운 데이터를 통합한 후에도 여전히 해결해야 할 문제가 남아있었습니다. 개선된 모델은 신규 고객에게는 잘 작동했지만 기존 고객에게는 그다지 효과적이지 않았기 때문입니다. 이 문제를 해결하기 위해 저는 사용자의 계정 연령에 따라 데이터를 분리하고, 각 사용자 유형에 맞는 두 가지 모델을 별도로 사용하는 방법을 채택했습니다. 이러한 접근 방식을 통해 전반적으로 최고의 성능을 달성할 수 있었습니다.

[결과(R)]

모델 학습에 대한 자세한 결과를 팀 내 시니어 멤버들과 제품 팀에 발표한 후, 모델들은 온라인에서 실행되도록 승인되었습니다. 온라인 실험을 통해 대조 그룹과 비교한 결과, 머신러닝 기반 방식은 기존 대조군 대비 참여 지표에서 두 배의 향상을 보였습니다.

인터뷰어 관점에서 본 모범 사례와 피드백

다음은 모범 사례로 볼 수 있는 답변 예시에 대한 인터뷰어로서 저의 평가입니다.

극복해낸 도전에 대해 구체적으로 설명하는 것은 인터뷰어의 신뢰를 쌓는 데 도움이 됩니다

인터뷰어로서, STAR 기법에 영웅의 여정을 추가한 이 답변은 머신러닝 모델을 개발하면서 인터뷰이가 마주한 도전에 대해 첫 번째 답변 예시보다 훨씬 더 상세하게 설명합니다. 인터뷰어에게 이것이 왜 중요할까요? 이런 식의 답변은 자신과 팀을 어려운 상황에 처했을 때 끌어올릴 수 있는 직원이라는 것을 보여주는 데 더욱 효과적입니다. 과거에 직면했던 어려운 상황의 심각성을 설명하면, 인터뷰어는 당신이 그 회사에 합류하여 똑같은 상황을 맞닥뜨렸을 때도 똑같이 해낼 수 있다는 더 큰 확신을 가지게 됩니다.

난관은 더욱 강한 인상을 남깁니다

더욱이, 인터뷰어로서 후보가 마주친 어려움의 정도를 듣고 이해하면, 그들을 더 기억하기 쉽습니다. 이것은 제가 동료들에게 모든 것이 순탄해 보였던 다른 후보들이 아닌 이 후보를 지지하는 이유를 설명할 때 좋은 방법이 되기도 합니다. 난관을 상세히 설명하지 않은 지원자가 실제로는 더 복잡한 문제를 해결했을 수 있습니다. 하지만 이런 경우, 두 가지 문제가 발생합니다. 첫째, 저희는 그 사실을 알 수 없고, 둘째, 그 지원자의 역량이 덜 인상적으로 보일 뿐만 아니라 후보 평가 회의에서 동료들에게 그 지원자의 능력을 설명하기가 어려워집니다.

상호작용과 협업에 대해 설명하세요. 공을 인정할 때는 그러한 점을 명확히 강조하세요

이러한 답변은 상황과 난관에 대한 더 나은 그림을 그리는 것뿐만 아니라, 인터뷰이의 팀원들에 대해서도 언급합니다. 인터뷰어는 인터뷰이가 다른 팀과의 의사소통 능력이나 아니면 적어도 매니저 또는 가까운 동료들과의 소통 능력을 가지고 있는지 궁금해할 수 있습니다. 인터뷰 시간의 제약으로 인해 인터뷰어는 팀의 범위에 대해 직접 묻지 못할 수도 있습니다. 최악의 경우, 협업자를 언급하지 않는 인터뷰이에 대해 인터뷰어는 자신의 공이 아닌 것을 자신의 공이라고 주장하는 사람들의 패턴을 따른다고 의심할 수도 있습니다.

인터뷰어가 모를 수 있는 맥락과 특정 용어를 설명하세요

저는 후보자들이 문제를 급하게 설명하느라 관련 맥락을 설명하지 않는 실수를 흔하게 저지르는 것을 보아왔습니다. 동료의 경우, 일정 수준의 이해를 가질 수 있다고 기대할 수 있지만, 인터뷰의 경우엔 다른 회사 사람과 대화하게 됩니다. "MyShopping의 ML 모델을 작업했습니다"라고 간단히 말하는 대신, "MyShopping의 ML 모델을 작업했는데, MyShopping은 고객들이 상점 페이지를 둘러보고 구매 결제를 할 수 있는 모바일 앱입니다."라고 구체적으로 설명해야 합니다. 업무 경력은 없지만 학교 프로젝트를 설명하는 인터뷰이의 경우, 학교에서 사용하는 용어를 설명 없이 사용해선 안 됩니다. 예를 들어, 토론토 대학에서는 컴퓨터 과학 수업을 CSC로 표시합니다. 가령 CSC 110Y1처럼요. 이와는 달리 워털루 대학에서는 컴퓨터 과학 수업을 CS로 표시하며, CS 115가 그 예입니다. 인터뷰어에게 당신이 말하는 것이 무엇인지 쉽게 유추할 수 있을 거라 생각하더라도 모든 약어를 설명해야 합니다.

용어를 설명할 때는 인터뷰어에게 친숙하고 비슷한 기술을 언급하세요

모두가 기술 이름과 기능을 기억하고 있다고 가정하지 마세요. 예를 들어 Trino를 언급할 때, 예전에는 Presto라고 불리다가 나중에 리브랜딩 되었다는 사실을 함께 언급하세요. 과거 프로젝트에서 Airflow를 사용한 경험을 설명한다면, Airflow가 데이터 워크플로를 생성하고 관리하는 플랫폼이라는 점을 언급하고, 이것이 MLflow나 Dagster와 어떤 유사성이 있는지를 설명하는 것이 좋습니다. 특히 인터뷰 중인 회사에서 특정 도구나 기술을 사용하고 있다면, 그 기술을 언급하며 자신이 도구를 사용한 방식을 설명하는 것이 좋습니다. 예를 들어, "저는 Airflow를 사용했는데, 귀사에서 MLflow를 사용한다고 언급한 방식과 유사하게 사용했습니다."라고 답변할 수 있습니다. 제 경험으로는 이런 접근 방식이 인터뷰어와 공감대를 형성하는 데 유리했으며, 인터뷰어로 하여금 제가 논의에 집중하고 있으며 회사에 대해 사전 조사를 하고 리크루터에게 미리 유익한 질문을 했다는 것을 알 수 있게 합니다.

청중에 따라 세부 정보의 수준을 조정하세요

기술적 및 비기술적 개념을 다양한 세부 수준으로 설명할 수 있어야 합니다. 어떤 인터뷰, 특히 현장 최종 라운드에서는, 프로덕트 매니저 또는 ML 팀과 긴밀하게 협력하는 조직의 디렉터와 같은 이해관계자와의 세션을 가질 수 있습니다. 제가 ML 직무에 대한 인터뷰를 진행하면서 이런 세션을 겪었는데, 보통 각각 한 시간 정도가 소요되었습니다. 제품 중심의 인터뷰어와의 세션에서는 특정 ML 평가 지표를 선택한 이유를 깊게 파고드는 것보다는 내 기술적 작업이 제품에 어떻게 연결되는지 또는 비즈니스에 어떤 영향을 미치는지에 더 초점을 맞춥니다. 이 규칙을 확장하여, ML 분야에서 직접 일하는 인터뷰어와 대화할 때도 어느 정도 맥락을 제공해야 합니다. 예를 들어, 저는 일상 업무에서의 컴퓨터 비전 분야 경험이 많지 않기 때문에 후보자는 저에게 컴퓨터 비전 분야의 특정 약어를 상기시켜 주어야 합니다. 만약 여러분이 주로 경험한 분야가 강화 학습인데, 인터뷰 중인 회사나 팀이 그 분야에 중점을 두지 않는 경우, 인터뷰어에게 약간의 설명이 더 필요할 것입니다.

> **TIP** ML 전문가가 진행하는 행동 인터뷰에서도 여전히 맥락을 제공해야 합니다. 인터뷰어가 다른 회사/팀에서 일하며 다른 영역의 ML 전문가일 수 있다는 점을 상기한다면 맥락을 제공해야 한다는 사실을 떠올릴 수 있을 것입니다.

[그림 7-2]에서 볼 수 있듯이, 얼마나 많은 것을 알고 있는지, 얼마나 뛰어난 기술을 가지고 있는지만 중요한 것이 아닙니다. 인터뷰 과정에서 인터뷰어와 의사소통이 되지 않는다면 인터뷰어는 여러분의 강점과 여러분이 팀에 제공할 수 있는 가치를 다 알 수 없게 됩니다. 행

동 인터뷰 중 의사소통을 통로로 사용하여 인터뷰어가 여러분을 더 잘 이해하도록 돕는 방법을 세심하게 다듬는 데 시간을 투자하면 매우 높은 투자 대비 수익률(ROI)을 얻을 수 있습니다.

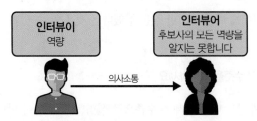

그림 7-2 인터뷰에서 의사소통은 매우 중요합니다. 아무리 뛰어난 역량을 가지고 있어도 의사소통이 원활하지 않으면 인터뷰어에게 전달되지 않습니다.

7.2 대표적인 행동 인터뷰 질문과 추천 사항

행동 인터뷰 질문에 대해 어떻게 여러분의 답변을 구성해야 할지에 대해 설명했으니, 이번엔 대표적인 질문들을 살펴보겠습니다.

의사 소통 역량에 관한 질문들

1. 소속 팀이 아닌 다른 팀의 동료에게 코드나 디자인을 이해하는 데 도움을 준 경험에 대해 말해보세요. 상황을 어떻게 접근했나요?

인터뷰어의 관점

후보자가 자신의 팀 동료들만의 시각이 아닌, 다른 시각에서도 설명을 시도했는지를 생각해봐야 합니다(추가적인 맥락을 제공하는 것이 한 예가 될 수 있습니다.).

2. 비기술적인 이해관계자들 앞에서 발표한 경험을 말해주세요. 어떻게 준비했고, 결과는 어땠나요?

인터뷰어의 관점

어떻게 준비했는지 물어봄으로써, 저는 인터뷰어로서 후보자가 무엇을 중시하는지, 의사소통의 격차를 주의 깊게 관찰하는지에 대한 더 나은 통찰을 얻을 수 있습니다. 또한, 준비 과정에 대해 물어봄으로써, 후보자가 발표를 성공적으로 하기 위해 파악된 의사소통 격차를 어떻게 좁히려 했는지에 대한 통찰도 얻을 수 있습니다.

3. 화가 난 동료나 매니저와 대화해야 했던 경험에 대해 설명해주세요. 상황을 어떻게 다루었나요?

인터뷰어의 관점

후보자가 갈등을 해결하려고 시도한 방법과 중간 지점에서 만나기 위해 접근하는 방식을 언급하는 것이 좋을 것입니다. 이 질문에 대한 그들의 대답은 그들이 긴장감이 높거나 어려운 상황에서 얼마나 쉽게 협업할 수 있는지를 추정하는 데 도움이 될 수 있습니다.

협업과 팀워크에 관한 질문들

1. 실수했던 경험과 그 실수를 어떻게 처리했는지 이야기해주세요.

인터뷰어의 관점

저에게 있어서 후보자가 실수를 저질렀을 때 상황을 어떻게 관리하는지 알아보는 것이 유용합니다. 후보자들이 어떠한 대가를 치르더라도 그 실수를 숨기려고 하나요? 실수의 효과를 누적시켜서 상황을 더 악화시키나요? 아니면 상황을 인정하고 해결책을 찾으려 하나요? 후보자가 이런 질문에 답할 때는 인터뷰어에게 협업과 의사소통을 중시하는 자세를 전달하려고 노력해야 합니다.

2. 프로젝트에 관한 불편한 대화를 나눈 적이 있나요? 대화 상대는 팀원이나 멘티일 수 있습니다.

> **인터뷰어의 관점**
>
> 물론, 이 질문은 의사소통 측면을 다룹니다. 저는 팀워크 측면에서 볼 때 이런 불편한 대화와 상황 속에서도 팀이 더 잘 협력할 방법을 찾아내려고 하는 책임감 있고 주도적인 타입의 사람인지 보는 것이 유용하다고 생각합니다.

3. 프로젝트를 이끌었던 경험에 대해 이야기해주세요.

> **인터뷰어의 관점**
>
> 이것은 자유 형식의 질문이며, 답변은 시니어 레벨 직무의 여러 가지 중요한 측면을 다룰 수 있습니다. 주니어 직원들에게 이 질문은 리더로서 팀원들을 어떻게 대하는지를 볼 수 있는 좋은 기회입니다.

피드백에 대한 반응에 관한 질문들

1. 비판적인 피드백을 받았던 경험에 대해 말해주세요.

2. 피드백을 주고받는 것에서 가장 중요하게 여기는 점은 무엇인가요? 예시와 함께 이야기해주세요.

3. 과거에 했던 결정 중에서 바꾸고자 하는 것은 무엇이며, 왜 그렇게 생각하는지 이야기해주세요.

> **답변에 대해 생각할 시간을 가지세요.**
>
> 만약 질문에 대한 답이 바로 떠오르지 않는다면, 인터뷰어에게 잠시 생각할 시간이 필요하다고 해도 좋습니다. 이런 상황에서 제가 사용하는 방법은 "이 질문에 대해 제 생각을 잠깐 정리해보겠습니다."라고 말하는 것입니다. 이런 요청을 문제 삼는 인터뷰어를 만나본 적이 없습니다. 다른 사람을 인터뷰할 때도 저는 이러한 시간을 갖는 것을 존중합니다. 제 경험에 의하면 바로 답변을 시작하는 후보자들이 두서없이 대답할 가능성이 더 높습니다. 단 몇 초만 멈추는 것만으로도 여러분의 인터뷰 성과를 훨씬 높일 수 있습니다!

난관 대처와 새로운 역량 습득에 관한 질문들

1. 마감기한 임박과 같은 압박이 심한 상황을 대처했던 경험에 대해 말해보세요.

2. 프로젝트나 업무에 대해 만족하지 못했던 적이 있나요? 상황을 개선하기 위해 무엇을 했나요? 지금이라면 어떤 것을 다르게 했을 것 같나요?

3. 새로운 프로그래밍 언어(또는 새로운 역량)를 배워야만 했던 경험이 있나요? 새롭게 익힌 것이 효과가 있다는 것을 어떻게 확인했나요? 예시와 함께 설명해주세요.

인터뷰어의 관점

시간적인 흐름을 명확히 하고, 여러분이 습득한 것을 이용하여 프로젝트에 어떻게 기여했는지 설명하는 것이 중요합니다. 습득 과정에서 막혔을 때 벗어나는 방법과 도움을 요청할 때를 파악하는 방법을 공유하면 보너스 점수를 받을 수 있습니다. (여러 가지 솔루션을 시도해 본 후에 다른 사람들에게 도움을 청하는 것을 포함하여) 업무 진행을 가로막는 것을 풀어내는 방법을 식별하는 것은 프로젝트의 지연을 피할 수 있는 적극적인 접근 방식을 보여주는 것이기 때문에 이것은 머신러닝 분야뿐만 아니라 모든 테크 관련 종사자에게 중요한 역량입니다.

명확한 기준은 없지만, 제 경험으로는 모든 것을 알고 있는 '만능인'이 되는 것보다는 '초심자의 마음'을 가지고 빠르게 배우는 사람이 되는 것이 더 중요합니다. 기술이 해마다 매우 빠르게 변하기 때문에, 이러한 역량은 ML과 테크 분야 전반에 걸쳐 긴 커리어에 필수적입니다.

몇 가지 시나리오를 준비해서 여러 가지 행동 인터뷰 질문 유형에 재사용하세요.

행동 인터뷰에는 여러 유형이 있기 때문에 모든 시나리오에 대한 답변을 암기하는 것은 불가능합니다. 저는 3~5개의 과거 프로젝트를 리스트업하여 다양한 상황에 재사용합니다. 예를 들어, 과거에 추천 시스템 프로젝트에서 새 팀원을 멘토링하고 팀에 통합시킨 경험이 있습니다. 이 경험은 리더십 질문뿐만 아니라 의사소통 관련 질문에도 사용할 수 있습니다. 그 다음으로는 '어려운 상황을 어떻게 다루는가' 또는 '피드백에 어떻게 대처하는가'와 같은 질문에 대답하기 위해 일반적으로 사용하는 다른 시나리오를 준비합니다. 저는 많은 시나리오를 사용하지 않으며, 요구되는 질문에 맞게 과거 시나리오를 빠르게 조정할 수 있습니다. 저는 인터뷰를 즉흥 연기처럼 취급하고, 답변을 완전히 암기하기보다는 현장에서 적응할 수 있도록 하는 것이 좋다고 생각합니다. 암기한 답변은 부자연스럽게 들릴 수도 있습니다.

회사에 대한 질문들

1. 당신의 커리어에 대해 어떻게 생각하고 있나요? 이 채용 공고가 당신의 목표에 부합하나요?

> **인터뷰어의 관점**
>
> 회사는 여러분의 관심사가 회사와 일치하는지를 확인하고 싶어합니다. 만약 해당 직무가 여러분에게 흥미롭지 않다면 여러분이 더 빨리 떠날 가능성이 높아집니다. 다시 말해, 회사 입장에서 여러분은 이직 리스크가 있는 셈입니다.

2. 회사, 제품 또는 팀에 대해 알고 있는 정보가 있나요?

> **인터뷰어의 관점**
>
> 인터뷰 준비의 일환으로 인터뷰 회사 웹사이트, 제품 목록, 그리고 채용 공고를 10분 정도 살펴보면서 기억을 되살리세요.

업무 프로젝트에 관한 질문들

1. 바닥부터 무언가를 개발한 경험에 대해 이야기해주세요.

2. 가장 자랑스럽게 생각하는 프로젝트에 대해 설명해주실 수 있나요?

> **TIP** 이러한 질문들은 기술 인터뷰에서도 나올 수도 있지만, 잘 답변하기 위해서는 좋은 행동 인터뷰 구조를 갖춰야 합니다.

3. 데이터를 사용하여 프로세스나 기술을 개선했던 적이 있나요?

> **질문과 일치하는 과거 시나리오가 없는 경우 유사한 경험으로 대처하세요.**
>
> 만약 여러분에게 질문이 요구하는 예시가 없다면, 예를 들어 멘토링한 경험이 있다고 가정하는데 실제로 공식적으로 그런 경험이 없는 경우, 만들어 내기보다는 본인의 생각을 솔직하게 말하는 것이 좋습니다. 저에게 효과적이었던 방법은 "그 시나리오에 대한 예시는 가지고 있지 않습니다. 하지만 팀원을 온보딩하는 데 도움을 준 적이 있습니다. 그 경험에 대해 말해도 될까요?" 또는 "공식적으로 멘토링한 경험을 묻는 건가요? 공식 프로그램의 일부는 아니었지만, 새 팀원이 우리 코드베이스에 적응할 수 있도록 도왔습니다. 그것으로 충분할까요?"라고 말하는 것입니다.

자유 형식 질문들

1. 일하면서 언제 가장 즐겁나요?

2. 업무 외에 어떤 취미가 있나요?

행동 인터뷰 모범 사례

몇 가지 예시 질문을 살펴보았으니, 이제 행동 인터뷰 질문에 대한 답변 모범 사례를 살펴보겠습니다.

> **TIP** 인터뷰를 준비하면서 예시 질문과 모범 사례를 검토하여 기본을 확실히 다지는 데 도움이 되도록 하는 것이 좋습니다.

| 긴 답변이나 설명을 할 때에는 때때로 잠시 멈추는 것을 잊지 마세요 |

인터뷰어가 질문할 틈도 없이 끊임없이 이야기하는 것을 피해야 합니다. 최근에는 인터뷰가 온라인으로 진행되는 경우가 많아지고 있으므로, 인터뷰어가 응답할 수 있는 순간을 가끔 만들어 주는 것이 더욱 중요합니다. 인터뷰어의 보디랭귀지를 직접 볼 수 없을 때는, 이렇게 일부러 틈을 만들어 주는 것이 대화를 더 자연스럽게 이끌 수 있습니다.

| 질문에 대한 당신의 이해를 인터뷰어에게 간단히 요약해보세요 |

이 방법은 당신이 질문을 정확히 이해하고 있는지 확인하는 데 도움이 되며, 답변에 앞서 잘 못된 부분을 바로잡을 수 있는 기회를 인터뷰어에게 제공합니다. 질문에 대한 이해를 간략히 요약하는 것은 몇 초밖에 걸리지 않지만, 아낄 수 있는 시간은 몇 분에 이를 수도 있습니다! 더욱이, 이렇게 하면 여러분의 뇌가 즉각적인 답변을 만들려고 애쓰는 대신 생각할 시간을 가질 수 있게 해 줍니다. 당연히 시간이 정말 촉박하다면 이 단계를 생략해도 무방합니다.

| 확실하지 않을 때는 인터뷰어에게 명확히 질문하세요 |

앞서 이야기한 것처럼, 무언가에 대해 확신이 없을 때는 불필요하게 깊게 파고들지 않도록 하는 것이 필요합니다. 저는 차라리 물어보는 게 낫다고 생각해요. 질문을 회피하는 사람들이 있습니다. 그들은 질문함으로써 확신이 없거나 자신 없어 보일까 봐 걱정하지만, 저는 실제로는 반대라고 생각합니다. 올바른 길을 가고 있는지를 인터뷰어에게 확인하지 않으면, 너무 긴장해서 질문을 못하는 사람처럼 보일 수 있습니다. "모델 학습 설명을 계속할까요, 아니면 모델 평가로 넘어갈까요?" 같은 간단한 질문만으로도 충분합니다.

| 인터뷰는 소통입니다 |

인터뷰에서는 의사 소통에 관한 일반적인 규칙이 적용됩니다. 정중하고, 사람을 깎아내리거나 인터뷰어를 무시하지 말고, 전문적인 태도를 유지하세요. 인터뷰어를 무시하는 것은 피해야 할 한 예로, [그림 7-3]에서 확인할 수 있습니다.

> 우버에서 근무할 때, 모든 채용 면접에 여성 면접관이 반드시 참여하도록 정책이 변경되었습니다.
>
> 그랬더니 뜻밖의 일이 일어났습니다.
>
> 우리는 지원자들이 여성 면접관과 눈을 마주치지 않거나 그녀들의 존재를 전혀 신경쓰지 않는다는 단순한 이유로 그들을 탈락시키기 시작했습니다.
>
> – 게르겔리 오로즈(@GergelyOrosz) 2022년 5월 4일

그림 7-3 게르겔리 오로즈의 트윗에서 인용

여러분이 머신러닝 인터뷰에 참여하는 이유와 과거 경험 사이의 연결고리를 찾아보세요. 비 머신러닝이나 비기술 분야의 역량을 언급하는 것이 과장처럼 보일 수 있지만, 저는 다양한 분 야에서 습득한 후 다른 분야에도 적용할 수 있는 역량이 매우 중요하다고 봅니다.

관련 업무 경험이 없을 때 행동 인터뷰 질문에 답하는 방법

학생일 경우

아무것도 주어지지 않은 상태에서 자기 주도적으로 진행한 프로젝트를 가지고 있다면 여러 분이 주도적인 인재임을 보여줄 수 있습니다. 이를 위해서는 더 많은 추가 작업을 해야 하지 만, 머신러닝 예측 기능을 갖춘 웹 앱을 비롯한 자신만의 프로젝트를 정의함으로써 여러분 스스로 경험을 쌓아나갈 수 있습니다. 필요한 작업을 세분화하고 각 작업을 실행하세요. 이 런 프로젝트들을 사이드 프로젝트라고 하는데, 온라인 수업이나 부트 캠프에 등록하는 등 많 은 비용을 들이지 않고도 시작할 수 있습니다. 이 경험을 활용하여 다양한 기술 인터뷰 질문 및 행동 인터뷰 질문에 답변할 수 있습니다.

다른 분야에서 근무한 경험이 있는 경우

여러분은 다른 분야에서 사용했던 의사소통 및 리더십 기술을 가져올 수 있습니다. 주방 관 리, 서비스 직무 수행, 계산대 업무 등을 했다면, "일하면서 어려운 상황을 어떻게 해결했는 지 말해보세요."와 같은 행동 인터뷰 질문에 답할 수 있는 기억에 남는 이야기가 있을 것입니 다. 여러분의 경험을 소홀히 여기지 마세요.

창의력을 발휘해서 자신만의 경험을 만들어보세요

한 번은 영어 전공 박사과정 학생과 멘토링을 한 적이 있습니다. 그 학생은 독학으로 상당한 수준의 파이썬 기술을 습득했는데 이것을 어떻게 공식적으로 보여줄 수 있을지 고민하고 있었습니다. 저는 제가 했던 것처럼, 데이터 사이언스나 머신러닝을 자기 주도적인 학술 과제에 포함시킬 방법을 찾아보라고 조언했습니다. 영어 전공을 하고 있었기 때문에, 그 학생은 공식적인 학교 프로젝트에서 NLP를 적용할 수 있는 방법을 쉽게 찾을 수 있었습니다. 머신러닝 이력서에 넣을 수 있는 멋진 프로젝트를 만들어내면서 동시에 학점으로도 인정받는 일석이조 전략이었습니다.

제 경험을 이야기하자면, 석사 학위 과정에서 경제계량학 과제를 할 때마다 가능한 한 파이썬을 사용하려고 했습니다. 과제를 스테이타, R 또는 기타 도구 중에서 선택하여 할 수 있었기 때문에 가능했던 일이었습니다. 대부분의 교육 자료가 스테이타나 R로 제공되어서 저는 이러한 프로그램들의 명령어를 어떻게 파이썬으로 옮길 수 있을지 구글링해야만 했습니다. 보시다시피, 이러한 경험은 기술적 질문뿐만 아니라 새로운 기술 학습과 마주친 난관에 관한 행동 인터뷰 질문에 답하는 데도 매우 유용했습니다.

시니어+ 직무를 위한 행동 인터뷰 팁

스태프나 프린시플과 같은 시니어 역할 이상의 머신러닝 인터뷰에는 행동 인터뷰도 포함됩니다. 여기서는 그러한 역할을 '시니어+'이라고 칭하겠습니다. 이들 직무에 관한 질문에 답변은 기본적으로 이 장에서 다룬 모든 원칙을 따르지만, 몇 가지 차이점을 말씀드리고자 합니다.

> **테크 회사에서의 레벨**
>
> [표 7-2]에서 살펴본 것처럼, 테크 업계에서 직책과 등급은 표준화되어 있지 않습니다. 그러나 경험칙에 따르면, 시니어 레벨 다음에는 스태프와 프린시플 레벨이 옵니다. 어떤 회사에서는 스태프만 있을 수도, 프린시플만 있을 수도 있으며, 때로는 프린시플이 스태프 다음에 오거나, 심지어 순서가 뒤집힐 수도 있습니다.

표 7-2 2019년 현재 테크 기업마다 다른 직책의 예(출처: 우버의 엔지니어링 매니저인 이콜라이 스토이체프 니콜라이 스토이체프가 발표한 소프트웨어 엔지니어의 커리어 경로와 탐색 방법(*https://oreil.ly/d0usN*))

우버	구글	페이스북
소프트웨어 엔지니어	SWE 2	E3
소프트웨어 엔지니어 II	SWE 3	E4
시니어 소프트웨어 엔지니어	시니어 SWE	E5
시니어 소프트웨어 엔지니어 2	스태프 SWE	E6
스태프 소프트웨어 엔지니어	시니어 스태프 SWE	E7
시니어 스태프 소프트웨어 엔지니어	프린시플 엔지니어	E8
프린시플 엔지니어	디스팅기쉬드 Distinguished 엔지니어	E9
	구글 펠로우	

비공식 소스로써 levels.fyi(*https://oreil.ly/jz-zD*)를 활용하여 각 회사의 레벨을 확인할 수 있습니다. 비공식적이긴 하지만 다른 회사의 레벨을 확인하기엔 가장 좋은 방법입니다.

시니어+ 인터뷰는 여러분이 신입과 차별화 되는가를 강조할 것이며, 여러분은 인터뷰에서 그것을 보여주어야 합니다. 시니어 머신러닝 기여자가 담당할 책임의 예시는 다음과 같습니다.

- 프로젝트를 독립적으로 완수하고, 팀을 이끌 수 있나요?

- 더 어려운 상황에서 답을 찾고 장애물을 제거할 수 있나요?

- 개발자 자원을 활용하여 팀의 생산성을 높일 수 있나요?[4]

- 주니어 팀원을 멘토링할 수 있나요?

- 회사가 만들고 있는 제품과 여러분의 조직 사이의 관계를 이해하며, 그것을 활용해 성공할 수 있나요?

- 다른 팀과 잘 협업하고, 더 나아가 이해관계자와 신뢰를 구축할 수 있나요?

---

4 자세한 내용은 제 블로그 게시물, 「초급 개발자에서 시니어+ 개발자로 - 개발자 레버리지로 영향력 증대하기」 2021년 6월 20일, *https://oreil.ly/T0gB4*를 참조하세요.

시니어+ 직무 인터뷰를 통과하려면, 신입 직무를 위해 준비한 답변과는 다른 답변을 준비해야 합니다. 예를 들어, 신입일 때 여러분에게 작업을 할당하는 다른 누군가가 있었으며, 여러분이 구축하고 있는 API가 제품에 도움이 되는 전체적인 이유를 이해하지 못해도 괜찮습니다. 하지만 시니어 레벨에서는 인터뷰 질문이 높은 수준의 아이디어 창출(그리고 그 배경에 대한 이해)뿐만 아니라 독립성을 갖고 있는지, 모두가 더 생산적이 될 수 있도록 도와 팀의 기여를 두 배로 늘릴 수 있는지 여부를 판단합니다.

스태프와 프린시플 역할에서는 위에 언급한 모든 것을 보여줄 뿐만 아니라 훨씬 더 높은 수준을 보여줘야 합니다. 시니어는 보통 소속 팀과 소수의 인접 팀과 협업하지만, 스태프+ 직무는 더 큰 조직과 다른 조직과의 신뢰와 관계를 구축하는 것을 요구합니다. 예를 들어, 스태프+ 직무에서는 회사가 생산하는 주요 제품을 마케팅, 재무, 제품 등과 협업할 수 있습니다.

7.3 빅테크 회사 인터뷰를 위한 준비 예시

만약 여러분이 빅테크 회사들의 인터뷰를 준비한다면, 알려진 준비 방법들이 있습니다. 여러분의 답변이 각 회사에 맞도록 더 많은 노력을 기울여야 하지만, 그 노력은 결코 헛되지 않을 것입니다.

각 회사마다 중시하는 가치가 다르며, 따라서 여러분의 행동 인터뷰 질문들을 맞춤형으로 준비하는 것이 필요합니다. 예를 들어, 저는 제가 자주 사용하는 리더십 관련 행동 인터뷰 질문이 아마존 리더십 원칙 중 '행동 지향' 원칙도 다룰 수 있도록 특별히 주의를 기울였습니다.

이어지는 내용에서 몇 가지 예시를 소개합니다.

아마존

아마존은 모든 머신러닝/데이터 사이언스 인터뷰이에게 아마존 리더십 원칙(https://oreil.ly/Zw9Nr)을 알아보고 인터뷰에서 그 가치들을 충분히 보여주라고 말할 것입니다. 이 원칙들 중 일부는 다음과 같습니다.

- 고객 집착
- 주인 의식
- 창조하고 간소화하라
- 학습하고 호기심을 가져라
- 최고의 기준을 고집하라

- 생각의 폭을 넓혀라
- 행동 지향
- 신뢰를 쌓아라
- 기개를 가져라(반대하고 받아들여라)
- 결과를 내야 한다

새로운 원칙들(https://oreil.ly/4kY5m)이 가끔 추가되니 아마존 공식 페이지(https://oreil.ly/healj)에서 최신 원칙을 확인할 것을 추천합니다. 다음은 몇 가지 예시 질문과 관련 원칙입니다.

| 최고의 기준을 고집하라 |

팀/프로젝트의 기준을 높인 경험을 말해보세요.

| 학습하고 호기심을 가져라 |

호기심 때문에 더 나은 결정을 내린 경험에 대해 말해보세요.

| 주인 의식 |

본인의 역할을 넘어서 추가적인 책임을 맡아 행동한 경험에 대해 말해보세요.

이 질문들은 다른 회사의 질문과 유사하긴 하지만, 아마존에서 인터뷰를 본다면, 가장 가까운 아마존 리더십 원칙에 맞추어 질문을 매핑하고 답변에서 그 원칙에 대해 언급하는 것이 중요합니다.

제 아마존 인터뷰에서 독특했던 부분은 행동 인터뷰 질문이 차지하는 비중이 컸다는 점이었습니다. 이는 행동 인터뷰 스토리 준비를 훨씬 더 치열하고 가치 있게 만들었습니다. 리더십 원칙은 매우 중요하며, 특히 입사 후에는 더욱 중요해집니다.

아마르, 아마존 엔지니어

메타/페이스북

메타는 여섯 가지 핵심 가치를 가지고 있습니다(https://oreil.ly/rfko0).

- 신속하게 움직여라
- 장기적인 영향에 집중하라
- 멋진 것을 만들어라
- 미래를 살아라
- 동료에게 솔직하라, 그리고 존중하라
- 메타, 메타메이트, 나

앞서 언급한 팁을 반복하자면, 여러분은 이 원칙들을 단순히 나열하는 것이 아니라, 행동 인터뷰 질문에 대한 답변 속에 이 원칙들을 녹여내야 합니다.

메타는 행동 인터뷰에서 다음 다섯 가지 신호를 평가합니다. 그 신호는 다음과 같습니다.

- 갈등 해결
- 지속적인 성장
- 모호함을 포용
- 결과 지향
- 효과적인 소통

이 다섯 가지 신호는 메타의 업무 환경에서 성공하기 위해 가장 중요하기에 선택되었습니다. 그래서 메타와의 인터뷰에서는 이 영역들에서 탁월함을 보여주는 노력을 더 기울여야 합니다.

이고르, 메타 MLE

메타의 공식 페이지(https://oreil.ly/vq0Rg)를 확인하여 그것의 핵심 가치와 문화에 대한 가장 최신 정보를 보는 것을 추천합니다. 메타의 리크루터는 인터뷰에 초대받았을 때 프로필을 생성할 수 있는 메타 커리어 프로필에서 자료를 살펴보는 것을 권장했습니다. 메타 커리어 프로필에서 추천하는 공개적으로 이용 가능한 자료들은 다음과 같습니다.

- 메타에서의 인터뷰: 성공의 열쇠(*https://oreil.ly/7Ex10*)
- 소프트웨어 엔지니어, 머신러닝 엔지니어: 전체 인터뷰 준비 가이드(*https://oreil.ly/DIwaq*)
- 메타에서 커리어를 성장시키는 다섯 가지 방법(*https://oreil.ly/kYbkY*)
- 변화를 포용하여 엔지니어링 여정을 발전시키기(*https://oreil.ly/80MTt*)
- 기회와 신뢰: 페이스북에서 엔지니어링 커리어를 성장시키는 방법(*https://oreil.ly/XMPeH*)

알파벳/구글

구글은 잘 알려져 있는 것처럼 인터뷰이의 '구글리니스'[5]를 평가하며, 「우리가 알고 있는 열 가지 진실(*https://oreil.ly/1_aaE*)」이라는 제목의 소개 페이지 글을 통해 구글에 있어 중요한 여러 가치를 나열합니다.

구글리니스에 대한 간단한 정의는 없지만, 라즐로 블록(구글의 전 인사운영 총괄이자 「워크 룰스(*https://oreil.ly/WEroL*)」의 저자)이 정의한 바에 따르면, 구글리니스는 다음과 같은 특성을 포함합니다.

누구나 즐길 수 있는 즐거움, 지적 겸손(자신이 틀렸을 수도 있다는 것을 인정하지 못하면 배우기 어렵습니다), 강한 양심(우리는 단순한 직원이 아닌 소유주를 원합니다), 모호함에 대한 편안함(우리 비즈니스의 발전 방향을 알 수 없으며, 구글 내부를 탐색하는 데는 많은 모호함이 따릅니다), 그리고 여러분의 삶에서 용감하거나 흥미로운 경로를 탐색한 증거입니다.

이 외에도 비즈니스 인사이더의 기사(*https://oreil.ly/6HjNA*)는 구글이 직원에게 찾는 13가지 특성을 개요하고 있으며, 논리적 사고 능력, 역할 관련 지식과 경험, 리더십과 같은 특

---

5 메리 마이센잘, "Google이 2017년에 구글리니스에 대한 사고방식에 작은 하지만 중요한 변화를 준 이유," Business Insider, 2019년 10월 31일, *https://oreil.ly/HKQ3X.*

성은 행동 인터뷰에서 중요하게 녹여내야 합니다(*https://oreil.ly/NV9XF*).[6]

> 구글이 '구글리니스'에 관심을 갖는 이유는 구글이 개발자에게 많은 독립성을 기대하기 때문입니다. 이것은 주니어 개발자에게도 마찬가지입니다.
>
> 이 장을 검토했던 구글의 엔지니어

넷플릭스

넷플릭스는 컬처덱(*https://oreil.ly/UXQqD*)을 가지고 있습니다. '직무 및 문화' 웹사이트에는 넷플릭스가 기업으로써 중요하게 여기는 몇 가지 가치들이 나열되어 있습니다.

- 넷플릭스가 추구하는 행동(용기, 소통, 포용 등)
- 솔직하고 생산적인 피드백
- 드림팀
- 자유와 책임

- 충분한 정보를 가지고 이끄는 주장
- 반대했어도 결정되면 전력투구
- 대표성의 중요함
- 예술적 표현

이들 각 항목에 대한 자세한 설명을 원하시면 넷플릭스의 공식 웹페이지(*https://oreil.ly/UXQqD*)를 참조하세요. 여기에는 이러한 가치들에 대한 세부 정보가 포함되어 있습니다.

> 넷플릭스에서의 인터뷰 과정(기술적인 부분과 비기술적인 부분 모두)은 팀에 더 의존적이며, 그 과정은 회사의 가치와 문화적 적합성에 더 초점을 맞추고 있습니다. 이것이 넷플릭스의 컬처덱이 중요한 이유입니다. 넷플릭스가 어떻게 운영되는지 이해하는 데 좋은 자료는 『*NO Rules Rules (규칙 없음)*』(https://oreil.ly/Byx_7)이라는 책입니다.
>
> 루이스, 넷플릭스 머신러닝 엔지니어

이들은 예시의 일부 목록일 뿐이지만, 제 바람은 여러분이 각기 다른 회사에 대비하는 방법을 엿볼 수 있도록 하는 것입니다. 회사의 규모에 관계없이, 저는 여러분이 각 회사의 커리어 페이지를 훑어보고 이와 같이 나열된 가치가 있는지를 확인할 것을 추천합니다. 이러한 가치

---

[6] 「Google 행동 인터뷰에서 성공하는 방법」 Google Exponent(블로그), 2023년 10월 24일 접속, *https://oreil.ly/kcsHf*.

들은 인터뷰어가 여러분을 평가하는 채점표에 포함될 수 있습니다!

이 정보를 연구하는 시간을 보내는 것은 보장된 질문 중 하나를 추측하는 쉬운 방법이기도 합니다. 예를 들어, 엘라스틱(엘라스틱 서치)에서는 가치를 소스 코드(*https://oreil.ly/UkVY2*)라고 부릅니다. 인터뷰에서 우리는 후보자들에게 이것을 알고 있는지, 그렇다면 소스 코드 중 어떤 점을 가장 좋아하는지를 묻습니다.

> **TIP** 다른 회사에 인수된 회사는 새로운 모기업의 채점표를 사용할 수 있습니다. 예를 들어, 몇 년 전 (아마존 에 인수된) 트위치에 인터뷰를 보러 갔을 때 트위치는 저에게 아마존 리더십 원칙도 살펴볼 것을 권했는데, 이 원칙은 저와 대화를 나눴던 아마존 직원이 추천한 것이었습니다. 이것은 팀마다 다를 수 있다는 점에 유의 하세요. 확실하지 않다면 리크루터에게 문의하세요.

요약

이 장에서는 행동 인터뷰 질문에 답변할 때 구조적으로 접근하는 여러 방법을 소개했습니다. 특히, STAR 기법과 영웅의 여정을 다뤘습니다. 또한 행동 인터뷰 질문을 구분하는 일반적인 유형과 유형별 예시 질문들과 행동 인터뷰 질문을 잘 다루기 위한 여러 모범 사례까지 함께 살펴보았습니다. 마지막으로, 아마존, 메타/페이스북, 알파벳/구글, 넷플릭스 등 빅테크 기업들의 구체적 사례를 포함해 모범 사례를 다루면서 다른 회사들의 행동 인터뷰 답변을 맞춤 화하는 방법에 대한 팁을 제공했습니다.

모든 것을 하나로 묶기:
인터뷰 로드맵

이제 머신러닝 인터뷰의 전체 프로세스를 파악했으니 계획을 세울 때가 됐습니다. 1장과 2장에서는 여러 머신러닝 직무 유형에 대해 알아보고 어떤 직무가 나에게 더 적합할지에 대한 자가 평가를 했습니다. 그 평가를 바탕으로, 여러분이 더 강화해야 할 것으로 보이는 역량에 대해서도 파악했습니다. 이후 장에서는 인터뷰에서 자주 등장하는 질문 유형에 대해 알아보았습니다. 여러분은 어떤 유형의 질문에 대한 준비가 부족하다고 생각하시나요? 이 책의 목표는 여러분이 부족한 부분을 채우는 방법을 그저 읽는 데서 그치지 않고, 실제로 부족한 부분을 채우는 행동을 시작하는 데 있습니다.

> **NOTE** 인터뷰를 통과하고 취업에 성공하려면 생각만 하는 것이 아니라 행동으로 옮겨야 합니다.

8.1 인터뷰 준비 체크리스트

다음 체크리스트를 따라 인터뷰 프로세스를 위한 계획을 세우세요. 체크리스트를 완성하기 위해 이 책의 관련 내용이나 과거 연습을 참고하세요.

- 회사에서 맡고 싶은 머신러닝 생애주기의 단계를 적으세요. 머신러닝 생애주기가 기억나지 않는다면 1장의 [그림 1–5]를 참조하세요.

- 2장을 바탕으로 해당 직무에 필요한 기술들에 대해 자가 평가를 수행하세요.

- 해당 직무에 관련이 있을 만한 인터뷰 유형을 결정하세요. 1장의 인터뷰 프로세스 개요를 살펴보세요.

- 선택한 직무에 관련된 항목을 중심으로 이력서를 정리하세요. 이력서 작성 관련 팁이 더 필요하다면 2장을 참조하세요.

- 인터뷰 준비와 지원을 시작할 일정을 적어보세요. 예를 들어 '3달 간 인터뷰 준비 후, 지원 시작'과 같이 계획할 수 있습니다.

준비가 모두 끝났습니다. 이제 여러분의 로드맵을 구성해보세요.

8.2 인터뷰 로드맵 템플릿

[표 8-1]은 여러분이 계획을 세울 때 참고할 수 있는 샘플 로드맵을 담고 있습니다. 전체 계획을 적어보되, 이 계획이 변할 수 있다는 점을 염두에 두세요. 계획은 매주 업데이트하는 것이 좋습니다. 정한 시간 내에 달성 가능한 목표부터 설정하세요. 예를 들어, 일주일 안에 9개의 장으로 구성된 머신러닝 책을 읽고 싶다면, 하루에 1.3장을 읽는 것을 목표로 설정해야 합니다. 장이나 연습 문제 단위로 작업을 쪼개면 어떤 것이 실현 가능하고 어떤 것이 그렇지 않은지 한눈에 알아볼 수 있습니다. 첫 주가 끝나고 하루에 1.3장을 완료하는 것이 비현실적이라고 느꼈다면, 일정을 조정하거나 준비에 더 많은 시간을 투자해도 됩니다. 만약 하루에 2장을 쉽게 읽을 수 있었다면 그다음 주에 읽을 예상 분량이 얼마일지를 조정하면 됩니다.

> **NOTE** 여러분은 5장에서 코딩 인터뷰 준비 로드맵을 작성했습니다. 저는 코딩 인터뷰에 필요한 기억과 반복을 고려하여 코딩 인터뷰 준비를 별도로 하는 것이 낫다고 판단했습니다. 이번 장의 로드맵은 전체 인터뷰 프로세스에 집중하고 있으므로, 이제 다른 머신러닝 관련 학습 및 준비 계획을 추가할 적절한 때가 됐습니다.

표 8-1 로드맵 예시(시간: 수업/과제 사이 및 저녁 시간, 하루 2~3시간)

로드맵 예시						

1주차: 계획

월	화	수	목	금	토	일
머신러닝 인터뷰 책 읽기	머신러닝 인터뷰 책 읽기	머신러닝 인터뷰 책 읽기	[내일까지 마감인 과제 하기][a]	[오늘까지 마감인 과제 하기]	인터뷰 준비 일정 계획 수립[b]	인터뷰 준비 일정 계획 수립

2주차: 데이터 및 머신러닝 문제 풀기

월	화	수	목	금	토	일
NumPy 및 pandas 관련 지식 환기하기	NumPy 관련 문제 풀기	NumPy 관련 문제 풀기	[동아리 활동]	Pandas 관련 문제 풀기	Pandas 관련 문제 풀기	[친구들과 BBQ]

3주차: 브레인티저 프로그래밍 문제 풀기

월	화	수	목	금	토	일
슬라이딩 윈도우 관련 문제 3개 풀기[c]	두 포인터 관련 문제 3개 풀기	[코딩 인터뷰 문제 패턴] 관련 문제 3개 풀기	[내일까지 마감인 과제 하기]	[오늘까지 마감인 과제 하기]	배열 및 문자열 조작(앞 두 개 유형과 겹침) 문제 풀기	문제 3개 풀고 일마나 걸리는 지 시간 측정 하기

4주차: SQL 기초부터 공부

월	화	수	목	금	토	일
SQL 기초 영상 시청하기 (전체를 다 볼 필요는 없음)	SQL 기초 영상 시청	답안 참고해서 문제 3개 풀기	답안 참고해서 문제 3개 풀기	답안 보지 않고 문제 2개 풀어보기	[휴식]	[휴식]

5주차: 시간 제한을 두고 SQL 실습 문제 + 브레인티저 풀기

월	화	수	목	금	토	일
답안 보지 않고 NumPy/ pandas 문제 5개 풀기	답안 보지 않고 유형 별로 릿코드 문제 주요 4개씩 풀기	지금까지 막혔던 문제들의 답안 살펴보기	답안 보지 않고 1시간 안에 릿코드 문제 3개 풀어보기	답안 보지 않고 SQL 문제 3개 풀기	더 나은 방법이 있는지 찾기 위해 전날 막혔던 SQL 문제의 답안 보기	마무리 못한 계획 따라잡기

a 이 캘린더에는 과제를 하는 일정이 포함되어 있습니다. 하지만 그렇다고 해서 이 캘린더에 명시된 시간 외에는 과제를 수행하거나, 시험을 준비하거나, 사회생활을 하는 등의 활동을 하지 않는다는 의미는 아닙니다. 이 일정은 하루에 두세 시간만을 위한 것이며, 학교나 개인 일정을 명시했다는 것은 급한 일이나 과제, 사회적 행사 등으로 인터뷰 준비 시간이 줄어들 수 있다는 것을 의미합니다.

b 이 예시에서는 계획 주에 할당된 시간을 활용하여 2주차부터 4주차까지 일정을 채웠습니다.

c 먼저 쉬운 난이도의 2문제를 풀고, 그 다음에 중간 난이도의 문제를 하나 풀어보세요. 각 문제에는 30분에서 1시간까지 시간을 할애할 수 있으며, 1시간이 지나도 해결하지 못했다면 해답을 찾아보세요.

[표 8-2]의 템플릿을 사용하여 여러분의 로드맵을 작성하세요. 작성할 때는 여러분에게 있는 다른 일정과 에너지 상태를 고려해야 합니다. 하루에 몇 시간을 할애할 계획인가요?(템플릿에 기입된 것보다 더 많은 시간이 필요하다면, 행을 추가해서 여러분만의 버전을 만드세요.)

표 8-2 인터뷰 준비 로드맵 템플릿: 여러분의 계획을 작성하세요!

로드맵 템플릿						

1주차

월	화	수	목	금	토	일

2주차

월	화	수	목	금	토	일

3주차

월	화	수	목	금	토	일

4주차

월	화	수	목	금	토	일

8.3 효율적인 인터뷰 준비

저는 머신러닝과 테크 커리어에 관한 글쓰기 외에도, 2017년부터 효율적인 시간 관리와 생산성 향상에 대한 글을 써왔습니다. 이런 역량들은 삶에 매우 유용하므로 적은 시간으로도 많은 성과를 낼 수 있도록 해줍니다. 적절한 시간 관리 역량을 갖추고 있다면, 여러분은 커리어 목표도 달성하는 동시에 사랑하는 사람과 시간을 보내고, 집안일을 하며, 비디오 게임을 즐길 수 있습니다.

인터뷰 준비도 마찬가지입니다. 모든 사람들은 동일하거나 혹은 더 적은 시간에 더 많은 일을 하고자 합니다. 같은 머신러닝 직무를 놓고 경쟁하는 사람들 중에서도 인터뷰 준비를 규범 있고 효율적, 효과적으로 하는 이들이 그 자리를 차지할 가능성이 높습니다.

더 나은 학습자가 되세요

다음은 제가 탁월한 학습을 위해 사용하는 주요 팁들입니다. 이 팁들을 다음 절에서 자세히 설명할 것입니다. 이 팁들은 인터뷰 준비뿐만 아니라 새로운 직장에 빠르게 적응하고 빠른 승진을 하는 데에도 도움이 됩니다.

- 가능한 한 실습을 빨리 하면서 익히세요.

- 시스템을 이해하세요.

- 빠르게 끝내는 것에 초점을 맞추는 대신 시간 대비 달성한 성과에 초점을 맞추세요.

- 지속적으로 어떤 지식이 부족한지 파악하세요.

가능한 한 실습을 빨리 하세요

간접 학습은 효과가 없습니다. 유튜브 동영상을 무한히 보거나 레딧 게시물과 책을 계속 읽어도 효과가 없을 겁니다. 이렇게 말하는 이유는 제가 그렇게 해본 경험이 있기 때문입니다. 훑어보기 수준으로 웹브라우징을 하거나 독서를 하며 휴식을 취하는 것은 좋지만, 변화를 원한다면 즉시 실습을 병행하는 것이 좋습니다. 간단한 신경망을 직접 코딩해보고, 릿코드 문제를 풀어보세요. 모르는 것을 파악하고 그 부족한 지식을 채우세요. 그리고 반복하세요.

제가 CFA 레벨 1 시험을 준비할 때, 모든 자료를 다 읽기 전에 모의 시험을 치러봤습니다. 정답률은 35%밖에 되지 않았지만, 어떤 자료를 더 읽어야 할지, 어떤 자료는 전혀 볼 필요가 없는지를 빠르게 파악하는 데 도움이 되었습니다.

시스템을 이해하세요

표준화된 시험은 여러분이 자료를 얼마나 잘 알고 있는지 뿐만 아니라 시험의 체계와 구조를 얼마나 잘 알고 있는지도 평가합니다. IELTS(국제 영어 능력 시험)와 같은 시험에서도 준비를 하지 않으면 낯선 문제 형식에 당황하여 실수하기 쉬운데, 이것은 원어민에게도 마찬가지입니다. 대학에서 시험 공부를 하면서 강의 계획서를 보지 않는다면 큰 불이익을 받게 됩니다. 사실, 중고등학교에서도 시험을 준비할 때 강의 계획서를 먼저 확인하지 않는다면 아마도 대비가 잘 되지 않을 것입니다. 취업 인터뷰도 마찬가지입니다. 많은 후보자들이 리크루터가 다음 라운드에서 묻게 될 내용을 자세히 메모하지 않으며 그 내용을 따르지도 않습니다. 저는 가능한 한 자세한 그림을 그리기 위해 명확한 질문을 던집니다. "말씀하신 코딩 인터뷰는 일반적인 릿코드 스타일 파이썬 코딩 문제일까요, pandas를 이용한 데이터 조작에 중심을 둔 문제일까요?"

투자한 시간 대비 진행률은 효율성을 의미합니다

앞에서 저는 적은 시간으로 더 많은 성과를 내는 방법에 대해 언급했습니다. 하지만 이것이 제가 다른 사람들이 2주 걸리는 인터뷰 준비를 단 일주일 만에 한다는 뜻은 아닙니다. 효율성을 비율로 설명하면, '목표 대비 달성 정도 / 투자한 시간'이라고 할 수 있습니다.

제가 5시간을 사용했다면, 그 5시간은 가치가 있어야 합니다. 저는 5시간이면 충분할 일을 10시간에 걸쳐서 하는 것을 즐기지 않습니다(비록 가끔 그럴 때도 있지만). 자신만의 시간이 매우 제한적인 사람들에게는 예를 들어 하루에 단 한 시간만 허락된다면, 효율성을 높이는 것이 더욱 중요합니다. 한 주 만에 모든 준비를 완료할 수 있는 시간 빌 게이츠와 자신을 비교하지 마세요. 대신, 올바른 것에 집중하여 하루 한 시간씩 투자한다면, 3개월이 걸릴 수 있는 일을 한 달 만에 이룰 수도 있습니다. 여러분의 시간과 목표에 집중하세요. 시간을 낭비하지 마시고 늘 효율성을 높이려 노력해야 합니다.

계속해서 부족한 지식을 보충하세요

여러분은 이 책을 읽으면서 완전히 이해하지 못한 용어들이 있었을 것입니다. 새로운 직무 역할을 조사할 때도 같은 일을 겪을 것입니다. 이해하지 못하는 용어와 부딪히면, 무시하지 말고 해당 용어를 메모하고 정의를 익히세요. 다음에 그 용어를 다시 만나면 더 이상 의문은 없을 것입니다!

다음은 새로운 용어 ChatGPT를 처음 접했을 때 지식의 공백을 어떻게 반복적으로 채우는지에 대한 예시입니다.

| ChatGPT |

- GPT 모델: ChatGPT 자료를 읽던 중 '트랜스포머'라는 새로운 용어를 발견함

- 트랜스포머: 트랜스포머를 조사하면서 '인코더/디코더'와 '셀프-어텐션'이라는 용어를 접함

- 인코더/디코더: 이 개념을 조사하며 대부분 이해함

- 셀프-어텐션: 어텐션 메커니즘에 대해 더 조사하며 그 의미가 명확해짐

우리의 목표는 가능한 한 깊이 파고들어서 이미 가지고 있는 지식과 새 개념을 연결하거나 새로운 지식을 습득할 때까지 계속하는 것입니다. 이것이 기초 지식이 중요한 이유입니다. 기초 지식을 활용하여 새로운 개념과의 연결고리를 형성함으로써 지식을 더욱 효과적으로 이해하고 기억할 수 있습니다.

시간 관리와 책임

인터뷰 준비는 제한된 자원(시간, 에너지 등)을 사용하여 결과를 최적화하는 과정입니다. 효과적인 시간 관리는 동일한 시간으로도 결과를 극대화할 수 있도록 도와줍니다. 책임감은 여러분이 계획대로 행동하도록 합니다. 다음은 시간 관리에 대한 몇 가지 팁으로, 이에 대해 다음 절에서 더 자세히 논의할 것입니다.

- 시간을 정하여 집중하도록 설정하세요

- 포모도로 기법을 활용하세요

- 번아웃을 방지하세요

- 스스로에게 질문하세요. 책임 파트너^{Accountability Buddy}가 필요한가요?

집중 시간

인터뷰 준비를 위해 캘린더에 준비 시간을 등록해두고, 이를 다른 약속으로부터 보호하는 것이 좋습니다. 예를 들어, 목요일 퇴근 후 저녁 시간을 인터뷰 준비에 할애하기로 정해둡니다. 이렇게 하면 친구들의 즉흥적인 만남 제안에도 정중히 거절하고 다음 기회를 약속할 수 있습니다. 물론, 연 1회 만나는 소중한 친구라면 예외적으로 일정을 조정할 수 있겠죠. 단, 그 경우에도 반드시 인터뷰 준비 시간을 다시 확보해야 합니다.

개인적으로는 두뇌 예열에 30분가량 소요되므로, 2~3시간 정도의 시간 블록을 선호합니다. 가장 중요한 점은 최대한 미리 시간을 확보하는 것입니다. 당일에 급하게 시간을 마련하려 하면 준비를 미루게 될 가능성이 훨씬 높아집니다.

포모도로 기법을 활용하세요

시간 관리를 위한 포모도로 기법의 작동 방식은 다음과 같습니다.

- 타이머를 설정합니다(기본 시간은 25분).
- 해당 시간 동안에는 수행 중인 작업 외에는 아무것도 하지 마세요. 소셜 미디어 확인, 관련 없는 이메일 읽기 등은 모두 허용되지 않습니다. 단, 작업과 직접 관련된 용어나 웹사이트 검색은 허용됩니다.
- 타이머가 끝나면 휴식을 취하세요(기본 시간은 5분).
- 반복하세요.

타이머를 설정하는 이유는 효율성(시간당 진행도)을 높이기 위해서입니다. 제가 인터뷰 준비에 한 시간을 소비한다면 두 개의 연습 문제를 완료할 수 있을 것입니다. 하지만 휴대폰을 만지거나 다른 일에 주의를 뺏기면 한 시간 동안 연습 문제를 한 개밖에 못 끝낼 수도 있습니다! 이것은 타이머를 설정한 경우에 얻을 수 있었던 효율성의 절반에 불과합니다. 당연히 이러한 효율성 악화는 인터뷰 준비에 필요한 시간 전체에 영향을 주게 됩니다.

아직 집중력을 높이는 타이머(포모도로)를 사용해보지 않았다면, 효율성을 크게 높일 수 있는 방법이니 꼭 시도해 보시길 추천합니다. 본인이 자유롭게 일하는 스타일이고 타이머를 사용해봤는데 효과가 없었다면, 본인에게 맞는 다른 방법을 찾아보세요.

책임 파트너가 필요한가요?

대부분의 경우, 누군가와 진행 상황을 공유하는 것이 유익합니다. 그들이 같은 인터뷰를 준비하지 않더라도 말입니다. 제 경험을 예로 들면, 학창 시절 친구들이 각자의 인터뷰를 준비할 때 저도 다른 회사의 인터뷰를 준비하며 함께 열심히 할 수 있었습니다.

혼자 준비하다 보면 동기 유지가 어려울 수 있습니다. 만약 동기가 떨어진다면 다음 세 가지 방법을 고려해보세요.

- 로드맵에 가능한 많은 것을 기록하고 여러분 스스로가 자신만의 책임 파트너가 되세요.
- 친구나 가족에게 진행 상황을 알려주세요. 상세 내용은 여러분이 원하는 만큼만 공유하면 됩니다.
- 커뮤니티(예: 동창회)에서 온라인 스터디 그룹에 참여하세요.
- 커리어 코치를 고용했다면, 그들이 책임을 지고 도움을 줄 수 있습니다.

저는 제 스스로가 책임 파트너가 됨으로써 큰 효과를 보았습니다. 저는 로드맵과 캘린더를 시각화하고 그것을 채워 나가는 것이 기분 좋습니다. 어쩌면 제가 비디오 게임을 좋아해서 진행 상황을 볼 수 있다는 것이 저에게 큰 만족을 주는지도 모르겠습니다. 단점이라면 제 진행 상황을 아는 사람이 저뿐이기 때문에, 제 시간표를 조정하면서 일정을 미루기 시작할 수 있다는 것입니다. 계획이 일주일에서 2주, 3주로 늘어납니다. 저 밖에는 아는 사람이 없으니까요. 진행 상황을 누군가에게 알리고자 한다면 여러분 주변에서 소식을 들어줄 수 있는 사람을 찾을 수 있습니다. 여러분은 다음과 같이 친구에게 부탁할 수 있습니다. "내가 인터뷰를 준비 중인데, 매주 진행 상황을 메시지로 보내도 될까? 답장은 괜찮아. 그냥 내가 책임감을 갖고 싶어서 그래." 이렇게 이야기하면 제 친구들은 항상 이해해주었습니다. 매주마다 친구들에게 다음과 같이 메시지를 보낼 수 있습니다. "이번 주는 잘한 것 같아. 책 두 챕터를 읽고 문제 10개를 풀었어. 그런데 문제는 3개 덜 풀어서 다음 주에 마저 하려고." 여러분에게 맞는 방법을 찾아보고 시도해보세요. 운동을 집에서 하는 사람이 있고 체육관에서 하는 사람이 있는 것처럼, 이것 역시 사람마다 다르며, 여러분은 여러분만의 준비 전략을 가지게 될 것입니다.

번아웃을 피하세요.

포모도로 기법이 휴식 시간을 포함하는 이유는 정말 천재적입니다. 휴식은 시간 관리뿐 아니라 에너지 및 집중력 관리에도 도움을 줍니다. 수학 문제를 몇 시간 동안 풀다가 막힌 적이 있나요? 그런데 화장실에 다녀오거나 산책을 하고 돌아오면 문제 해결 방법을 갑자기 깨닫게 되는 그런 경험은요? 저는 릿코드 문제를 풀 때 이런 경우가 자주 있었습니다. 풀이가 막힐 때면 산책을 통해 마음을 가다듬고 새로운 기운을 얻어 돌아와 문제를 다시 풀곤 했습니다. 아니면 그냥 하루를 마감하고 잠자리에 드는 것도 좋습니다. 대학원 시절에는 이를 '수면 기술'이라고 불렀죠.

휴식을 동반한 지속적인 연습이 번아웃을 피하는 최선의 방법입니다. 극단적인 예로, 자신을 번아웃 상태로 내버려 두면 몇 주나 몇 달 동안의 동기를 잃어버릴 수 있습니다. 저도 몇 번 겪어봤지만 좋은 경험은 아니었습니다. 젊었을 때 자신을 번아웃의 지경까지 몰아붙이다 보니 활력이나 동기 부여가 되지 않아 한동안 목표가 좌절되기도 했습니다. 회복하기까지는 몇 달이 걸렸습니다. 우리 몸은 기계가 아니며, 뇌도 오랜 사용 후에는 피로해집니다. 가능하면 과로하지 않도록 자신을 잘 돌보세요. 저처럼 많은 사람들이 자신의 한계를 실제로 경험해보기 전까지는 그 한계를 모르는 경우가 많습니다만, 모르면 모르는 대로 괜찮습니다. 항상 염두에 두세요!

8.4 임포스터 신드롬

여러분은 '채용 공고는 요구 사항이 아니라 희망 사항입니다'[1]라는 말을 들어본 적이 있나요? 여러분이 자격 조건의 60% 정도만이라도 충족한다면 지원을 망설이지 마세요. 기대 이상의 결과를 얻을 수도 있습니다! 대부분의 자격 조건을 충족함에도 불구하고 지원을 주저하고, 오히려 여러분에게 과분한 직무에만 지원하는 경우가 있다면, 한 걸음 물러서서 여러분이 임포스터 신드롬은 아닌지 생각해 보세요. 자원이 충분한 회사에서는 직무 수준이 낮을수록 팀이 교육과 멘토링에 더 많은 시간을 투자하려 한다는 사실을 기억하세요.

저 역시 심각한 임포스터 신드롬을 경험했고,[2] 실제로는 자격이 없다고 느껴지는 일들(심지어 현재 하고 있는 일조차)이 있었습니다. 제가 배운 한 가지는 큰 그림을 보고 전체 상황을 고려하라는 것입니다. 나는 누구와 비교하며 부족함을 느끼는가? 실제로는 경험이 훨씬 많은 사람들과 비교하고 있지는 않은가? 내 주변에 있는 동료들이 모두 나보다 똑똑해 보인다면, 이것은 오히려 좋은 현상일 수 있습니다(저는 경쟁이 치열한 석사 과정을 통해 이런 현상을 경험했습니다).

저는 여러분이 임포스터 신드롬을 식별하고 대처하는 팁을 제공하는 유진 얀의 블로그 포스트[3]를 읽어보길 권합니다. 임포스터 신드롬은 간단하게 사라지는 것이 아니며, 커리어를 쌓아가면서 항상 새로운 것을 배워야 하기 때문에 완전히 사라지지 않을 수도 있습니다(그리고 그런 상황에서 자신이 사기꾼처럼 느껴질 수도 있습니다!).

요약하면 다음과 같습니다.

- 경험이 많고 성과가 좋은 사람들과 자신을 비교하게 될 수 있습니다. 그런 식으로 다른 사람과 비교하는 것을 멈추거나, 그것을 긍정적으로 받아들이세요.

---

1 앨리슨 그린, 「채용 공고의 요구 사항은 희망 목록과 같은가 아니면 엄격한 요구 사항인가?」 Ask a Manager(블로그), 2016년 2월 18일, *https://oreil.ly/i5osl*.

2 제 블로그 게시물 「나의 임포스터 신드롬 이야기와 내가 배운 교훈들」을 참조하세요, 2021년 4월 18일, *https://oreil.ly/Ifblb*.

3 유진 얀, 「만성 임포스터 신드롬과 함께 사는 법」 수잔 슈 창(블로그), 2021년 4월 11일, *https://oreil.ly/3xJVp*.

- 자신의 성과 목록을 작성하고 자주 그것을 회고하세요. 목록을 업데이트하고, 일기장이나 성과 기록 문서에 기록하여 추적할 수도 있습니다.[4]

요약

이 장에서는 여러분은 인터뷰 준비를 위한 요약 체크리스트와 로드맵을 살펴봤습니다. 또한 효율적인 학습 방법, 더 나은 시간 관리 방법 및 번아웃 방지에 대해서도 다뤘습니다. 마지막으로, 머신러닝 커리어에서 겪을 수 있는 임포스터 신드롬에 대해 설명하고, 이를 식별하고 관리하는 방법에 대해 이야기했습니다.

---

4 줄리아 에반스, 「당신의 작업을 인정받기: 자랑 문서 작성」(블로그), 2023년 10월 24일 접속, *https://oreil.ly/AMCS1*.

CHAPTER

09

인터뷰 이후와
후속 조치

여기까지 읽으면서 배운 내용을 구직 활동에 활용하시길 바랍니다. 저는 과거 직장을 구하기 위해 약 70개의 직무에 지원하여 10번의 리크루터 인터뷰와 2번의 최종 인터뷰를 거쳐 최종 입사 제안을 받았습니다. 인터뷰는 몇 달에 걸쳐 이루어졌으며, 그 과정에서 계속 새로운 상황과 질문을 마주했습니다.

여러 번 인터뷰를 하다 보면 같은 의문을 품게 됩니다. 몇 군데 인터뷰를 진행했고, 결과를 기다리고 있다고 가정해 보겠습니다. 이 단계에서는 어떻게 해야 할까요? 물론 이상적으로는 다음 단계로 수월히 넘어가는 것이지만, 통계적으로 보면 다른 후보자들과 함께 다음 단계로 넘어간다는 불행한 소식을 듣는 경우도 있습니다. 이 상황에서는 어떻게 해야 할까요?

이 장에서는 인터뷰 이후부터 입사 제안까지의 최종 단계를 다루며, 제가 구직자들로부터 자주 받는 질문들을 다룰 것입니다. 제가 개인적으로 경험했던 시나리오와 많은 구직자들이 겪은 시나리오를 설명하고, 최상의 결과를 얻기 위한 조언을 공유할 것입니다. 또한 새로운 머신러닝 직무에서 처음 30/60/90일 동안의 팁도 공유하여, 여러분의 머신러닝 커리어가 성공적으로 시작될 수 있도록 할 것입니다!

9.1 인터뷰 이후의 단계

인터뷰가 끝나면 모든 것을 잊고 편히 쉬고 싶어집니다. 하지만 구직 활동을 최적화하기 위해 매번 인터뷰가 끝난 후에 (대부분의 경우) 취하는 몇 가지 조치들이 있습니다. 솔직히 말해서, 저도 모든 단계를 끝내지 못할 때가 있지만, 대부분 이러한 조치들을 통해 인터뷰 기술이 향상되고 인터뷰를 통과할 확률이 높아질 것이라는 것을 알고 있습니다.

인터뷰에서 기억나는 것들을 메모하기

저는 질문들과 제가 대략 어떻게 답변했는지 기억나는 대로 메모하는 것을 좋아합니다. 이렇게 하면 어떤 유형의 질문이 나오는지, 그리고 일반적인 패턴이 있는지 확인하는 데 도움이 됩니다. 이 정보를 활용하여 할 수 있는 일은 레딧이나 글래스도어 같은 사이트에서 정보를 검색하여 다른 후보자들이 받은 질문과 일치하는지 확인하는 것입니다. 때로는 다른 구직자들이 자신의 답변을 공유하기도 합니다.

어떤 회사는 매우 전형적인 인터뷰 과정을 가지고 있어 질문을 자주 재사용하기도 합니다. 하지만 대화형 인터뷰를 진행하거나 과제를 주는 회사의 경우, 그 내용을 파악하기가 더 어려운 편입니다. 아무튼 인터뷰 후에 인터뷰 질문에 대한 답변을 개선할 수 있는 방법이 있다면, 다음에 비슷한 질문을 받았을 때 더욱 잘 대응할 수 있을 것입니다. 이 단계를 간과하기 쉽지만, 다음에 다른 인터뷰어가 비슷한 질문을 했는데 여러분이 (다시) 잘못 답변하여 인터뷰에서 떨어진다면, 후회가 크지 않을까요?

중요한 정보를 놓치지 마세요

다음 단계가 무엇인지, 그리고 언제쯤 답변을 기대해야 하는지에 대한 일정을 리크루터나 채용 팀에게 물어보세요. 때로는 그들도 얼마나 걸릴지 모르는 경우가 있지만, 적어도 답변은 받은 것이니까요. 인터뷰 중이든, 후속 이메일을 보내든, 리크루터나 채용 팀에 전화를 하든, 어떤 방법으로든 반드시 질문하세요.

인터뷰어에게 감사 이메일을 보내야 할까요?

저는 이런 질문을 많이 받았습니다. 첫 직장을 구할 때 저도 친구나 멘토에게 이에 대해 물어본 적이 있습니다. 이제는 많은 머신러닝 인터뷰를 진행해본 인터뷰어로서, 저는 그것이 별 차이를 만들지는 않는다고 말할 수 있습니다. 간단하고 자연스러운 감사 인사는 읽기엔 좋지만, 인터뷰 결과는 인터뷰가 얼마나 잘 진행되었는지 여부에 좌우된다고 할 수 있습니다. 감사 인사가 여러분의 성과를 바꾸지는 않습니다.

후보자로서, 저는 가끔 간단한 감사 이메일을 보냅니다. 이제 인터뷰어로서 다른 쪽의 경험도 했기 때문에, 그것이 후보자를 특별히 돋보이게 만들지는 않는다는 것을 알고 있습니다. 아직 간단하고 예의 바른 감사 메모를 성가시게 여기는 인터뷰 팀의 누군가를 만나본 적은 없지만, 무례한 후속 연락을 받는다면 차라리 후보자가 아무것도 보내지 않기를 바랄 것입니다.

감사 인사 템플릿

감사 메모를 꼭 보내고 싶다면 다음과 같은 지침을 명심할 것을 제안합니다.

- 간단하고 짧게 작성하세요.

- 해당 직무에 대한 열정을 다시 한번 강조하는 것은 괜찮습니다.

- 인터뷰에서 저지른 실수를 설명하려 하거나 변호하려 하지 마세요. 인터뷰어는 이미 그것을 잊었을 수 있으며, 이런 행동은 오히려 해가 될 수 있습니다.

채용 매니저가 구직자에게 제안하는 하나의 팁은 지나치게 감사한 내용이 가득한 이메일을 보내는 것과 같은 너무 절박해 보이는 방향으로 가지 않는 것입니다. '이것은 평생의 기회입니다' 또는 '귀사에서 일할 수 있는 것은 가장 큰 영광이 될 것입니다'와 같은 과장된 표현이 그런 예가 될 것입니다. 이상적인 세계에서는 인터뷰어가 이메일을 있는 그대로 받아들이고 여러분이 '절박'하다고 생각하진 않겠지만, 현실에서는 꼭 그렇지만은 않습니다.

> **NOTE** 다른 지역에서는 전문적인 서신에서 얼마나 장황하게 표현하는지 또는 얼마나 많은 감사를 표현하는지에 대한 사회 규범이 다를 수 있습니다. 저는 캐나다와 미국 기반의 회사에서 근무해왔기 때문에 제 의사소통 규범은 북미 중심입니다. 여러분의 지역에 따라 적절히 적용하세요!

다음은 제가 사용하는 인터뷰 감사 인사 템플릿입니다. 대괄호 안의 [ ] 부분을 여러분의 상황에 맞게 바꿔 써주세요.

안녕하세요 [슈에라], 오늘 인터뷰 중에 여러분 [그리고 팀]을 만나뵙게 되어 정말 좋았습니다.

[회사의 업무 문화에 대해 제 질문에 답변해주셔서] 시간을 내어 주셔서 감사드립니다. 덕분에 [회사 이름]과 여러분이 [추천 시스템 분야에서] 구축하고 있는 것에 대해 더 열광하게 되었습니다!

수잔 드림

 인터뷰 후에 하지 말아야 할 것

핀테크 머신러닝 분야의 CTO이자 채용 담당자는 이런 경험을 들려주었습니다. '한번은 인터뷰 후에 한 후보자가 우리 회사가 비전문적이라며 시간 낭비였다는 긴 항의 메일을 보내왔습니다.' 그 인터뷰 과정은 수백 명의 인터뷰이들이 거쳐 간 회사의 표준 절차였고, 여러 인터뷰어가 참여한 것이었습니다. 이 후보자는 이메일에서 질문에 답하지 못한 것에 대해 분노를 표출했으며, 다른 무례한 행동도 보였습니다. 이 인터뷰이는 즉시 인터뷰 과정에서 탈락됐습니다.

인터뷰 후에 결과를 연락 받지 못할 경우 얼마나 기다렸다가 연락해야 할까요?

이상적인 경우엔 이미 리크루터나 인터뷰어로부터 언제쯤 결과를 알 수 있는지 통지를 받았을 겁니다. 만약 아직 연락을 받지 못했고, 언제 결과가 나오는지도 알려주지 않았다면, 일주일 후에 연락하는 것이 좋다고 생각합니다. 일부 회사는 특히 회사가 매우 크고 관료적인 경우, 고용에 몇 달이 걸리기도 합니다. 따라서 일주일 후에 이메일을 보낸다 해도 바로 적절한 답변을 받지 못할 수 있지만, 적어도 인터뷰 후속 대화를 시작하는 데 도움이 될 것입니다. 보통 스타트업은 일주일 이내에 답변하기도 합니다.

9.2 여러 인터뷰 사이에 해야 할 일들

인터뷰가 여러 건 잡혀 있는 경우, 여러 단계의 인터뷰나 다른 회사, 다른 직무의 인터뷰 사이에 시간이 있을 수 있습니다. 또한, 몇 군데에서 결과를 받은 후 아직 입사 제안을 수락하지 않은 시기일 수도 있습니다. 이 시간은 유동적이므로, '인터뷰 후'와 '인터뷰 사이'의 차이에 너무 집중할 필요는 없습니다. 두 상황은 겹치는 부분이 있기 때문입니다.

거절에 반응하는 방법

저 역시 구직자 입장에 있을 때는 거절이 이 과정의 필연적인 부분임을 잘 알고 있습니다. '유감스럽게도, 우리는 다른 후보자와 진행하기로 결정했습니다...'라는 이메일을 받게 되죠. 제가 정말 기대하고 열망했던 직무에서 긍정적인 반응을 기대했을 때, 저는 실망하고 친구나 가족과 같은 신뢰할 수 있는 사람들에게 (합리적으로) 푸념하기도 합니다. 이럴 때는 대부분의 경우 상황을 되돌릴 수는 없으며, 예의 바르고 프로페셔널한 태도 외에는 다른 방법이 없습니다. 여러분이 두 번째 후보자인 경우에, 첫 번째 후보자가 제안을 거절한다면 다시 연락을 받을 수도 있습니다. 그러나 화가 난 후속 이메일을 보낸 후보자에게는 그런 일이 일어날 가능성은 거의 없습니다.

거절에 대해 응답할 필요는 없지만, 인터뷰 과정에서 더 많이 상호작용했던 팀의 경우, 저는 그 사람들과 이미 친숙해졌기 때문에 호의적인 이메일을 보낼 것입니다.

거절 결과에 회신을 보낼 때 사용하는 템플릿

저는 자동 거절 이메일에 대해서는 답장을 보내지 않는 경우가 많습니다. 하지만, 인터뷰 과정에서 더 많은 상호작용이 있었거나 더 많은 인터뷰 라운드를 통과한 후, 리크루터로부터 이메일을 받았다면 거절에 대해 답장을 보낼 것입니다. 저는 답장을 보낼 때 다음과 같은 템플릿을 사용합니다.

> *안녕하세요 [리크루터 또는 채용 매니저],*
> *결과를 알려주시고 시간을 할애해 주셔서 감사합니다. 인터뷰를 진행하면서 여러분과 팀을 만나고 [회사 이름]에 대해 더 알게 되어 좋았습니다. [선택적으로 추가 문장을 여기에 넣을 수 있습니다.]*
>
> *수잔 드림*

제 동료 머신러닝 전문가는 후보자들이 피드백을 요청하기도 한다고 이야기했는데(해당되는 경우에), 이렇게 하면 가끔은 채용 팀으로부터 피드백을 받는다고 합니다. 저 역시 법적 이슈를 피하기 위해 피드백을 요청하거나 받은 경우가 드뭅니다. 특히 절차를 따라야 하는 큰 회사에서는 더욱 그렇습니다.

입사 지원은 과정의 일부입니다

제 경험에 따르면, 지원한 모든 곳에서 인터뷰가 잡히진 않습니다. 그래서 제 머신러닝 기술과 프로필에 맞는 수많은 직무에 지원하는 것도 나쁘지 않습니다. 지원서를 맞춤화할지 여부와 관련해서는 2장에서 언급한 지원서별 효과성을 고려하세요.

자격이 다소 부족하다고 느끼더라도 지원하세요! 종종 성공적인 후보자가 모든 경험을 갖추고 있지 않은 경우도 많습니다. 예를 들어, 많은 머신러닝 직무 기술서에서 쿠버네티스를 언급하지만, 이전 장에서 읽었듯이 모든 머신러닝 직무가 쿠버네티스에 대한 깊은 경험을 요구하는 것은 아닙니다. 물론, 여전히 요구되는 경험의 상당 부분을 갖췄거나 합리적인 시간 내에 배우고 기여할 수 있다고 채용 팀을 설득할 필요는 있습니다.

여러분은 아마 다음 통계를 읽거나 들어본 적이 있을 겁니다. 남성은 자격 요건의 60%만 충족해도 지원하지만, 여성은 100% 충족할 때만 지원합니다. 같은 이유로 후보자가 자격을 갖췄어도 자신감을 드러내는 입사 지원서가 적은 것일 수도 있습니다. 여기에 공감한다면, 여러분이 스스로를 과소평가하고 있지 않은지 점검해 보세요.

두려워하던 거절 이메일을 받았다고 하더라도, 계속해서 지원하세요. 계속 지원하고, 계속 탐색하며, 이력서를 계속 업데이트하세요! 거절을 당할 때마다 이 경험을 다음 기회의 성공 확률로 높이는 데 활용하세요. 그렇게 하지 않으면 필요한 것보다 더 많은 시간을 구직 활동에 소비하게 될 수도 있습니다.

> **📑 인터뷰 기회를 늘리기 위해 인맥을 쌓으세요.**
>
> 여러분이 추천을 부탁할 때마다 인터뷰가 잡히는 것은 아닙니다. 그리고 모든 인터뷰가 입사 제안으로 이어지는 것도 아니고요. 2장과 블로그 포스트 「네트워킹이 인덱스 펀드에 투자하는 것과 같은 이유」(*https://oreil.ly/q3h8g*)에서 이에 대해 더 자세히 이야기했는데, 이 글에서는 단순히 몇몇 모임과 회의에 참석함으로써 이사급의 최종 인터뷰어 두 명을 만났던 경험을 상세히 설명하고 있습니다. 인맥과 추천은 지원 후 통과 확률을 높이는 훌륭한 방법입니다.
>
> 만약 여유 시간과 에너지가 있다면, 한 달에 한 번(또는 두 달에 한 번) 행사에 참여하는 것만으로도 크게 도움이 될 수 있습니다. 저는 매 행사에서 새로운 사람 한 명을 만나는 것을 목표로 설정했습니다. 이것은 장기적인 전략이지만, 좋은 인상을 남겼다면 지원하는 직무에 대해 사람들에게 연락을 돌려보면 응답을 받을 수도 있습니다. 구체적인 예시는 2장을 참고하세요.

이력서를 업데이트하고 맞춤화하며 변경 내용을 시험해보세요

가끔은 이력서가 초기 거절을 줄이는 데 정말 큰 차이를 만들 수 있습니다. 저는 이전에 사람들에게 이력서에 대한 피드백을 준 적이 있는데, 그들에게 지원 후 연락 받는 경우가 증가했다는 보고를 받았습니다. 저도 여러 가지 머신러닝 직무에 지원하면서 이 전략을 사용한 경험이 있습니다. 이력서를 개선한 결과, 머신러닝 모델 개발이 중점인 직무에 대한 인터뷰 기회가 늘어났고, 제 역량과 일치하지 않는 직무에 관한 인터뷰 초대를 피하는 데에도 도움이 되었습니다. 2장에서 언급했듯이, 원하는 머신러닝 직무에 맞춰 이력서를 맞춤화하세요. 예를 들어, 머신러닝 엔지니어로서, 머신러닝 모델 개발 기술을 강조해야 할지, 아니면 쿠버네티스 기술을 강조해야 할지 확인하세요. 이력서에 여유 공간이 있다면 두 가지 모두 강조하는 것도 가능합니다.

9.3 입사 제안 단계

이제 여러분은 몇 번의 인터뷰를 거친 후에, 입사 제안을 받았을 것입니다! 첫 입사 제안이 마음에 쏙 들지 않을 수도 있지만, 저는 여기가 매우 중요한 이정표라고 생각합니다. 처음이 가장 어려운 법이죠!

다른 진행 중인 인터뷰에 입사 제안을 받았다고 알리기

때때로 다른 인터뷰의 일정이 더 지연되기도 합니다. 그런데 다른 곳에서 입사 제안을 받았다고 알리면 인터뷰 과정을 신속히 진행하려는 곳들이 있습니다. 물론, 반드시 그런 것은 아니지만 입사 제안을 받았다고 다른 곳에 알리는 것에 해가 되지는 않습니다. 최선의 경우엔 그들은 여러분의 인터뷰 과정을 신속히 진행할 것이고, 최악의 경우에는 아무 변화도 없을 것입니다. 이 회사들은 이제 다른 회사가 여러분을 원한다는 것을 알게 되었으며, 이것은 여러분이 현재 외부에서의 검증을 받았다는 의미이기 때문에 후보자로서의 가치를 높일 수 있습니다.

이 책에서는 협상에 대해 많이 다루지 않기 때문에, 다음과 같이 다른 분들이 유용하다고 이야기한 몇 가지 기사를 공유드립니다.

- Kalzumeus Software 「연봉 협상: 더 많이 받고, 더 많은 가치 인정 받기」(*https://oreil.ly/kCEaF*)
- interviewing.io 「채용 담당자가 먼저 숫자를 말하라고 할 때 어떻게 이야기해야 하는가 … 그리고 협상에서 어떻게 말해야 하는가」(*https://oreil.ly/8Fbm3*)

입사 제안 회신 기한이 매우 짧을 때 어떻게 해야 할까?

이 부분에서 아주 솔직하게 말씀드리겠습니다. 새로운 직장은 직업과 인생에서의 큰 변화이 며, 이를 가볍게 여겨서는 안 됩니다. 저는 입사 제안을 고려하는 데 종종 최소한 주말 동안 이라도 방해받지 않는 시간을 필요로 합니다. 때로는 여러분에게 시간적 여유가 없어 즉시 직장이 필요한 경우도 있는데, ᄀ 또한 괜찮습니다. 여기서는 급박한 재정 상황이나 빠르게 비자가 필요하거나 다른 개인적인 상황이 아닌 경우에 입사 제안에 회신하는 저의 생각 과정 을 말씀드릴 것입니다. 입사 제안을 수락하는 데 여러분만의 고려 사항이 있을 수 있으며, 여 기서 이야기하는 고려 사항이 여러분의 상황에 맞지 않을 수도 있습니다(저 개인적으로는 결 정을 내리기 위해 가능한 한 많은 시간을 달라고 요청합니다). 이상적으로는 최소한 주말을 확보하려 합니다. 예를 들어, 화요일에 입사 제안을 받았고 목요일까지 회신을 원한다고 가 정해봅시다. 하지만 이렇게 하면 모든 세부사항을 조사하고 입사 제안을 비교할 충분한 시간 이 없습니다. 다음은 이럴 때 말할 수 있는 몇 가지 예입니다.

- "제안을 가족과 주말 동안 논의해야 합니다. 다음 화요일에 답변드릴 수 있을까요?"
- 다른 회사와 면접이 진행 중인 경우: "최종 단계에 있는 다른 인터뷰도 있어서 좀 더 시간이 필요합니다. 제안 주셔서 매우 감사하고, 이 기회에 대해 매우 기대하고 있지만, 다른 회사의 최종 세부 사항도 다시 확인하지 않 으면 안 될 것 같습니다. 다음 월요일까지 그 쪽의 결정을 알 수 있을 것 같습니다. 다음 수요일까지 연락드릴 수 있을까요?"
- 이사를 고려하는 경우: "이 제안에 대한 결정을 내리기 전에 지역과 생활비에 대해 좀 더 조사할 시간이 필요 합니다. 다음 화요일에 답변드릴 수 있을까요?"

여러분의 상황에 따라 조사를 하고 시간을 들일만한 매우 중요하고 실제적인 이유들이 많이 존재합니다. 계약서에 서명하기 전에 신중을 기하고 시간을 갖는 것이 필요합니다. 이 계약 은 여러분의 일상에 큰 변화를 가져올 수 있으니까요.

입사 제안 이해하기

어떤 결정을 내리기 전에, 입사 제안을 전반적으로 이해할 것을 강력히 권장합니다. 다음은 입사 제안에서 아주 중요한 부분이지만 기본 연봉과 같이 명백하지 않아서 즉시 이해할 수 없는 몇 가지 항목들입니다.

직장 문화

인디드에 따르면, 직장 문화는 '일터 환경에서 평소의 분위기를 형성하는 태도, 신념, 행동의 집합'으로 설명됩니다. 일은 우리 삶에서 많은 시간을 차지합니다. 하루에 8시간(통근 시간 제외), 일주일에 5일이라고 가정하면 우리는 한 주의 약 24%를 일하는 데 보냅니다. 하루에 8시간의 수면을 가정하고, 하루에 16시간을 깨어 있다고 한다면, 우리는 깨어 있는 시간의 36%를 일하는 데 보냅니다. 그러므로 직장 문화가 여러분과 여러분의 가치에 맞지 않다면, 해결이 어려울 정도의 정신적 및 신체적 건강 문제를 일으킬 수 있습니다. 투자 대비 수익(ROI)이 그만한 가치가 있습니까? 여러분의 삶에 그만한 가치가 있습니까?

때로는 인터뷰 단계에서 실제 직장 문화를 파악하기 어려울 수 있지만, 이를 염두에 둬야 합니다. 건강한 직장 문화는 공정하고 협력적이며 투명한 행동을 포함할 수 있지만, 건강하지 못한 직장 문화는 괴롭힘, 차별 또는 불법 행위를 조장할 수 있습니다. 북미에서는 보호받는 계층이 있으며, 인종, 나이, 성적 지향 및 성 정체성, 군인 지위, 종교 등의 목록에 대한 차별을 방지하기 위한 법이 있습니다. 개인적인 예를 들면, 저는 북미에서 상대적인 소수자이며, 저와 비슷한 사람들 중에는 적대적인 직장을 겪은 사람들이 있어, 성적 및 성별 기반의 괴롭힘에 반대하는 직장 문화를 가진 회사를 찾는 것이 개인적으로 중요합니다.

워크 라이프 밸런스

입사 제안을 평가할 때 스스로에게 물어봐야 할 중요한 질문이 있습니다. 여러분에게 중요한 사람들과 시간을 충분히 보낼 수 있습니까? "20년 후에 당신이 늦게까지 일했다는 것을 기억할 사람은 당신의 자녀들뿐일 것입니다."라는 말이 있죠. 일의 융통성 부족으로 자녀들의 중요한 성장을 놓칠 수도 있습니다. 자녀가 없다면, 부모, 배우자, 반려동물 등 다른 사랑하는 이들을 대입해서 생각해볼 수 있습니다. 이 논리는 예술 창작, 사교 활동, 음악 축제 참여 같은 취미에도 적용됩니다.

번아웃을 피하는 것도 중요합니다. WHO는 번아웃을 '성공적으로 관리되지 않는 만성 직장 스트레스에서 비롯된 증후군'으로 정의하며, 이로 인해 '에너지 고갈 또는 피로감'을 느낄 수 있다고 합니다. 장기적으로 볼 때, 과로를 통해 얻는 일시적인 효용보다 번아웃의 비용이 더 높을 수 있습니다. 사람들은 종종 직장 때문에 정신적이거나 신체적 건강을 해친 것을 후회합니다.

한편으로, 일을 통해 다른 문제로부터 도피하는 사람들도 있습니다. 회사의 사명을 굳게 믿고 회사 지분을 더 많이 소유하고 있어, 더 열심히 일하면 정신적, 재정적 만족을 더 얻을 수 있다고 믿는 사람들도 있습니다. 여러분의 상황에 따라 입사 제안의 이러한 부분들을 적절히 평가하시길 바랍니다.

기본 연봉

이 부분은 입사 제안에서 가장 선명한 부분이죠. 급여를 받을 때마다 여러분의 은행 계좌에서 볼 수 있는 금액입니다. 기본 연봉은 종종 입사 제안에서 가장 중요한 부분으로 여겨지는데, 당연한 일입니다. 돈은 청구서를 지불하고 큰 위기 상황에서 여러분을 구출해주니까요. 유동성이 낮은 자금으로는 이러한 일을 처리하기가 훨씬 더 어렵습니다. 상장 회사의 양도제한조건부주식Restricted Stock Units(RSUs)을 가지고 있는 경우, 주식을 팔 수 없는 블랙아웃 기간이 있어 긴급 상황에서 현금화하기 어렵습니다. 물론, 저축이 많다면 기본 연봉만으로도 문제가 되지 않습니다. 기본 연봉 외의 옵션에 대한 더 많은 예시가 이어서 소개됩니다.

> **TIP** 일부 지역의 경우, 글래스도어나 levels.fyi에서 평균 연봉을 확인할 수 있습니다. 하지만 여러분의 구체적인 상황에 대한 데이터가 충분하지 않을 수 있으므로, 해당 사이트에 나와있는 숫자를 매우 비판적인 받아들이세요. 예를 들어, 저는 캐나다인이라서 이러한 사이트에는 데이터가 충분하지 않은 경우가 많습니다. 대부분의 급여 정보는 멘토나 네트워킹을 통해 얻습니다. 네, 사람들이 여러분을 믿는다면 정확한 금액을 공유할 것입니다. 물론 그 신뢰를 쌓기 위해서는 시간을 투자해야 합니다(2장 참고).

보너스, 주식, 그리고 기타 보상

일부 회사는 기본 급여 외에도 다른 종류의 보상을 제공하기도 합니다. RSU(양도제한조건부주식), 스톡 옵션, 연말 보너스, 이익 분배, 커미션 등을 포함할 수 있습니다. 이 보상들의 가치를 반드시 확인하세요. 예를 들어, 스톡 옵션은 RSU와 동일하지 않습니다. 이전 직장에서 많은 스톡 옵션을 가지고 있었지만, 결국 그 가치가 0달러가 되었습니다.

입사 제안에서 여러분이 꼭 알고 싶은 몇 가지는 주식이나 스톡 옵션의 권리 획득 기간, 스톡 옵션 행사 방법 등일 것입니다. 제가 재무 전문가는 아니기 때문에, 하버드 비즈니스 리뷰의 「스톡 옵션과 RSU에 관해 알아야 할 모든 것(Everything You Need to Know About Stock Options and RSUs)」를 읽고 더 많은 정보를 얻길 바랍니다. 온라인 가이드를 확인하거나 여러분 지역의 전문가에게 여러분의 지역 및 고용 상황에 관련된 구체적인 규칙, 법률 및 세금에 대해 상의하세요.

복리후생 제도

복리후생 제도는 기본 연봉에 포함되지 않을 수 있지만, 상당한 금전적 가치를 가질 수 있습니다. 예를 들면, 저는 제 회사가 1년 동안 고용주 매칭을 통해 은퇴 기금에 10,000달러 이상을 기여했다는 사실을 알지 못했습니다. 고용주 매칭을 알고 있었지만, 입사 제안을 검토할 때 그 가치를 실제로 계산해보지는 않았거든요. 생각해보면 저는 그걸 제대로 검토했어야 했습니다. 미국에서는 좋은 건강 보험이 당신에게 수천 달러의 절약을 의미할 수 있습니다. 출산 및 육아 휴가는 여러분과 여러분의 가족에게 큰 마음의 평화를 제공할 수 있습니다.

인생의 단계에 따라 관련 혜택 목록은 시간이 지남에 따라 변할 수 있습니다. 개인적인 예로, 젊었을 때는 건강 및 치과 혜택에 크게 신경 쓰지 않았지만, 특정 치과 절차에 대한 정기적인 유지 관리가 필요하게 된 후, 치료 비용의 20%를 지불하는 것이 이전 두 직장에서 각각 0%를 지불하는 것보다 더 비싸게 느껴졌습니다. 복리후생 제도를 과소평가하지 마세요.

입사 제안을 전체적으로 살펴본 뒤에, 이 제안을 수락하는 것이 여러분의 삶과 커리어에 어떤 의미를 갖는지 생각해 보세요. 분명히 확인해야 할 것이 있다면, 리크루터나 채용 매니저에게 항상 다시 확인하는 것이 좋습니다. 이미 여러분에게 입사 제안을 했기 때문에, 그들은 다른 후보자를 위한 수십 시간의 인터뷰 과정을 나시 거치는 것 보다는 여러분의 질문에 답하고 제안을 조정하는 것을 더 선호합니다(합리적인 경우). 그러니 계약을 다시 살펴보고, 질문을 하며, 충분한 조사를 하는 데 시간을 들이는 것을 주저하지 마세요.

> ### ▌ 계약서를 신중히 읽으세요.
>
> 저의 경험을 하나 공유하겠습니다. 저는 기본 연봉에 더불어 추가 보상 내용이 포함된다고 언급했던 입사 제안을 수락한 적이 있습니다. 하지만 실제로 서명된 계약서에는 그 내용이 포함되어 있지 않았고, 저는 순진하게도 저절로 해결될 거라고 생각했습니다. 몇 달이 지난 후, 회사에 해당 보상에 대해 문의했을 때 계약에서 누락된 사실을 알게 됐습니다. 계약서에 서명하기 전에 간단한 질문을 했더라면 이런 일은 피할 수 있었을 것입니다! 다행히 제 경우에는 매니저가 문제를 빠르게 해결해 주었지만, 서면 증거가 없었다면 이렇게 운 좋게 해결되지 않았을지도 모릅니다. 만약 채용 매니저가 회사를 떠나거나 새로운 매니저의 팀에 배치되었다면 잘 풀리지 않았을 수도 있습니다.

9.4 새 머신러닝 직무의 첫 30/60/90일

인터뷰 과정에서 많은 노력을 기울인 끝에, 입사 제안을(심지어 여러 개를) 받았다면 축하합니다! 이제 입사 제안을 선택하여 수락하고 곧 일을 시작하게 됩니다!

여러분은 머신러닝 직무에서 첫 몇 달 동안 온보딩을 넘어서는 유익한 일을 여러 가지를 할 수 있습니다. 제 정규 교육 과정에서는 이러한 내용을 가르치지 않았습니다. 그리고 여러분의 과거 직장 경험도 이 유용한 팁을 인지하는 데 도움이 되지 않았을 수 있습니다. 다음 행동들은 과거 제 직장에서 크게 도움이 되었으며, 새로운 머신러닝 직무의 첫 몇 달 동안 염두에 두어야 할 중요한 것들이라고 저는 생각합니다.

- 도메인 지식을 확보하세요
- 코드와 친해지세요
- 관계자들을 만나세요
- 온보딩 문서를 개선하는 데 도움을 주세요
- 여러분의 성과를 계속해서 추적하세요

이제 이러한 각 행동의 세부 사항을 살펴보겠습니다.

도메인 지식을 확보하세요

만약 여러분이 은행 분야의 데이터 사이언티스트라면, 여러분은 은행 제품에 대해 배우면서 그 제품들이 어떻게 작동하는지를 익히고 업무에 적응하게 됩니다. 전자상거래 및 추천 시스템 분야에서 머신러닝 엔지니어로 일하는 경우, 고객들이 무엇을 가치를 두는지와 비즈니스가 무엇을 중요하게 여기는지를 확실히 이해해야 합니다. 이러한 점들을 잘 이해하지 못하면, 회사가 최적화하려는 것에 적합하지 않은 모델이나 인프라를 개발하게 되어 실제보다 업무 성과가 낮아 보일 수 있습니다.

반면, 목표를 잘 이해하는 것은 훨씬 효율적으로 머신러닝을 구축하는 데 도움이 될 것입니다. 혹시 모릅니다. 이것이 (만약 여러분이 목표로 하고 있다면) 승진하는 데 걸리는 시간을 단축시키는 차이를 만들 수도 있습니다!

코드와 친해지세요

이것은 머신러닝 직무에서 비교적 중요하게 취급되는 행동 중 하나라고 생각합니다. 머신러닝 직무에서는 코드와 데이터에 대한 온보딩이나 일정 수준의 훈련을 받는 것이 대부분 보장된다고 할 수 있습니다. 하지만 완벽을 기하기 위해, 저는 다음과 같은 내용들을 확실히 해두려고 합니다.

- 개발 환경을 설정할 수 있어야 합니다.
- 필요한 권한을 확인하고 요청합니다(또는 관리자에게 요청하도록 합니다).
- **주요 프로젝트**와 코드 저장소를 훑어봅니다.

궁금해서 스칼라를 사용한 몇몇 작업과 폴더가 있는지 관리자에게 확인했습니다. 그 결과, 그 작업들은 점차 폐지되고 있었기 때문에 당시에 그것들에 대해 너무 걱정할 필요가 없었습니다. 오히려 파이썬과 쉘 스크립트에 익숙해지는 것이 더 중요했습니다. 만약 익숙하지 않은 라이브러리가 있다면, 동료에게 아직 사용 중인지 물어보세요. 사용 중이라면, 관리자에게 해당 라이브러리에 대해 교육하는 온보딩 과정의 일부가 있는지 물어볼 수 있습니다. 변경이 필요 없는 레거시 코드가 있기 때문에 먼저 확인하는 것이 중요하며, 그래서 그것에 대해 너무 걱정할 필요가 없습니다.

관계자들을 만나세요

회사는 여러 사람들로 이루어져 있습니다. 기술 분야라 해도 예외는 아닙니다. 여러분과 비슷한 기술적 측면에 책임을 가지는 프린시플, 스태프 레벨, 그리고 기타 동료들과 만나세요. 이렇게 해두면 여러분이 어떤 문제에 막혔을 때 누구에게 연락해야 할지 알고 있기 때문에 도움이 될 것입니다. 예를 들어, 저는 신규 입사자일 때 사람들과 많이 만났고, 그 결과 훨씬 효과적으로 일할 수 있었습니다. 데이터 출처를 추적하는 방법을 몰랐을 때, 저는 메시지를 보낼 사람들의 명함철이나 읽을 문서 목록(사람들이 작성해서 저에게 보낸 것)을 가지고 있었습니다.

특정 제품군, 예를 들어 소셜 미디어 피드의 추천 시스템을 작업하고 있다면, 그 제품에 대한 결정을 내리는 관련 담당자를 알아야 합니다. 프로덕트 매니저나 관련 담당자에게 연락하세요. 비기술적인 담당자에게 연락하는 것을 과소평가하지 마세요. 때로는 코드나 데이터 문제나 버그 때문이 아닌 당신이 몰랐던 프로덕트 로직 때문에 문제가 발생할 수 있습니다.

신규 입사자라면, 팀과 조직에 있는 사람들과 30분간의 커피챗(온라인 또는 대면)을 진행하세요. 이렇게 함으로써 여러분이 동료들을 더 잘 이해하고, 동료들은 여러분과 중요한 맥락을 공유해 더 빠르게 온보딩을 진행할 수 있도록 도와줄 것입니다.

> **TIP** 누군가와 커피챗을 마친 후에는 그 사람에게 다음엔 누구를 만나보면 좋을지 물어보세요. 그러면 추천받은 인물과의 커피챗을 추진할 수 있습니다!

온보딩 문서를 개선하는 데 도움을 주세요

제가 근무했던 모든 회사의 온보딩 과정에서는 항상 온보딩 문서가 있었으며, 때때로 동료나 관리자와 코드, 데이터, 프로젝트를 살펴보는 회의가 있었습니다. 문서화 웹페이지는 가끔 링크가 깨지거나 설명이 오래된 것들이 있어서 온보딩 파트너가 구두로 설명해줄 때도 있습니다. 이런 경우엔 여러분이 직접 해당 문서를 수정하세요. 이것은 기여를 시작하는 훌륭한 방법입니다. 만약 여러분의 문서가 코드 저장소에 저장되어 있다면(예를 들어, 깃헙에 있는 마크다운 파일들이 내부 위키 페이지에 렌더링 된다면), 이것은 여러분이 첫 주 또는 심지어 첫 날에 할 수 있는 간단한 풀 리퀘스트(PR)입니다.

여러분의 성과를 계속해서 추적하세요

업무에 적응하면서 장기적 성장을 염두에 두세요. 즉, 성과 평가와 승진 과정을 대비해 자신이 해온 모든 일을 기록하세요. 여러분이 참고할 만한 좋은 자료는 줄리아 에반스Julia Evans의 성과 기록 문서brag document[1]로, 직장에서 이룬 성과를 기록하는 문서입니다. 정기적으로 업데이트하면 앞으로 머신러닝 분야에서 계속 성장하는 데 큰 도움이 될 것입니다!

....
1 옮긴이_ https://jvns.ca/blog/brag-documents에서 확인할 수 있습니다.

이 장에서는 인터뷰 이후에 관한 FAQ를 다뤘습니다. 인터뷰 후속 조치, 거절을 대응하는 방법 등을 설명했습니다. 또한 입사 제안에 관한 주요 고려 사항과 구성 요소를 살펴보았는데, 여러분에게 새로운 관점을 제공했기를 바랍니다. 이어서, 새 직장에서 일을 시작할 때 유용한 몇 가지 팁을 제공하였습니다. 이러한 팁들은 여러분이 처음 몇 달 동안 잘 적응하는 데 도움이 될 것입니다.

여기까지 오신 것을 축하드립니다! 이제 배운 것을 실천에 옮길 수 있기를 바랍니다. 여러분에게 자신만의 발판을 찾고 적응하는 법을 배우라는 이야기를 드리고 싶습니다. 커리어 빌딩은 클라이밍과 비슷합니다(저는 클라이밍을 거의 하지 않지만) 다른 손잡이를 잡을 때, 여러분이 균형을 유지하는 방법과 그립은 다른 사람과 다를 것입니다. 사람마다 다리 힘과 그립이 다르기 때문입니다(그림 9-1 참조). 머신러닝 커리어는 우리 모두가 각자의 방식으로 도전하는 바위입니다. 행운을 빕니다. 저는 여러분을 응원합니다!

그림 9-1 자신만의 머신러닝 커리어 경로를 찾는 것은 클라이밍과 비슷합니다.

머신러닝 인터뷰는 쉽지 않으며, 이 책에서 자세히 다룬 내용 외에도 인내력과 끈기를 요구합니다. 그리고 이러한 인내력과 끈기는 여러분의 머신러닝 커리어를 성공으로 이끌 것입니다. 저는 여러분의 성공 사례를 듣고 싶습니다. 이 책에 담지 못한 추가 내용과 자료를 위해 관련 사이트(*https://oreil.ly/o8EwV*)를 꼭 확인하세요!

여러분에겐 앞으로 새로운 일들이 많고, 머신러닝과 데이터를 활용해 무엇을 할 수 있는지 알게 되면 정말 신날 것입니다. 이런 수준을 넘어, 여러분은 커리어를 더욱 발전시키고 테크 리더나 매니저가 되고 싶을 수도 있습니다. 저는 제 커리어 초기부터 프린시플 단계까지의 성장 여정을 계속해서 서브스택(*https://oreil.ly/NKQMn*)과 링크드인(*https://oreil.ly/lBihq*)에서 글을 쓰고 있습니다. 이 자료들도 여러분의 여정에 도움이 될 것입니다.

INDEX